河北省 2015 年度社会科学基金项目“河北省构建劳动者终身职业培训体系研究”（项目编号：HB15JY059）研究成果

劳动者终身职业培训体系

理论逻辑与构建策略研究

闫志利◎著

燕山大学出版社
·秦皇岛·

图书在版编目（CIP）数据

劳动者终身职业培训体系：理论逻辑与构建策略研究 / 闫志利著. —秦皇岛：燕山大学出版社，2019.5（2026.1 重印）

ISBN 978-7-81142-438-6

I. ①劳… II. ①闫… III. ①劳动者－终生教育－职业培训－研究 IV. ①C975

中国版本图书馆 CIP 数据核字（2017）第 197079 号

劳动者终身职业培训体系：理论逻辑与构建策略研究

闫志利 著

出 版 人：陈　玉
责任编辑：朱红波
封面设计：杨　凯
出版发行：燕山大学出版社 YANSHAN UNIVERSITY PRESS
地　　址：河北省秦皇岛市河北大街西段 438 号
邮政编码：066004
电　　话：0335-8387555
印　　刷：廊坊市印艺阁数字科技有限公司
经　　销：全国新华书店

开　　本：700mm×1000mm　1/16　　印　　张：24　　字　　数：356 千字
版　　次：2019 年 5 月第 1 版　　印　　次：2026 年 1 月第 2 次印刷
书　　号：ISBN 978-7-81142-438-6
定　　价：88.00 元

前　言

当前，我国经济社会发展呈现新常态，企业转型、产业升级步伐明显加快，供给侧结构性改革持续推进，并取得了初步成果。随之，劳动力资源紧缺与结构性矛盾逐步明显，成为制约经济社会发展的主要因素。在这种情况下，全面加强职业培训工作，可充分挖掘现有人力资源潜力，提升劳动者的综合素质，为供给侧结构性改革提供强力人才支撑，促进新技术、新产业、新业态加快成长。与此同时，众多劳动者也由于供给侧结构性改革发生了职业变化或岗位变动，迫切需要通过接受职业培训提升知识与技能水平、增强岗位适应能力或提高就业再就业（创业）能力。顺应世界终身教育的发展趋势，在我国学校教育体系建设逐步完备的基础上，加快构建劳动者终身职业培训体系已经成为我国教育改革与发展的现实任务与历史责任。

一

改革开放以来，中共中央、国务院一直高度重视职业培训工作。1981 年，中共中央、国务院做出《关于加强职工教育工作的决定》，提出“加强职工教育是实现调整措施的重要内容之一，一定要结合调整的逐步进行，有计划地实行全员培训，建立比较正规的职工教育制度”。1993 年，中共中央、国务院颁布《中国教育改革和发展纲要》，强调“成人教育是传统教育向终身教育发展的一种新型教育制度，对不断提高全民素质、促进经济和社会发展具有重要作用”。1995 年，全国人大颁布实施《中华人民共和国教育法》，将“建立和完善终身教育体系”纳入法律保障。2006 年，中共中央、国务院提出《关于进一步加强高技能人才工作的意见》，强调“鼓励企业推行企业培训师制度和名师带徒制度，建立技师研修制度”。2010年，国务院提出《关于加强职业培训促进就业的意见》，全面阐述了职业培训与促进就业的关系，具体部署了加强职业培训的具体任务和措施。同年，《国家中长期教育改革和发展规划纲要（2010—2020年）》再次强调，要“构建体系完备的终身教育体系”。2013年，中共十八届三中全会通过了《中共中央关于全面深化改革若干重大问题的决定》，提出了“完善城乡均等的公共就业创业服务体系，构建劳动者终身职业培训体系”的具体安排。至此，我国构建劳动者终身职业培训体系的任务逐步明确、定位更加准确。构建劳动者终身职业培训体系不仅是我国教育事业改革与发展的客观要求，也成为完善城乡均等公共就业创业服务的具体内容。2014年，国务院做出《关于加快发展现代职业教育的决定》，提出“积极发展多种形式的继续教育”，强调“建立有利于全体劳动者接受职业教育和培训的灵活学习制度，服务全民学习、终身学习，推进学习型社会建设”，使劳动者终身职业培训体系建设的内涵更加具体、目标更加清晰。2017年1月，国务院颁布了《国家教育事业发展“十三五”规划》，确认我国“全民终身学习仍处于初步形成阶段”，提出“建立面向全民的终身学习成果认证、积累与转换公共服务平台”、推动“互联网+教育”等新业态发展等具体措施，为劳动者终身职业培训体系构建注入了新动力。

在中共中央、国务院的具体安排及周密部署下，全国各地相继开展了劳动者终身职业培训体系构建工作。上海市和福建省、河北省先后颁布了《终身教育促进条例》，明确了劳动者终身职业培训的法律地位。部分省、市开发了职业“培训包”，建立了“学分银行”，搭建了劳动者实现终身学习的平台。但是，从各地劳动者终身职业培训体系构建进程看，无论是建设规模还是建设速度，都还不能适应经济社会发展的客观要求及广大劳动者的现实诉求。本研究基于成人学习理论、技术获得模型理论以及供给侧结构性改革理论等，较为详尽地阐释了职业培训的各种效应。在调查分析劳动者职业培训需求和供给现状的基础上，明确了劳动者终身职业培训体系的理论逻辑及构建策略，旨在为加快劳动者终身职业培训体系建设提供理论支撑和实践借鉴。

二

本书是作者承担的河北省2015年度社会科学基金项目“河北省构建劳动者终身职业培训体系研究（项目编号：HB15JY059）”的最终研究成果，全书共分为八章。

第一章为导论，通过回顾改革开放以来中共中央、国务院有关构建劳动者终身职业培训体系建设的安排部署，从宏观层面分析了当前面临的经济社会发展形势及人力资源供给方面存在的问题。介绍了本研究选题的缘起及问题提出的依据、研究的理论基础、研究的思路与方法等，初步解析了研究意义与主要创新，界定了相关核心概念。通过阐释成人教育理论、技术获得模型理论、人力资本理论、利益相关者理论、供给侧结构性改革理论等，确定了研究思路、研究内容及研究方法。

第二章为文献综述，通过广泛收集相关文献及数据资料，分析了国内外理论研究与实践探索的现状。在理论研究方面，梳理了劳动者终身职业培训体系概念形成的历史脉络，确认学习型社会是现代社会建设的一项重要内容。促进经济社会持续发展，政府必须协调各方面力量构建劳动者终身职业培训体系，促使劳动者实现终身学习，二者形成供需关系，构成学习型社会的两个方面。终身教育体系包括学校教育体系和学校后教育体系两个部分，后者即为职业培训体系。在当前我国学校教育体系逐步完善的基础上，加快构建职业培训体系成为学习型社会建设的重点。在实践探索方面，世界发达国家——美国、德国、英国、澳大利亚、加拿大、日本和韩国均在劳动者终身职业培训体系建设方面积累了一定的经验，具有一定的借鉴意义。但是，由于国情不同，我国借鉴域外经验需要实施“本土化”改造。我国北京市、上海市、江苏省、云南省也取得一些重要经验，具有一定的推广意义。

第三章为劳动者职业培训的效应分析。构建劳动者终身职业培训体系具有明显的政治效应、文化效应、经济效应、社会效应和人本效应。政治效应主要体现在发展社会主义民主、提升政治生活质量以及推进政治目标实现方面；文化效应主要体现在活化与优化效应、交流与融合效应、更新与创新效应方面；经济效应主要体现在私人效应、社会效应和溢出效应方面；社会效应主要体现在推动社会城镇化、知识化、信息化、市场化发展方面；人本效应体现在促进劳动者全面发展和个性发展方面。

第四章为劳动者职业培训需求现状分析。分别以职业农民、产业工人为体力劳动者代表，以高职教师为脑力劳动者代表，对劳动者职业培训需求现状进行了调查。确认不同人口学指标特征（参数）劳动者职业培训需求总体上表现出一些共同特征，也存在着明显的个体差异。构建劳动者终身职业培训体系既需要关注普遍需求，又需要关注个体差异，并适应社会发展环境，逐步增强服务能力，改革供给方式，以供给带动需求，引导和激励更多的劳动者主动接受职业培训。

第五章为劳动者职业培训供给现状分析。确认我国职业培训存在机构类型众多、所有制结构复杂、发展态势良好、社会化特征明显、机构间竞争加剧以及两级分化严重等特点。依据《中国统计年鉴》《中国教育统计年鉴》2014 年数据，选取职业培训机构数量、结业生数量、专任教师数量、固定资产总值 4 项指标，建立了职业培训发展综合指数，发现内陆 30 个省份（市、自治区）职业培训发展存在极不平衡现象。灰色关联分析结果表明，10 项社会经济发展指标与职业培训发展系数的灰色关联度从高到低依次为：人均财政收入、第三产业产值、就业人员中高中及以上人口数量、人均 GDP、城镇居民可支配收入、农村居民可支配收入、城镇人口比、财政性教育经费占财政总支出的比重、第二产业产值、第一产业产值。在此基础上，分析了劳动者职业培训的实施现状及满意度状况，确认构建劳动者终身职业培训体系是优化职业培训供给的有效途径。

第六章为劳动者终身职业培训体系框架设计。综合相关研究结果，确认劳动者终身职业培训体系具有公益性与私人性统一、福利性与竞争性统一、即时性与终身性统一、系统内部与外部统一 4 项基本属性，确定构建劳动者终身职业培训体系应遵循与经济社会发展要求相适应、与现有学校教育形式相衔接、满足劳动者多样化培训需求、符合职业培训活动内在规律 4 项原则，应实现培训对象全覆盖、培训类型多样化、培训等级多层次、培训载体多元化、培训管理规范化 5 项目标。基于系统论原理，将劳动者终身职业培训体系分为需求与供给两侧，设计了劳动者终身职业培训体系的主体框架和支体框架。其中，培训需求体系包括培训内容、培训地点、培训时间、培训教师、培训形式5个维度，培训供给体系归纳为家庭培训、学校培训、企业培训、社区培训和社会培训5种类型，技术支撑体系分为传统培训技术和现代培训技术2个维度，培训实施体系包括需求动力体系、需求表达体系、环境支持体系、法律规制体系、组织运行体系、质量评估体系、纵横衔接体系7个子系统。

第七章为劳动者终身职业培训体系构建措施。基于我国劳动者终身职业培训体系构建的理论逻辑及职业培训需求与供给的现实状况，提出构建劳动者终身职业培训体系要重点完成激发劳动者终身职业培训需求、优化劳动者终身职业培训供给、加强职业培训法律规制建设、活化职业培训机构运行机制、推进培训包与学分银行融合5项重点任务。加快我国劳动者终身职业培训体系建设进程，需科学确定构建技术路线，不断拓展建设内涵及层次，促进区域职业培训机会均等，整合现有职业培训资源，逐步完善职业培训制度，积极推进体制机制创新。

第八章为主要研究结论。基于政策演进、培训需求、培训供给3个维度，归纳了劳动者终身职业培训体系构建的理论逻辑。从框架设计、构建措施2个方面，提出了劳动者终身职业培训体系的构建策略。认为劳动者终身职业培训体系作为一个社会存在，必然会随经济社会变化而变化。劳动者终身职业培训体系构建没有“完成时”，只有“进行时”；没有“最好”，只有“更好”。

三

相对于学校教育而言，我国劳动者终身职业培训理论研究相对较少，滞后于具体实践。本书作为2015年度河北省社会科学基金项目研究成果，必然也有其阶段性的特点，只能将之放置于当今时代背景之中。随着我国劳动者终身职业培训体系建设进程的逐步推进，相关研究结论必然表现出某些不足。同时，由于本人学术水平所限，书中内容肯定存在许多谬误之处。所有这些，均有待于今后进一步深入研究和逐步完善。本书在写作过程中参阅了部分已有研究文献和政策性文本，本人在仔细核对的基础上以脚注的方式标注了引文出处，并将主要参考文献列在文末，如有疏漏，敬请谅解。

本书是项目组成员集体智慧的结晶。河北科技师范学院继续教育学院高玉峰副研究员、河北科技师范学院学报编辑部社会科学版主任刘燕讲师以及职业教育研究所硕士研究生孙菲菲、宋金娟、蔡云凤、张冬梅、孙雯雯、曾姗、侯小雨、李欣旖等同学参加了部分研究工作。河北科技师范学院科研处和职业教育研究所对本书出版给予了大力支持，谨致谢忱。

本书可供各级政府职业培训行政管理部门决策参考，供各级各类职业培训机构实践借鉴，也可供职业技术教育学、人力资源开发专业研究人士从事相关研究参考。

闫志利

2017年初春于秦皇岛

目　录

第一章 导　论

当前，我国经济社会发展呈现新常态，企业转型、产业升级以及供给侧结构性改革等迫切需要从过度依赖自然资源转向更多依靠人力资源。广大劳动者为适应社会发展的需要，也亟须进行知识与技能更新，增强就业再就业（创业）能力；同时，由于我国逐渐步入老龄化社会，劳动适龄人口规模逐渐减少，为保持社会经济持续、稳定发展，必须由依靠“人口红利”逐步转向依靠“人才红利”，充分挖掘现有人力资源潜力。加快劳动者终身职业培训体系构建进程，是实现上述目标的有效途径，也是全面建设小康社会的必然选择。

第一节　选题缘起与问题提出

一、选题缘起

改革开放以来，中共中央、国务院一直高度重视职业培训发展工作。1981 年，中共中央、国务院做出《关于加强职工教育工作的决定》[①]，明确提出“加强职工教育是实现调整措施的重要内容之一，一定要结合调整的逐步进行，有计划地实行全员培训，建立比较正规的职工教育制度”。1993 年，中共中央、国务院颁布《中国教育改革和发展纲要》[②]，确认“成人教

① 《中共中央、国务院关于加强职工教育工作的决定》，《中华人民共和国国务院公报》1981 年第 10 期，第 295~300 页。

② 《中国教育改革和发展纲要》，《上海成人教育》1994 年第 9 期，第 35~40 页。

育是传统教育向终身教育发展的一种新型教育制度，对不断提高全民素质、促进经济和社会发展具有重要作用”，首次在国家级教育政策文件中运用了“终身教育”一词。1995 年，全国人大颁布了《中华人民共和国教育法》，第一次从法律角度提出“建立和完善终身教育体系”。2006 年，中共中央、国务院提出《关于进一步加强高技能人才工作的意见》[①]，强调“鼓励企业推行企业培训师制度和名师带徒制度，建立技师研修制度”。2010 年，国务院提出《关于加强职业培训促进就业的意见》[②]，全面阐述了职业培训与促进就业的关系，具体部署了开展职业培训的政策措施，有效推动了全国职工培训工作。同年，国务院制定的《国家中长期教育改革和发展规划纲要（2010—2020 年）》提出，“构建体系完备的终身教育体系”[③]。2013 年，中共十八届三中全会通过《中共中央关于全面深化改革若干重大问题的决定》[④]，明确提出“完善城乡均等的公共就业创业服务体系，构建劳动者终身职业培训体系”的具体构想，使我国职业培训发展的目标定位更加清晰。构建劳动者终身职业培训体系不仅成为新时期教育事业发展的客观要求，也成为完善城乡均等公共就业创业体系的具体内容。2014 年，国务院做出《关于加快发展现代职业教育的决定》[⑤]，提出“积极发展多种形式的继续教育”“建立有利于全体劳动者接受职业教育和培训的灵活学习制度，服务全民学习、终身学习，推进学习型社会建设”，使劳动者终身职业培训体系的内涵更加丰富，与其他教育类型的关系更加明确。

在中共中央、国务院安排部署下，全国各地全面推行了劳动者终身职业培训体系构建工作，上海市、福建省、河北省等先后制定了《终身教育促进条例》，使国家相关安排部署更加具体化。但从各地实践看，无论是劳动者终身职业培训体系建设规模还是建设速度，都与经济社会发展的现实要求尚

---

① 《关于进一步加强高技能人才工作的意见》，《中国职业技术教育》2006 年第 18 期，第 5~7 页。

② 《国务院关于加强职业培训促进就业的意见》，《中国人力资源社会保障》2006 年第 18 期，第 56~58 页。

③ 《国家中长期教育改革和发展规划纲要（2010—2020 年）》，《人民教育》2010 年第 17 期，第 2~15 页。

④ 《中共中央关于全面深化改革若干重大问题的决定》，《求是》2013 年第 22 期，第 3~18 页。

⑤ 《国务院关于加快发展现代职业教育的决定》，2014 年 6 月 22 日（http://www.jyb.cn/zyjy/zyjyxw/201406/t20140622_587161.html.）。

不适应。一方面，我国经济呈现新常态，全国各地正在积极推进供给侧改革工作，迫切要求逐步完善职业培训体系、提升职业培训质量，为企业转型和产业升级提供重要人力资源支撑。2014 年中央经济工作会议提出，认识新常态、适应新常态、引领新常态是当前和今后一个时期我国经济发展的大逻辑，并确定了 2015 年必须实施的“五项重大任务”。在五项任务之中，有两项直接明确了职业培训的责任，其他三项任务也间接涉及职业培训问题（邵会婷，2016）①。另一方面，企业转型、产业升级以及供给侧结构性改革措施的实施导致劳动者职业、岗位等发生了诸多变化，劳动者迫切需要通过接受职业培训适应企业需求，实现就业再就业，提升收入水平。面对劳动者不断变化的、多样化的培训需求，构建劳动者终身职业培训体系已经到了非常紧迫的地步，必须加快建设进度，扩展服务范围，提升服务水平，增强服务能力，满足各年龄段劳动者的培训需求。同时，从社会发展角度看，构建劳动者终身职业培训体系也是统筹城乡发展、促进民众就业创业、提升收入水平的重要途径，必将有效地推动全面建设小康社会目标的实现。

二、问题提出

2015 年，习近平总书记在中央财经领导小组会议上强调，在适度扩大总需求的同时，着力加强供给侧结构性改革。李克强总理提出，要在供给侧和需求侧两端发力促进产业迈向中高端（马常艳，2015）②。目前，全国各地经济转型、产业升级正在形成热潮，去产能、压库存、去杠杆、降成本、补短板成为各地推进供给侧结构性改革、扩大有效供给、提高全要素生产率面临的重要任务。

无论是从社会视角看还是从个人视角看，提升人力资本存量都是提高社会生产力、劳动生产率的主要途径。一方面，供给侧改革引发了经济结构的优化和职业结构的变化，如果劳动者个体素质不能适应优化后的经济结构和变化后的职业结构，只能转岗或下岗失业。唯有构建劳动者终身职业培训体

① 邵会婷、闫志利：《经济新常态下的职业教育发展范式转型》，《教育与职业》2016 年第 7 期，第 17~20 页。

② 马常艳：《权威专家解读“供给侧改革”内涵和路径》，2015 年 11 月 20 日（http://www.ce.cn/xwzx/gnsz/gdxw/201511/20/t20151120_7066627.shtml.）。

系，引导劳动者立足自身状况及个人意愿，参加相应的职业培训活动，才能确保劳动者能够适应企业转型、产业升级的需求。如果劳动者下岗失业，也需要通过接受符合其就业愿望的职业培训，进而掌握一技之长，实现再就业或创业目标。另一方面，基于职业教育与经济发展互动理论，确保供给侧结构性改革取得预期效果，必然要求相应的人力资源给予支撑。然而，当前我国已经逐渐步入老龄化社会，劳动力供给呈现出日益紧张的状况，经济社会发展的“人口红利”不复存在。据有关学者预测，未来10年，我国18～22岁人口将减少4000万，20～40岁人口将减少1亿～3亿。未来20年，我国劳动力将缺少1亿人以上（罗天昊，2010）①。在这种形势下，保持经济社会持续健康发展，必须按照国务院有关释放“人才红利”的要求，全力提升现有9亿劳动者的技术技能水平，并大幅度增加中高端人才的比例，化“人口红利”为“人才红利”（任春，2014）②。可见，加快构建劳动者终身职业培训体系是关系到国家发展、民族兴旺的重大问题，也是关系到社会进步、经济发展的现实问题。

第二节　研究意义与主要创新

一、研究意义

（一）理论意义

目前，世界各国均将构建劳动者终身职业培训体系作为提升人力资本存量、促进社会经济发展的重要途径。同时，也将之作为改善民生、促进就业的重要手段。与世界发达国家一样，我国也广泛开展了相关研究与实践，并取得了一定成就。但是，由于制度体系缺失以及机制运行不畅等原因，劳动者终身职业培训体系建设进程依然迟缓，不能适应经济发展新常态以及供给侧结构性改革的要求。本研究基于改革开放以来我国有关职业培训的

① 罗天昊：《中国未来劳力缺口将超1亿，应容纳亚非国家大量移民》，《时代周报》2010年4月1日第3版。

② 任春：《李克强：化“人口红利”为“人才红利”》，2014年8月23日（http://www.gov.cn/guowuyuan/2014-08/23/content_2738836.htm.）。

法律政策文本分析，明确了劳动者终身职业培训体系构建的理论逻辑。以职业农民和产业工人为体力劳动者代表，以高职教师为脑力劳动者代表，详细调查了劳动者职业培训需求现状。利用《中国教育统计年鉴》等提供的数据，分析了全国职业培训发展现状及省（市、自治区）际差异。采用满意度调查法，分析了劳动者职业培训的供给状况，阐释了供需之间的矛盾。在此基础上，以“一线一面一生”（“一线”即以劳动者职业发展为主线；“一面”即打通职业培训与学校教育的横向阻断以及不同培训层次之间的纵向割裂，统一面向劳动者职业发展；“一生”即将“活到老、学到老、用到老”等终身教育理念纳入其中）为逻辑起点，综合运用成人教育理论、技术获得理论、人力资本理论、利益相关者理论、供给侧结构性改革理论等，深入探究了劳动者终身职业培训体系的需求与供给现状，提出了劳动者终身职业培训体系框架及建设措施，进一步丰富了职业培训理论，可用于指导职业培训实践。

（二）实践意义

发展是人类社会的永恒主题，需要资金投入，也需要人力资本投入，且后者更为关键。教育与培训是人力资本积累的主要途径，在我国学校教育体系逐步完善的基础上，加快构建劳动者终身职业培训体系，既是当代需求也是历史任务。本研究在阐释劳动者终身职业培训体系构建理论逻辑的基础上，确认了构建劳动者终身职业培训体系的重要性与必要性。立足我国职业培训发展的现实，并借鉴世界发达国家经验，设计了劳动者终身职业培训体系框架结构，并提出了相应的构建策略，旨在逐步完善职业培训政策制度、强化职业培训供给质量、满足劳动者终身职业培训需求，进而提升人力资本存量，促进经济社会发展。特别是在我国经济社会发展呈现新常态，积极推进供给侧结构性改革的现实背景下，通过构建劳动者终身职业培训体系，可为企业转型、产业升级提供人力资源支撑，促进我国经济社会发展由依靠“人口红利”逐步转向依靠“人才红利”，推动新型工业化、信息化、城镇化、农业现代化进程以及中国制造 2025 等目标的实现。同时，亦可改善民生、促进就业，推动全面建设小康社会进程。

二、主要创新

本研究将劳动者终身职业培训体系视为一个整体，并分成需求侧和供给侧两个视角，系统研究了劳动者终身职业培训体系的理论逻辑和构建策略，力求实现5个方面的创新。

第一，综合分析国内外劳动者终身职业培训体系研究成果，解析了职业培训的政治效应、文化效应、经济效应、社会效应和人本效应。政治效应主要体现在发展社会主义民主、提升政治生活质量以及推进政治目标实现方面；文化效应主要体现在活化与优化效应、交流与融合效应、更新与创新效应方面；经济效应主要体现在私人效应、社会效应和溢出效应方面；社会效应主要体现在推动社会城镇化、知识化、信息化、市场化发展方面；人本效应体现在促进劳动者全面发展和个性发展方面。

第二，以职业农民、产业工人为体力劳动者代表，以高职教师为脑力劳动者代表，对劳动者职业培训需求现状进行了调查。确认不同人口学指标特征（参数）劳动者职业培训需求总体上表现出一些共同特征，也存在着明显的个体差异。构建劳动者终身职业培训体系既需要关注普遍需求，又需要关注个体差异，并适应社会发展环境，逐步增强服务能力，改革供给方式，以供给带动需求，引导和激励更多的劳动者主动接受职业培训。

第三，确认我国职业培训存在机构类型众多、所有制结构复杂、发展态势良好、社会化特征明显、机构间竞争加剧以及两级分化严重等特点。依据《中国统计年鉴》《中国教育统计年鉴》2014年数据，选取职业培训机构数量、结业生数量、专任教师数量、固定资产总值4项指标，建立了职业培训发展综合指数，发现内地30个省（市、自治区）职业培训发展存在极不平衡现象。10项社会经济发展指标与职业培训发展系数的灰色关联度从高到低依次为：人均财政收入、第三产业产值、就业人员中高中及以上人口数量、人均GDP、城镇居民可支配收入、农村居民可支配收入、城镇人口比、财政性教育经费占财政总支出的比重、第二产业产值、第一产业产值。分析了劳动者职业培训的实施现状及满意度状况，确认构建劳动者终身职业培训体系是优化职业培训供给的有效途径。

第四，综合相关研究结果，确认劳动者终身职业培训体系具有公益性与私人性统一、福利性与竞争性统一、即时性与终身性统一、系统内部与外部统一4项基本属性，确定构建劳动者终身职业培训体系应遵循与经济社会发展要求相适应、与现有学校教育形式相衔接、满足劳动者多样化培训需求、符合职业培训活动内在规律4项原则，应实现培训对象全覆盖、培训类型多样化、培训等级多层次、培训载体多元化、培训管理规范化5项目标。基于系统论原理，将劳动者终身职业培训体系分为需求与供给两侧，设计了劳动者终身职业培训体系的主体框架和支体框架。其中，培训需求体系包括培训内容、培训地点、培训时间、培训教师、培训形式5个维度，培训供给体系归纳为家庭培训、学校培训、企业培训、社区培训和社会培训5种类型，技术支撑体系分为传统培训技术和现代培训技术2个维度，培训实施体系包括需求动力体系、需求表达体系、环境支持体系、法律规制体系、组织运行体系、质量评估体系、纵横衔接体系7个子系统。

第五，基于我国劳动者终身职业培训体系构建的理论逻辑及职业培训需求与供给的现实状况，提出构建劳动者终身职业培训体系要重点完成激发劳动者终身职业培训需求、优化劳动者终身职业培训供给、加强职业培训法律规制建设、活化职业培训机构运行机制、推进培训包与学分银行融合5项重点任务。加快我国劳动者终身职业培训体系建设进程，需科学确定构建技术路线，不断拓展建设内涵及层次，促进区域职业培训机会均等，整合现有职业培训资源，逐步完善职业培训制度，积极推进体制机制创新。

第三节　核心概念的界定

一、劳动与劳动者

（一）劳动

有关劳动概念的起源可追溯到古希腊时期。亚里士多德（Aristotle，前384—前322）将人类活动划分为理论、实践、创制3类（田青禾等，2016）[①]。理论是人

① 田青禾、朱春艳：《马克思“劳动”概念对西方哲学“劳动”概念的突破》，《理论界》2016年第1期，第1~6页。

类社会把握的事物本质与规律，是闲暇人自由从事的工作；实践指免于从事生产活动的人处理人与人之间关系的行为，主要包括政治实践和伦理实践两个部分；创制指人类为了生存而必须从事的生产活动。“劳动者阶级是非劳动者阶级的手段和工具，非劳动者阶级是劳动者阶级的目的”。可见，亚里士多德所说的创制就是劳动。英国古典经济学奠基人威廉·配第（William Petty，1623—1687）认为，商品可以进行自由交换的原因在于商品之间存在着“劳动时间”这种相同的东西，在所有商品里面均蕴含着劳动（田青禾等，2016）[①]。经济学鼻祖亚当·斯密（Adam Smith，1723—1790）认为劳动不仅是单纯的、具体的活动，而且是财富的源泉。人们出于个人欲望进行劳动并创造产品，劳动是生产力发展、国民财富增加之源[②]。资产阶级古典政治经济学代表大卫·李嘉图（David Ricardo，1772—1823）进一步继承了亚当·斯密的劳动思想，认为劳动决定了商品的价值（顾海良等，2002）[③]。英国自由主义思想家约翰·洛克（John Locke，1632—1704）提出了“劳动所有权”概念，认为劳动行为具有所有权，且属于劳动者本人，“劳动是劳动者无可争辩的所有物”[④]。约翰·洛克也认为，劳动权也可以作为商品交换。唯心主义哲学家格奥尔格·威廉·弗里德里希·黑格尔（Georg Wilhelm Friedrich Hegel，1770—1831）认为劳动是人的本质，人的“需要体系”包括“物质生活本身”和“劳动”两个因素。劳动具有历史性，其社会意义在于使市民社会由特殊性向普遍性回归[⑤]。卡尔·海因里希·马克思（Karl Heinrich Marx，1818—1883）认为，劳动是人类所特有的本质力量的展现，人是“自己劳动的结果”，并提出了著名的劳动价值论（Marxist Theory of Labor Value）[⑥]。

当今社会，应将劳动理解为一切创造价值的活动。习近平总书记指出，

① 田青禾、朱春艳：《马克思“劳动”概念对西方哲学“劳动”概念的突破》，《理论界》2016年第1期，第1~6页。

② 亚当·斯密：《国民财富的性质和原因的研究（上卷）》，郭大办、王亚南译，商务印书馆1972版，第176页。

③ 顾海良、张雷声：《马克思劳动价值论的历史与现实》，人民出版社2002版，第276页。

④ 洛克：《政府论》，丰俊功译，光明日报出版社2009版，第52页。

⑤ 黑格尔：《法哲学原理》，范杨、张企泰译，商务印书馆1961版，第26页。

⑥ 《马克思恩格斯全集（第42卷）》，人民出版社1979版，第141页。

一切劳动，无论是体力劳动还是脑力劳动，都值得尊重和鼓励，全社会都要贯彻尊重劳动、尊重知识、尊重人才、尊重创造的重大方针，都要以辛勤劳动为荣、以好逸恶劳为耻[①]。只有崇尚劳动、造福劳动者，才能全面推进小康社会建设，实现中华民族的伟大复兴。

（二）劳动者

从字义分析，劳动者指“劳动的人”，是从事劳动活动一类人的统称。在哲学领域，劳动者概念的内涵极为广泛，凡是具有劳动能力，以从事劳动获取合法收入作为生活来源的公民均可称为劳动者。可见，该含义包括两个方面：一是包括体力劳动者和脑力劳动者在内所有参加劳动的人；二是以劳动收入作为生活来源的人。马克思认为，劳动者是生产力三要素之一，是生产力诸要素中最为活跃和最富有创造性的要素，推动了历史前进，创造了人类世界的物质财富，并为创造精神财富提供了条件[②]。在社会学领域，劳动者指包括中小资产阶级、公务员、知识分子、自由职业者、工人、农民、渔民和手工业者在内的多阶级政治集合。在法学领域，劳动者存在着消极主义和积极主义立法例两种概念，前者未直接界定“劳动者”的概念，而是规定了劳动概念的外延（吕琳，2005）[③]。如德国《一般劳动契约法（草案）》将受雇者规定为徒弟、使用人、官公吏和劳工4类，除了徒弟、使用人、官公吏以外的受雇者就是劳工；后者直接界定了“劳动者”的内涵。如日本《劳动基准法》规定，“本法所称之劳动者，指不同职业种类，受前条之事业或事物所使用，而获工资之给付者而言”。秦国荣（2012）认为，劳动者指达到或符合法律规定的就业年龄，具有完全民事行为或限制行为能力，具备一定的知识或技能，有就业欲望并能够按照自己真实的意思表示与用工者依法订立用工契约，通过独立向用工者有偿出让自己的劳动力使用权，参与到按用工者指令要求或按照约定要求从事相关活动，与用工者形成隶属和管理关系，并按照约定获取相应工资

① 潘婧瑶、张迎雪：《习近平的“劳动观”》，2016年5月1日（http://www.chinanews.com/gn/2016/05-01/7855294.shtml.）。

② 周小峰：《论劳动者在职业安全中的知情权》，硕士学位论文，苏州大学，2011年。

③ 吕琳：《论“劳动者”主体界定之标准》，《法商研究》2005年第3期，第31~36页。

报酬的自然人[①]。本研究采用秦国荣（2012）的概念，并将劳动者分为脑力劳动者和体力劳动者，前者指以脑力消耗为主的劳动者，包括科学研究人员、工程技术人员、行政和经济管理人员、医务工作人员、文艺工作者、教育工作者等。后者指以消耗体力为主的劳动者，主要分布在农业、工业、建筑业等产业（行业）中。

习近平总书记（2013）指出，劳动者历来都是一个闪光的群体，享有崇高的声誉，备受人民尊敬。人民创造历史，劳动开创未来[②]。强调劳动者素质对一个国家、一个民族发展至关重要，劳动者的知识和才能积累越多，创造能力就越大。面对日趋激烈的国际竞争，一个国家发展能否抢占先机、赢得主动，越来越取决于国民素质特别是广大劳动者素质。要“实施职工素质建设工程，推动建设宏大的知识型、技术型、创新型劳动者大军”。

二、劳动者终身职业培训体系

（一）职业培训及相关概念

1. 职业培训

目前，我国关于“职业培训”概念的界定尚未统一，也有将其简称为“培训”或“职业技能培训”及“职业技术培训”者。显然，“培训”扩大了职业培训概念的内涵，因为培训包括了职业培训，为其上位概念；后两者则缩小了职业培训概念的内涵，因为“职业技能培训”及“职业技术培训”阐释了职业培训的具体内容，为其下位概念。域外国家亦然，有的国家直接称为“培训”（Training），如澳大利亚、英国等；也有国家称为“职业培训”（Occupation Training，Vocational Training），如美国、德国等（闫志利等，2013）[③]。

谢桂花等（2012）研究认为，职业培训是指按照社会需要，对劳动者在

---

① 秦国荣：《劳动法上的劳动者：理论分析与法律界定》，《法治研究》2012年第8期，第28~38页。

② 潘婧瑶、张迎雪：《习近平的“劳动观”》，2016年5月1日（http：//www. chinanews. com/gn/2016/05-01/7855294. shtml.）。

③ 闫志利、刘燕：《面向全体劳动者职业培训制度体系的构建——基于培训效应理论的阐释》，《湖南第一师范学院学报》2013年第1期，第116~120页。

不同水平普通教育的基础上，给予不同水平的专业知识和技能培训[①]。按本研究确定的劳动者概念的内涵，该定义将培训对象的文化知识限定在“在不同水平的普通教育基础上”，未能考虑“不同水平的职业教育基础上”的劳动者，缩小了职业培训接受者的范围。此外，将培训内容限定在“专业知识和技能”范围之内，忽略了职业道德、职业素养等方面的培训。罗拾平（2010）将“职业培训”中的“职业（Vocation）”视为“天职（Calling）”，劳动者唯有一段时间的职业经历（Career）方能称之，其实质在于“被雇用（Employment）”，职业培训（Vocational Training）是为了职业训练与职业成熟[②]。显然，该定义未能将无职业经历的准劳动者囊括于职业培训对象之内，忽视了岗前培训、入职培训。而岗前培训、入职培训却是职业培训极为重要的两种形式。顾明远（1991）主编的《教育大辞典》将“职业技术培训”定义为面向从业人员某种职业所需，所进行的专业知识或技能培训，其内容包括职业道德、安全卫生等方面。一般学习时间较短，不以取得学历资格为目的，学习结业经考核合格后可按国家规定发给相应的培训合格证书或技术等级证书等[③]。显然，该定义将职业培训的对象限定在从业人员范围之内，将失业、下岗劳动者排除在外。《中华人民共和国职业教育法》第十四条规定，职业培训包括就业前培训、在岗培训、转岗培训、转业培训、学徒培训以及其他职业性培训，可以根据实际情况分为初级、中级、高级职业培训。可见，该定义带有具体化、终身化特征。

综合以上定义，本研究认为，在我国经济发展呈现新常态的现实背景下，职业培训应面向全体劳动者，围绕职业岗位需求，以提高劳动者的职业素质和技术技能为目标，既有私人效应，又有溢出效应。

2. 相关概念

与“职业培训”相关的概念有“职业教育”“就业再就业培训”“创业培训”以及“继续教育”等。一般认为，职业教育（Vocational Education）是职

① 谢桂花、杨雅厦：《福建省建立面向全体劳动者的职业培训制度探析》，《福建省社会主义学院学报》2012年第3期，第77~81页。

② 罗拾平：《对劳动者职业培训制度创新的思考》，《湖湘论坛》2010年第4期，第121~125页。

③ 顾明远：《教育大辞典：第3卷》，上海教育出版社1991版，第232页。

业技术教育（Vocational and Technological Education）的简称。《中华人民共和国职业教育法》第二条规定，“本法适用于各级各类职业学校教育和各种形式的职业培训。国家机关实施的对国家机关工作人员的专门培训由法律、行政法规另行规定”。可见，职业教育是职业培训的上位概念，职业教育包括职业培训。职业学校教育与职业培训共同构成了职业教育。就业再就业培训是为了帮助准职工或下岗职工实施的转变就业观念、提高职业技能，尽快实现就业或再就业的培训，是职业培训的一种类型，包括在职业培训之中。创业培训是面向准备创业人员的培训，通过组织开展培训指导、政策咨询和跟踪服务，提高准劳动者及下岗职工和失业人员从事个体、私营经济或创办小企业的能力，也是职业培训的下位概念。继续教育指一个人以获取高一级学历或某一专业技能为目的，在接受全日制学校教育后继续接受各类教育的行为或活动。显然，继续教育包括职业培训，也是职业培训的上位概念。至于就业前培训、在岗培训、转岗培训、转业培训、学徒培训以及其他类型的职业培训，顾名思义，都是职业培训的具体形式或类型。

（二）终身职业培训及相关概念

终身职业培训概念的核心词为“终身”，指劳动者一生参加（或接受）的各类职业培训活动，属于终身教育的一部分。单独提出终身职业培训的概念，目的在于强调职业培训的时间长度，具化为劳动者的一生。职业培训强调了与学校教育的区别，体现了培训的“职业目的”。如果将劳动者和终身职业培训体系（终身教育体系）均视为社会存在，终身职业培训体系蕴含着劳动者的客体属性，终身学习体系则蕴含着劳动者的主体属性，包括终身职业培训在内的终身教育体系与终身学习体系相对应，共同构成了学习型社会。当然，终身教育体系中的教育包括了职业培训，视培训为教育的一种形式。

叶翔（2003）分析了各国学者关于终身教育的不同观点①。美国学者一般认为，终身教育是“正规教育之后进行的一种范围很广泛的教育，旨在使人们获得与自己职业有关的或者为自己转换岗位所需要的新知识、新技能”。可

① 叶翔：《我国当前终身教育体系构建中存在的主要问题及对策探讨》，硕士学位论文，湖南师范大学，2003 年。

见，美国学者关于终身教育的观点体现了职业性，可直接理解为终身职业培训。日本学者称终身教育为研修教育，目的在于提升在职人员的技术素质。可见，该观点也可直接理解为终身职业培训。联合国教科文组织出版的《职业技术教育》一书认为，终身教育是指那些已经脱离正规教育，已经参加工作、负有成年责任的人所接受的各种类型教育。显然，该观点也体现了终身职业培训的意蕴。

时任联合国教科文组织成人教育科科长、法国教育家保尔·朗格朗（Paul Lengrand）认为，终身教育指人从出生到死亡为止整个一生的教育，此观点得到了国际社会的广泛认同[①]。首先，教育并不是青少年的“专利”，而应贯穿于人的一生。劳动者各年龄阶段接受的各类教育相互联系、相互作用，构成了终身教育。其次，教育不仅仅限定在学校内进行，社会各类组织机构也承担着教育功能，各种教育形式、各类教育内容应该实现综合统一。“终身教育是一系列很具体的思想、实验和成就，是一种完全意义上的教育，包括了教育的所有方面、各项内容，从一个人出生的那一刻起到生命终结时的不间断地发展，包括了教育各发展阶段和各阶段之间的有机联系”。可见，此观点打破了那种将教育限定在某个年龄阶段的传统认识，并明确了教育过程的统一性和连贯性，终身教育包括了终身职业培训。

保尔·朗格朗的继任者依托尔·吉尔皮（Ettore Gelpi，1979）综合考虑世界各国经济发展的不平衡状况和民众贫富差异较大等因素，从更为广泛的视角阐释了终身教育的概念。强调教育是贯穿人的一生的持续过程，社会各行业、组织机构都具有教育功能。纵向看，终身教育融学前教育、学校教育与成人教育于一体；横向看，终身教育融家庭教育、社会教育和学校教育于一体[②]。Hutchins（1968）认为，终身教育体系发展的终极目标是“学习型社会”，劳动者学习的最终目的是为了提升生活品质和精神教养，实现“贤、乐、善（To live wisely，agreeably and well）”[③]。1972年，联合国教科文组织发布《富

① 胡华亮：《论构建我国农民终身职业教育体系》，硕士学位论文，湖南师范大学，2008年。

② 鲍道宏：《国外“终身教育”理论、理念和思潮的发展脉络探析》，《福建教育学院学报》2007年第1期，第36~39页。

③ 毕结礼：《终身职业培训体系建设再思考——国外终身教育的经验与借鉴》，《中国培训》2014年第11期，第8~9页。

尔报告》，认为“学习是社会中心活动”，强调“学习是人的目的”。1996年，联合国教科文组织再次发布《德洛尔报告》，认为教育应聚焦个人和社会发展，强调“就业、包容、民主和自我发展”等议题①。

（三）劳动者终身职业培训体系

“体系”一词泛指某一事物的若干组成部分或要素，按照一定的规则、秩序以及相互之间的联系组合成一个整体，实现其相应的功能与效能。就其实质而言，体系就是不同系统按一定的规则组成的更大的体现整体性的系统，其功能呈现出亚里士多德（Aristotle）所言“整体大于部分之和”。自然界中系统遵循自然法则，体现出客观性；人类社会系统较为复杂，在体现自然法则的同时，还受到自我认知能力水平的影响，体现出主观性。1932年，美籍奥地利人、理论生物学家贝塔朗菲（Bertalanffy）提出了系统论的思想，1937年提出了一般系统论原理，将系统定义为“由若干要素以一定结构形式联结构成的具有某种功能的有机整体”，包括了系统、要素、结构、功能4个概念，认为整体性、关联性、等级结构性、动态平衡性、时序性等是所有系统的共同的基本特征②。认为系统是由若干要素根据一定目的以一定结构形式构成的具有某种功能的有机整体，系统中各要素不是孤立存在的，每个要素在系统中都处于一定的位置并发挥着特定的作用。

由于学界对“终身教育”概念的认知不一，导致由“终身教育”概念衍生的“终身教育体系”概念认知亦存在不同的内涵界定。吴遵民等（2006）以终身教育理念作为“终身教育体系”概念研究的逻辑起点，从实体表达的角度阐释了终身教育体系，认为“终身教育体系”是围绕人的一生发展而为之提供教育或学习机会的体系③。显然，该观点将终身教育体系纳入哲学视阈中的“社会存在”。陈乃林（2010）也就终身教育体系进行了实体表达，认为终身教育体系是按照终身教育的思想和原则，为达到一定的社会教育发展目标而确立的面向全民、贯穿于人生全程、具有连续性和统一性的社会化教育体系，

---

① 张创伟：《西方学习型社会探究——基于原版文本的解读》，博士学位论文，华东师范大学，2013年。

② 梁莹：《优势视角与系统理论：社会工作的两种视角》，《学海》2013年第4期，第70~78页。

③ 吴遵民、黄欣、刘雪莲：《建立和完善终身教育体系的法律制度研究》，《继续教育研究》2006年第6期，第19~22页。

具有后现代教育的新颖特质[①]。在制度表达方面，刘辉等（2013）研究认为，完备的终身教育体系是指教育系统、社会机构和家庭组织在终身教育理念指导下，经有效整合，为社会成员提供一生学习机会的教育制度安排[②]。李术红（2004）[③]、刘汉辉（2007）[④]分别按纵向和横向两个维度对终身教育体系的要素进行了划分，认为纵向维度的终身教育包括学前教育、学校教育、成人教育和老年教育；横向维度的终身教育包括学校教育、企业教育、社区教育和家庭教育。庚荣（2003）研究认为，终身教育形式、方式、内容构成了终身教育体系的基本要素。其中，终身教育体系在形式上包含了正规教育与非正规教育，方式上包括了面授、函授、网络、电视以及多媒体教学等，内容上包括了道德教育、综合知识教育、能力的培养与健全的人格培养等[⑤]。周西安（2011）视终身教育体系为一个社会巨大系统，包含了目标系统、保障系统、领导系统、运作系统等[⑥]。本研究确定劳动者终身职业培训体系的地位以及与其他相关概念的逻辑关系如图 1-1 所示。

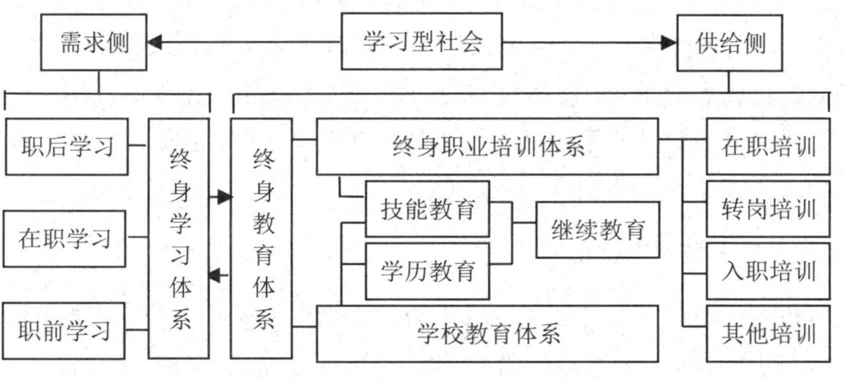

图 1-1 终身职业培训体系的地位以及与其他相关概念的逻辑关系

① 陈乃林：《建设区域型学习型社会实证研究报告》，高等教育出版社 2010 版，第 87~88 页。

② 刘辉、汤晓蒙：《试论各级各类教育融入终身教育体系的时序》，《教育研究》2013 年第 9 期，第 89~94 页。

③ 李术红：《论终身教育体系的基本结构与功能》，《吉林商业高等专科学校学报》2004 年第 1 期，第 17 页。

④ 刘汉辉：《论终身教育体系：架构、实现方式及功能》，《广东社会科学》2007 年第 4 期，第 179~180 页。

⑤ 庚荣：《论终身教育体系的构建》，《西南交通大学学报（社会科学版）》2003 年第 7 期，第 96~98 页。

⑥ 周西安：《我国终身教育体系的内容结构与建构原则》，《职业技术教育》2011 年第 22 期，第 39 页。

综合上述分析可见，劳动者终身职业培训体系的内涵（或内容）十分丰富，涉及社会各个方面。劳动者终身职业培训实现体系化，其内涵至少包括理念和环境、相关法律法规、政策和措施、运行机制等诸多方面。赵祥昆（2014）剖析了我国劳动者终身职业培训体系建设与发展的现状，认为社会各个层面有关终身职业培训必要性和重要性的认知尚待提升，广大劳动者参与终身职业培训的积极性尚待提升，有关终身职业培训的法律法规建设及政策制度供给尚待加强，劳动者终身职业培训的运行机制尚待优化①。

第四节　研究的理论基础

一、成人教育理论

众多学者认为，成人教育是终身教育理论体系形成的基础，成人教育体系的发展程度决定了终身教育体系的发展程度及其教育接受者的覆盖范围。由于成人均为具有一定职业的劳动者，成人教育发展程度也集中反映了劳动者职业培训发展程度。中国人民银行郑州培训学院课题组（2004）认为，成人教育是面向成人的教育，终身教育则强调教育始终伴随于人的一生。成人教育是实现终身教育的重要形式，包含在终身教育之中，涵盖了一个人成年之后所有的学习活动②。

（一）成人教育的提出

1949年，联合国第一届国际成人教育大会正式提出了“成人教育”的概念，后经完善逐步形成了成人教育理念。强调成人教育与学校教育、儿童教育有着本质的区别，需要专门的教学方法和教育策略。成人教育包括成人基础教育、人力资源发展、教育老年学和专业进修等，对一个人的成长与发展至关重要。成人教育具有多维度、多视角等特征，教育效果受到学习者文化基

---

① 赵祥昆：《如何构建劳动者终身职业培训体系——访中国劳动学会劳动标准专业委员会会长王竞》，2014年2月13日（http://www.chinajob.gov.cn/Weekly/content/2014-02/13/content_890284.htm.）。

② 中国人民银行郑州培训学院课题组：《成人教育理论与成人教育实践研究》，《河南金融管理干部学院学报》2004年第2期，第92~96页。

础、家庭背景以及工作环境等多因素的影响，成人教育学、自我导向学习和交替学习构成了成人教育理论的主要内容（徐琦等，2009）[①]。

（二）成人教育学的形成

美国学者诺尔斯（Knowles，1968，1980）将成人教育和学校教育区别开来，使成人教育研究摆脱了学校教育学的束缚，形成了完整的“成人教育学”[②]，成为“帮助成年人学习的新学科”。诺尔斯确认，成年学习者达到学习目标，需要满足“有独立的自我发展观念并能够指导自己的学习、积累了大量的生活工作经验可以作为学习的资源、想改变自己的社会角色、具有问题意识并乐于运用自身所掌握知识和技能解决问题、拥有学习的内在动力”5个条件，为构建劳动者终身职业培训体系提供了重要借鉴。

（三）自我导向的学习

与其他成人学习方式比较，自我导向的学习方式具有不受时空限制、适应个体需要、节省费用等优势，因此“在过去的20年内，自我导向学习是成人教育中经常获得确认的一种框架”“在成人教育中，没有任何领域像自我导向的学习那样获得了如此广泛的重视，并拥有如此众多的支持者”（刁桂梅，2005）[③]。托夫（Tough，1971）调查了加拿大成年人的学习状况，发现参加学习的成年人有90%以上都在前一年参加过人均100小时左右的自主学习，并且学习内容极其广泛，多与工作任务和问题相关（如律师学习航空法）、与家庭责任及个人职责相关（如家庭改进项目）、与学习者个人业余爱好相关（如演奏乐器）等。其中，成年人能够自主规划，不断地引导自我，是成人教育学所暗含的重要假设——自我导向学习[④]。诺尔斯（1975）将成人学习的自主规划、引导自我

① 徐琦、付蓉：《成人教育理论的变迁》，《成人教育》2009年第2期，第38~39页。

② Knowles M. S.：The Modern Practice of Adult Education：Form Pedagogy to Andragogy (2nd. Ed.)，New York：Cambridge University Press，1980，pp. 77-81.

③ 刁桂梅：《成人自我导向学习的理论误区及其矫正》，《西北成人教育学报》2005年第4期，第8~10页。

④ Tough A.：The adult's learning projects：A fresh approach to theory and practice in adult learning，Toronto：Ontario Institute for Studies in Education，1971，pp. 22-26.

的现象称为“通过契约学习的方式进行自学”①。自我导向学习动力源于学习者的日常生活需要，而不是依赖于类似学校教育所拥有的教师和教室等。此后，西方相关学者经历了30多年的研究，进一步验证了成年人自我导向学习存在的广泛性，并探究了衡量成年人自我导向学习程度的工具。

（四）交替学习理论

20世纪90年代，福瑞尔（Freire）和梅兹若（Mezirow）提出了交替学习理论，并逐步占据了成人学习领域研究的中心地位②。众多学者的研究结果表明，学习者的个人品质在一定程度上决定了成人教育学和自我导向学习的存在，交替学习则具体指向了学习的认知过程。交替学习理论强调学习过程依赖于成年人的生活经历，也依赖于一种相对于孩童时期而言更为成熟的认知水平，工作与学习的交替更有利于强化人们对世界的认知。

（五）成人教育理论的发展

1. 基于背景的学习

随着社会的发展，学界将成人教育的研究重点由单一的自然人个体逐步转向其外部的学习背景，将自然人的学习视为一种“社会现象”。瑞斯尼克（Resnick，1987）比较了校内（校园）学习和校外学习环境的差异③，认为学校教育评估均以学习者能够独自做什么为基础，而学习者在校内（校园）学习所接触到的事物均不是真实的，只是事物的一些象征符号（如以数字代表数量），且不能借助日常生活中常用的工具（如地图、电脑等）解决问题。在校外学习的非学校环境中，学习者的学习活动在一个社会系统之中发生，不仅能够与他人交流，而且能够运用一些日常生活中解决问题所需要的工具。校园学习具有普遍性，校外学习则由于情境的不同表现出具体性和差异性。

2. 基于批判的视角

基于背景学习的研究引导人们由关注学习者转向关注学习场所等外部环

① Knowles M.：Self-directed learning：A guide for learners and teachers，Toronto：The Adult Education Company，1975，p. 18.

② 徐琦、付蓉：《成人教育理论的变迁》，《成人教育》2009年第2期，第38~39页。

③ Resnick A.：Learning in school and out，Education Research，Vol. 16，No. 9，1987，pp. 13-20.

境以及学习者或学习活动的社会背景、历史背景及文化背景等，实际上已经接近于后期的教育生态学思想。基于教育本身所具有的多元因素以及多元因素的影响性，引发了诸多研究者，特别是马克思主义、后现代主义以及女权主义等理论的研究者开始运用批判性思维研究学习问题（Merriarn 等，1999）[①]，认为学习者的学习及学习活动受到“阶级和性别、权力和压制、知识和真理”三大主题的影响。如人们观察到，学校学习的男同学在课堂讨论中被点名的频率高于女同学，而非学校学习则不存在这种现象。由此推论，学生的学习是受性别影响的。

3. 基于问题的视角

通过关注学习者在学习过程中的情感变化、作为学习背景的躯体和精神等变化及其与成人学习之间的关系等，进一步强化了对成人学习的整体理解（徐琦等，2009）[②]。研究者发现，人们到了成年时期，学习活动逐步变化为情感的寄托、躯体的需求以及精神的依靠。

《中华人民共和国劳动法》第二章第十五条规定，禁止用人单位招用未满十六周岁的未成年人。因此，我国劳动者均为成年人。借鉴成人教育理论，全面了解学习者身份、学习背景以及学习过程中所表现的问题，才能使劳动者终身职业培训体系构建工作更具针对性。本研究格外重视成人教育理论在劳动者终身培训体系构建过程中的理论指导作用，将成人学习、成人教育与儿童学习、学校教育等区分开来，直追劳动者职业培训需求的本质，力求使研究结论以及相关措施更加符合成人特点；充分尊重劳动者自我观念，充分利用其在工作或生活中已经获得的经验，使劳动者终身职业培训体系构建于交替学习基础之上；注重激发劳动者接受职业培训的积极性，使自我导向学习、交替学习、基于背景的学习等由理论研究转化为具体实践。基于批判性思维，着力解决目前制约劳动者终身职业培训体系构建的主要障碍，并强化其包容性，从而能够面向全体劳动者。通过区域职业培训均衡发展，保证每一位劳动者均具有平等的职业培训机会。

---

① Merriam S. B.，Caffarella R. S.：learning in adulthood，San Francisco：Jossey-Bass，1999，pp. 12-17.

② 徐琦、付蓉：《成人教育理论的变迁》，《成人教育》2009 年第 2 期，第 38~39 页。

二、技术获得模型

20 世纪 80 年代，美国学者休伯特・德雷福斯（Hubert Dreyfus）和他的弟弟斯图亚特・德雷福斯（Stuart Dreyfus）合作，以个人身体的变化为前提，综合相关哲学观点，提出了技能获得模型（Model of Skill Acquisition），比当时盛行的胡塞尔（Husserl E. E.，1859—1938）现象学更为通俗易懂，引发了人们对身体与世界、实践与认知、技能与知识、熟练应对（Skillful Coping）与意向导向（Intentional Directedness）、理性思维与直觉思维等进行了广泛的讨论①，为人们深刻理解终身教育理念提供了哲学依据，揭示了学习者从技能低级阶段到高级阶段所经历的情感、实践和认知的转变，也为构建劳动者终身职业培训体系提供了理论支撑。

（一）技术获得阶段

德雷福斯（2001）兄弟经过潜心研究，将人类获得技术技能的过程分为新手（Novice）、高级初学者（Advanced Beginner）、胜任（Competence）、精通（Proficiencies）、专长（Expertise）、驾驭（Mastery）和实践智慧（Practice Wisdom）7 个阶段②。在新手阶段，学习者在教师的指导下，学会辨认可能与语境无关的一些步骤或程序。然后，学习者按照教师提供的操作规则进行操作，完成某项技术技能（生产）任务。在不断地操作、掌握了处理某些现实问题的经验之后，学习者进入了高级初学者阶段，能够理解与所要解决的问题相关的语境，遵循任务目标并广泛查找有借鉴意义的先例，学习辨认新问题。此时，教师给予的指导准则将增加一些可以辨认的情境因素以及客观上明确的非情境特征，使学习者获得处理问题、完成任务目标的经验和能力，开始立足个人兴趣关注与完成任务目标相关的其他问题，产生初步融入相关任务情境的感觉。在胜任阶段，学习者随着经验的增加，能够辨认的潜在问题越来越多，并能够选择某一视角对相关问题进行分类与取舍，制订明确的

---

① 成素梅，姚艳勤：《德雷福斯的技能获得模型及其哲学意义》，《学术月刊》2013 年第 12 期，第 64~70 页。

② Hubert Dreyfus：“How far is distance learning from education?”，Bulletin of science, Technology & society，Vol. 21，No. 3，2001，pp. 165-174.

解决问题的计划，能够独立地处理一些简单问题，并对解决问题形成一定的快速反应能力。在精通阶段，学习者逐步融入、完全参与到所要解决的问题域和需要完成的任务之中，在学习与实践的过程中形成积极（或消极）的情绪，强化了对成功的追求，并开始产生直觉，形成情境识别能力用于取代由规则和原理组成的操作程序，逐步体现出了直觉思维。在专长阶段，学习者不仅需要明确达到的任务目标，而且知道完成任务目标的具体方式或实践途径，形成更为明显的直觉情境回应能力，直觉思维占据主导地位，能够完全替代先前形成的理性思维，以适当的方式去做适当的事情，随机应变地处理问题。在驾驭阶段，学习者逐步表现出创新创造能力，并形成了自己处理问题、解决问题的独特风格，技术技能发展达到了较高水平。有学者将此阶段称为“大师”阶段，并强调此阶段一定要在师徒制（学徒制）的形式中完成，远程教育或网络学习永远不会让学生达到这一阶段。在实践智慧阶段，学习者达到了学习的最高境界，并逐步形成了体知型（Embodied）知识——文化实践，逐步使技术技能产生广泛的社会性，不但能够影响学习者自己，也能影响他人。德雷福斯等（1985）认为，此阶段不可能基于学校课堂的形式实现，唯有在社会实践中通过人与人之间的交流完成，师徒制（学徒制）是完成这一阶段的唯一路径①。

需要指出的是，德雷福斯在其研究成果中再三强调了学徒制的重要性，认为从第5个阶段（专长阶段）到第7个阶段（实践智慧）一定要在师徒制下完成，远程教育或网络学习不可能培养出“大师”，无法使学习者达到“驾驭阶段”。这可能也是硕博研究生必须实施导师制的客观原因，教育制度体系难以改变技术技能传承的自然特征。

（二）身体反应转变

德雷福斯认为，在人类技能获得模型的7个自然阶段之中，新手阶段、高级初学者阶段和胜任阶段均为低级阶段，精通阶段为过渡阶段，专长阶段、驾驭阶段和实践智慧阶段为高级阶段，每一位学习者并非都能达到技能的高级阶段。

---

① Hubert Dreyfus，Stuart Dreyfus：Mind Over Machine：The Power of Human Intuition and Expertise in the Era of the Computer，New York：Free Press，1985，pp. 1-40.

同时，各个阶段的形成也并非绝对，有时各阶段也会发生相互交叉的现象。能够达到高级阶段的所有学习者，要经历情感、实践、认知三大身体反应的转变。

1. 情感转变

在前三个阶段，由于学习者必须按照教师告知的规则或程序进行操作，导致其情感总是不同程度地处于某种紧张状态。当遇到特殊情况需要解决时，常会产生恐慌的感觉；当完成任务后，常会产生“胜利”“得意”的感觉。在后三个阶段，学习者从面对“突发”事件时的“恐吓与无助”逐步转变为“享受与体验”，情感反应会逐渐地消失。在具体学习实践过程中，这种转变会伴随着学习者经验的积累而无意识地完成。

2. 实践转变

学习者在前三个阶段，当遇到要处理的问题或较为复杂的情况时，在行动上会不同程度地感觉到“手忙脚乱”，在思想上感到“应接不暇”，对处理负责问题、完成工作任务总是感到“能力不济”，极易丧失解决问题、完成任务的信心和决心。在后三个阶段，学习者的实践体验会发生质的变化，身体动作达到灵活的程度，应对问题达到老练的程度，处理问题或情况产生“得心应手”的感觉，对完成任务产生“胸有成竹”的信心。具体行为上能够做到“沉着应战”，对所有问题具有批判能力，能够前瞻性地修改已经获得的技术技能程序或相关规则，并逐步形成自己处理问题、完成任务的独特风格。特别是当学习者成长为“专家”之后，能够自信应对各种负责问题和情形，“知道工作如何去做”，满怀信心地完成工作任务。此时，学习者积累的经验的作用超过了以往任何用语言所描述的规则或程序（Hubert Dreyfus 等，1985）①。

3. 认知转变

与情感转变和实践转变相比，认知转变是学习者反应的更高级阶段。前三个阶段学习者处于语境无关（Context-free）状态，根据规则处理问题，理性分析思维占主导地位，没有经验积累，不具备处理突发事件能力。第四个阶段为过渡阶段，后三个阶段则进入了语境敏感（Context-sensitive）状态，对事物能够产生认知方式方法的转变。学习者能够全面把握情境要素，思维方式、

① Hubert Dreyfus，Stuart Dreyfus：Mind Over Machine: The Power of Human Intuition and Expertise in the Era of the Computer，New York：Free Press，1985，pp. 1-40.

行为动作会发生质性变化。习惯基于经验判断问题、认识环境，并且使自身能够与所处的情境融为一体，感性认识开始发挥作用，直觉思维占有主导地位。认知思维由“慎重考虑”转变为“直觉应对”，认知方式由“主客二分状态”转变为“身心一体化”状态。在解决问题、完成任务的技术技能实践活动中，“身体参与”产生了优先认识作用，并逐步占据认知活动的主导地位，成为解决问题、完成任务等认知活动、实践活动的重要组成部分。

德雷福斯阐释的技术技能增进过程及熟练程度与身体反应之间的关系，揭示了人类身体变化在解决问题、完成任务的认知过程中所发挥的重要作用，深化并终结了技术技能是“从实践开始”而不是“从意识开始”的哲学讨论。基于德雷福斯技术获得模型及身体反应转变理论，本研究特别重视学习者的实践过程，强调依据劳动者技术技能增进过程、实践过程构建终身职业培训体系，合理安排培训内容，科学选择培训方法，灵活选择培训地点。同时，以劳动者职业生涯发展为主线，注重打通各层次职业培训、各类型职业教育形式的通道，强化劳动者学习的情感转变、实践转变和认知转变进程，特别注重教育部推进的“现代学徒制”、人力资源社会保障部推进的“新型学徒制”培训形式在劳动者终身职业培训体系构建中的作用。

三、人力资本理论

西方经济学历经了“张伯伦革命”“凯恩斯革命”和“预期革命”之后，逐步形成了新古典经济学（Neoclassical Economics）理论（平狄克等，2004）①，强调社会资本存量决定劳动生产率，劳动生产率决定了经济社会增长速度，系统解释了部分国家经济快速增长的原因。但是，人们在研究与实践过程中发现，使用传统的计量经济增长测算方法计算的美国经济增长额出现了余数，成为当时学界难以解释的“经济之谜”。此后，人力资本理论（Human Capital Theory）诞生，不但破解了当时的“经济之谜”，也证实了职业培训在提升人力资本过程中的作用，引发世界各国加大了教育投资，开创了人力资源管理的新纪元，也为构建劳动者终身职业培训体系奠定了理论

① 平狄克、鲁宾费尔得：《微观经济学》，张军、罗汉译，中国人民大学出版社2004版，第165~167页。

基础。

（一）人力资本理论的形成

为破解当时美国的“经济之谜”，美国芝加哥大学教授舒尔茨（Theodore W. Schultz）研究了美国20世纪初期至中期农业经济增长原因，发现美国农业生产率提高的主要原因不是土地、劳动和实物等资本存量的增加，而是劳动者知识、能力和技术水平的提高。因此，促进区域经济社会的增长，应特别关注劳动者的经济价值对经济总量产生的影响。传统经济学的生产三要素——土地、劳动和资本是不全面的，因为其忽视了人力资本的作用。

舒尔茨在其研究中，将人力资本定义为凝集在劳动者身上的知识、技能、经历、经验和劳动者的熟练程度①。在货币形式上，人力资本为提高人口质量、提高劳动力价值的各项开支，具体为劳动者所具有的知识价值。人力资本投资含义广泛，主要包括劳动者学校学习、职业培训的费用以及自身的卫生保健费用、择业费和迁移费用等。1900—1957年间美国物质投资额增长了4.5倍，而同期收益仅增长了3.5倍；人力资本投资额增长了3.5倍，而同期收益则增长了17.5倍，教育对经济增长的贡献率达33%。

（二）人力资本理论的应用

人力资本理论早期主要用于解释劳动者教育投入与经济社会增长之间的关系，后期主要用于解释劳动者的教育投入与个人收入增长之间的关系。爱德华·丹尼森（Edward F. Denlson）运用实证计量法证明了人力资本投资在经济增长中的作用，确认美国1929—1957年经济增长有23%归功于人力资本投资。教育投入的增加提升了劳动者的教育水平，劳动力平均质量提高了0.9个百分点，对国民收入增长率的贡献提升了0.67个百分点，占人均国民收入增长额度的42%②。由于该研究为人力资本理论提供了有力证据，引发世界各国增加教育投入的热潮。有数据证实，从20世纪60年代开始，世界各国的教育投入一直保持大幅度增长态势。基于教育投资个人效用的最大化，贝

---

① 西奥多 W. 舒尔茨：《人力资本投资——教育与研究的作用》，蒋斌、张蘅译，商务印书馆1990版，第34~35页。

② 惠宁、霍丽：《试论人力资本理论的形成及其发展》，《江西社会科学》2008年第3期，第74~80页。

克尔（Becker，1987）研究了个人教育投入与个人收益的关系[①]，确认人力资本是人力投资形成的资本，人力投资对个人收益产生心理预期。劳动者的知识、技能、体力（健康）状况构成了人力资本的主要内容，并以一定的存量（包括数量和质量两个方面）凝结在劳动者身上。人力资本投资有多个渠道，主要包括正规教育和在职培训的支出、医疗保健费用的支出、劳动力迁移的支出等，人力资本投资的预期收益与支出现值的边际具有相等原则[②]。此后，美国劳动经济学家雅各布·明塞尔（Jacob Mincer，2001）通过微观数据研究，再次证实了劳动者教育程度、在职培训及其流动对个人收入的影响，并建立了人力资本投资收益率模型[③]。认为劳动者收入水平应体现劳动者接受教育的水平，通过收入水平的提升达到对先期支付的教育成本给予补偿的目的。如果劳动者放弃即期收入而选择继续教育，其追加教育的投入应包括由于推迟进入劳动力市场而减少的收入（即“机会成本”）。

（三）人力资本理论的发展

20世纪80年代以来，保罗·罗默（Paul M. Romer，1986）、罗伯特·卢卡斯（Robert Lucas，1988）和斯科特（A. D. Scott，1989）等将人力资本理论研究推向了新的高度。罗默研究认为，劳动者的技术水平即人力资本，是现代经济增长的主要促进因素。知识可分为一般知识和专业知识两种类型，其中专业知识的投资最具正外部效应[④]。同时，知识的外溢性使资本收益率成为递增函数，进而修正了先前经济增长理论中收益递减或不变的假定，也阐释了发达国家和发展中国家经济水平差距日益扩大的根本原因。发展中国家实现经济增长，必须将“社会上一切人学到的有用才能”视为“固定资本”。卢卡斯（1988）建立人力资本积累增长模型，认为劳动者接受正规或非正规的教育所积累的人力资本均对社会经济增长具有促进作用[⑤]。斯科特提出了“资本

① 贝克尔：《人力资本——特别是关于教育的理论与经验分析》，梁小民译，商务印书馆1987版，第5~11页。

② 贝克尔：《家庭经济学》，彭松建译，华夏出版社1987版，第62页。

③ 雅各布·明塞尔：《人力资本研究》，张凤林译，中国经济出版社2001版，第72~74页。

④ Romer P. M.: Increasing Returns and Long-run Growth, Journal of Political Economy, 1986, p. 94.

⑤ Lucas R. E.: On the mechanics of economic development, Journal of Monetary Economics, No. 22, 1988, pp. 3-42.

投资决定技术进步”模型，认为资本投资包括人力资本投资，人力资本存量可用人力资本投资给予测定[①]。发达国家经济增长的主要原因在于技术进步，人力资本投资促进了技术进步。因此，人力资本投资与技术进步密不可分，人力资本的投资量决定技术进步程度，决定了社会经济发展速度。

本研究基于“我国是人力资源大国，但不是人力资本强国”的现实，依据人力资本理论确认我国劳动者素质已逐渐成为制约我国社会经济可持续发展的重要瓶颈。特别是在我国经济发展呈现新常态、积极推进供给侧改革的现实背景下，努力提升人力资本存量，是认识新常态、适应新常态、引领新常态的必由之路，构建劳动者终身职业培训体系是实现上述目标的最佳选择。

四、利益相关者理论

（一）利益相关者理论的缘起

20世纪60—70年代，新古典主义经济学对企业“黑箱”思想、“股东至上”理论进行了批判，开始关注企业利益的相关者。20世纪90年代，随着企业理论、契约理论和产权理论的发展，利益相关者理论逐步形成，并得到学界认可，产生了广泛的社会认知[②]。利益相关者理论（Freeman R. Edward，1990）将企业理解为“所有相关利益之间的一系列多边契约”，契约的主体除企业的管理者、雇员、资产所有者之外，还包括货物的供应商、产品的客户以及企业所在社区等各个方面的参与者[③]。为了保证公正、公平，各契约主体均有平等谈判的权利，以此确保所有当事人的利益。单独依靠任何一个“个体判断”描述产权归属是不全面的，一旦多元产权理论能够被社会接受，就会显见产权理论和利益相关者理论之间的联系（Donaldson T.，1995）[④]。利益相关者理论主张，公司本质上是一种受多种市场主体影响的实体，股东并非是

---

① 王明杰、郑一山：《西方人力资本理论研究综述》，《中国行政管理》2006年第8期，第92~95页。

② 沈艺峰、林志扬：《相关利益者理论评析》，《经济管理》2001年第8期，第19~24页。

③ Freeman R. E.，Evan W. M.：Corporate Governance：A Stakeholder Interpretation，Journal on Behavioral Economics，No. 19，1990，pp. 337-359.

④ Donaldson T.，Preston L. E.：The stakeholder Theory of the Corporation：Concept Evidence，and Implications，Academy of Management Review，No. 20，1995，pp. 65-91.

唯一的产权所有者。公司出资方除公司资产的股东之外，还包括公司的雇员、原料的供应商、债权人以及消费公司产品的客户。公司并不是简单的实物资产的集合，本质上属于一种“治理和管理着专业化投资的制度安排”（布莱尔，1999）[①]。

在利益相关者理论形成与发展的过程中，广泛汲取了管理学、经济学、伦理学、政治学及社会学的营养成分，其核心思想很快成为包括企业在内的各种组织分析经营与消费等行为的工具，广泛应用于公司治理、企业发展战略管理、社会伦理管理、企业财务管理及员工绩效评价等领域。

（二）利益相关者范围的确定

利益相关者理论所指定的利益相关者具有“狭义”和“广义”之分。美国斯坦福研究中心（1963）在分析企业生存影响因素的基础上，确定了企业“狭义”利益相关者的内涵，认为企业的利益相关者是“没有他们的支持、企业就无法生存的一些利益群体”[②]。1984 年，R. 爱德华 • 弗里曼（R. Edward Freeman）提出了广义的“利益相关者”概念，认为“那些能够影响企业目标实现或被企业目标实现所影响的个人或群体”均属于企业的利益相关者，有效扩展了利益相关者的范围，对人们研究企业管理理论，促进企业社会化发挥了重要推动作用[③]，此后的研究证实，不同类型的企业具有不同的、广泛的利益相关者，所有利益相关者具有不同的价值取向和利益诉求，彼此之间存在着一种复杂的、能够协商、融合的关系。

（三）利益相关者理论的应用

随着利益相关者理论的发展，其应用范围也逐步扩大，不仅限于企业管理领域，也广泛运用于教育学、社会学研究领域，并在学界产生了较大的影响。在职业培训方面，王雁琳（2008）基于利益相关者视野，分析了英国技

---

① 布莱尔：《所有权与控制：面向21世纪的公司治理探索》，张荣刚译，中国社会科学出版社 1999 版，第 52 页。

② 贾生华、陈宏辉：《利益相关者的界定方法述评》，《外国经济与管理》2002 年第 5 期，第 13~18 页。

③ Freeman R. E.：Strategic management: A stakeholder approach，Boston M. A.：Pitman，1984，p. 26.

能培训政策的变迁过程，确认英国在构建劳动者技能培训体系过程中关注了众多利益相关者的利益，利益相关者包括政府、企业和劳动者个人等。随着英国技能政策的发展与变迁，职业培训机构与利益相关者的关系也表现出了不同的形态。实践证明，过分强调某些利益相关者而忽视社会其他利益相关者会对政府的技能政策造成消极影响，只有依靠利益相关者之间的协商及有效合作，才能使技能培训的供需处于均衡的状态①。牛岩红（2009）对我国农村劳动力转移培训政策的利益相关者进行了分析，确认各利益相关者所处的立场角度、面临的任务目标不尽一致，农村劳动力转移培训存在着资源浪费、目标偏离等问题②。赵富强等（2011）基于利益相关者满意度（SSD，Stakeholder Satisfaction Degree）调查，研究了职业培训利益相关者的不同诉求，基于利益相关者满意度，构建了企业员工培训与开发体系③。贾历程等（2012）基于利益相关者视角，从高校教师培训的内部运行体系与外部支撑体系两方面，研究了高校教师培训的问题及对策④。汪群龙等（2015）利用利益相关者理论，基于浙江省 12 个市的实证⑤，认为家政从业者培训与多个利益相关者有关，并构建了家政从业者的培训机制。本研究围绕职业培训具有外部效应、溢出效应等基本特征，确定各利益相关者在劳动者终身职业培训体系中的合理定位、功能作用及价值追求。认为合理调整利益相关者之间的关系，充分调动各利益相关者参与劳动者职业培训活动的积极性，必须采用政府调控及市场调节等综合措施，围绕劳动者终身职业培训体系各个相关主体及利益相关者，不断优化相互之间的利益关系，进而实现各利益相关者的“多方共赢”。

---

① 王雁琳：《论利益相关者视野下英国技能培训政策的变迁》，《比较教育研究》2008 年第 11 期，第 86~90 页。

② 牛岩红：《对农村劳动力转移培训政策的利益相关者分析》，《河南农业》2009 年第 9 期，第 25~27 页。

③ 赵富强、张红、向青青：《基于利益相关者满意度的员工培训开发》，《中国人力资源开发》2011 年第 4 期，第 42~45 页。

④ 贾历程、俸晓锦、韦娇艳：《利益相关者视角下高校教师培训的问题及对策》，《中国成人教育》2012 年第 19 期，第 112~114 页。

⑤ 汪群龙、冉云芳、蒋联海：《利益相关者理论视角下的家政从业者培训机制研究——基于浙江省 12 个市的实证分析》，《职教论坛》2015 年第 18 期，第 48~55 页。

五、供给侧改革理论

（一）经济新常态

2014 年 4 月，习近平总书记在河南考察时首次提出了“经济新常态”这一概念。同年 11 月，习近平总书记又在亚太经合组织（APEC）工商领导人峰会上对“经济新常态”的内涵进行了阐释，使国际社会形成了完整的“经济新常态”认知。国内外学界普遍认为，“经济新常态”深刻揭示了中国经济社会发展的现实特征，也展示出中国经济社会发展的美好未来[①]。目前，“经济新常态”已经成为我国决策层治国理政的重要基础，认识新常态、适应新常态、引领新常态成为当前和今后一个时期我国经济社会发展的大逻辑。

“经济新常态”描述了我国经济发展呈现出的形态更高级、分工更复杂、结构更合理的时代特征，其具体内涵预示着我国经济发展将逐步从“高速增长”转变为“中高速增长”，经济发展方式逐步从“规模速度型粗放增长”转向“质量效益型集约增长”，从“要素驱动、投资驱动”转向“创新驱动”，经济结构调整逐步从“增量扩能为主”转向“调整存量与做优增量并存”，经济发展动力逐步从“传统增长点”转向“新的增长点”。邵会婷等（2016）依据人力资本理论，确认职业培训是人力投资的主要形式[②]，与区域经济发展形成同一时空下的共生共荣系统，区域经济发展会有效拉动职业培训，职业培训会促进区域经济发展，二者互为依赖。构建劳动者终身职业培训体系是推动区域社会发展、经济繁荣的根本动力，也是促进就业、改善民生的关键所在，更是适应新常态、引领新常态的具体要求。

中共中央、国务院的一系列决策也具体阐释了经济新常态下职业培训的重要作用。2014 年年底召开的中央经济工作会议确定的 2015 年的“五项重大任务”，其中有两项直接明确了职业培训的责任，其他三项任务也涉及职业培训问题。中央提出，要加快转变农业发展方式，通过完善职业培训政策，提

① 李金磊：《中央首次阐释新常态九大特征，稳增长成明年首务》，2014 年 12 月 12 日（http://www. chinanews. com/gn/2014/12-12/6869689. shtml.）。

② 邵会婷、闫志利：《经济新常态下的职业教育发展范式转型》，《教育与职业》2016 年第 7 期，第 17~20 页。

高培训质量，造就一支适应现代农业发展的高素质职业农民队伍。努力提高职业培训质量，加强政府公共就业服务能力，满足民众创业、就业及再就业的需要。可见，经济新常态对构建劳动者职业培训体系的要求极为强烈。

（二）供给侧改革

2015 年，习近平总书记在中央财经领导小组第十一次会议上首次提出“供给侧改革”的指导思想，强调“在适度扩大总需求的同时，加强供给侧结构性改革，提高供给体系质量和效率，增强经济社会持续增长动力，推动我国生产力水平实现整体跃升”（吕景泉等，2016）①。我国《国民经济和社会发展第十三个五年规划纲要》指出，“贯彻落实发展新理念、引领经济发展新常态，必须在适度扩大总需求的同时，着力推进供给侧结构性改革，使供给能力满足广大人民日益增长、不断升级和个性化的物质文化和生态环境需要”②。可见，供给侧结构性改革是以供给侧为突破口的改革，经济社会发展的指导思想要从注重需求的“有没有”向注重供给的“好不好”转变，核心是想方设法为社会民众提供最需要、最满意的公共服务产品。

部分学者将我国推进的供给侧结构性改革与西方新供给经济学理论联系起来，认为投资、消费、出口“三驾马车”属于需求侧，劳动力、土地与自然资源、资本、制度、创新等五要素属于供给侧。需求侧管理更多解决的是短期问题，供给侧结构性改革则重在解决长期问题（顾仲阳等，2015）③。但从总体看，与西方拉弗（Lafler）、万尼斯基（Wannis）、吉尔德（Gilder）供给侧调控理论不同，我国推行的供给侧结构性改革强调的是从经济发展的主要方面“供给侧”入手，努力提升供给质量，积极创新产品服务，绝不是无视“需求侧”。恰恰相反，我国供给侧结构性改革的目的在于更好地满足“升级原需求”和“创造新需求”，通过供给侧改革扩大需求，进而促进经济的持续、稳

---

① 吕景泉、马雁、杨延，等：《职业教育：供给侧结构性改革》，《中国职业技术教育》2016 年第 1 期，第 15~19 页。

② 《中华人民共和国国民经济和社会发展第十三个五年规划纲要》，2016 年 3 月 18 日（http://sh. xinhuanet. com/2016-03/18/c_135200400. htm.）。

③ 顾仲阳、左娅：《供给侧，怎么看？怎么干？》，《人民日报》2015 年 12 月 28 日第 5 版。

定增长（李翀，2016）[①]。

众多学者认为，我国供给侧结构性改革包括经济和社会两大领域，职业培训属社会领域，以不同的方式处于经济的“供给”和“需求”两端，无论是从供给侧入手，还是从满足需求侧要求入手，都对构建劳动者终身职业培训体系提出了新的、更高的要求（刘云生，2016）[②]。构建劳动者终身职业培训体系，必须以劳动者终身职业培训的需求为根基，以供给侧结构性改革为主要手段，从劳动者终身职业培训的“有没有”向“好不好”转变。因此，职业培训需求侧分析和职业培训供给侧改革是劳动者终身职业培训体系构建的两大基础性任务。

第五节 研究思路与方法

一、研究思路

以劳动者终身职业培训体系为研究对象，将其分为“需求侧”与“供给侧”两个方面。“需求侧”为各类劳动者，以职业农民、产业工人为体力劳动者代表，以高职教师为脑力劳动者代表，采用文献分析、问卷调查、访谈调查等多种研究方法，探究职业培训需求的现实特征与路径依赖状况；“供给侧”为各级各类职业培训机构，系统分析培训供给的运行现状，以满意度为参照，明确劳动者终身职业培训供给的现状。遵循“一线一面一生”思路，立足成人教育理论、技术获得理论、人力资本理论、利益相关者理论和供给侧改革理论，提出多主体参与和多层次并存的劳动者终身职业培训体系框架结构和构建策略，供政府行政部门决策参考，供职业培训机构实践借鉴。

二、研究内容

（一）劳动者终身职业培训体系研究与实践经验

利用中国知网、万方数据库、Springer Link 等资源，广泛收集近年来国内

① 李翀：《论供给侧改革的理论依据和政策选择》，《经济社会体制比较》2016 年第 1 期，第 9~18 页。

② 刘云生：《供给侧结构性改革：教育怎么办？》，《教育发展研究》2016 年第 3 期，第 1~7 页。

外有关劳动者终身职业培训体系构建的研究文献及相关报道，系统归纳相关研究成果及实践经验，确定其对我国劳动者终身培训体系构建的借鉴意义，确立本研究的逻辑起点和切入点。

（二）劳动者终身职业培训体系构建的效应分析

立足我国逐渐步入老龄化社会、经济社会发展“人口红利”不复存在的现实，以创造“人才红利”、满足供给侧结构性改革需求及促进劳动者职业生涯持续发展为目标，综合运用职业教育学、社会学等学科原理，分析劳动者终身职业培训体系构建的政治效应、文化效应、经济效应、社会效应和人本效应。

（三）不同类型劳动者终身职业培训需求的现状

将劳动者分为体力劳动者和脑力劳动者，以职业农民和产业工人为体力劳动者代表，以高职教师为脑力劳动者代表，以河北省为调查区域，详细调查了不同类型劳动者职业培训的需求状况，确定相关影响因素，为确定劳动者终身职业培训体系构建的目标、框架、内容、措施等提供科学依据。

（四）劳动者终身职业培训供给及省际差异状况

在明确我国职业培训机构的类型及特点的基础上，运用统计分析、个案调查等方法，分析了我国职业培训事业发展现状，明确了不同省份之间存在的具体差异。而后，采用满意度调查法，明确劳动者对职业培训服务的满意度状况，探究了存在的具体问题，明确劳动者终身职业培训体系建设目标与措施。

（五）劳动者终身职业培训体系框架结构的设计

基于系统论原理，将劳动者终身职业培训体系分为需求与供给两侧，综合运用成人教育理论、技术获得理论、人力资本理论、利益相关者理论和供给侧改革理论，设计了劳动者终身职业培训体系的主体框架和支体框架，明确了劳动者终身职业培训体系建设的具体任务。

（六）劳动者终身职业培训体系构建的具体措施

以满足劳动者终身职业培训需求为逻辑起点，以推进职业培训供给侧改革为切入点，统筹解决劳动者终身职业培训的构建方法与技术路线、内涵拓展及层次提升、区域差异与机会均等、资源整合与社会参与、规制建设与公益政策、衍生问题与机制创新等问题。

三、研究方法

（一）文献分析法

一是通过中国知网、万方数据库以及 Springer Link 数据库等资源，广泛收集国内外有关劳动者终身职业培训体系构建研究与实践的文献，鉴别其研究视角和研究方法，归纳相关研究与实践的成果，确立研究思路；二是系统分析改革开放以来党中央、国务院以及河北省有关构建劳动者终身培训体系的法律文本和政策文件，深刻理解构建劳动者终身培训体系的重要意义。

（二）比较研究法

一是比较国内外劳动者终身职业培训体系构建研究及实践的状况，确定世界发达国家研究成果及实践经验对我国的借鉴意义；二是以河北省为例，比较劳动者终身职业培训需求与供给的现实差异。在此基础上，基于供给侧改革理论，探究劳动者终身职业培训体系建设进程中存在的现实问题，明确劳动者终身职业培训体系建设的目标与方向、方法与策略。

（三）问卷调查法

借鉴已有研究成果，并结合河北省实际，以职业农民和产业工人为体力劳动者代表，以高职教师为脑力劳动者代表，详细调查不同人口学指标参数劳动者职业培训的需求与供给状况，探究各类型劳动者对职业培训的共同特征及差异状况，进而为制定强化职业培训供给措施提供依据。

（四）访谈调查法

在实施问卷调查法过程中，有重点地选择部分职业农民、产业工人和高职教师实施访谈调查，广泛听取社会各界人士对构建劳动者终身职业培训体系的意见和建议；走访部分地方政府人力资源和社会保障部门相关人员、企业培训机构负责人、社会职业培训机构负责人等，了解当前职业培训供给存在的问题。

（五）统计分析法

一是对问卷调查、访谈调查获取的数据资料，利用 Excel 软件、SPSS19. 0 软件等进行统计分析，解析不同人口学特征指标参数的劳动者对职业培训的需求差异；二是通过分析《中国教育统计年鉴》以及部分职业培训机构个案调查等资料，探究我国职业培训机构发展的现状。通过构建统计分析模型，探究不同省份之间职业培训发展的差异。

第二章 文献综述

当今世界，科学技术发展日新月异，各行各业的劳动者必须不断更新知识技能，才能适应时代的需要，这也是丛林法则（Law of the Jungle）[①]的具体表现。自20世纪60年代保罗·郎格朗（Paul Lengrand，1965）提出终身教育理念后，世界各国高度重视，并将之作为促进本国经济社会发展、提升国际竞争力的重要手段，也作为促进就业、改善民生的有效途径。学界有关劳动者终身教育的研究也逐步形成热潮，取得了较多的成果，有力地支撑了劳动者终身培训体系构建实践。部分发达国家已积累了丰富的实践经验，取得显著的经济效益和社会效益。遵循职业培训是职业教育的重要组成部分这一逻辑起点，本章按研究与实践两个维度，分析了国内外劳动者职业培训体系建设的历史脉络及现实状况。

第一节 国内外研究现状

一、国外研究现状

有关“教育”的概念，学界存在“广义”和“狭义”两种认知。广义的“教育”概念涵盖了人们一生中的所有学习活动，包括了职业培训；狭义的“教育”概念仅指学龄儿童或适龄青少年接受的学校教育。依此推断，世界各国盛行的终身教育理论就是想强调终身职业培训在人的一生中的作用。所以，梳理劳动者终身职业培训研究的学术史，需要以终身教育理论的形成与发展

① 李克、杨小凯：《劳动分工、专业化与侵占行为——“霍布斯丛林法则”的一般均衡分析》，《南开商学评论》2005年第1期，第74~94页。

为逻辑。实际上，终身教育作为一种思想存在具有悠久的历史，比如我国的“活到老、学到老、用到老”等思想。直到20世纪60年代，终身教育才逐渐形成完整的理论体系，在世界各国产生了广泛的影响。

（一）终身教育理论形成：人力资源开发

英国是世界上最早热衷于终身教育的国家，并以成人教育为切入点实施了构建终身教育体系的探索。1929年，成人教育家耶克斯利（A. B. Yeaxlee，1883—1967）正式提出了终身教育的概念，认为终身教育是人的生命终止时才会完成的教育，包括知识、经验和伙伴关系等[①]。但是，由于受当时条件所限，英国的终身教育并未真正付诸实施。第二次世界大战以后，在舒尔茨、丹尼森等人提出的人力资本理论的影响下，世界各国开始加大教育投入，大力发展教育事业，借此提高劳动生产率，促进经济社会发展。但是，从世界各国的实践效果看，其成效远不如预期。究其原因，除受世界范围内出现的经济危机影响外，根本原因在于世界各国对教育概念的认知存在较大差异，形成的教育体系多为学校教育，既不包括学前教育，也不包括学生毕业后的成人教育（或继续教育），当然也不包括后期形成的劳动者职业培训。而现实中的劳动力必须获得再教育才能适应社会经济发展的要求，才能利用现代科学技术提高劳动生产率。教育不仅应在数量上有所发展，也应在其职能性质上有所改变。20世纪60年代以后，世界范围内社会结构变革和科学技术进步逐步加快，对经济结构以及生产、流通、消费等经济活动产生了重大影响，社会上不断出现了一些新的职业，一些旧职业的内涵也发生了重大变化。面对这种状况，人们必须不断更新自己的知识、技能及与之相关的职业思想，才能应对社会变革以及职业的需求。同时，随着社会进步与科学技术的发展，人们开始逐渐从衣食住行的窘境中解脱出来，注重追求丰富的精神生活，改变日常生活习惯以及包括提升社会地位、改善社会活动在内的社会行为方式，期望通过终身学习的途径，实现逐步完善自我、提高自我的目标。

在此背景下，时任联合国教科文组织终身教育科科长的法国教育家保

① 顾明远、孟繁华：《国际教育新理念》，海南出版社2001版，第4页。

罗·郎格朗（1965）提出，“数百年来劳动者的生活被分成两半，前半生用于受教育，后半生用于劳动，显然这是毫无科学根据的”[1]。传统教育体系在现代社会中的缺陷暴露无遗，教育应该是劳动者从生到死都继续着的过程，应建立一体化的终身教育体系来取而代之。“教育应随时能够在每一个人需要的时刻，以最好的方式提供”。终身教育并非一个具体的教育实体或教育形式，而是泛指一种思想或一个原则，是人一生全体教育的统合，唯有学校、企业、文化机构、地方政府、社会团体以及培训机构的广泛参与，才能建立终身教育体系，使每一位公民“从摇篮到坟墓，终身并随时地学习”。为宣扬终身教育理论，朗格朗先后出版了《终身教育引论》（1965）、《成人教育与终身教育》（1969）、《终身教育问题》（1970）等著作，其核心思想均以“生活”“终身”“教育”3个基本概念为基础，阐释了确保教育的连续性、使教育计划和方法适应每个社会的具体要求和创新目标、在各个教育阶段努力培养能适应现代生活的新人、调动和利用各种训练手段和信息以及把教育的目标与技术的、政治的、工业的和商业的等多种形式的行动联系起来等终身教育重要思想。

此后，联合国教科文组织教育研究所（UIE）专职研究员戴夫（Dave H. R.，1976）进一步解释了终身教育的内涵，认为终身教育是包括人的一生所经历的所有“正规的（Formal）”“非正规的（Non-formal）”以及“不正规的（Informal）”学习在内的、综合的和统一的理念[2]。时任联合国教科文组织终身教育部门负责人、意大利教育家埃托雷·捷尔比（Ettore Gelpi，1972）综合考虑了世界各国经济发展的不平衡性和民众贫富差异较大等因素，认为终身教育是学校教育和学生毕业后参与的所有教育及训练的统合，终身教育不仅是正规教育和非正规教育的统筹发展，也是儿童、青年、成人等所有年龄段的人最大限度地享受文化教育成果的途径[3]，并相继出版了《教育史》（1967）、《没有椅子的学校》（1969）、《为成人教育的训练》（1969）、《为科学教育的训练》（1971）、《生涯教育——被压制与解放的辩证法》（1983）等著作。捷

---

① 保罗·郎格朗：《终身教育引论》，周南照、陈树清译，中国对外翻译出版公司 1985 版，第 126 页。

② Dave H. R.：Foundation of Lifelong Education，Paris：UNESCO publication，1976，p. 12.

③ 吴尊民：《现代国际教育论》，中国人民大学出版社 2007 版，第 156 页。

尔比强调，教育是贯穿人的一生各个阶段的持续不断的过程，社会各行业、组织机构都具有教育功能，都负有教育责任。纵向看，终身教育融学前教育、学校教育与成人教育于一体。横向看，终身教育融家庭教育、社会教育和学校教育于一体。将不同阶段、不同形式的教育纵向衔接，将不同领域的教育横向联通，便形成了终身教育体系。

综合相关学者的研究成果可见，如果将郎格朗终身教育理论放在广义的“教育”概念下思考，那么自终身教育理论提出之始就具有明确的劳动者终身职业培训指向，并且统合了各种形式、各种类型的教育。当时，联合国教科文组织将“终身教育”这一术语确定为“Lifelong Integrated Education”，而非“Lifelong Education”，其目的就在于用“Integrated”一词强调各形式、各类型教育的“统合”，包括“每个人在学习和生活不发生矛盾的情况下，就不同阶段的教育训练做出的统一协调的努力”（UNESCO，2011）①。

（二）终身教育发展目标：学习型社会

在捷尔比的推动下，终身教育研究开始转向以学习者为中心。1976年，联合国教科文组织指出终身教育及终身学习是一个统合体系，体现了“重建现有教育制度”和“发展教育制度之外的教育中一切潜在的可能性”两个目的，“教育及学习不应局限在一个人就学期间，应贯穿于人的一生，能包容所有的现实的技能和知识，应用所有可利用的手段，给所有人充分发展的机会”②。至此，基于终身教育理念延伸而来的“全民教育”理念开始盛行。

从终身教育的“教”与“学”两端看，“教”的概念延伸到社会的一切可能，学的概念延伸到了社会全体民众，二者集合在一起，共同构成了学习型社会。美国著名学者、原美国芝加哥大学校长哈钦斯（Hutchins M. R.，1968）确认，学习社会是构建终身教育体系的终极目标，其根本宗旨在于体现“人生价值的转换”，提升人们的生活品质和人的精神教养，最终实现“贤、乐、

① UNESCO：International Standard Classification of Education，2011年10月4日（http://www.uis.unesco.Org/Education/Pages/international-standard-classification-of-education.aspx.）

② 吴遵民：《全球化视野中“学习社会”与基础教育改革》，《教育理论与实践》2004年第19期，第13~17页。

善”的目的。学习型社会不仅要为成年人提供成人教育，还要以人格构建为目的制定制度，进而建立一个价值转换及走向成功的社会[①]。学习资源不仅由学校提供，而且要从“学校化社会”转变为“学习型社会”，由各个部门提供，保证每一位公民都能够参与各类型、各形式的学习活动，达到自觉学习、不断学习的程度，确保每一个人都能永远成为有思想、有个性的人。1972 年 5 月，国际教育委员会成员、法国教育家埃德加·富尔进一步阐释了“学习型社会”的概念，认为必须重新评议、完善现有教育体系。在时间长度方面，学习必须包括人的整个一生。在教育资源和经济资源社会性方面，学习应包括全部社会。只有这样，人类才能达到学习型社会的境界[②]。同年，富尔向联合国教科文组织（UNESCO）提交的报告《学会生存：教育世界的今天和明天》（Learning to Be：The World of Education Today and Tomorrow，也称《学会生存》或《富尔报告》）指出，“学习型社会”将是未来社会形态的重要表征之一。布希尔（Boshier，1980）提出，学习型社会的主要内涵在于人们将学习当作日常生活的正常事情，在于将教育视为全体公民潜在的人权[③]。彼得森（Peterson，1983）认为，学习型社会具有“尽可能多地向民众提供教育机会、教育应延伸至社区并融入社区事务、广泛利用各层次各类型教育资源”等三大特征[④]。

进入 20 世纪 90 年代之后，国际组织学习协会（SOL）创始人彼得·圣吉（Peter Senge，1990）提出了“学习型组织”的概念，并预言“未来能够使各阶层人员全心投入、并能持续学习的企业将是真正出色的企业”[⑤]。在该理论的指导下，以人力资源管理为核心的企业员工培训逐步兴起，许多世界知名企业开始创建学习型组织，试图帮助每一名员工“活出生命的意义”。借助于

---

① Hutchins M. R.：The Learning Society，London：Frederic A Praeger Inc，publishers，1968，p. 133.

② 联合国教科文组织国际教育发展委员会：《学会生存——教育世界的今天和明天》，华东师范大学比较教育研究所译，教育科学出版社 1996 版，第 122 页。

③ Boshier R.：Running to Win, The Contest between Lifelong Learning and Education in Canada，1998，pp. 21-23.

④ Ranson Stewart：In side the Learning Society，London and New York：Cassell，1989，p. 22.

⑤ Senge P. M.：The Fifth Discipline—the Art and Practice of the Learning Organization，New York：Bantam Doubleday Deli，1990，pp. 23-24.

学习型组织的理念，兰森（Lanson，1994）从政府、社区、学校和个人的角度，对建立学习组织问题进行了深入探讨，有效扩展了学习社会的价值[①]。爱德华（Edwards，1995）视学习型社会为一个大型学习型组织，是“教育的社会”和“学习的市场”[②]，明确了学习型社会建设的路径。贾维斯（Jarvis，1995）拓展了学习型社会的概念，认为学习型社会建设包含了成人教育发展、终生教育发展、继续教育发展以及回流教育及社区教育等多方面的工作[③]。范德济（Van Derzee，1996）提出，学习型社会建设的关键在于提升学习质量，建立民众参与学习的支持体系，保障公民的学习权，引导公民实现自我完善[④]。1996年，国际21世纪教育委员会再次向联合国教科文组织提交了报告——《教育：财富蕴藏其中》，倡导“将终身教育放置于社会发展的中心位置”，将终身教育的内涵拓展至与生命有共同外延、扩张到整个社会的持续性教育，使终身教育超越了启蒙教育和继续教育，为每一个人提供了学习和开发自我潜力的机会[⑤]。此后召开的第25届世界先进国首脑会议将“学习型社会”思想推向了新的高度，确认我们现在所处的社会和经济的发展越来越需要“知识”，构筑一个人人都具备必要的知识、技能和资格的“终身学习型社会”格外重要。1997年，联合国教科文组织召开第五届成人教育会议，提出“青年教育和成人教育应被视为一种终身的学习过程”“最终目标是要建立一个伸张社会正义和争取全民幸福的学习型社会”。2004年，世界主要先进国家教育部长会议进一步就“学习型社会”阐明了自己的观点，将幼儿教育、基础教育、成人教育等均纳入终身教育视野之中，学习型社会的概念最终体现了“教”与“学”两个侧面，使成人教育、扫盲教育、终身教育（学习）和全民教育等融为一体。

---

① 孙小丽：《论学习型社会教育机会均等》，山东师范大学出版社2003版，第127页。

② Edwards R.：Behind the Banner：Whither the Learning Society，Adult Learning，1995，p. 43.

③ Jarvis P.：Adult and Continuing Education：Theory and Practice，London：Routledge，1995，pp. 68-69.

④ Vander Z. H.：The Learning Society. In Raggatt P.，Edwards R.，Small N.，eds. The Learning Society：Challenges and Trends，London：The Open University，1996，p. 128.

⑤ 赵中建：《全球教育发展研究热点——90年代来自联合国教科文组织的报告》，教育科学出版社2003版，第347页。

（三）终身教育发展的重点：终身职业培训

自20世纪60年代开始，在联合国教科文组织、欧洲经济合作发展组织、欧洲议会的推动下，终身教育成为众多国家制定教育政策必须遵循的重要逻辑。郎格朗（1975）出版的《终身教育导论》阐释了终身教育的必要性，富尔（1972）等撰写的《学会生存》阐释了终身教育的重大意义，戴夫（1976）出版的《终身教育的基础》解析了终身教育的理论依据，克罗普雷（Cropley，1980）则正式发出《迈向终身教育体系》的呼吁。随之，学界逐渐认识了两条脉络。一是逐渐认识到“学会生存”的关键是获得维系家庭存在、个人发展的某一职业，而顺利获得某一职业需要具备相应的技能和能力，必须接受职业培训。二是20世纪50年代以后，世界各国基础教育、中等教育乃至高等教育等学校教育体系建设逐步完善，职业培训成为实现终身教育、构建学习型社会的薄弱环节。基于职业培训对民众生存与发展的重要性和实现终身教育、构建学习型社会的迫切性，构建终身职业培训体系最终成为终身教育发展、构建学习型社会的重点。

事实上，自欧洲工业革命之始，西方发达国家就开始高度重视职业培训。舒尔茨认为，在职培训是人力资本形成的一种重要途径，包括由商社组织的旧式学徒制以及工作经验的积累等[①]。贝克尔（Becker G.）认为，培训包括一般培训和特殊培训（又称专门培训）两种，前者指参培者获取的知识和技能仅有一般性的用途，后者则是一种能够提高生产率的培训。一般培训由参培者自己付费，特殊培训则主要由培训者付费。职业培训基于职业实施，职业以获取收益、维持家庭生存为目的，市场化、产业化运作的职业培训能使参培者以最小的成本获得最大的产出，是现代社会最直接、最有效的人力资本投资[②]。明塞尔认为，在生产力急速增长的区域，对员工不断地实施职业培训和再培训，能够保证员工拥有的技能不会迅速地变得陈旧，及时应对生产技术的变化，进而提升生产力水平[③]。此后，各国学者就职业培训的方式方法以及培训内容等进行了广泛研究，并取得了诸多成果付诸于职业培训实践。

---

① 西奥多·舒尔茨：《论人力资本投资》，吴珠华等译，北京经济学院出版社1990版，第9页。

② 加里·贝克尔：《人力资本》，梁小民译，北京大学出版社1987版，第25页。

③ 雅各布·明塞尔：《人力资本研究》，张凤林译，中国经济出版社2001版，第441~446页。

但是，尽管世界各国有关职业培训的研究逐步深入，研究内容也日趋丰富，但劳动者终身职业培训体系的建构依然不够完善，尚未充分发挥其应有的效能。同时，劳动者终身职业培训体系建设也面临着诸多现实问题。欧盟教育和文化司司长尼科拉斯·范德帕斯（Nikolaus Van Der Pas，2003）认为①，对于各国教育专家和UNESCO、OECD、欧洲理事会等国际机构而言，已经非常熟悉和认可终身学习（LLL，Lifelong Learning）的理念，但欧洲公众尚未普遍接受。实现终身学习的目标，需对教育和培训进行更多的投资。澳大利亚教育部政策研究专家莎里·鲍斯威克（Sally Borthwick，2003）研究认为，澳大利亚联邦政府在全国范围内统一构建了劳动者终身教育体系以及学习型社会，有效地弱化了成年人的失业风险②。通过构建终身教育和培训体系，使澳大利亚40岁以上成年人参加教育和培训的比例达到6%以上，而在OECD国家平均比例仅为1.2%。联合国教科文组织戴维·艾科雷纳（David Atchoapena，2003）博士认为，当今时代是知识经济时代，人们必须不断地通过学习掌握相关技能，适应社会变革和技术进步要求，但仅靠扩大学校教育规模和提高学校教育质量很难达到这一目标，难以满足劳动力持续学习、终身学习的要求。唯有加强学习环境的连贯、学校教育和学校后教育的连贯以及学校教育和成人教育的连贯，方能实现终身学习③。在发达国家和新兴工业化国家，那些较早离开学校或没有职业资格合格证书的劳动者越来越处于失业的风险之中。构建劳动者终身培训体系已成为当代经济社会发展的一项重要任务，也是保障劳动者权益、促使广大劳动者学会生存的有效途径。

基于世界教育发展的现实状况，联合国教科文组织继1972年发布《学会生存：教育世界的今天和明天》（或称《富尔报告》）和1996年发布《教育：内在的财富》（或称《德洛尔报告》）之后，2015年11月再次发布第三份重要报告《反思教育：向“全球共同利益”的理念转变》（Rethinking Education:

① 张韦嘉：《构建终身教育体系，建设学习型社会——记“第4届中国教育国际论坛”》，《国外社会科学》2004年第1期，第91~93页。

② 张韦嘉：《构建终身教育体，系建设学习型社会——记“第4届中国教育国际论坛”》，《国外社会科学》2004年第1期，第91~93页。

③ 张韦嘉：《构建终身教育体系，建设学习型社会——记“第4届中国教育国际论坛”》，《国外社会科学》2004年第1期，第91~93页。

Towards a Global Common Good），提出要“重新定义知识、学习和教育”，强调“教育应以人文主义为基础，尊重生命和人类尊严、权利平等、社会正义、文化多样性、国际团结，为可持续的未来承担共同责任”，建议教育和学习与人类生存的多个方面相融合，探索所知主流的知识模式之外的其他知识体系，承认并且将其放入教育体系中，“采取开放的、灵活的、全方位的学习方法，为所有人提供发挥自身潜能的机会，实现可持续的未来，过上有尊严的生活”①。分析该报告的核心内涵不难发现，构建劳动者终身职业培训体系已经再次引发了国际社会的广泛关注。

二、国内研究现状

我国于20世纪70年代末引入终身教育思想，并迅速掀起终身教育和终身学习研究与实践的热潮。但是，与世界其他国家一样，由于制度体系缺失和运行机制不畅等原因，终身教育与终身学习乃至学习型社会的推行未达到预期效果。众多学者研究认为，除学校教育之外，职业培训发展是终身教育发展目标的重点，建立劳动者终身职业培训体系是我国当代社会发展、全面建设小康社会急需解决的重大问题。

（一）相关概念研究

与世界其他国家一样，我国有关劳动者终身职业培训体系概念的研究也经历了从成人教育体系、继续教育体系、终身教育体系到学习型社会，再到职业教育体系、劳动者终身职业培训体系的演进过程。首先，职业教育适应了我国社会经济发展的现实需求，成人教育补足了改革开放前学校教育发展滞后的历史欠账。其次，终身教育、终身学习构成了学习型社会“有人教”和“有人学”的两个方面，是学习型社会建设的具体内涵。劳动者终身职业培训体系则是学习型社会建设的具体化，是学校教育发展到一定程度后学习型社会建设的重点任务。再次，劳动者终身职业培训体系建设具有问题导向的内涵，是学习型社会建设、终身教育发展的重要组成部分，是对学校教育的有效补充，也是促进人的可持续发展的重要途径。

① 王默、范衍、苑大勇：《全球教育治理走向“共同利益”——论联合国教科文组织〈反思教育〉报告的人文主义回归》，《中国职业技术教育》2016年第33期，第72~77页。

众多学者辨析了终身教育、终身学习与学习型社会的概念。高志敏（2005）研究认为，学习型社会、终身学习与终身教育之间既有内在联系，也存在不同之处。终身教育和终身学习是分别基于社会角度自上而下、基于个人角度自下而上的过程，学习型社会是社会和个人两个层面的集结。唯有社会与个人目标一致，达到相互配合、同步发展，才有可能实现终身教育和终身学习，进而形成学习型社会①。贡咏梅（2006）研究认为，终身教育、终身学习与学习型社会具有相同的产生背景和终极目标，学习方式和学习手段一致，仅是具体目标和工作的侧重点不同②。王丽雅（2006）研究认为，终身教育与终身学习是整体与部分的关系，终身教育侧重于教育供给，终身学习侧重于学习者学习需求，学习型社会是供给与需求的统一。终身教育与终身学习协调配合，才能实现建设学习型社会的目标③。贾凡（2010）认为，终身教育是从社会角度出发进行的自上而下的变革，终身学习是从个体角度出发进行的自下而上的改变，两者本质相同，目标一致，是同一事物的两个方面④。学习型社会则担当了供给与需求的调和者角色，并发挥集成功能，是终身教育与终身学习的集结。

在终身教育体系与终身职业培训体系方面，高鸿霞等（2016）认为终身教育体系就是为实现全民学习的教育目标而确立的各类教育一体化的有机结合，以各种形式的子系统为单元构成，按照社会发展规律和终身教育理念要求发挥各子系统优势和功能，并加强彼此联系、沟通与融合，为满足全体社会成员学习需求提供的系列保障⑤。中国劳动学会劳动标准专业委员会会长王竞（2014）认为，构建劳动者终身职业培训体系并非新的提法，职业培训本身就是一个终身的体系。狭义的职业培训主要是指制造业中劳动者提高动手能

① 高志敏：《关于终身教育、终身学习与学习化社会理念的思考》，《教育研究》2003年第1期，第79~85页。

② 贡咏梅：《终身教育、终身学习、学习社会理念之辨析》，《教育探索》2006年第11期，第60~61页。

③ 王丽雅：《终身教育、终身学习与学习化社会概念辨析》，《天津职业院校联合学报》2006年第6期，第23~27页。

④ 贾凡：《三大理念解析：终身教育、终身学习与学习化社会》，《职教论坛》2010年第16期，第26~28页。

⑤ 高鸿霞、孟繁军：《高等学校在构建全民终身教育体系中的作用及价值研究》，《中国成人教育》2016年第2期，第50~52页。

力的培训，而现代广义职业培训应该包含了所有与职业相关的各类培训。就我国目前状况而言，构建劳动者终身职业培训体系应主要侧重于理念和环境、相关法律法规、相关政策措施、运行机制等4个层面[①]。

（二）功能定位研究

我国学界一般认为，职业培训是职业教育的重要组成部分。汤霓等（2010）认为，终身职业教育要求职业教育服务于人的一生的各个发展阶段，能够促使人的职业的可持续发展。终身职业教育涉及学历与非学历、正规与非正规的职业教育和培训以及体制内与体制外的多种职业教育与培训形态。认为借鉴国际经验，我国应构建横向融通、纵向衔接的职业教育体系，从关注岗位能力转向关注通用技能（Generic Skills）[②]，关注劳动者的职业生涯，为可持续发展服务[③]。刘贞秀（2012）研究认为，我国职业培训体系包括职业分类与职业（技能）标准，职业培训、职业技能鉴定和职业资格证书，技能竞赛和技能人才表彰以及职业培训立法等内容，是促进产业结构优化升级、构建城乡经济社会发展一体化、促进就业、改善民生和维护社会稳定的有效手段[④]。皋玉蒂（2012）将职业培训体系功能定位在“开发人力资源，储备技能人才”“适应技术进步，服务经济发展”“促进教育公平，构建和谐社会”“发展职业能力，扩展职业生涯”等4个方面，强调要完善招生入学制度、业绩认定制度、学分转换制度、资格框架制度和职业护照制度，进一步加强职业培训体系建设[⑤]。王清莲（2015）认为，随着我国新型城镇化逐步推进，部分社会成员需要从“非市民”转变为“市民”，实现人的城镇化，建立健全终身教育体

① 赵祥昆：《如何构建劳动者终身职业培训体系——访中国劳动学会劳动标准专业委员会会长王竞》，2014年2月13日（http://www.chinajob.gov.cn/Weekly/content/2014-02/13/content_890284.htm.）。

② 注：世界各国有关通用技能称谓不尽相同，澳大利亚称“关键能力”（Key Competencies），英国称“关键技能”（Key Skills）或“核心技能”（Core Skills），美国称“工作场所技能”（Workplace Know-how）或“基本技能”（Basic Skills或Necessary Skills）。

③ 汤霓、石伟平：《职业教育发展终身化趋势及其思考》，《教育发展研究》2010年增刊，第13~14页。

④ 刘贞秀：《非政府组织视野下的社会化职业培训体系构建》，《华北水利水电学院学报（社科版）》2012年第2期，第169~171页。

⑤ 皋玉蒂：《我国终身职业培训体系的功能定位和制度设计研究（下）》，《中国培训》2012年第9期，第46~50页。

系是促进新型城镇化的重要保障①。郭丽杰等（2016）研究认为，构建劳动者终身职业培训体系需要正确的理念塑造、有效的环境支持、良性的体制机制、科学的要素配置。从培训管理理论看，培训的内在规律就是培训需求决定培训供给，构建劳动者终身职业培训体系必须将全体劳动者的内在培训需求作为根本出发点②。

（三）规制建设研究

为推动劳动者终身职业培训体系构建工作，学界对相关规制建设问题进行了广泛研究。杨长俊等（2005）认为，为贯彻执行我国《宪法》《劳动法》有关职业培训的规定，提高职工的竞争能力、适应能力和经济收入，更好地促进我国职业技术培训工作，应加强职业培训的相关立法工作，建立健全职业技能鉴定和职业资格证书制度以及实施劳动预备制度③。袁良栋（2013）认为，改革开放以来，我国已经逐步建立起劳动者职业培训体系，职业培训的政策措施逐步完善，职业培训的规模实现了逐步扩大，在提升劳动者职业素质和就业能力方面发挥了重要作用。但总体看，我国劳动者职业培训体系建设仍不适应社会经济发展和劳动者素质提高的需要，需要进一步健全职业培训制度，加大职业培训力度，增强职业培训的针对性和有效性④。孙宝树（2014）研究认为，我国应结合修订《职业教育法》，为构建劳动者终身职业培训体系提供法律基础⑤。毕结礼（2015）认为，应进一步充实《劳动法》《就业促进法》中有关构建劳动者终身职业培训体系的内容，强化《职业教育法》中劳动者终身职业培训体系构建主体的责任。同时，积极推进地方人大立法，强化区

① 王清莲：《城镇化进程中常州终身教育体系建设路径研究》，《高等继续教育学报》2015年第6期，第13~17页。

② 郭丽杰、刘晓音、岳志强：《构建城乡劳动者终身职业培训体系》，《合作经济与科技》2016年第6期，第112~113页。

③ 杨长俊、王桂香：《试析职业培训的法律完善》，《山西农业大学学报》2005年第4期，第322~323页。

④ 袁良栋：《构建适应终身学习的职业培训制度体系（上）》，《中国培训》2013年第6期，第28~29页。

⑤ 许远：《积极促进就业，构建终身职业培训体系，建设现代职业教育》，《中国培训》2014年第6期，第6~7页。

域试点工作。引导相关教育机构积极探索终身职业培训体系构建的内在规律和外部要求，为推进劳动者终身职业培训立法提供科学依据[①]。

（四）存在问题研究

众多学者分析了我国劳动者终身职业培训体系构建存在的问题，并提出了相关措施。倪艳（2011）分析认为，我国劳动者终身职业培训体系存在管理体制条块分割、职业教育发展滞后、职业培训结构失衡以及发展环境较差等4个问题[②]。毕结礼（2014）研究认为，目前学界有关劳动者终身职业培训体系的理论研究非常欠缺，不仅重视程度不够，且人财物等投入严重不足，研究深度和广度十分有限[③]。冯桂林等（2014）总结了我国劳动者终身职业培训体系构建的主要模式、运行机制特点，认为存在的问题主要集中在管理体制落后、职教机制固化、培训结构失衡、发展环境较差等4个方面，主要原因在于思想观念落后、法制建设缺失、师资教材短缺、部门职能交叉和区域发展不平衡等[④]。南海等（2011）研究认为，我国劳动者终身职业培训体系构建仍存在国家层面终身教育立法尚未纳入议事日程、尚未建立终身教育统筹协调机构、学习型组织尚处于初级阶段、各地终身教育体系构建呈现不平衡态势、终身教育体系构建的理论研究滞后于实践等问题[⑤]。刘晖等（2013）研究认为，各级各类教育融入终身教育体系的时序既受教育自身特点和发展规律的制约，也离不开终身教育主体的作用。目前，我国终身教育体系构建的现实与理想仍然存在较大差距，应尽快扩大终身教育体系的涵盖范围，采取政策引导等措施，实现各级各类教育的相互统合[⑥]。袁灵（2015）认为，作为

---

① 毕结礼：《终身职业培训体系建设的再思考——终身职业培训体系模式构建的理论框架》，《中国培训》2015年第1期，第10~11页。

② 倪艳：《我国终身职业培训体系的问题与对策研究》，《继续教育研究》2011年第5期，第8~10页。

③ 毕结礼：《终身职业培训体系建设再思考——国外终身教育的经验与借鉴》，《中国培训》2014年第11期，第8~9页。

④ 冯桂林、胡春丽：《我国终身职业培训体系建设研究》，《长江论坛》2014年第6期，第79~85页。

⑤ 南海、王星星：《中国大陆终身教育体系构建中的问题与对策——基于大陆部分省市终身教育体系构建实践的研究》，《职业技术教育》2011年第22期，第26~30页。

⑥ 刘晖、汤晓蒙：《试论各级各类教育融入终身教育体系的时序》，《教育研究》2013年第9期，第89~94页。

学习型社会形成的重要支撑和保障的终身教育体系，由于突破了传统教育的理念和界限，并受到体制等诸多因素的制约，用传统常规方式进行构建很难奏效[①]。当前，我国教育与培训处于不同体制管理之下，难以实现有效衔接与沟通，成为制约劳动者终身职业培训体系构建的主要问题。特别是在继续教育领域中，许多职业培训项目均处于因需而设、无序排列状态，增加了社会辨认和劳动者接受的难度。

三、研究趋势分析

综合以上分析可见，国内外有关劳动者终身职业培训体系的研究呈现出概念清晰化、任务具体化、功能明确化、发展目标化、运行规制化五大趋势。

（一）概念清晰化

终身教育指人的一生接受各级各类教育的总和，包括“正规”“非正规”及“不正规”教育。职业培训是终身教育的重要组成部分，是构建学习型社会的基础，指“非正规”及“不正规”两部分。就个人而言，构建劳动者终身职业培训体系是为了实现“终身学习”；就社会而言，构建劳动者终身职业培训体系是为了能够给劳动者提供“终身学习”的机会。成人学习乃按人生阶段的划分，与胎儿教育、幼儿教育、少年教育等连接在一起，共同形成终身教育。继续教育是指一个人经过原有的教育后继续接受的教育，与原有教育一起，也共同形成终身教育。终身学习与终身教育构成了学习型社会的两个方面。

（二）任务具体化

劳动者终身职业培训体系概念的形成经历了成人教育、终身教育、职业教育、终身学习、学习型社会等一系列演进过程，学习型社会是职业教育、成人教育、终身教育等概念发展的顶峰，目标明确。在学习型社会构建过程中，需要准确把握发展重点，明确具体指向。基于职业在人类生活中的重要性及职业培训体系在终身教育体系中的薄弱性，构建劳动者终身职业培训体系已经成为学习型社会建设的重点任务。以构建劳动者终身职业培训体系为切入

① 袁灵：《构建终身教育体系的一种有效方法——资历架构法》，《中国电化教育》2014年第11期，第55~58页。

点，加大终身教育体系建设力度，将为广大劳动者提供终身学习的机会，加快学习型社会的建设进程，进而达到推动社会经济发展以及促进就业、改善民生的目标。

（三）功能明确化

目前，人们逐渐认识到构建劳动者终身职业培训体系属于公共服务范畴，能够产生显著的社会价值和个人价值。其中，社会价值表现为职业培训的“溢出效应”和“正外部性”，体现为通过提升劳动者的职业素质，提升全社会人力资本存量，进而促进城乡经济社会发展一体化、企业转型升级和产业结构调整优化，推动经济发展和社会进步；个体价值表现为以劳动者职业培训需求为出发点，通过持续提高劳动者职业技能，提升劳动者的“生存技能”。一方面，提升劳动者的就业能力和收入水平，为实现“体面劳动”奠定基础。另一方面，可有效避免由于经济社会波动给劳动者带来的职业风险，为就业、再就业以及进行职业转换等提供基础保障，在构建和谐社会的同时促进“人的全面发展”。

（四）发展目标化

随着人们对劳动者终身职业培训体系研究的逐步深入，一些阻碍体系构建的现实问题日益明确，为推进体系建设明确了具体的方向目标。目前，世界各国均重视加强适应各种经济形式、各种经济活动的劳动者终身职业培训体系的建设，在培训内容、培训形式及资金投入等方面呈现“逐步优化”的发展态势。我国劳动者终身职业培训体系构建也未达到理想状态，存在劳动者职业培训需求与社会职业培训供给不配套等问题。当前劳动者终身职业培训体系构建的主要任务是积极推进职业培训供给侧结构性改革，使职业培训逐步由“有没有”向“优不优”转变，扩大终身教育体系的涵盖范围，激励更多的劳动者接受职业培训，为企业转型和产业升级提供重要人力资源支撑，同时，以此促进民众就业，改善民生，推进全面建设小康社会进程。由此可见，基于劳动者多样化的职业培训需求，推进职业培训体系供给侧改革已经成为新时期的主要任务。

（五）运行规制化

学界一致认为，构建劳动者终身职业培训体系需要强有力的法制保障。目前，世界发达国家均制定了劳动者终身职业培训体系构建的法律法规，有效地保障了职业培训工作的运行。我国1995年颁布的《教育法》也对建立和完善终身教育体系做出明确规定，上海市和福建、河北两省也先后出台了《终身教育促进条例》，但落实力度尚待提升。就宏观层面而言，中共十八届四中全会确定了依法治国战略，为依法推进劳动者终身职业培训体系构建创造了机遇。要通过修改《职业教育法》《劳动法》以及《就业促进法》等途径，加大劳动者终身职业培训体系构建的立法力度。同时，随着国家人力资源管理部门推动的100个试点区域建设，应逐步推进地方人大立法工作，进而达到上下呼应、相互配合，为劳动者终身职业培训体系的构建提供完备的法制环境。

第二节　国内外实践现状

一、国外实践现状

由于世界各国教育事业发展水平不一，区域文化也存在一定的差异，导致各国劳动者终身职业培训体系建设路径、模式、进程等也不尽相同，呈现出各具特色和多样化发展的特点。

（一）美国

美国是世界上学校教育（正规的）普及率最高的国家之一，发达的国民教育体系成为经济社会发展的重要依托。以往学界研究，多将美国经济的快速发展归结于学校教育，实际上劳动者职业培训体系建设也对美国经济的快速发展发挥了重要的促进作用。

在法律体系构建方面，美国依据不同时期劳动者终身职业培训体系构建的需要，先后颁布或修订了一系列法律法规，为构建劳动者终身培训体系提供了法律保障。1962年，为适应工业化社会对人力资源的需求，制定了《人力开发与培训法》。1963年，针对劳动者提升技术技能的需求，制定了《职业教育法》，并于1990年进行了再次修订。1965年，针对国民就业歧视问题，制定了《公平就业机会法》。1974年，针对青年就业问题，制定了《青年就业与示范教育计划法》。1983年，为应对职业培训和促进就业的双重需求，制定了《就业培训合作法》。1976年，适应终身学习的浪潮，制定了《终身学习法》。此后，为加快劳动者终身教育体系进程，相继制定了《目标2000：美国教育法案》（1994）、《成人教育法》（1996）、《劳动力投资法》（1998）等。

在培训内容设置方面，美国教育部1990年制定的《美国成人和继续教育手册》规定了13类培训内容，涵盖成人和继续教育的各个方面。社区学院还开设了许多具体项目，如社会关系教育、跨文化教育、住房修建教育、消防教育以及园艺课程、戒毒课程、防暴课程、旅游课程等。这些项目突出了与工作相关的职业培训和个人发展培训，受到企业界的大力支持。有研究资料表明，有21%的美国成年人（16周岁以上）均在一年内参加过职业培训，而同期参加学历教育的成年人只有6%，具有大学以上文化参加职业培训的成年人达到38%（桑光淇等，2007）[①]。1990年后基于产业结构和生产方式的变化，美国多数企业开始对不符合要求的劳动力进行了“补充性培训”，帮助其提升职业能力。全美制造业协会（1998）提供的数据表明，在1993—1997年5年间，美国有34%的企业实施了雇员专业技能培训，34%的企业实施了雇员工作技能培训，23%的企业实施了雇员职业能力培训。研究发现，劳动者的学历越高，参与职业培训率越高[②]。

在实施主体建设方面，美国在全国建立了2000多所融职业培训和就业服务于一体的“一站式服务中心”，面向全体劳动者开展核心服务、密集服务和培训服务。核心服务主要指面向劳动者提供就业能力测试、进行资格审核等服务，便于劳动者了解自身，充分挖掘自己潜能，实现高质量学习、高质量就业；密集服务包括鉴定考试、设计短期就业计划等，服务对象是低收入者、失业需要就业者等，提升其就业能力；培训服务则是根据劳动者的实际需要，有针对性地推荐劳动者到相关培训机构接受职业培训。

① 桑光淇、刘正良：《美国职业培训制度运作特点及对我国的启示》，《职业技术教育》2007年第13期，第83~87页。

② 桑光淇、刘正良：《美国职业培训制度运作特点及对我国的启示》，《职业技术教育》2007年第13期，第83~87页。

在培训市场建设方面，1979年美国开始建立州（省）级“电子化职业信息库”，取得了重大成效。在此基础上，1990年开始将各州“职业信息库（AJB）”和“人才信息库（ATB）”联网，形成了全国范围内的服务能力，对美国社会产生了广泛的影响。仅以美国职业信息库为例，每天可向民众发布各类职业空缺信息多达1000万条，有效促进了民众就业。立足劳动者终身职业培训体系构建的需要，近年来美国又开发了“职业生涯信息库（ACINET）”和“学习介绍信息库（ALX）”，为劳动者提供就业趋势、工资变化以及就业需求预测等方面的信息，介绍各级各类职业培训机构的基本情况及其开设的课程等，极大地促进了劳动者终身学习目标的实现。

在培训服务对象方面，美国立足不同社会群体的需要，实现了分类服务。第一类为初次求职或自愿转换工作的劳动者，其就业能力较强，可通过使用AJB、ATB等实现自我服务；第二类为需要基本服务的人员，“一站式服务中心”可提供基本职业能力测试、指导AJB与ATB的使用方法以及求职技巧等；第三类为需要提供重点帮助的对象，如长期失业人员、困难群体等，“一站式服务中心”可提供职业咨询、职业培训等方面的服务。

美国职业培训投资主体实现了多元化，以企业为主，其他为辅。除企业外，联邦政府、地方政府、受训者本人（或家庭）、私人机构以及各种各样的慈善机构等都是职业培训投资的主体。联邦政府和地方政府对市场紧缺劳动力以及就业弱势群体的职业培训给予补贴，企业或培训机构举办政府指定的培训项目才能获得政府补助。相关法律严格明确了各级政府职业培训管理机构的权利和责任，地方劳动力投资委员会对区域内“一站式服务中心”实施统筹管理，“一站式服务中心”具体负责指导区域内职业培训机构业务工作，并对区域内劳动者参加职业培训实施有效激励，确保职业培训投资的使用效率和效益。

（二）德国

德国职业教育发展历史久远，其“双元制”职业教育人才培养方式被学界称为德国经济崛起的“秘密武器”。与其他国家不同，德国将“劳动者终身职业培训”称为“职业继续教育”，并以构建职前教育与职后教育相衔接的职业继续教育体系为重点，引发了世界各国的高度关注。

在政策措施方面，为强化劳动者终身职业培训体系建设，联邦政府教育与研究部于1997年将职业继续教育纳入国民教育体系，激励与支持每一位社会民众参与终身学习。2001年，德国发布《职业教育报告》，提出致力于建立一个专业化、个性化、面向未来、机会均等、体制灵活而且相互协调的高质量职业培训体系。2005年，德国修订《联邦职业教育法》，提出实行跨地区校企合作，加速职业培训现代化进程，努力实现职业培训机会均等，体现终身职业培训的多元性、延续性和民主性。

在职前教育方面，德国不再视“双元制”职业教育为教育的结束，而是将其视为有能力的毕业生上后续学校直至进入高等学校学习的基础。为提高职业培训的吸引力，德国将“双元制”教育模式引入职业培训活动，企业及专科大学承认采用“双元制”培训模式获得的相关资格证书与职业学院文凭等。许多州政府为高级技工和技术员提供了进入专科学校或大学深造的机会，进一步加强了职业培训与普通教育的贯通性和等值性，在更为广泛的领域内为全体劳动者提供了终身学习的机会。

在职后教育方面，德国政府引导广大民众不断强化对职业培训的认知，在职（培训）学习和在岗（培训）学习越来越受到重视，并在劳动者职业生涯发展过程中表现出了多重作用。职业继续教育不仅办学形式多样，还能够提供多种学习类型，满足不同劳动者群体职后培训需求。“培训—就业—再培训—再就业”模式成为每一名劳动者所接受的、完备的、延续的职业教育。

在法律保障方面，德国于1996年颁布《晋升进修教育促进法》，决定实施“带薪教育休假制度”，每年给劳动者10天左右的教育假期，方便劳动者接受各种形式的职业培训，极大地调动了劳动者终身学习的积极性。1998年，联邦政府对地区行业协会编制的900个继续教育培训规章进行了筛选和综合，形成了15个覆盖面更广的职业培训法规，使职业培训充分体现了终身性，促进了劳动者职业的延续（刘颖，2008）①。

在主体建设方面，德国职业培训的实施主体包括企业或企业联合会举办的继续教育机构，国家、社会团体和大学主办的继续教育机构，教会举办的继

① 刘颖：《论德国职业教育终身化的发展特点》，《继续教育研究》2008年第1期，第88~89页。

续教育机构等，类型多样。其中，公民学校为地方政府和公益注册协会举办的非营利性、非政治性、非学历性、开放性的培训机构，遍布全国。除在各大城市设立总部外，还在中小城市设立了若干分支机构和教学点，方便广大市民就近入学，在实施劳动者终身职业培训过程中发挥了重要作用，目前，德国有 980 所公民学校，极大地方便了劳动者实现终身学习的目标①。

（三）英国

英国是世界上第一个提出实施“终身教育”的国家，但由于该国学术氛围浓厚，民众重学术轻技术、重学位轻职业资格观念强烈，导致劳动者终身职业培训体系建设滞后于经济社会发展需求。20 世纪 40 年代，迫于经济社会发展压力以及民众就业需求，英国也开始效仿其他国家改革教育体制和就业制度。

在职业培训面向方面，英国早期的职业培训主要面向青年职前准备和退役安置人员。政府实施了“职业培训计划（Vocational Training Scheme）”，重点解决了青年就业及“不易安置”退役人员的就业问题。20 世纪 70 年代以后，职业培训开始面向全体劳动者拓展，并逐步形成以促进就业为目的的劳动者终身职业培训体系。

在法律规制建设方面，英国逐步认识到构建劳动者终身培训体系的重要性，1948 年颁布了《就业培训法》（Employment and Training Act），要求各地建立“青年就业服务”（Juvenile Employment Service）机构，为青年人提供就业前的全面培训。1962 年英国发布了政府白皮书《工业培训：政府建议》（Industrial Training: Government Proposal），两年后又通过了《工业培训法》（Industrial Training Act），使劳动者职业培训最终成为国家战略。但是，由于当时的《工业培训法》仅限于工业行业，缺乏对其他各行业培训的统一规划，引发了社会各界的批评。1973 年英国再次通过了《就业与培训法》及《面向 21 世纪：技能策略》白皮书，1982 年通过了《新培训方案》（New Training Initiative）、《技术职业教育方案》（Technical and Vocational Training Initiative），从法律上确认了职业培训的地位和作用。1983 年政府再

① 《德国：国民学校搭建终身教育平台》，《成才与就业》2012 年第 5 期，第 60 页。

次实施了“青年培训计划”（Youth Training Scheme），1988 年再次实施了“就业培训计划”（Employment Training）等（李宜芯等，2011）①，取得了明显效果。1998 年英国实施了建立“产业大学”和“个人账户”的措施，引领民众积极参与终身培训。2000 年又建立了国家资格框架（National Qualifications Framework，NQF），形成了包括职业培训在内的职业教育与普通教育的等值体系，有效地提升了职业培训的社会地位。2003 年，英国再次颁布《技能策略》（The Skills Strategy）白皮书，确认不同年龄的人都有接受职业培训的机会，使自己的潜能得以充分挖掘，在构建劳动者终身培训体系方面迈出了关键的一步。2011 年英国从劳动者职业能力出发，以职业资格证书体系为基础，推出了职业资格与学分框架，建立了学分转换体系，促使不同级别的职业资格相互衔接、职业培训和普通教育实现了相互融合，满足了劳动者知识更新以及就业、再就业对职业培训的需求。

在体系建设方面，英国在建立学习资格与学分框架的同时，开设了“学分银行”以及终身学习的“个人账户”，使劳动者终身职业培训体系建设展现出“双维、全纳、评估、记录”等特点②。所谓“双维”，就是劳动者终身职业培训体系具有“学分”和“资格”两个维度。在学分设置上，课程单元为学习者最小的学习单位，并包含相应的学分和级别。根据国际行业技能委员会制定的规则，劳动者可通过任何形式学习任何单元、取得相应学分，各单元学分积累在一起，完成某一技能的学习。在资格维度上，就是依据职业资格框架规定，劳动者通过学习量考核后，可以获得相应的职业资格。所谓“全纳”，就是劳动者职业培训延续了国家职业资格证书体系与职业教育、普通教育和高等教育的衔接，相应或相近的学习单元、学分和等级等，均可纳入职业培训框架体系之内。所谓“评估”，指劳动者参与各级各类职业培训的效果均需要以学分的形式进行评估，按证明、证书和文凭三个等级进行认定。所谓“记录”，指所有参加职业培训的劳动者均需要对其学习成果进行记录，相当于一个“学分银行”的“个人账户”。适应劳动力市场的变化，英国劳动者资格框架的建

① 李宜芯、黎奕林：《二战后英国职业培训立法及对我国的启示》，《湖北大学成人教育学院学报》2011 年第 5 期，第 41~44 页。

② 沈阳：《英国终身教育和职业技术教育》，《世界教育信息》2014 年第 8 期，第 13~14 页。

立与完善，成为劳动者终身职业培训体系建设的重要成就。

（四）澳大利亚

澳大利亚劳动者终身教育体系建设处于国际领先水平（徐中意，2010）①。1994 年以来，澳大利亚逐步建立和完善了内含资格框架（Australian Qualifications Framework，AQF）、“培训包”（Training Package，TP）和培训质量框架（Australian Quality Training Framework，AQTF）等三项主要内容的国家培训框架（National Training Framework，NTF）制度，其中，资格框架（AQF）统一了学历认证与发展机制，质量框架（AQTF）明确了教学效果评估机制，“培训包”（TP）规定了各职业、工种需要掌握的主要内容，劳动者可根据自身实际，按需选择，为劳动者在不同教育与培训系统之间的转学或继续深造提供了制度保障（侯威，2013），激发了劳动者终身学习的热情②。

与之相对应的是，澳大利亚于 1995 年建立了学历资格框架，2000 年正式实施，实现了中学教育、职业教育（含职业培训）和高等教育资格的一体化，构建了普通教育与职业教育沟通的“立交桥”，促进了劳动者的终身学习。为强化实施效果，澳大利亚于 2008 年成立了“国家资格框架委员会”，具体负责监督和保障学历资格框架的运行管理工作。“国家资格框架委员会”于 2009 年对学历资格框架进行了再次修订，进一步完善了框架核心结构以及等级标准，按证书、文凭和高级文凭等三类认证方式，确定了各类方式的等级属性与等级标准，规定获得高一级资格等级，必须具备前一资格等级；等级标准从知识、技能及其运用等层面进行了描述，确定了各职业的任职资格，确保了资格许可的准确性，有效地化解了部门框架分割、资格等级规定不尽明确等问题（江彬等，2016）③。

在“培训包”开发方面：1997 年，澳大利亚国家培训局提供经费支持，委

---

① 徐中意：《澳大利亚终身教育体系述评：内涵与特色》，《海外职业教育》2010 年第 9 期，第 156~158 页。

② 侯威：《澳大利亚的职业教育与培训——以警察职业教育与培训为视角》，《海外职业教育》2013 年第 3 期，第 176~178 页。

③ 江彬、董鸿安：《澳大利亚职业教育与培训的制度设计及启示》，《成人教育》2016 年第 7 期，第 89~94 页。

托行业培训委员会负责开发了第一个“培训包”，成为全国资格认证的具体标准，用以评估某一职业所需的技能和知识。2003—2005年，联邦政府将原来的行业培训委员会整合为国家行业技能委员会，具体负责“培训包”开发工作。到目前，澳大利亚已经批准和公布的“培训包”达200多个，广泛运用于职业培训工作。各级各类职业培训机构可依据行业与企业需求进行细化，将“培训包”转化为能够实际操作的培训内容。

在培训质量框架方面：2001年，澳大利亚国家培训质量委员会联合各州政府职业培训管理机构、行业协会、企业、职业培训机构等相关方面，将原有认证框架修订为质量培训框架，形成了全国统一的质量管理体系，统一职业教育与培训质量标准，构建了职业培训质量评估指标体系。国家培训质量委员会在规定时间组织质量评估机构对辖区内职业培训机构进行办学质量检查和评估，评估结果在国家教育行政部门官网进行公布。对质量不达标的职业培训机构及时取缔或者要求其按期进行整改，相关机构对整改结果进行再次评估。

（五）加拿大

加拿大劳动者职业培训与就业服务实行自上而下的垂直领导，运转经费由联邦政府拨付（马永堂，2003）[①]。联邦政府人力资源部具体负责职业培训与就业服务工作，并在全国设有9个职业培训与就业服务中心、600多家分支机构。除大专院校、社区学院和私立职业学校外，雇主组织、行业协会以及行业企业工会等组织均可以开展职业培训工作，为劳动者终身学习提供了选择的机会。职业培训分为入职前的从业能力培训和入职后的能力提高培训两种类型，既有针对行业技能的培训，也有应对某一个技能环节的单科培训，旨在培养具有行业技能的劳动者或特殊技能的行业紧缺人才，同时也为失业、转岗、再就业等人员提供获得生存技能和进修提升的机会。

为满足就业和保持社会稳定的需要，加拿大各级政府对失业、转岗、再就业等人员采取政府补贴、优先培训的方法。由于劳动者终身职业培训体系完善，劳动者可随时随地到某一职业培训机构学习，使自身掌握多种生存技能，

① 马永堂：《加拿大职业培训促进就业的政策》，《中国劳动》2003年第5期，第57~59页。

提升了岗位技能转换的适应性（齐智鑫，2014）①。各级各类培训机构依据人力资源市场需求设置培训课程，与用人单位联系紧密。适应社会进步需求，加拿大职业培训课程的形式从以前以 CBE（Competency-based Education）为主逐步转向了 CBE 与 OBE（Outcomes-based Education）结合，并最终向 OBE 迈进，适应了劳动者和雇主两方面要求。

与美国不同的是，加拿大除法律支撑、多元参与以及设置“就业指导中心”等常规措施外，还在社区学院等职业培训机构建设了“培训超市”，提供多种培训项目供广大民众选择，成为加拿大劳动者终身培训体系建设的一个重要特色。如卑诗理工学院的职业培训体制灵活、多样，且与其他教育形式相互衔接，学院犹如一个可以提供各种职业培训“产品”的超市，由劳动者根据自身实际需求自由选择。横向看，当地所需要的各种文、理、工、商、贸、农、医等职业培训“超市”中均有“货物”可供。纵向看，“超市”适应了不同劳动者不同学习层次的需求，包括学士学位、高职文凭、技术资格证书等一应俱全。“超市”虽大，但“货物”标准与其他职业培训机构或同类培训机构完全一致。入门资格、课程目标、学时分配、评价标准等都与其他职业培训机构相同，甚至收费标准也完全一致。所有课程均强调以职业能力和工作场所为基础，以工作绩效为目标，使来自各层次、各个年龄段具有各种需求的劳动者都能找到合适的培训项目（王文瑾，2003）②。如果“超市”某一培训项目处于“缺货”状态，则由“营业员”及时反馈给学院相关机构，以最快的速度统筹解决。为体现劳动者终身职业培训特色，加拿大很多职业培训机构将入学年龄延长到了100 周岁。为帮助那些有一些学习、工作背景的人实现过去学习成果与现在学习过程及成果的衔接和沟通，加拿大各类职业培训机构与各类学校教育机构之间建立了完善的学分转移体系，构建了实用型人才培养的“立交桥”。

（六）日本

长期以来，日本一直非常重视劳动者终身职业培训工作，这也是该国工

① 齐智鑫：《注重生存技能培训的加拿大职业教育》，《劳动保障世界》2014 年第 3 期，第 69~70 页。

② 王文瑾：《终身职业教育和培训的体系——从卑诗理工学院的专业、课程看加拿大“职业教育超市”》，《中国职业技术教育》2003 年第 11 期，第 29~31 页。

业产品质量位居世界前列的根本原因。通过构建劳动者终身职业培训体系，为企业源源不断地输送了大批技能型人才，同时也为劳动者实施职业能力开发、迅速适应社会经济环境发挥了重要作用。

与其他发达国家一样，日本也为劳动者终身职业培训体系建设提供了法律保障。早在1958年，日本就制定了《职业培训法》，依法投入了大量的资金兴办公立职业培训机构。该法将职业培训分为两类，一类是由公共职业机构提供，针对学校毕业生等求职者、职业转换者和在职雇员实施的职业培训，另一类是企业招募新员工或者为提高员工绩效实施的职业培训。1969年日本再次修订《职业培训法》，将公共职业培训机构实施的培训种类扩展为基础培训、提高培训、能力再开发培训、再培训、培训教师的培训5种类型。1971年日本中央教育审议会发表了《关于适应社会结构急剧变化的社会教育》报告，向国民发出了终身学习的号召。1981年日本中央教育审议会再次发表《关于终身教育的报告》，确认“终身教育是为全体国民充实人生而开展的一种教育活动”。1985年，日本大幅度修订《职业培训法》，将其更名为《职业能力开发促进法》，将职业培训任务与目标逐步转向职业能力开发。1988年日本文部省设立“终身教育局”，具体负责劳动者终身职业培训体系建设工作。1990年日本颁布《生涯学习振兴推进整备法》，成立了民间组织“终身学习理事会”。此后，《职业能力开发促进法》历经1992年、1997年和2001年的三次修订，使其更趋完善和实用（刘瑜澍，2010）[①]。

目前，日本已初步构建起包括高度集中的公共职业培训体系和灵活多样的企业内部培训体系两部分组成的劳动者终身职业培训体系。其中：公共职业培训体系由国家直接设立的职业培训机构和地方政府（都、道、府、县）设立的培训机构两个层次构成，包括职业能力开发大学、职业能力开发中心、职业能力短期开发学校、职业博物馆和由雇佣能力开发机构举办的地方职业培训中心等。企业内部培训体系主要为雇佣员工提供“入门（入职）培训”，也为员工提供继续教育培训。多数大型企业在内部设立了独立运行的职业培训体系，不仅培训员工的技术技能，也为员工提供企业精神培训等；

① 刘瑜澍：《日本终身教育的发展特点及其启示》，《河北大学成人教育学院学报》2010年第3期，第64~66页。

小型企业则多依赖于母公司、当地的行业协会或社会培训机构对雇佣员工实施职业培训，主要有在职培训和脱产培训两种形式，以在职培训为主、脱产培训为辅。从培训效果看，马玮（2008）测定，日本非正式的在职培训比正式的脱产培训发挥了更大的作用，非正式的在职培训成为员工获得高级技能的有效形式[①]。

（七）韩国

韩国职业培训系统与职业教育系统分开管理，前者归属于劳工部管理，属于非正规教育；后者归属于教育部和人力资源开发部门管理，属于正规教育（马仁听等，2015）[②]。1967年韩国制定并实施了《职业培训法》，建立了大量的公办职业培训机构，使有就业愿望并准备就业的准劳动者或在职劳动者均能够通过参加培训熟练地掌握工作技能，并在知识、态度以及环境适应能力等各个方面实现持续增进。为适应世界经济一体化的要求，提升本国产业的国际竞争力，1997年韩国重新制定了《劳动者职业培训促进法》，在全国范围内建立了“产业人力公团”和职业能力发展制度。“产业人力公团”为韩国劳动部直接管理的事业性团体，现有职工3500名，主要负责指导和管理韩国技术工团和21所职业技术学校及19所技能大学，负责研究和组织职业培训、技术资格鉴定和技能奖励等，促进国民经济的发展和社会福利的提高。

韩国劳动者终身职业培训体系由公共职业培训体系、企业内部职业培训体系和认定职业培训体系等组成，目前企业内部职业培训机构、认定职业培训机构、公共职业培训机构分别达到242个、139个、95个。韩国高度重视劳动者认定职业培训体系，该体系包括了公共职业培训、企业内职业培训以外的所有培训，由劳动部部长认可的社会职业培训机构实施。培训课程的种类包括在职培训、中小企业定制培训、失业群体培训和战略领域培训4种类型（韩舒静，2015）[③]。

---

① 马玮：《日本职业教育的经验和启示》，《石家庄职业技术学院学报》2008年第3期，第19~21页。

② 马仁听、陈爽：《愿景与任务：韩国终身职业教育与培训体系研究》，《职教论坛》2015年第21期，第91~96页。

③ 韩舒静：《韩国职业培训体系分析》，《国外职业教育》2015年第4期，第21~23页。

面对世界经济一体化的挑战，韩国借助外力修正和完善劳动者终身职业培训体系。2015年韩国邀请经合组织相关机构对劳动者终身职业培训体系建设状况进行了诊断，发表了《OECD：韩国技能战略诊断报告》（OECD: Skills Strategy Diagnostic Report Korea）。报告显示，韩国经济发展成就巨大，但仍需采取相关行动，提高劳动者教育水平，以此消除就业障碍，提高生产率与生产力。经合组织为韩国提供了具有时效性的国家技能战略框架，确认了劳动者关键技能培训方面面临的问题与挑战，强调必须努力让年轻人获得相关技能，满足劳动力市场需求。报告指出，韩国政府应提倡基于工作需要的学习，鼓励工商界企业家为年轻员工创造更积极的劳动力市场，提供有利于劳动者终身学习的教育环境（徐涵，2016）[①]。

二、国内实践现状

2013年，中共十八届三中全会通过了《中共中央关于全面深化改革若干重大问题的决定》，提出要“构建劳动者终身职业培训体系”[②]。同年，人力资源社会保障部下发了《关于在全国百家城市中开展技能振兴专项行动的通知》，确定了105个工作基础好、推动力度大的城市开展了“技能振兴专项活动”。通过精心制定活动方案、突出政策引导、改革培训内容、创新培训方式等措施，创新了技能人才培养体系，整合了职业培训资源，提升了职业培训能力[③]。试点城市普遍感受到了构建劳动者终身职业培训体系的重要性，广大民众也从职业培训发展中得到了实惠。2014年，国务院印发《关于加快发展现代职业教育的决定》，提出“积极发展多种形式的继续教育”“建立有利于全体劳动者接受职业教育和培训的灵活学习制度，服务全民学习、终身学习，推进学习型社会建设”[④]，再次为构建劳动者终身培训体系指明了方向，明确了任务。2015年，全国参与“技能振兴专项活动”的城市再次扩大，逐步由省会

---

① 徐涵：《OECD报告：韩国须提高劳动者技能并改善工作环境》，《世界教育信息》2016年第1期，第75页。

② 《中共中央关于全面深化改革若干重大问题的决定》，《求是》2013年第22期，第3~18页。

③ 王辉：《播下百余籽，收获满庭花——全国百家城市技能振兴专项行动回眸》，《中国劳动保障报》2015年5月29日第3版。

④ 《国务院关于加快发展现代职业教育的决定》，2014年6月22日（http://www.jyb.cn/zyjy/zyjyxw/201406/t20140622_587161.html.）。

城市发展到中小城市乃至乡镇；由理念宣传逐步扩展到职业培训机构的设立及其培训内容改革等具体环节。2017 年 1 月，国务院颁布的《国家教育事业发展“十三五”规划》，基于需求侧角度确认我国全民终身学习仍处于初步形成阶段，提出要通过建立面向全民的终身学习成果认证、积累与转换公共服务平台、推动“互联网 + 教育”新业态发展等措施，大力发展继续教育，构建终身学习制度。可见，无论是在广度上还是在深度上，我国构建劳动者终身教育体系的实践正在有序推进。

（一）北京市

北京市将建设学习型城市列入全市经济社会发展战略目标，劳动者终身职业培训体系建设走在了全国前列（张翠珠，2011）[①]。2011 年，北京市制定并实施了《北京市中长期教育改革和发展规划纲要（2010—2020 年）》，提出健全社区教育体系，依托培训机构面向社区居民开展形式多样、内容丰富的教育培训，并积极鼓励学校、图书馆、博物馆、科技馆、美术馆等社会文化教育机构开展多形式、多内容的社会教育。调动各种社会力量，广泛开展老年教育、妇女教育、外来务工人员教育等[②]。在具体工作实践中，北京市将大力发展成人教育、继续教育作为劳动者终身职业培训体系构建的重点。

1. 完善劳动者终身职业培训网络

目前，北京市劳动者终身职业培训体系形成了 4 个网络。一是以社区学院为龙头，街道（乡镇）社区教育中心为主体，村（居）文明市民学校或成人学校为基础的三级社区培训网络，覆盖全市所有劳动者；二是以行业协会和国有大中型企业为主体的职业培训网络，满足劳动者入职培训和在职培训的需求；三是由全市 26 所成人高等学校组成的办学网络，能够为广大市民提供学历培训服务；四是各种社会力量举办的以职业技能培训为主的社会培训网络，目前已经达到 3500 多所[③]。

① 张翠珠：《北京市终身教育的实践创新》，《北京广播电视大学学报》2011 年第 6 期，第 14~18 页。

② 《北京市中长期教育改革和发展规划纲要（2010—2020 年）》，《中国教育报》2011 年 3 月 24 日第 3 版。

③ 《北京市中长期教育改革和发展规划纲要（2010—2020 年）》，《中国教育报》2011 年 3 月 24 日第 3 版。

2. 整合各级各类社区教育培训资源

全市教育机构面向全社会开放，主动为社区教育服务。通过有限度地开放中小学教育资源，为广大市民实现终身学习提供了师资、设施等保障。多数县区普通学校开展了下社区制度，协助开展职业培训工作。目前，北京市140多个街道、2633个社区均开展了社区教育。全市社区教育基地达到2000多个，每年接受职业培训的劳动者达30多万人①。

3. 积极构建人才成长的“立交桥”

采取多种形式推动各级各类教育与培训的横向衔接与纵向沟通，成立市教育委员会实施管理体制上的衔接，用“五年一贯制”形式实现中职教育与高职教育的衔接，用放宽年龄限制推动高等教育与成人教育的沟通。北京市考试院也在学分银行、市民学习卡等方面开展了试点工作，取得了初步成效。建设与开通了北京市学习型城市网，对市民终身学习实现了远程服务。

（二）上海市

上海市是我国较早开展终身教育和建设学习型社会的城市。2006年，中共上海市委、市政府提出《关于推进学习型社会建设的指导意见》，计划到2010年初步建成“人人皆学、时时能学、处处可学”的学习型社会②。2010年，上海市制定《教育规划发展纲要》，提出到2020年基本建成学习型社会的目标，教育发展和人力资源开发水平步入世界先进行列，努力在全市形成满足劳动者终身学习的教育新体系，实现人人学会终身学习、人人享有终身教育的机会的目标（薛明扬，2011）③。2011年上海市通过《上海市终身教育促进条例》，确立了劳动者终身职业培训体系的法律地位。目前，上海市民已基本达成了终身学习的共识（徐硕刚等，2014）④，有力地推动了劳动者终身职业培训体系构建工作。

---

① 张翠珠：《北京市终身教育的实践创新》，《北京广播电视大学学报》2011年第6期，第14~18页。

② 《中共上海市委、上海市人民政府关于推进学习型社会建设的指导意见》，2006年1月27日（http://www.smile.ecnu.edu.cn/s/395/t/768/ca/f8/info117496.htm.）。

③ 薛明扬：《构建惠及人人的上海终身教育体系》，《中国教育报》2011年7月14日第4版。

④ 徐硕刚、顾意亮：《未来30年上海终身教育何去何从？》，《人民政协报》2014年5月14日第3版。

1. 服务多元化，增强市民终身职业培训需求

上海市将学校教育作为劳动者终身学习的起点，将终身教育重点放在促进劳动者终身发展方面。一方面，上海市加大了各类教育资源的统筹力度，引导各类教育机构为劳动者终身学习服务。鼓励各级各类学校面向劳动者开办可供选择的、适应自身需要的职业教育课程，采取弹性学制和学分互认等方式，激发劳动者终身学习的积极性。另一方面，上海市积极鼓励市内所有美术馆、纪念馆、体育馆、图书馆等公益性社会设施免费向市民提供学习场所。

2. 大力发展社区学院、成人教育和继续教育

上海市教育委员会联合市精神文明办公室等单位，提出了推进上海市社区学院建设的指导意见，帮助各区（县）均建立起适合市民学习需要的社区学院。并通过不断加强管理等措施，逐步完善各级各类社区学院的职业培训功能，使社区学院成为上海市劳动者终身职业培训的重要载体和市民实现终身学习的平台。与此同时，上海市还制定了街道社区学院和乡镇成人学校建设标准，不断加大投入规模，在全市形成了“人人可学、处处可学”的劳动者终身职业培训的优良环境。同时，上海市还建设了一支职业化、适应学习型社会构建的职业培训管理干部队伍和教师队伍，为劳动者终身职业培训提供了重要支撑。

3. 落实劳动准入制度和职业资格证书制度

按照“实际、实用、实效”的原则，上海市组织相关部门开发了一批符合劳动者需求、与区域产业发展密切相关的职业培训项目，引导劳动者确立终身学习的目标。同时，积极推进再就业培训工程，为转岗、待业劳动者提供就业培训。建设了一批适应未来产业发展方向的公共培训基地，大力推行高技能人才考核鉴定制度，在全市形成了有利于高技能人才成长的社会氛围，有效激发了劳动者终身学习的热情。

4. 发展远程教育，满足劳动者职业培训需求

建设上海开放大学信息平台，促进学历教育、非学历教育和社区休闲文化教育等的融合与创新。建立“上海教育网”，使“在线学习”和“在线课堂”成为覆盖城乡的终身教育服务平台；建立终身教育“学分银行”及个人账户系统，确保各类终身教育形式之间可以实现学分认定、学分积累和学习形式

的转换，搭建了普通教育与成人教育之间的“立交桥”；通过建立无障碍入学和弹性学习制度，方便所有劳动者能够实现随时、随地学习。

（三）江苏省

江苏省在1999年制定的《教育现代化实施纲要》就提出了“围绕实现教育现代化目标，建立终身教育实验区，发展一批学习型企业和社区”的具体安排，在《江苏省“十一五”教育事业发展规划》中再次将“完善终身教育体系”作为教育改革与发展的重要目标。特别是2011年，江苏省连续发出三个政策文件，大力推进劳动者终身职业培训体系建设。其中：在《关于大力推进民生幸福工程的意见》中，确定把终身教育体系建设放在“六大体系”建设之首；在《江苏省政府关于加快完善终身教育体系的意见》中，确定了终身教育体系构建的总体目标；在《江苏省“十二五”教育发展规划》中，确定大力发展继续教育，提升教育信息化水平。2015年，江苏省再次提出《关于加快发展继续教育、推进学习型江苏建设的意见》，就大力发展继续教育、全面开展社区教育、推进学习型组织建设、构建学习型江苏等活动作出具体安排。经过多年的实践，江苏省彰显了区域经济社会优势，在劳动者终身职业培训体系建设方面实现了创新和突破（金丽霞等，2016）①。

1. 实施“横向扩展”与“纵向延伸”策略

所谓“横向扩展”，指从“学校教育”向“社会教育”延伸，重点发展社区教育，努力扩大教育受众；所谓“纵向延伸”，指有效满足不同年龄段的社会人群对终身职业培训的需求。“横向扩展”与“纵向延伸”相结合，推动了终身职业培训向更为广泛的民众覆盖。

2. 实施政策引导，不断强化社区职业培训

整合各类职业培训资源，引导社区教育机构加强职业培训工作，不断提升社区职业培训能力水平（孙驰，2012）②。截止到2015年，江苏省已经建成全国社区教育示范区10个，全国社区教育试验区13个，省级社区教育试验区

① 金丽霞、许玲：《江苏省终身教育体系构建的主要特征概述》，《江苏开放大学学报》2016年第1期，第19~25页。

② 孙驰、孙茂新：《江苏社区大学建设若干问题的探讨》，《江苏广播电视大学学报》2012年第3期，第27~29页。

75 个，无论是机构数量还是建设规模，均居全国第一位（张鲤鲤，2015）①。

3. 拓展培训实施主体，实现了多元化发展

大力支持社会培训机构和企业培训机构的发展，形成了劳动者终身职业培训体系构建多元化发展的格局；重点建设了江苏开放大学，并在该校建立了“江苏省终身教育学分银行”和“江苏学习在线”平台，确保劳动者以不同方式取得的学习成果都能得到认同，实现了终身学习的过程性“衔接”（孙驰，2012）②；鼓励高等院校大力发展继续教育，强化服务社会职能，使不同年龄阶段的劳动者都能够按需求接受职业培训。

（四）云南省

云南是我国少数民族最多的省份，5000 人以上的少数民族有 25 个，独有民族 15 个，少数民族人口占全省总人口的三分之一以上。全省共有 78 个县（市）实行民族自治，占全省 129 个县（市区）的 60. 47%。

由于历史、自然等原因，云南省边疆、山区、少数民族地区的经济社会发展相对滞后，地方财政难以保障劳动者的终身职业培训需求，造成部分地区的劳动者技能水平普遍不高（云南省教育科学研究院，2002）③。反过来，劳动力技能水平也制约了云南省经济社会的发展，形成了经济落后导致人才缺乏、人才缺乏导致经济落后的恶性循环（张超等，2011）④。2015年，云南省以广播电视大学为载体，成立了负责全省终身教育的专门机构——云南省终身教育服务中心，启动了终身教育平台，开启了云南省劳动者终身培训体系构建的新纪元。

1. 以终身教育服务中心为载体，面向劳动者提供职业培训服务

经过几年的建设，云南省终身教育服务中心已经建成集教学平台门户网站、教学教务管理、在线学习、学习行为统计管理等功能于一体的终身教育平台。云南省规划将终身教育服务中心建成全省终身教育的教学指导中心、资

---

① 张鲤鲤：《终身教育发展与江苏的实践》，《江苏开放大学学报》2015 年第 5 期，第 11~19 页。

② 孙驰、孙茂新：《江苏社区大学建设若干问题的探讨》，《江苏广播电视大学学报》2012 年第 3 期，第 27~29 页。

③ 云南省教育科学研究院：《云南民族教育的发展研究》，云南教育出版社 2002 版，第 75~78 页。

④ 张超、罗华玲、王灵希：《云南少数民族地区终身教育发展策略研究》，《教育探索》2011 年第 5 期，第 111~112 页。

源中心、信息中心和服务中心。同时，在昆明、玉溪、楚雄等三个州（市）及部分县（区）设立终身教育示范中心，在各县区建立终身教育学习分中心，统一使用全省终身教育平台开展教育教学活动。

2. 整合各级各类职业培训资源，形成劳动者职业培训强大合力

云南省政府制定了专门激励政策，引导各州（市）整合现有各类职业培训资源，构建劳动者终身职业培训服务的平台。引导各县（市、区）成立终身教育数字化学习中心，各社区和乡镇成立终身教育数字化学习站，努力在全省上下形成面向全体劳动者开展职业培训的三级服务体系。动员社会各界积极参与劳动者终身职业培训活动，鼓励各级各类学校、科研院所、企事业单位等组织积极开发职业培训资源，满足广大劳动者多样化、个性化的学习需要。

三、实践趋势展望

（一）共同特点

1. 强化法律规制保障

世界发达国家构建劳动者终身职业培训体系均依靠法律推动、规制保驾。无论是美国的《劳动力投资法》，还是日本的《职业能力开发促进法》、韩国的《劳动者职业培训促进法》，均将劳动者终身职业培训体系建设纳入国家战略层面。同时，通过一系列规制建设，有效地保障了劳动者职业培训体系的正常运行。我国也将有关劳动者职业培训相关内容纳入了《职业教育法》等专项法律，上海市、福建省、河北省等地先后出台了《终身教育促进条例》，为构建劳动者终身职业培训体系奠定了坚实基础。

2. 实施多元主体参与

美国劳动者终身职业培训体系中的实施主体包括联邦政府及地方政府、企业以及各种各样的慈善机构等，德国劳动者终身职业培训的实施主体包括政府、社会团体、大学、企业和教会等，加拿大劳动者终身职业培训的实施主体包括大专院校、雇主组织、行业协会和工会等，韩国劳动者终身职业培训体系由公共职业培训体系、企业内部职业培训体系和认定职业培训体系等三部分组成。与其他国家情况类似，我国劳动者终身职业培训实施主体也呈现出各级政府、大专院校以及企业培训机构、社会培训机构共同参与的局面。

3. 注重衔接与沟通

英国构建劳动者终身职业培训体系坚持以能力为本，实施了职业资格与学分框架，建立了学分转换体系，实现了职业培训和普通教育的融合，贯穿于劳动者职业发展始终。加拿大为帮助那些有一定工作、学习实践的人实现过去学习、工作成果与现在学习成果的衔接和沟通，建构了各类职业培训机构与各类学校教育机构之间的学分转移体系。我国江苏省也建立了“终身教育学分银行”，确保劳动者以不同方式取得的学习成果都能得到有效认同，实现了终身学习的过程性“衔接”。

4. 坚持以需求为本

世界各国对劳动者终身职业培训的类别进行了划分，以期满足不同劳动者职业发展的需求。美国将培训服务对象分为就业能力较强的初次求职者和自愿转换工作的劳动者、基本服务人员、重点帮助对象（如长期失业人员等）三类。加拿大职业培训分为入职前的从业能力培训和入职后的能力提高培训两个层面，劳动者可随时随地到某一职业培训机构学习，使多数劳动者具有多种生存技能。韩国将劳动者培训分为在职培训、中小企业定制培训、失业群体培训和战略领域培训等 4 种类型。我国部分省市也将职业培训分为入职培训、在职培训等多种类型，面向不同需求的劳动者实施。

5. 充分利用现代技术

美国建立的“美国职业信息库（AJB）”和“美国人才信息库（ATB）”以及后来开发建设的“美国职业生涯信息库（ACINET）”和“美国学习介绍信息库（ALX）”等，在推进劳动者终身职业培训体系建设方面发挥了重要作用。我国上海市、云南省等地也积极整合各级各类职业培训资源，构建了劳动者终身职业培训服务平台，并将平台延伸至各县（市、区）、各社区和乡镇，形成面向全体劳动者开展职业培训的分级服务体系。

（二）主要特色

1. 域外特色

美国构建劳动者终身职业培训体系的主要特色在于在全国建立了 2000 多所“一站式服务中心”，并在信息系统建设方面实现了突破；德国将“双元制”职业教育模式引入职业培训，并在全国建立了980所公民学校；英国通过开办“学分银行”以及开设终身学习“个人账户”等，构建了劳动者学习资格与学分框架体系，推进劳动者终身职业培训体系建设取得重要成就；澳大利亚建立了国家培训框架，成为世界劳动者终身职业培训体系建设的典范；加拿大除采取CBE与OBE相结合的技能型人才培养外，在社区学院等职业培训机构建设了“培训超市”，提供多种培训项目供广大民众选择。

2. 我国特色

我国各地劳动者终身职业培训体系构建也呈现出诸多特色，增强了世界劳动者职业培训领域的话语权。首先，劳动者终身职业培训体系建设体现了终身教育的特点，彰显了发展目标与重点，符合中国国情，具有中国特色；其次，北京市的“四个网络”建设、上海市的社区学院建设、江苏省的“终身教育学分银行”建设、云南省的“终身教育服务中心”建设等都体现出独自特色；再次，全国各地的广播电视大学在劳动者终身职业培训体系建设方面发挥了重要作用。云南省在广播电视大学的基础上成立了终身教育服务中心，并在各州（市）及部分县（区）设立了终身教育示范中心，在各县区建立终身教育学习分中心，形成了劳动者终身职业培训网络化体系。

（三）实践趋势分析

从国外实践看，世界各国推动劳动者终身培训体系建设的着力点不同，但均按“木桶原理”补齐短板。如针对职业培训质量不高的问题，澳大利亚建立了培训质量保障框架、“培训包”等；针对职业培训与学校教育相互脱节的问题，建立了职业资格框架等。可以预见，适应世界经济一体化的需要，各国必然将构建劳动者终身职业培训体系作为提升人力资本的重要手段，无论是在理念上还是从行动上，劳动者终身职业培训体系将日趋完善和实用。

从国内实践看，我国劳动者终身培训体系建设展现出自身的特点。一是劳动者终身职业培训体系的链条趋向延长，由过去的仅仅注重劳动者职业过程，延伸到学校教育阶段等非职业过程学习能力的培养，旨在为将来接受职业培训奠定基础。二是体现了终身教育体系发展的重点。改革开放以后，我国教育事业得到快速发展，无论是发展速度还是发展规模，均创历史之最。当前，我国终身教育体系建设的薄弱环节、学习型社会建设的重点均在于劳动者终身职业培训体系建设。三是适应我国社会人口变化的总体趋势以及经济发展新常态、供给侧改革等需求，实现由人力资源大国向人力资源强国转变的目标，各级政府也必然高度重视劳动者终身职业培训体系构建工作。在这种情况下，系统研究劳动者终身职业培训体系的理论逻辑及构建策略，必将促进劳动者终身职业培训体系构建进程，使其在促进就业、改善民生以及全面建设小康社会方面发挥更大的作用。

第三章 劳动者职业培训的效应分析

职业是在社会分工前提下，人们从事相对稳定的、分门别类的专业劳动，并以此获得工资收入等合理报酬的一种社会活动。一般认为，人类社会自分工始，便产生了职业。随之，为不断提升劳动者技能的熟练程度，提高劳动生产率，获取更佳效应，职业培训应运而生。究其效应的本质而言，指在有限的环境下，一些因素和一些结果共同构成的、能够独立存在的因果关系。目前，世界各国均高度重视劳动者终身职业培训体系构建工作，其原因就在于劳动者实施终身职业培训具备多种效应。但迄今为止，学界对劳动者终身职业培训的效应分析尚缺系统阐释，导致人们存在许多认识误区，以至于最早提出终身教育理念的学者也认为终身教育的概念存在模糊性，缺乏连贯性[①]。本章分别从政治、文化、经济、社会和人本等 5 个维度，分析了劳动者终身职业培训的各种效应，旨在强化社会对劳动者终身职业培训体系构建重要性的认知。

第一节 政治效应

一般认为，政治效应指各类社会主体由于利益刺激而在政治行为上产生的系列反应。社会主体是有意识的人，首先表现为内在反应（心理反应），而后表现为外在反应（行为表现）[②]。对于内在反应，社会主体首先表现为政治动机（或政治意愿，Political Intention），即在价值判断的基础上，从事政治活动

① 连进军：《英国终身教育的最新发展》，《外国中小学教育》2000 年第 6 期，第 1~4 页。

② 张江河：《论利益效用与政治效应》，《吉林大学社会科学学报》1997 年第 4 期，第 55~61 页。

的内在动力或根本意愿，体现了政治对民众的激励作用，也规定了政治方向、政治行为及政治效果等。其次表现为政治态度，即在一定时期内社会主体对政治活动的看法或行为的反应。对于外在反应，社会主体在政治动机、政治态度的推动下进行政治活动，并受到物质、文化和各种政治力量交互作用所形成的社会环境制约，表现为一定的政治行为。各种行为表现都受到目的和手段、时间与环境等要素的影响，且各要素相互联系、相互制约、相互促进。从发生和结局来看，政治行为带来一定的结果影响，构成了现实生活中实实在在的政治效应。综合分析可见，构建劳动者终身职业培训体系存在广泛的政治效应，可有效提高广大劳动者的政治生活质量，推动社会主义民主政治的发展。

一、发展社会主义政治

（一）劳动者终身职业培训体系构建的政治本源

职业培训发展不仅与经济社会发展紧密联系，也与社会治理密切相关，具有浓厚的政治色彩。新中国成立之初百废待兴，全国失业劳动者达 400 多万人。各级政府广泛开展了职业培训工作。培训时间上实行长短结合，以短期为主。培训内容以技能培训为主，政治、文化学习为辅[①]，有效地促进了经济发展和社会稳定。“一五”计划时期，我国开始借鉴苏联的经验，广泛采用学徒制形式培养技能型人才。政府建立了八级工资制和八级技能等级制，将劳动者技能状况与收入水平挂钩，充分调动了劳动者参与职业培训的积极性。但不幸的是，“文化大革命”期间，我国职业培训事业发展几乎陷于停滞状态。

“文化大革命”结束后，基于经济社会快速发展的需要，我国职业培训规模迅速扩大，各地相继建立了一批就业训练中心、培训中心等。特别是进入 20 世纪 90 年代后，受经济结构转变、产业结构调整、国有企业改制等影响，我国劳动者进入失业、就业高峰期。针对这种情况，中共中央、国务院提出“要更自觉地把经济建设转移到依靠科技进步和提高劳动者素质的轨道上来”的决策。在各级政府的统筹管理下，职业培训机构逐步确立了“满足劳动力

① 冯政、孙坚：《我国职业培训发展》，《中国就业》2009 年第 10 期，第 6~7 页。

市场需求”的培训思路和运行机制，增强了发展活力。人力资源管理部门在全面恢复工人等级制度的基础上，将传统的八级技术等级制度改造为初级工、中级工、高级工、技师、高级技师五级，再次将劳动者技能水平与收入水平紧密地联系在一起，有效地调动了劳动者参与职业培训的积极性。

进入21世纪以后，科学技术的迅猛发展和产业结构调整步伐的加快对劳动者素质提出了更高的要求，广泛开展职业培训、促进劳动者就业逐步成为一项重要的民生工程。在中共中央、国务院的统一安排部署下，各级党委、政府不断优化政策环境，广泛发展各种形式的职业培训，不断提高劳动者的就业能力、工作能力和创业能力，一个包括职业分类标准、职业技能标准、职业需求预测、职业技能鉴定、就业创业指导、职业技能竞赛等内容的劳动者终身职业培训体系初步形成。历史表明，我国劳动者终身职业培训体系建设始终与政治联系在一起，政治需求推动了劳动者终身职业培训体系建设。反过来，劳动者终身职业培训的开展也巩固和发展了社会主义民主政治。

（二）劳动者终身职业培训体系构建的政治现实

从国内政治现实看：我国已经进入全面建设小康社会的关键时期，实现这一目标，既需要经济社会的不断发展，也需要民生的持续改善，这是中华民族的复兴之本、梦想之基。特别是我国经济社会发展进入新常态的形势下，经济发展成果更应惠及更广大的民众[①]。中央提出，认识新常态、适应新常态、引领新常态，必须“充分挖掘人口红利，创新利用人才红利”。要加强保障和改善民生工作，努力提高职业培训质量，加强政府公共就业服务能力[②]。可见，加快构建劳动者终身职业培训体系，已经成为我国政治生活的一项重要任务。

从世界政治现实看：全球经济一体化的逐步形成，促使国家经济角逐竞争力决定了国家的全球政治影响力。目前，在市场经济驱动下，全球制造业生产“中心”逐步从发达国家转到新兴经济体国家，特别是制造业逐步向亚洲的转移，引发了全球产业格局重塑以及生产区位“控制和所有权”的再配

① 丁文锋：《经济新常态：认识·适应·引领——2014年中央经济工作会议精神解读》，《中国党政干部论坛》2015年第1期，第44~49页。

② 邵会婷、闫志利：《经济新常态下的职业教育发展范式转型》，《教育与职业》2016年第7期，第17~20页。

置（Gereffi 等，2005）①。同时，市场拉力、技术推力重新界定了竞争能力，成为重塑国家竞争优势的来源，企业则面临着新的挑战与机遇。目前，美国读科学和机械学位的学生比重低于 5%，而欧洲为 12%（主要在德国），亚洲则超过 20%（Wessner 等，2012）②。有学者估计，今后 5 年，美国 60% 的机械工人将步入退休生活，熟练技工不能完全满足当前及未来的国家需要（O' Sullivan 等，2013）③，职业培训将成为今后及未来相当长的时间内人力资本投资的重点。我国是世界第二大经济体，《中国制造 2025》提供了制造业升级的政策性框架，需要创新驱动与智能转型，推动制造业和现代服务业的交叉融合，蕴含了大量的人力资本和知识资本的投入（黄永春等，2013）④，急需提升劳动者的技术能力和生产效率。也有学者研究认为，制造业递增收益的潜在来源有干中学、劳动力专业化、引发和吸纳（国内外的）创新与技术（李景海等，2016）⑤。可见，惟有加快构建劳动者终身职业培训体系建设，通过开展终身职业培训，不断提升劳动者的知识技能水平，才能为《中国制造 2025》提供人力资源支撑。

二、提升政治生活质量

（一）通过职业培训扩大劳动者的政治参与

我国是社会主义国家，一切权力属于人民。人民是国家、社会和自己命运的主人，也是宪法确认和保障的政治权利的主体。中国特色社会主义建设需要实行最广泛的民主，通过各个层次、各个领域公民有序的政治参与，保障人民群众的知情权、参与权、表达权和监督权，依法管理国家事务和社会事

---

① Gereffi G.，Humphrey J.，Sturgeon T.：The Governance of Global Value Chains，Review of International Political Economy，Vol. 12，No. 2，2005，pp. 78-104.

② Wessner C. W.，Wolff A. (eds)：Rising to the Challenges：US Innovation Policy for Global Economy，Washington D. C.：National Academy of Sciences Press，2012.

③ O' Sullivan E. Andreoni A.，López-Gómez C.，et al：What is New in the New Industrial Policy? A Manufacturing Systems Perspective，Oxford Review of Economic Policy，Vol.29，No.2，2013，pp. 432-462.

④ 黄永春、郑江淮：《中国"去工业化"与美国"再工业化"冲突之谜解析——来自服务业与制造业交互外部性的分析》，《中国工业经济》2013 年第 3 期，第 7~9 页。

⑤ 李景海、林仲豪：《世界政治经济演变、新产业政策与中国制造业的升级策略》，《世界经济与政治论坛》2016 年第 3 期，第 105~121 页。

务，促进社会主义各项事业的发展[①]。广大劳动者既是社会主义经济建设的主力，也是社会主义政治建设的基础。

职业培训是提升劳动者素质的重要途径，可有效提升劳动者的参政议政意识和政治能力，增强民主意识和法治观念，提高社会主义政治生活质量。劳动者基于政治觉悟、政治水平产生政治行为，对整个社会产生影响。具有较高政治觉悟和政治水平的公民在向社会索取利益的同时，也会充分考虑其他人员的利益，政府的政治行为与个人的政治行为相互依赖，共同形成推动社会进步的动力。如果个体的政治行为难以满足社会发展，就会趋向“权利贫困”。目前，我国正在全力推进精准扶贫工作，职业培训将发挥其他途径无可替代的作用。劳动者可用自身拥有、自己有理由珍视的那种生活判断个人的处境（Sen，1985）[②]，可将劳动者无话语权、无权无势等归结为能力贫困的范畴（Chamber，1995），或直接将之具化为权利贫困（Entitlement Poverty）[③]。如果一个人被排斥在主流政治活动之外，即使其拥有足以维持生存的收入，也可能依然贫穷。构建劳动者终身职业培训体系，一方面可以使劳动者通过参加职业培训更多地认识和了解社会，化解权利贫困，强化主人翁意识；另一方面也可增强劳动者的人际交往能力，增强政治意识，提升政治参与度。因此，构建劳动者终身职业培训体系可促使更多的劳动者参与到社会主义政治生活中来，促进社会主义民主政治的发展。

（二）通过职业培训提升劳动者的政治觉悟

劳动者的政治觉悟、政治水平和政治行为直接决定了社会政治生活质量。政治觉悟是政治心理的构成要素之一，是政治生活质量的基础，也是政治主体实施政治活动、实现政治目的的内在动力。近年来，随着我国经济体制改革的不断深化和对外开放的逐步扩大，不可避免地出现了新旧观念互相交织的状况，直接影响了人们的职业伦理和政治觉悟。以电信诈骗案件为例，一方

① 方立：《中国特色社会主义民主政治的特点和优势》，《浙江日报》2008 年 3 月 17 日第 3 版。

② Sen Amartya K.: A Sociological Approach to the Measurement of Poverty: A Reply to Professor Peter Townsend, Oxford Economic Paper, No. 4, 1985, pp. 669-676.

③ Chamber R.: Poverty and Livelihood: Whose Reality Counts?, Economic Review, No. 2, 1995, pp. 357-387.

面反映出职业道德、技术伦理缺失，未能树立以劳动求生存的基本政治觉悟。另一方面广大民众防范诈骗知识缺失。社会主义核心价值观教育多停留于社会宣传层面，尚未纳入劳动者终身职业教育的重要内容，导致极少部分劳动者世界观、人生观和价值观出现偏差，遵纪守法意识淡薄，直接影响到社会政治生活质量①。

从世界范围看，劳动者终身职业培训体系建设的内涵极其丰富，内含终身、职业、培训三个关键词，"终身"反映的是劳动者的一生，职业培训贯穿于人的一生，劳动者所从事的政治活动也贯穿于一生，必然引发劳动者不断升华职业道德、改善职业行为。劳动者"职业"阶段是其一生中时间最长、创造社会价值最多的重要阶段，也是一个人获取收入、维持生存的阶段。劳动者终身职业培训涵盖了一个人在接受学校教育之后的所有再教育形式，具有普遍性的特点，这与我国社会主义民主政治的普遍性高度契合。只有所有劳动者都能够参与到民主政治生活中来，社会主义政治的本质特征才能得以完美体现。实际上，劳动者终身职业培训体系本身就是一种社会组织体系，最终目的是维持和改善劳动者生活的质量，强化劳动者的政治觉悟。

（三）通过职业培训改善劳动者的政治行为

政治行为是劳动者政治思想、政治觉悟的具体表达，职业培训的核心在于提升人力资本总量和劳动者综合素质，具体可用KSAIBs增进表达②。职业培训从KSAs逐步转变为KSAIBs，本身就是强调中介变量I（Intervening Variables）和行为B（Behavior）在劳动者素质中的作用。中介变量具体包括劳动者的动机、态度、个性、人脉关系等因素，这些因素均可以用劳动者的政治觉悟表达。行为指直接影响社会主义政治的具体行为，在日常生活中均有体现。任何社会成员必须有对社会政治目标的意识及与之相应的热情，有实现社会政治目标所必需的各种行为能力。建立劳动者终身职业培训体系，可不断将政党和政府的政治意图传播到全体社会成员中，进而改善劳动者的政治行为。

---

① 黄颙：《新形势下关于加强企业青年员工政治觉悟的思考》，《全国商情》2014年第14期，第22~23页。

② 注：KSAIBs分别为Knowledge（知识）、Skills（技能）、Abilities（能力）、Intervening Variables（中介变量）、Behavior（行为）的首字母，用以表达个体人力资本存量。

职业道德是职业培训的重要内容之一，是劳动者要遵循的与本职工作相适应的行为规范的总和，也是社会道德在本职工作中的具体表现，是精神文明、物质文明和政治文明建设的主要组成部分[①]。目前，我国改革开放进入攻坚阶段，各种因素相互作用、各种矛盾激荡，深刻影响着劳动者的职业德育。长期以来，经济发达国家格外重视职业道德培训工作，以此不断改善劳动者的职业行为。为适应形势发展的需要，我国也提出坚持依法治国和以德治国相结合的思路，强调加强社会公德、职业道德、家庭美德、个人品德教育。对于脱离学校教育的劳动者而言，职业培训成为提高职业道德教育、改善劳动者政治行为的主要途径。要通过构建劳动者终身职业培训体系，不断提升劳动者的政治思想素质，引导劳动者树立社会主义核心价值观，忠于职业操守，表现出良好的职业行为。

三、推动政治目标实现

（一）我国当代政治目标

世界发展趋向表明，政府治理社会，既有经济目标也有政治目标。注重政治目标的实现，更符合政府管理的本质要求。经济目标为政治目标提供物质的支持和保障，政治目标是经济目标实现的前提和基础[②]。在新的历史时期，中共中央、国务院提出了全面建设小康社会的总体部署，既反映了我国经济发展需求，也反映了党和国家的政治意愿。全面建设小康社会目标既代表了广大民众的根本利益，也是对人的全面发展的价值承诺。只有构建劳动者终身职业培训体系，才能促使劳动者充分就业、实现创业，不断改善人民群众物质生活；只有大力发展职业培训，才能推动科技文化创新，进而实现经济社会的可持续发展。

（二）职业培训作用分析

首先，全面建设小康社会需要高素质的人力资源支撑。2010 年以来，我国劳动力人口占总人口的比例为 74. 5%。到 2015 年，一直呈逐年下降趋势。

① 扶蓉：《论新时期国企职工职业道德教育》，《现代商贸工业》2016 年第 20 期，第 88~89 页。

② 桑玉成：《论政府管理的经济目标与政治目标》，《政治学研究》1996 年第 3 期，第 57~64 页。

同时，农村劳动力向城镇转移的实际人口数量也在逐年降低，第三次人口生育高峰形成的新增劳动力也在逐年减少[①]。总体看，我国经济发展的人口优势将不复存在。因此，我国经济社会发展必将由原来的依靠“人口优势”逐步转变为依靠“人才优势”。构建劳动者终身职业培训体系，已成为我国全面建设小康社会必须做好的一项重要工作。

其次，未来劳动者需要高质量的就业，实现体面劳动。“十三五”期间，随着经济新常态的呈现以及供给侧结构性改革的逐步推进，我国经济增长方式将发生根本性改变。有学者认为，20 世纪头 20 年（2000—2020 年），我国将主要实施党的“十六大”提出的“更加充分就业”的目标。接下来的后 10 年（2020—2030 年）则主要实现“更高质量就业”的目标（胡鞍钢等，2015）[②]。国务院发展研究中心“中长期增长”课题组（2015）研究提出，主动适应并引领经济发展新常态，将是今后一个时期的中心任务。未来 10 年，我国经济社会发展将表现出消费超过投资，服务业超过工业，经济增长更多地依靠内需、依靠要素生产率的提升等具体特征[③]。与我国经济社会发展趋势相适应，必须构建劳动者终身职业培训体系，大幅度提高现有劳动力的人力资本存量。

（三）政治目标实现路径

构建劳动者终身职业培训体系是推进政治目标实现的主要途径。总体看，我国构建劳动者终身职业培训体系面临着良好的机遇和挑战。一方面，持续推动的供给侧结构性改革将刺激广大劳动者职业培训的需求。适应行业企业科技水平的提升，劳动者接受终身职业培训将形成一种必然趋势。另一方面，企业转型、产业升级对劳动者的质量要求越来越高，构建劳动者终身职业培训体系，不仅要满足企业转型、产业升级对职能型人才的数量需求，还要满足

---

① 胡鞍钢、杨竺松、鄢一龙：《就业发展“十三五”思路及目标——构建高质量的充分就业型社会》，《北京交通大学学报：社会科学版》2015 年第 1 期，第 1~6 页。

② 胡鞍钢、杨竺松、鄢一龙：《就业发展“十三五”思路及目标——构建高质量的充分就业型社会》，《北京交通大学学报：社会科学版》2015 年第 1 期，第 1~6 页。

③ 国务院发展研究中心“中长期增长”课题组：《中国经济的转型和未来 10 年展望》，《经济导刊》2015 年第 7 期，第 12 页。

其质量需求。同时，由于劳动力成本上升、“机器替人”现象的出现，劳动者就业机会将逐步减少。职业培训必须立足劳动者职业培训需求，强化与其他教育形式的衔接，形成完善的劳动者终身职业培训体系。通过政府引导、多元投入，不断壮大职业培训机构数量和规模，扩大高级技术技能人才的供给，促进职业培训与企业转型、产业升级需求的接轨，畅通各级各类技术技能型人才的成长通道①。

构建劳动者终身培训体系的政治效应已经引起国际社会的广泛认同。2016年二十国集团（G20）首脑杭州峰会已经达成落实2030年可持续发展议程行动计划，决定通过促进高质量就业战略、技能战略、培训战略的实施，强化高质量学徒制、职业培训和终身学习，实现充分的高生产率就业②。

第二节 文化效应

随着科技发展和社会进步，文化逐步成为民族凝聚力和创造力之源，并直接影响到一个国家的综合国力，也直接影响到民众的日常生活。文化是一个民族的灵魂，是国家发展和民族振兴的强大力量③。除社会文化、家庭文化、组织文化之外，职业文化对劳动者的影响也越来越大，拥有良好的职业文化成为劳动者职业竞争力的基础条件。劳动者获取职业幸福感，不仅需要具备扎实的专业知识与技能，还必须具备良好的职业文化④。

职业文化是劳动者在职业活动过程中逐步形成的、自身独有的价值观念、行为规范以及相应的个人习惯、气质和礼仪等，其核心内容包括对职业使命、职业荣誉、职业规范以及职业礼仪等的自觉体认和自愿遵从。任何职业都是在一定的社会文化环境中逐步形成和发展起来的，职业文化既受制于整个社会文化，同时也影响着社会文化，事关社会秩序和社会政治，具有历史传承性

① 胡鞍钢、杨竺松、鄢一龙：《就业发展“十三五”思路及目标——构建高质量的充分就业型社会》，《北京交通大学学报：社会科学版》2015年第1期，第1~6页。

② 《二十国集团领导人杭州峰会公报》，《人民日报》2016年9月6日第4版。

③ 《中共中央关于制定国民经济和社会发展第十二个五年规划的建议》，2010年10月27日（http://news.xinhuanet.com/politics/2010-10-27/c_12708501_11.htm.）。

④ 《中共中央关于制定国民经济和社会发展第十二个五年规划的建议》，2010年10月27日（http://news.xinhuanet.com/politics/2010-10-27/c_12708501_11.htm.）。

和社会文化效应①。劳动者职业文化的形成不可能一蹴而就，只能在其职业生涯过程中逐步发展。构建劳动者终身职业培训体系，会对劳动者职业文化产生重要的影响。

一、活化与优化效应

现代社会具有分工职业化、职业构成网络化等鲜明特征，职业生活成为劳动者公共生活的基础领域。劳动者通过职业获得社会位置，感受和审视整个社会文化生活。随着劳动力市场的逐步成熟和市场配置资源功能的逐步加强，劳动者一生中可能坚守一种职业，也可能通过失业、转岗、再就业等途径发生职业转换。构建劳动者终身职业培训体系，将对劳动者职业文化产生活化与优化效应。

（一）活化效应

活化效应集中体现在劳动者职业文化潜质的挖掘与目标追求的协同方面。现代社会是信息社会，家庭教育、学校教育均会对准劳动者职业文化的形成产生影响。劳动者职业转换（再就业）扩大了人们的职业视野，增强了职业中的异质因素，必然也会产生职业文化的更新，先前形成的职业文化也会对新职业所需的职业文化产生重要的影响。但是，职业文化具有根深蒂固、持续迁移等特征，具有传承性、发展性等特点。传承性在于新的职业文化必然受到旧的职业文化的影响，劳动者必须接受相关的职业培训，在继承原职业文化优质因素的基础上，重新构建新的职业文化。劳动者一生即使是固守一种职业，职业文化也会处于不断发展和进步过程之中。在新旧职业文化交织的情况下，劳动者需要通过职业培训辨别哪些职业文化要素是应该继续发扬的，哪些是应该抛弃的，进而使原来的职业文化产生活化效应，为新的职业文化带来似乎是旧的但却是积极、活泼的成分，使自身职业文化产生旺盛的生命力。同时，职业培训可选择那些比较典型的职业文化经验作为案例，并对其进行深入细致的分析和检验，从中分离出职业文化的发展趋向（包括显性的和缄默的），指出其合理性、合法性和有效性，帮助劳动者取舍和修正自

① 王文兵、王维国：《论中国现代职业文化建设》，《中共长春市委党校学报》2004 年第 4 期，第 71~73 页。

身已有的职业文化，快速形成新的职业文化，增强职业能力和就业竞争能力。

一个没有理想的民族是没有希望的民族，一个没有目标的组织同样是没有希望的组织（张德，2009）[①]。劳动者一生中确定的各种各样的目标是职业发展的动力，也可能是家庭存在和延续的基础。构建劳动者终身职业培训体系将有助于劳动者与行业企业、与社会形成共同的目标文化，充分发挥劳动者对职业目标追求的能力，并活化为职业发展的行动。就企业组织而言，在激烈的社会竞争和市场竞争中，如果没有一个自上而下的统一目标，就不能形成强大的发展动力，实现组织愿景。构建劳动者终身职业培训体系，将使劳动者在潜移默化过程中逐步认知和接受企业组织的目标文化，将个人目标蕴含于企业组织发展目标之中，时刻感受到职业的价值和意义，进而激发职业活力，并形成良好的职业道德。

（二）优化效应

职业培训对职业文化的优化效应更多地体现在劳动者对职业文化的兼收并蓄方面。现代社会，职业已经成为劳动者参与社会活动的主要领域，职业文化建设事关社会秩序。面对不断变化的社会形势，只有不断优化劳动者职业文化，才会形成强大的经济发展、社会进步动力，实现美好的“中国梦”。构建劳动者终身职业培训体系，可在充分重视和肯定劳动者在各自的职业领域范围内所取得的文化成就和形成的文化品质的基础上，确定具体职业文化的意义，促进职业与职业之间、人与人之间的相互尊重和理解，使各种职业文化兼收并蓄，达到相互促进、不断优化的目标。

马克思主义理论是科学的世界观和方法论，是无产阶级认识世界和改造世界的精神武器，具有掌握千百万革命群众的作用[②]。引导广大劳动者树立马列主义世界观、人生观和价值观，会促使劳动者达到眼界开阔、胸襟宽广、志向远大、境界高尚的目标。同时，马克思主义也是不断发展的。构建劳动者终身职业培训体系，一方面可以引导广大劳动者实现与时俱进、不断创新。另一方面，可不断激发和提高全体劳动者的思想觉悟，优化职业文化，促进劳动

① 张德：《企业文化建设》，清华大学出版社2009版，第36页。

② 扶蓉：《论新时期国企职工职业道德教育》，《现代商贸工业》2016年第20期，第88~89页。

者最大限度地发挥潜能，为全面建设小康社会做出应有的贡献。

二、交流与融合效应

家庭是社会的基本单元，传承着独具自身特点的家庭文化，也直接影响着劳动者职业文化的形成。劳动者来自不同的家庭，毕业于不同的学校。家庭文化、校园文化、企业文化虽具有不同的内容、特点和形式，但就劳动者而言，都是必须经历的连贯阶段，与职业文化的形成和发展具有一致性的目标。构建劳动者终身职业培训体系，可有效促进家庭文化、校园文化等的交流与融合，促进劳动者先进职业文化的形成。

（一）交流效应

构建劳动者终身职业培训体系可打破各种文化相对独立的状态，在各种文化交流中促进职业文化的形成。首先，职业培训有关职业环境及企业组织的介绍，能让劳动者了解企业文化、明确自身对企业生产经营的作用、激发学习专业知识与专业技能的热情。同时，还可促进劳动者正确认知家庭文化、学校文化与企业文化的差异，逐步消除家庭文化、学校文化中不适应职业文化的部分，弘扬其优秀部分，强化社会、企业认同感。其次，职业培训活动可为劳动者提供相互交流的平台，无论是培训师与学员还是学员与学员之间，均增加了相互交流与认知的机会。再次，尽管职业文化不可能单独基于家庭文化或校园文化等形成，但需要以家庭文化、校园文化为基础，并接受企业文化、社会文化的感染。因此，只有广泛开展劳动者职业培训活动，才能促进各种文化的协同，进而保障劳动者形成积极、健康、向上的职业文化。

目前，我国劳动者职业培训已逐步实现了国际化，中外职业培训合作的层次和规模均实现了前所未有的发展，对引进国外先进教育教学管理经验、优质培训资源，培养具有国际化教育背景和较强职业能力的劳动者发挥了重要作用。同时，也加强了我国与世界劳动者职业文化的交流，必将对“一带一路”建设等发挥重要的推动作用。

（二）融合效应

职业培训促进职业文化交流的最高阶段是实现各种职业文化的融

合、增强组织凝聚力、促进组织发展。有学者研究表明，组织的凝聚力主要通过物质、情感和思想三条纽带完成（董显辉，2011）[①]。显然，劳动者共同的职业文化的形成对提升组织凝聚力极为有利。法国社会学家涂尔干（Emile Durkheim）认为，许多社会个体拥有共同的世界观、共同的利益和彼此认同的情感，这些个体之间相互吸引、追求和联系，能够紧密地结合在一起，形成巨大的向心力和凝聚力，产生共同的行动[②]。构建劳动者终身职业培训体系，可促使职业文化通过一系列交流过程，使来自于不同家庭、不同学校的劳动者逐步形成相近的思维模式、相同的道德规范和相似的价值观念等，进而形成统一的职业文化，产生推动组织发展的巨大能量。

教育生态学原理表明，单一的家庭教育或学校教育均难以实现各种文化的融合，只有通过职业培训活动才能达成共同职业文化培育这一目标。构建劳动者终身职业培训体系，通过家庭、学校、企业以及政府组织等多元主体的参与，会不断寻求到各种文化的契合点、实现各种文化的自然融合、促进劳动者形成共同的价值观。构建劳动者终身职业培训体系也可增强劳动者的职业责任感，形成强烈的使命感和持久的职业驱动力。通过各种文化的融合，让劳动者在心理和精神上均得到满足，在履行职能过程中得到快乐体验，享受职业带来的幸福感，进而促进劳动者为组织发展勇于奉献、奋力拼搏。

三、更新与创新效应

（一）更新效应

职业作为劳动者一生中最重要的、最长的时间阶段，一直受到自身价值观的影响和支配。实际上，劳动者的价值观就是劳动者的职业价值观（Vocational Value）或工作价值观（Work Value）[③]，是劳动者对职业认识、职业态度以及职业目标的追求、向往与实践，并对劳动者的职业目标和职业动机发挥着决定性作用。职业价值观作为人生价值观的重要组成部分，受到包

① 董显辉：《职业文化的内涵解读》，《职教通讯》2011 年第 15 期，第 5~8 页。

② 爱弥尔·涂尔干：《职业伦理与公民道德》，渠东、付德根译，上海人民出版社 2001 版，第 5~6 页，第 13 页。

③ 庞桂美：《闲暇教育论》，江苏教育出版社 2004 版，第 21 页。

括当地经济发展水平、社会文化、学校文化及家庭文化等多种因素影响和制约。构建劳动者终身职业培训体系，能够不断地向劳动者传递技术信息、职业信息、社会信息等，引发劳动者职业价值观的不断更新，使之适应新的环境，符合新的要求。

从企业角度看，现在越来越多的企业组织将职业价值观作为选人、聘人、用人的首要标准，逐步由单一的重学历开始向重职业态度、职业道德、职业规范等职业价值观方向转变。为使劳动者适应企业文化的需求，无论是入职培训、岗前培训，还是在岗培训、在职培训、脱产培训等，无不将职业态度、职业道德、职业规范等与职业价值观相关的内容纳入其中，以此推动劳动者形成积极向上的职业文化、产生心理自治机制，进而缓解自治心理与被治心理的冲突，为企业发展注入强大的精神力量。

可见，构建劳动者终身职业培训体系，可促使劳动者职业价值观更新，并始终保持良好的精神状态，在推动生产效率提升的同时，提高职业满意度，为个人、企业、国家创造更多的物质财富。劳动者终身职业培训体系的构建不仅为劳动者提供了获取生存技能的途径，也为提升劳动者的人生境界、丰富劳动者精神生活提供了平台。劳动者不仅是被开发的对象和增加财富的源泉，也成为企业发展和社会进步的终极受益者①。

（二）创新效应

如果说前述职业文化的更新效应强调的是劳动者适应企业组织及社会环境的变化，那么创新效应则是基于劳动者生命观强调职业文化的根本性变革。前者是渐进的，强调持续性；而后者则是突发的，强调瞬时性。学习型组织创始人、美国麻省理工大学教授彼得·圣吉（Peter M. Senge）指出，如果基于操作规程而言，应强调适应性的学习（Adaptive Learning）；如果基于创新创造而言，则应强调生成性的学习（Genegative Learning）②。劳动者通过参加职业培训活动，可能被一件刚刚认知的新生事物所震撼，并快速接受这个新生

① 李晓华、牛笑风：《区域文化承载下的职业价值观更新——宁波高职职业价值观教育创新模式探析》，《宁波教育学院学报》2010年第2期，第16~20页。

② 张超中、武夷山：《创新文化与中国文化创新》，《中国软科学》2010年第10期，第63~85页。

事物，生成新的职业文化，实现职业价值观的重大创新，从而必然在行为动机方面转换为外在的职业文化行动，并形成持久的驱动力。

劳动者终身职业培训体系的构建能够促进职业文化的创新，也能促进创新文化的形成与交流。当今时代，科学技术与人类文化的分离越发明显，人们开始对科学技术产生过分崇拜情绪或畏惧思想，直接影响到劳动者创新文化的生成。通过构建劳动者终身职业培训体系，可有效增加劳动者对科学技术发展现状与趋势的认知能力，在新的职业价值观的引导下建设与之相应的创新文化[①]。2015年国务院提出的《关于大力推进大众创业万众创新若干政策措施的意见》指出，“推进大众创业、万众创新，是发展的动力之源，也是富民之道、公平之计、强国之策，对于推动经济结构调整、打造发展新引擎、增强发展新动力、走创新驱动发展道路具有重要意义，是稳增长、扩就业、激发亿万群众智慧和创造力，促进社会纵向流动、公平正义的重大举措”[②]。落实国务院意见，需要加快构建劳动者终身职业培训体系，广泛开展各类公益讲坛、创业论坛等创新创业培训活动，全面提升广大劳动者的创新创业能力，使创业创新成为全社会共同的价值追求和行为习惯。

第三节 经 济 效 应

早在100多年前，马克思就确认了教育具有经济效益这一事实，并提出著名的劳动价值理论[③]。舒尔茨人力资本理论认为，在完全竞争的劳动力市场条件下，职业培训能够增加劳动者的知识和技能积累，进而增加工作机会，提高工资收入[④]。一般认为，职业培训作为职业教育的重要组成部分，具有“准公共产品”的性质，其私人效应、社会效应和溢出效应较其他教育类型和教育形式更为明显。职业培训在为劳动者产生私人效应的同时，还能够实现劳动力

① 张超中、武夷山：《创新文化与中国文化创新》，《中国软科学》2010年第10期，第63~85页。

② 《国务院关于大力推进大众创业万众创新若干政策措施的意见》，2015年6月16日（http://www. gov. cn/zhengce/content/2015-06/16/content_9855. htm.）。

③ 中共中央马克思、恩格斯、列宁、斯大林著作编译局：《马克思、恩格斯全集》，人民出版社1965版，第241~242页。

④ 西奥多·舒尔茨：《论人力资本投资》，吴珠华等译，北京经济学院出版社1990版，第12页。

再生产、提高劳动生产率、加快科技成果推广。

一、私人经济效应

职业培训的私人经济效应（或称个人收益、私人收益）指劳动者接受职业培训后，其收入增长归因于个人教育投资的那一部分。对于准劳动者而言，职业培训的私人效应主要通过就业实现，学界多从就业效应和收入效应两个方面来分析。而对于在职培训，即对拥有职业的劳动者进行职业培训所产生的私人效应，则仅从收入效应进行分析。

（一）就业效应

职业培训作为人力资本投资的一种重要形式，也具有类似普通教育的投资效应（Mincer，1997）[①]，对提升准劳动者和劳动者收入水平均具有正向影响。准劳动者接受职业培训的目的是提高自身知识和技能水平，形成职业能力，通过就业获得工资收入。Dolton 等（1992[②]、1994[③]）和 O 'Higgins（1994[④]）对英国青年培训计划（YTS）进行了分析，认为职业培训有助于提升社会弱势群体的就业率，提高劳动者收入水平。Björklund（1994）应用 OLS 方法分析了瑞典职业培训的就业效应，发现职业培训能够促进失业人员实现再就业[⑤]。Torp（1994）区分了不同期限培训的就业效应，发现培训时间为 5～10 周的短期培训和 30 周以上长期培训的作用效果优于 10～30 周的中长期培训[⑥]。Payne 等（1996）应用匹配对比方法评价了英国的就业培训计划（ET）对劳

---

① Mincer J.：The Production of Human Capital and the Lifecycle of Earnings：Variations on a Theme，Journal of Labor Economics，Vol. 15，No. 1，1997，pp. 26~47.

② Dolton P. J.，Makepeace G. H.，Treble J. G.：Public and Private Sector Training of Young People in Britain//Lynch L.：Training and the Private Sector：International Comparisons. Chicago：University of Chicago Press，1992，p. 12.

③ Dolton P. J.，Makepeace G. H.，Treble J. G.：The Wage Effect of YTS：Evidence from YCS，Scottish Journal of Political Economy，Vol. 41，No. 4，1994a，pp. 444-453.

④ O' Higgins N.：YTS，Employment，and Sample Selection Bias，Oxford Economic Papers，Vol. 46，No. 4，1994，pp. 605-628.

⑤ Björklund A.：Evaluations of Swedish Labor Market Policy，International Journal of Manpower，Vol. 15，No. 5，1994，pp. 16-31.

⑥ Torp H.，Raaum O.，Heraes E.，et al. The First Norwegian Experiment//Jensen K. Masden P.：Measuring Labor Market Measures. Copenhagen：Ministry of Labor，1993，p. 227.

动者就业行为的影响，发现职业培训显著提升了成年人的就业率[1]。Green 等（1996）研究认为，职业培训有助于年轻群体从事高层次职业[2]。

我国有关职业培训促进就业效应的研究虽然起步较晚，但也取得了较多的研究成果。周逸先等（2001）研究认为，职业培训显著提升了劳动者的就业素质，接受过职业培训的劳动力具有更高的就业开拓能力和更大的就业空间[3]。张艳华等（2006）研究发现，职业培训显著增加了农村劳动力的非农就业机会，接受过培训的农村劳动力外出就业的稳定性更强，回流率较低[4]。任国强等（2008）基于 2003 年天津农村社会经济调查队调查数据，研究了职业培训对农户就业选择的影响机制，发现接受过职业培训的劳动力主要在非农产业中就业。培训率越高，非农就业的比率就越大、时间就越长、专业化倾向就越明显[5]。杨玉梅等（2011）调查发现，职业培训能够显著提升农民工的就业能力，改善农民工的就业状况。职业培训能显著提升劳动力的技能水平，增加就业机会和就业能力[6]。武娜（2016）研究了职业培训对农民工就业的影响，认为一般培训和专门培训均有助于提高农民工城镇就业的积极性，一般培训能够显著促进农民工的就业流入，专门培训能够显著抑制农民工的就业流出，职业培训对农民工就业率的提升幅度大于正规学校教育[7]。

（二）收入效应

职业培训对提高劳动者的收入效应具有普适性。Cooley 等（1997）研究

---

① Payne J., Lissenburg S., White M.: Employment Training and Employment Action: An Evaluation by the Matched Comparison Method, London: Policy Studies Institute, 1996, p. 149.

② Green F., Hoskins M., Montgomery S.: The Effects of Company Training, Further Education and the Youth Training Scheme on the Earnings of Young Employees, Oxford Bulletin of Economics and Statistics, Vol. 58, No. 3, 1996, pp. 469-488.

③ 周逸先、崔玉平：《农村劳动力受教育与就业及家庭收入的相关分析》，《中国农村经济》2001 年第 4 期：第 60~67 页。

④ 张艳华、李秉龙：《人力资本对农民非农收入影响的实证分析》，《中国农村观察》2006 年第 6 期，第 9~16 页。

⑤ 任国强、薛守刚：《农户人力资本对农户就业选择与收入增长的影响研究》，《统计与决策》2008 年第 21 期，第 86~89 页。

⑥ 杨玉梅、曾湘泉：《农民工培训与就业能力提升——基于河南省阳光工程培训效果的实证研究》，《中国劳动经济学》2011 年第 1 期，第 83~110 页。

⑦ 武娜：《农民工培训的就业效应和收入效应》，硕士学位论文，吉林大学，2016 年。

发现，职业培训对提升处于经济弱势地位劳动者的工资水平具有显著影响，且女性劳动者的增收幅度高于男性，在职培训的收入效应高于课堂培训[①]。Acemoglu 等（1999）研究认为，企业特有的专门技术只能从企业内部员工在职培训获得，公共权力机构提供的职业培训难以与企业生产经营行为紧密相连，一般的职业培训中通常在职培训的效率高[②]。

我国学者确认，职业培训对增加劳动者收入具有显著效应。张世伟等（2010）依据 2006 年吉林省农村流动劳动力微观调查数据，测算了职前培训和在职培训对农民工月收入的影响，认为农民工职前培训和在职培训的增收效应分别在 21% 和 5% 左右，职前培训作用效果更为明显[③]。吉利（2008）通过对全国 12 个地区职业培训经典案例的研究，确认证实职业培训的个人收益最高，职业学校教育次之，普通高等教育最差[④]。赵海（2013）研究发现，在职培训对劳动者收入的影响显著，均为正值，劳动者的受教育程度越高，接受技能培训的意愿和机会也相对更多[⑤]。屈小博（2013）基于 2011 年国家统计局农民工监测调查数据研究发现，在剔除受教育程度对收入的影响后，技能培训使得农民工的平均月工资增加 8. 24%，明显高于教育的回报率，同时教育程度对职业培训存在显著的正向交互效应[⑥]。武娜（2016）研究认为，各种类型的职业培训均能够显著提高农民工的收入水平，并且明显大于教育回报率。对不同类型的农民工培训按照增收效果由高到低排序为：既接受职前培训又接受在职培训、只接受职前培训、只接受在职培训。职业培训是提高农民工务工收入的有效途径，长期效应大于短期效应。职业培训有助于提高农民工技

---

① Dickinson K. P.，Johnson T. R.，West R. W.：An Analysis of the Impact of CETA Programs on Participant' s Earnings，Journal of Human Resources，Vol. 21，No. 1，1986，pp. 64-91.

② Acemoglu D.，Pischke J. S.：The Structure of Wages and Investment in General Training，Journal of Political Economy，Vol. 107，No. 3，1999b，pp. 539-572.

③ 张世伟、王广慧：《培训对农民工收入的影响》，《人口与经济》2010 年第 1 期，第 34~38 页。

④ 吉利：《职业教育经济效能评价分析》，教育科学出版社 2008 版，第 122 页。

⑤ 赵海：《教育和培训哪个更重要——对我国农民工人力资本回报率的实证分析》，《农业技术经济》2013 年第 1 期，第 40~45 页。

⑥ 屈小博：《培训对农民工人力资本收益贡献的净效应——基于平均处理效应的估计》，《中国农村经济》2013 年第 8 期，第 55~64 页。

能水平和收入水平[①]。

二、社会经济效应

职业培训的社会经济效应指培训机构培训的劳动者就业或再就业后（或重返工作岗位之后）为社会经济发展做出的贡献额度。从已有研究报道看，职业培训的社会经济效益主要体现在提升社会科技效益、提升企业经营绩效两个方面。两方面共同作用，促进社会经济发展。

（一）提升社会科技效益

目前，世界各国职业培训多以技术技能培训为主。当今时代，科技发展日新月异，企业组织需要紧跟时代步伐，不断地吸收、运用新的科学技术。只有这样，才能满足持续发展和提高绩效要求。企业引进某些先进实用的生产技术，形成现实生产力、产生所期望的经济效益要靠劳动者来实现。换言之，企业即使拥有先进的生产技术设备，也还需要劳动者具备相应的技术技能素质。职业培训能够提高劳动者对新技术、新设备等原理的理解程度，提高新技术、新设备的运用能力。企业组织将适宜的人力资本和相应的设施、技术投入到生产经营之中，很快就会产生经济效益。其他形式的教育活动，则很难满足企业管理和技术需求[②]。可见，只有构建劳动者终身职业培训体系，才能不断地将新的科学技术运用到实际生产经营中去。同时，劳动者通过运用现代科学技术，会及时发现、改进有关方面存在的问题，促进相关方面的深入研究，推动科学技术的发展。

与世界发达国家比较，我国劳动者队伍整体素质明显偏低。人力资本理论认为，拥有掌握知识和技能的劳动者是企业组织的无形资本，人力资本投资的收益率高于物质资本投资的收益率。职业培训可显著提升劳动者的技术素质，推动科学技术的发展。张俊亮（2009）以浙江省椒江区为例，研究了职业培训带来的社会科技效益，认为职业培训能够针对人力资源市场需求及劳动者个人需要，为社会培养较高素质的现代生产者、经营者以及技能型人才，有效地缓解了劳动者就业问题，也为行业企业发展提供了技能型人才支撑，

① 武娜：《农民工培训的就业效应和收入效应》，硕士学位论文，吉林大学，2016 年。

② 萧今：《教育经济学和教育发展的挑战》，《职业技术教育》2005 年第 6 期，第 36~39 页。

促进了科学技术的发展，产生了良好的社会科技效应[①]。

（二）提升企业经营绩效

实践证明，职业培训是现代企业开发内部人力资源、提升劳动者生产效率的必要手段，也是激发企业发展活力、提升企业管理水平和改善企业绩效状况的有效途径。一个国家、一个地区的综合竞争能力并非取决于拥有的资源和财富，而是取决于拥有人力资本的多寡。技能型人才队伍建设主要依靠高质量的职业培训，尤其是持续不断的在岗职业培训，能够做到理论与实践结合，是提升员工素质的最佳途径。现代企业为了提升绩效水平，均采取持续加强员工职业培训的方法，促使员工将科学技术与生产实际结合起来，使知识形态的科学技术转化为现实生产力。同时，职业培训可有效提升员工的实践操作能力和劳动熟练程度，进而通过提高劳动生产率，达到提高企业经营绩效的目标[②]。

为确保在市场中取得竞争优势，企业既需要一大批支持运营的技术技能型人才，也需要一批拥有自主创新能力的科学研究人才、善于经营的管理人才等。通过持续开展劳动者职业培训活动，也可促进相关员工素质的持续提升，全方位提升企业绩效水平。此外，通过职业培训，可使企业员工从多方面、多角度了解企业发展目标，增强员工的归属感和凝聚力，使企业文化、企业精神转化为员工的具体行为，使其更好地为企业发展服务，进而提升企业经营绩效[③]。

三、经济溢出效应

溢出效应（Spillover Effect），也称外部性（Externality）、外部影响、外差效应，指一个人或一群人的单独行动和决策，使另外未参与行动或决策的一个人或一群人利益受损或受益的情况。当出现受益状况时，说明一个人或一群人的行动或决策对另外一个人或一群人具有正外部性（Positive Externality），某个组织或个人的经济行为活动使他人或社会受益，而受益者

---

① 张俊亮：《职业院校社会培训对区域经济发展的影响分析——以椒江地区为例》，《职业》2009年第32期，第71~72页。

② 毛蔚：《论企业培训在现代企业发展中的价值与作用》，《新经济》2015年第1期，第51~53页。

③ 雷洪涛：《浅析施工企业培训的经济功能》，《经济师》2014年第4期，第230~232页。

无须花费代价。新功能主义认为，一个人或一群人的行动或决策存在“功能性外溢（Functional Spillover）”和“政治性外溢（Political Spillover）”两种“外溢”现象。功能性外溢专门指向事物的经济方面，反映了经济内部各要素、各方面紧密联系的实质；政治性外溢指通过邻近地区的政策学习而产生政治外溢，反映了相同政策的激励效应。构建劳动者终身职业培训体系，可产生功能性外溢与政治性外溢的双重效应。其中，经济外溢效应可分为经济溢出子效应、财政溢出子效应和人口迁移子效应三个方面。

（一）经济溢出子效应

一般认为，职业培训与社会经济发展呈正向关系。一方面，企业组织招聘劳动者的过程多在区域人力资源市场完成，职业培训机构能否为企业供应符合标准要求的劳动者成为企业兴衰的关键，职业培训对企业发展具有明显的经济溢出效应。另一方面，区域经济增长通过企业组织完成，通过“波及效应”对职业培训产生“溢出效应”。Hass（1964）研究认为，社会能否实现有效整合，其关键在于经济社会的溢出效应。如果某一事物仅在自我独立的部门内部运作，则难以完成社会整合任务①。因而，职业培训机构与企业组织的整合程度成为经济溢出子效应的关键，这也是企业内部组织的在职培训能够尽快产生实际经济效果的根本原因。Anselin 等（1997）研究认为，区域经济增长状况和社会发展状况是一种内在不均衡的发展过程②。职业培训被包括于社会发展状况之内，如果企业难以在区域内招聘到适合自己需要的劳动者，势必将招聘区域外延，对临近区域产生依赖性；同时，劳动者的就业范围也将发生变化，实现跨区域就业，对其他区域的经济社会发展产生影响，生成经济溢出效应。

（二）财政溢出子效应

财政溢出子效应也是双向的。一方面，职业培训的发展会促进经济社会

① Ernst B. Hass: Beyond the Nation-State: Functionalism and International Organization, California: Stanford University Press, 1964, p. 409.

② Anselin I., Varga A., Acs Z.: Local Geographic Spillovers between University Research and High Technology Innovations, Journal of Urban Economics, No. 42, 1997, pp. 422-448.

的发展，必然为区域财政收入提供有效来源。另一方面，基于职业培训的公益性，政府财政政策是管理和引导职业培训发展的重要手段。Heclo（1978）研究发现，世界各国政府总会采取积极的财政政策，促使本国社会经济发展适应外部环境的变化[①]。职业培训作为社会发展的一个重要方面也不例外，当外部环境发生变化时，政府也必须做出相应的政策调整，否则，就会导致政府政策失灵或失效。当职业培训出现较大规模的区域聚集或外溢时，政策制定者必须认真考虑政策的合理性与适切性，各类职业培训资源是否做到了合理、有效配置。

Stigler（1974）研究认为，作为社会管理者，政府力量既可能是产业发展的潜在资源，也可能对某一产业构成威胁[②]。目前，虽然有关教育产业化的提法存在诸多争议，但世界多数国家已将其纳入第三产业的第三个层次实施统计，属于服务业领域已是不争的事实。职业培训属于职业教育的一种形式，政府应责无旁贷地通过立法以及财政杠杆加以管理。同时，政府管理力量和管理手段的错置，或忽视市场配置资源的作用，也会影响职业培训的发展，直接制约劳动者终身职业培训体系的构建。

（三）人口迁移子效应

职业培训可引起人口的跨行政区域迁移，包括迁入和迁出两个方向，对区域社会发展带来较大的影响。一般认为，外来移民对本地区经济增长和社会发展具有正面贡献，即本区域吸收外区域劳动者的数量越多、来往越频繁，产生的正向经济外溢效果就越显著。如果引进的都是高技能人才，通过社会交流等途径还可有效提升本地劳动者的技术素质，进而促进本区域经济的繁荣和社会的进步。Mulligan 等（1995）的实证研究结果表明，教育所累积的人力资本对美国各州的经济产出均具有正面影响，其溢出效应受到州内人力

① Heclo H.：Issue Networks and the Executive Establishment//King A.（ed.）. The New American Political System. Washington D. C.：American Enterprise Institute，1978，p. 63.

② Stigler G. J.：The Theory of Economic Regulation. Bell Journal of Economic and Management Science，No. 2，1974，pp. 3-21.

资本存量、劳动力的跨州迁徙数量以及科技外溢效果等因素的影响[①]。顾佳峰（2007）研究结果表明，人口迁徙与经济发展之间存在着明显的互相依赖性[②]，职业培训所形成的人口迁移溢出效应十分显著。

实际上，目前我国广泛开展的农村劳动力转移培训所产生的人口迁移溢出效应就是一个最好例证。部分农村劳动力通过参加职业培训之后，实现了向城镇、向非农产业的转移，农村土地开始有序流转，集中在一些种田能手之中，农业规模经营逐渐形成，农业机械化逐步推行，农业生产综合效益逐步提升。这样，通过职业培训转移出的农民就使另一部分依然从事第一产业的农民得到了相应的经济实惠。更为重要的是，那些进城从事非农产业的农民工返乡时所带回的资金、信息乃至生活方式，有力地推动了社会主义新农村建设进程[③]。但就整个社会而言，有时候人力资源迁移过多，也会产生一些负面效应。比如，由于我国区域经济发展存在不尽平衡的现状，西部地区劳动力大规模往沿海地区迁移。一方面，劳动力依据市场规则流动，实现了合理配置与优化。另一方面，也导致西部地区人力资源短缺，经济发展陷入恶性循环的现象。同时，也造成了每年春运期间运力紧张的状况。

第四节 社 会 效 应

教育部2003年公布的《中国教育与人力资源问题报告》[④]指出，当前我国国民素质总体偏低，与发达国家和新兴工业化国家相比，人力资源整体水平还存在着较大差距，行业企业人力资源结构性矛盾突出，城乡之间、地区之间劳动者文化素质存在明显的不均衡性，劳动者整体文化素质不能适应专业高度化发展和劳动生产率持续提升的经济社会发展需要。在这种状况下，完成我国经济新常态所面临的供给侧结构性改革等任务，必须着力改善我国人力

① Mulligan B. C.，Salai M. X.：Measuring Aggregate Human Capital. National Bureau of Economic Research（Cambridge，M. A.），Working Paper，No. 5016，1995，p. 46.

② 顾佳峰：《经济发展与劳动力迁徙的空间实证研究》，《人口与经济》2007年第6期，第35~40页。

③ 闫志利、刘燕：《面向全体劳动者职业培训制度体系的构建——基于培训效应理论的阐释》，《湖北第一师范学院学报》2013年第1期，第116~121页。

④ 翟帆：《教育部公布中国教育与人力资源问题报告》，《中国教育报》2003年2月16日第2版。

资源现状，强力推进劳动者终身职业培训体系构建工作。相关研究及实践表明，广泛持久地开展职业培训，促进全体劳动者实现终身学习，可有效推动新型城镇化、工业现代化、社会信息化、经济市场化等进程。

一、推动城镇化

城镇化是农村人口和劳动力向城镇转移的过程，也是人们生产、生活方式全面转变的过程。改革开放以来，随着经济社会的快速发展以及人口流动束缚的减弱，我国进入城镇化快速发展时期。在城镇化进程中，广大农村劳动者经历了职业、岗位、环境等方面的变化，无论是生产领域还是生活方式均发生了重大转变。劳动者融入城镇化进程，实现安居乐业，必须掌握适应城镇二、三产业发展要求的技术技能。有研究表明，相对于城市劳动者，农村劳动力接受教育的程度依然有限，职业能力和技能水平明显偏低，与城市劳动者依然表现出一定的差距（郑爱翔，2015）[①]。为改变这一状况，我国各级政府主导、相关部门配合实施了农村劳动力转移培训工程，使大量的农村剩余劳动力获得了相应的职业能力，适应了职业或岗位的转变，有效地推动了城镇化进程。国务院 2014 年发布的《国家新型城镇化规划》显示，1978—2013 年，我国城镇常住人口从 1.7 亿人猛增到 7.5 亿人，城镇化率从 17.9% 提升到 54.77%，城镇化率年均提高了 1.02 个百分点，从 1978 年的 17.9% 提升到 2013 年的 53.7%；仅 2000—2011 年，农村人口就减少了 1.33 亿人[②]。可见，职业培训对城镇化进程产生了巨大的推动效应。

传统城镇化强调通过城镇数量的增加和城镇规模的扩张，吸引和容纳农村人口和劳动者向城镇转移[③]。尽管广大劳动者通过职业培训获得了技术技能，且这些技术技能为城镇产业发展所需，但由于缺乏与职业密切相关的其他知识的培训，劳动者很难由农民转型为市民，真正融入城镇。尽管农村劳

---

① 郑爱翔：《新型城镇化进程中农村转移劳动力职业培训价值感知驱动因素研究》，《教育发展研究》2015 年第 5 期，第 73~79 页。

② 《国家新型城镇化规划（2014—2020 年）》，2014 年 3 月 16 日（http://www.gov.cn/zhengce/2014-03/16/content_2640075.htm.）。

③ 闫志利、王伟哲：《新型城镇化进程中农村职教资源整合：内容、模式与路径》，《职教论坛》2015 年第 4 期，第 55~60 页。

动者已经成为城镇建设的“主力军”，城镇运行与发展也逐步进入“依赖于”农村劳动者的状态，但这些劳动者依然被区别为“农民工”，与城市劳动者仍然具有明显的区别，这些均成为制约城镇化发展的桎梏。针对这一状况，中共十八届三中全会做出了《关于全面深化改革若干重大问题的决定》①，要“坚持走中国特色新型城镇化道路，推进以人为核心的城镇化”。职业培训不仅要面向劳动者提供技术技能培训，推动农村劳动力由传统农业岗位向非农工作岗位转变，也需要加强包括城市生活方式及生活能力的培训，促使进城农民完成向市民的转换，最终实现“人的城镇化”的目标。在培训时间持续性方面，由于劳动者年龄不一，且多超过传统的学校教育学龄期，必须采取学校教育之外的职业培训方式。由此可见，职业培训在推进新型城镇化发展方面具有其他教育形式不可替代的作用，唯有构建劳动者终身职业培训体系，才能推动我国新型城镇化进程。

二、推动知识化

20世纪90年代以来，随着世界经济向知识经济的转移以及新技术革命的发展，国际竞争的重点逐步转移到知识领域和科学技术领域。特别是欧洲各国依靠劳动者终身职业培训体系建设提升劳动者科技文化素质，成为推动知识化社会发展的典范。欧盟不仅出台了众多构建劳动者终身职业培训体系的政策规定，还提出了一系列促进劳动者终身学习的实践措施②。1997年，欧盟发表《迈向知识化的欧洲》宣言，认为“欧洲经济竞争力的提升、就业机会的增多以及公民权益的完善，将不再取决于物质产品的生产，财富的真正创造将与知识的生产和传播紧密相关，首先取决于研究、教育与培训等领域的努力以及创新能力的提高”，并提出“建立一个真正知识化的欧洲”的目标③。2000年，欧盟再次提出建设成“能维持社会经济持续增长、创造更多更好的就业机会、更具凝聚力的社会”的目标，强调“调整现有的教育和培训系

① 《中共中央关于全面深化改革若干重大问题的决定》，2013年11月15日（http://news.xinhuanet.com/2013-11/15/c_118164235.htm.）。

② 王海涛：《欧洲知识化进程中的成人教育行动计划——格兰特威格计划研究》，硕士学位论文，首都师范大学，2009年。

③ 李晓强：《欧洲一体化背景下的欧盟教育政策研究》，博士学位论文，北京师范大学，2006年。

统，使其有能力为任何年龄的个人提供合适的（Tailored）学习机会，通过增加公民知识和能力水平方面的投资，提高全民就业能力和社会包容性（Social Inclution）"[①]。2001 年，欧盟发表重要宣言，决定建设《实现终身学习的欧洲》[②]。2006 年，欧洲又将 1995 年开始实施的"苏格拉底行动""格兰特威格行动计划"等合并到《终身学习行动框架（2007—2013）》之中[③]，使构建劳动者终身职业培训体系成为推动知识化社会形成的主要途径。

随着知识化社会的发展，我国知识产业在国民生产总值中的比重也逐渐提升，并引发了劳动者就业结构和劳动方式的变化。李晓慧（2009）研究认为，承载着现代科学知识并与社会化大生产相联系的劳动者广泛地存在于不同所有制、不同行业、不同领域，并进行着形式多样化的劳动，在社会政治、经济、文化中发挥着越来越重要的作用，并使得社会阶级结构发生了重大变化[④]。在社会知识化发展进程中，职业培训的目标必须指向于培养知识型劳动者，使劳动者能够全面掌握社会化大生产所要求的科学技术和文化知识。孙磊（2001）研究认为，在市场机制的作用下，我国劳动者队伍在数量和构成等方面发生了很大变化，突出表现在劳动者受教育程度普遍提高、技术结构进一步优化、职业结构更趋于合理。在知识经济时代，劳动者必须不断更新知识、掌握最新技能[⑤]。知识型劳动者将成为社会劳动的主体，知识型工作和创新劳动将是多数人谋生的手段。构建劳动者终身职业培训体系，将有效推动上述目标的实现。

三、推动信息化

信息化是现代社会的基石，现代社会也被称为信息化社会、大数据时代、"互联网 +"时代。在信息化社会中，社会的生产方式、人们的生活方式均发生了重大变化。计算机技术的发展和互联网技术的普及，打破了区域社会的

---

① 李晓强：《欧洲一体化背景下的欧盟教育政策研究》，博士学位论文，北京师范大学，2006 年。

② 李晓强：《欧洲一体化背景下的欧盟教育政策研究》，博士学位论文，北京师范大学，2006 年。

③ 贾海洋、陈明昆：《欧盟促进成人学习政策国内研究文献综述》，《成人教育》2014 年第 7 期，第 37~41 页。

④ 李晓慧：《社会的知识化与社会阶级结构的演变》，《学术界》2009 年第 1 期，第 203~207 页。

⑤ 孙磊：《论职业教育与培训的多重社会功能》，《职业技术教育》2001 年第 34 期，第 9~12 页。

封闭状况，使人们能够便捷、顺畅地获取来自世界各个角落、各个领域、各个方面的信息，实现全方位交流。网络通信技术的发展，将人类生活空间从物理空间扩展到虚拟空间，使人类生活变得更为丰富多彩，相互之间的影响更为广泛。人们在购物、会议、娱乐等各个方面都实现了信息化，享受到了信息化社会的便利。在信息化社会，职业培训除了利用计算机技术、多媒体技术、“互联网 +”技术等加快自身发展外，还能够帮助劳动者树立信息意识、掌握信息知识、学会信息应用，尽情地享受信息社会带来的便捷并将其运用于职业实践等。通过职业培训获取信息应用技能的劳动者，也成为信息化社会建设的推动者。

信息化社会需要信息化人才，信息化人才可分为信息技术研究和开发人才、信息化管理人才、信息技术应用开发人才和掌握信息技术基本应用技能的人才 4 种类型（林学俊，2005）①。现代社会科技发展日新月异，劳动者不可能仅通过学校学习的方式全面掌握信息技术，成为信息化人才。即使劳动者毕业于信息化专业，也面临知识更新的问题。构建劳动者终身职业培训体系能够实现各类教育与培训资源的衔接与沟通，使劳动者与时俱进，通过包括企业、高校、研究机构或社会专门培训机构举办的各种职业培训实现持续学习，不断了解和掌握最新信息技术，实现信息技术知识与技能更新与再造，在适应社会发展的需要的同时，形成信息化社会发展的强大推动力。仅以我国电子商务发展为例，目前已从快速发展期逐渐过渡到成熟稳定期。网络购物出现新生态，电商品牌意识增强，移动电商爆发式发展。有关数据显示，2015 年中国电商销售额超过 3 万亿元，远高于美国。依托网民数量高速增长、智能手机快速普及以及互联网的持续渗透，我国已经成为全球最大的网购市场（文新，2016）②。

与信息化人才相对应的劳动者乃至全体公民综合信息素质的提升也依赖于职业培训，决定了信息化社会建设的速度、质量和前景。劳动者终身职业培训体系的构建将各级学校、各类学习型组织以及各种教育资源集合在一起，

---

① 林学俊：《试论学习型社会的特征及其与信息化战略的关系》，《探求》2005 年第 2 期，第 30~31 页。

② 文新：《中国电商销售额远高于美国，电商发展的四大趋势解读》，2016 年 6 月 24 日（http://www.ocn.com.cn/shangye/201606/elgfo24144323.shtml.）。

成为一个便于信息传播和交流的开放系统，成为劳动者乃至全体公民获取信息知识、运用信息知识、享受信息社会建设带来的成果的有效途径。劳动者乃至全体公民综合信息素质培养不可能一蹴而就，需要经过漫长的实践积累方能见效，唯有构建劳动者终身职业培训体系，广泛吸纳各级各类社会机构广泛参与，充分利用家庭、企业、学校及各种社会场所，劳动者乃至全体公民才能源源不断地获取相关信息知识，形成信息技术应用能力。此外，信息化社会建设也越来越影响着人们的学习方式，影响着职业培训组织者的意识和行为。随着“互联网+”时代的到来，职业培训技术和方式也将逐步发生一系列改变，移动学习、碎片化学习、游戏化学习等方式不断涌现[①]，也为劳动者实现终身学习带来了诸多便利。

四、推动市场化

市场化包括经济市场化和政府公共服务市场化等若干方面，也是当今社会发展的主要趋势之一。有研究认为，自 2001 年以来，我国市场化改革力度逐步加大，市场化程度迅速提升，到 2003 年总体市场化程度已经达到 69%[②]。实践表明，凡是市场作用发挥比较充分的地方，经济活力就强，发展态势就好。究其原因，关键在于市场具有强劲的利益刺激、灵敏的信息传递、良好的经营导向、高效的资源配置、有效的奖勤罚懒等功能。在资源配置中，市场调节具有更高的经济效率，更能促进生产力的发展[③]。目前，我国已经进入市场化发展的第三个阶段——市场化体制完善阶段，目的在于通过需求与供给的相互作用及灵敏的价格反应，自由、灵活、有效、合理地决定资源配置与再配置。中共十八届三中全会提出，“使市场在资源配置中起决定性作用”，将市场在资源配置中的“基础性作用”转变为“决定性作用”。人力资源配置市场化是充分发挥人力资源潜能的重要途径。劳动者能够按照自身愿望，立足自身才能，根据社会需求进行主动流动和被动流动，也是判断社会市场化发展

① 刘颂：《互联网+时代的培训评估工作探析》，《企业改革与管理》2015 年第 15 期，第 47~48 页。

② 牛士华、安春生、赵建：《中国经济市场化改革的现状及对策》，《黑龙江对外经贸》2007 年第 12 期，第 16~17 页。

③ 黄锡富：《为什么要使市场在资源配置中起决定作用》，《南宁日报》2013 年 12 月 10 日第 3 版。

水平的一个重要指标①。

所谓主动流动，指劳动者依据自身愿望和才能进行的社会流动。“水往低处流，人往高处走”，在市场经济环境下，劳动者必然涌向薪金福利水平高、工作环境好的企业，流向最有利于自身发展的部门和地区。然而，企业之间的生产工艺等必然存在一定的差异，劳动者按照市场规则实现流动，必然要寻求职业培训机会，对自身职业能力、理论素养、业务知识等实施更新。构建劳动者终身职业培训体系，将有效保障劳动者终身学习的机会，进而促进劳动者按照市场规则实现合理流动，更好地发挥劳动力资源配置效率和效益。

所谓被动流动，其含义包括两个方面。一是依据“筛选理论”，随着企业转型、产业升级进程的加快，人力资源市场对劳动者综合素质的要求会越来越高。劳动者一旦不能满足工作岗位要求，将面临被迫流动的局面。劳动者实现再就业或转岗就业，必然需要接受各种类型的职业培训。二是根据“丛林法则”，企业在激烈的市场竞争中，总会有一些或转产或倒闭，劳动者也会面临下岗的局面，不得不进行流动。构建劳动者终身职业培训体系，可促进劳动者实现终身学习，使其知识与技能保持与时俱进的状态，防止其被动流动。即使劳动者不得不被动流动，也会因其具备某一技术技能而尽快实现再就业。

在社会市场化不断推进的过程中，劳动者唯有不断接受职业培训才能实现自身的可持续发展。构建劳动者终身职业培训体系，可为劳动者提供终身学习的机会，培养劳动者应对外界变化的能力、适应工作岗位变化的能力，既能面对社会发展所带来的被动流动，又能基于自身发展需要实现主动流动。

第五节 人本效应

马克思在《政治经济学批判》中提出人与社会发展的“三形态”理论。第一形态为最初附属形态，阐释了人对人的依赖性，确认生产力只能在狭窄

① 黄锡富：《为什么要使市场在资源配置中起决定作用》，《南宁日报》2013年12月10日第3版。

的范围内和独立的地点上发展。第二形态为全面发展形态，阐释了人对物的依赖性，社会形成了普遍的物质交换，人形成了多方面的需求以及全面能力体系。第三形态为个性形成形态，人实现了全面发展，并形成了共同生产能力，形成了自由个性[①]。本研究认为，马克思人与社会发展的“三形态”理论具有丰富的科学内涵，人的最初附属形态受家庭及遗传因素的影响，具有自然属性。全面发展形态和个性形成形态则受后天环境的影响，多在职业阶段或职业后阶段得以展现。依据马克思人与社会发展的“三形态”理论，构建劳动者终身职业培训体系既能促进劳动者的全面发展，也能促进劳动者的个性发展。

一、促进全面发展

人的全面发展形态是马克思人与社会发展的“三形态”理论的第二个形态，随历史的发展不断赋予了新的内在含义和社会意义。人的全面发展既是社会发展的前提，也是社会发展的最终目标。虽然马克思有关人的全面发展理论是相对于资本主义社会人的片面、畸形发展而言的，但其却贯穿于马克思主义理论体系形成的全过程。因此，人的全面发展是马克思主义的最高命题，也是人类社会的不懈追求。从人力资源开发视角而言，人的全面发展至少包括知识（Knowledge）、技能（Skills）、能力（Abilities）、中介变量（Intervening Variables）和行为（Behavior）5 个方面。

（一）知识

当今社会是知识化社会，劳动者必须不断学习和掌握新的知识与技能，才能获取某一职业，实现更好的生存。教育是促进人的全面发展的重要条件，职业培训是促进劳动者实现知识更新的重要平台。马克思认为，由分工而造成的劳动人民的畸形发展可以通过国民教育来消除。“未来教育对所有已满一定年龄的儿童来说，就是生产劳动同智育和体育相结合，它不仅是提高社会生产的一种方法，而且是造就全面发展的人的唯一方法”[②]。有研究显示，当今时代，知识更新的周期大约为 3～5 年，如果劳动者不能实现持续学习或终

① 《马克思恩格斯全集（第 30 卷）》，人民出版社 1995 年第 2 版，第 172 页。

② 《马克思恩格斯全集（第 30 卷）》，人民出版社 1995 年第 2 版，第 174 页。

身学习，就不能及时更新自己的知识。职业培训是职业教育的一种形式，可在短期内有效地将劳动者的职业技能、职业知识与职业文化融合在一起，在有形与无形之间提升劳动者的知识水平。

习近平总书记也精辟地阐释过知识的作用，认为随着社会物质文明和精神文明的不断进步，知识影响社会、改变社会的作用越来越大。当下的中国，从深化改革的落实，到产业转型的突破；从环境问题的破解，到社会治理的完善，无不需要知识的力量和知识的创造[①]。构建劳动者终身职业体系不仅有利于劳动者实现持续学习和终身学习，也有利于劳动者在生产实践过程中形成独特的经验知识，实现知识创新。知识创新总是从个人开始的，企业等社会组织中相当一部分知识以隐性的方式存在于劳动者个体头脑之中。如果缺乏有效的交流机制和相互学习的平台，这些零散分布于劳动者身上的隐性知识就难以实现系统整合及知识创新。构建劳动者终身培训体系以促进企业等社会组织整体战略乃至国家发展战略为目标，有效“推动知识转化为价值”，形成知识学习与知识管理的“全产业链”。上游部分通过构建劳动者职业培训体系开展系统知识管理，形成知识体系；中游部分通过组织实施各种培训活动，传播知识体系，全面提升劳动者的综合素质；下游部分则能够促进和推动劳动者知识价值的实现，逐步形成企业等社会组织的核心竞争力，提升我国人力资本总量及综合国力。

（二）技能

有关技能概念的解释较多，且内涵不一。《中国大百科全书·心理学卷》将之释义为“通过练习获得的能够完成一定任务的动作系统”[②]，《心理学大词典》将其解释为“个体运用已有的知识经验，通过练习而形成的智力活动方式和肢体的动作方式的复杂系统”[③]，《教育大辞典》则将其解释为“主体在已有的知识经验基础上，经练习形成的执行某种任务的活动方式”[④]。随着社会的不

① 黄玥：《习近平同知识分子推心置腹》，2016 年 4 月 30 日（http://news.xinhuanet.com/politics/2016-04/30/c_128946854.htm.）。

② 潘菽、荆其诚：《中国大百科全书：心理学卷》，中国大百科全书出版社 1991 版，第 275 页。

③ 朱智贤：《心理学大词典》，北京师范大学出版社 1989 版，第 124 页。

④ 顾明远：《教育大辞典：第 3 卷》，上海教育出版社 1991 版，第 122 页。

断进步和科学技术的不断发展，人们对技能的认识逐步提升，劳动者“技能”的重要性日益凸显。除传统观念上的“知识型人才”之外，“技能型人才”“技术型人才”等日益引起社会的广泛重视和行业、企业的高度重视，并作为职业教育人才培养的目标被广泛应用。

知识与技能在劳动者的本领结构中相辅相成，共同构成了人类认识世界、改造世界、认识自我、发展自我的主体结构（张振元，2007）①。知识与技能的功能不一，前者是思想本领，后者是行动本领。知识的价值在于用思想认识世界、认识自我，技能的价值在于用行动改造世界、改造自我（张振元，2006）②。在人类发展过程中，两种本领不可或缺，不能厚此薄彼，须同等关注。

职业技能是劳动者获取某一职业的必备条件，也是自身实力在劳动力市场上的综合表现。世界著名企业家、美国微软公司前董事长比尔·盖茨（Bill Gates）强调劳动者必须努力掌握新的知识和技能，以适应未来的工作③。掌握与就业需求、与科技发展相适应的新知识和技能，需要劳动者持续学习和终身学习。无论是新生劳动力还是失业人员、在职人员，均可以通过接受职业培训获得知识和技能，进而实现就业、再就业，或获得更高层级的技能，或实现一专多能，提高适应职业变动与岗位变化的能力。

（三）能力

能力概念的内涵极其广泛，是劳动者综合素质的集中反映。现代社会需要的劳动者不仅要求掌握一定的知识和技能，而且要具有一定的职业能力。只有具备职业能力的劳动者，才能够适应社会发展和技术变革的需要。马克思认为，劳动不仅生产出产品，也生产了人④。就此意义而言，人的能力本质上就是劳动能力、职业能力，是人的各方面能力组合在一起形成的能力体系。

对于劳动者而言，其能力可直接称为职业能力，具体包括劳动者实施职

---

① 张振元：《技能分类若干问题新探》，《职业技术教育》2007年第28期，第5~6页。

② 张振元：《素质结构与人才和教育分类探讨》，《职业技术教育》2006年第19期，第5~9页。

③ 黄炳超：《大学生就业能力结构的要素、特征及构建途径研究》，《中国大学生就业》2015年第8期，第8~12页。

④ 《马克思恩格斯全集（第30卷）》，人民出版社1995版，第297页。

业活动所必备的知识、技能、态度和个性心理特征等（吴晓义，2006）[①]。劳动者的职业能力与就业能力相辅相成，职业能力需要在劳动者实现就业之后表现出来，就业能力可在劳动者就业前或就业过程中观察出来。徐国庆（2007）研究了德国职业能力的划分标准，认为职业能力由体现能力性质的纵向维度和表达能力内容的横向维度构成。在能力内容方面，职业能力可分为专业能力、方法能力和社会能力；在能力性质方面，职业能力可分为基本职业能力和关键职业能力[②]。基本职业能力指劳动者从事某一职业必备的能力，包括与职业密切相关的专业能力、方法能力和社会能力。专业能力指劳动者具备职业活动所需要的技能与知识，是基本的生存能力；方法能力指劳动者具备从事职业活动所需要的工作方法，反映了工作技巧；社会能力指劳动者能够主动调节自身的社会适应性等。关键职业能力与基本职业能力并无直接联系，指专业能力以外的能力，是方法能力和社会能力的进一步发展。当劳动者职业发生变化时，专业能力会依然存在，对劳动者职业转换或岗位变动乃至职业发展均具有至关重要的作用[③]。可见，无论是基本职业能力还是关键职业能力，均与职业相关。唯有构建劳动者终身职业培训体系，才能促进劳动力的个体能力得到全面发挥，并通过与其他劳动者的交流与合作，形成集体能力。劳动者只有持续接受职业培训，实现终身学习，才能充分挖掘自身的潜在能力，形成现实能力。

（四）中介变量

中介变量包括劳动者的劳动态度、劳动动机、职业情感、价值观、自尊心、自信心等若干方面，属于劳动者的思想意识。之所以将之称为中介变量，是因为上述要素在劳动者实现全面发展中发挥着重要作用。换言之，即使劳动者全面掌握了理论知识，且具备较高的技术素质和职业能力，但如果思想上存在问题，也会直接影响到劳动行为和劳动效果，甚至直接影响到社会。如果说劳动者综合素质全面发展的其他部分属于“硬件”，那么中介变量就是

---

① 吴晓义：《“情境—达标”式职业能力开发模式研究》，硕士学位论文，东北师范大学，2006年。

② 徐国庆：《职业教育原理》，上海教育出版社2007版，第162页。

③ 胡伟：《高职院校学生职业能力培养定位及其意义》，《中国教育学刊》2015年增刊，第218~219页。

“软件”。实施职业培训，必须把中介变量各要素纳入其中，培养具有良好思想道德水准的劳动者队伍。

有研究显示，员工的心理更能影响其绩效表现（于立影等，2015）[①]。思想教育是职业培训的重要组成部分，决定着劳动者的职业道德、职业行为等多个方面。对劳动者进行经常性的思想教育，促使员工全面了解面临形势和任务，以及企业的发展方向、理念、价值体系和文化氛围等，能够使员工适应企业需求，端正职业态度，提高职业道德，增强企业竞争力，推动企业实现可持续发展（孙永兴，2012）[②]。职业培训的关键是用正确的思想去改造人，保持职业培训工作的稳定性、循序性和渐进性。要特别注意认真分析企业转化升级的难点和问题，强力推行思想为固基之本、人才为强企之资，并借助“干部上讲台、培训到现场”活动，为企业发展不断注入新的生机和活力，在实现“保职工技能提升、保产品质量安全、保经济效益、保行业地位”的过程中发挥重要作用（王文慧，2014）[③]。要高度重视企业文化对提升劳动者价值观的作用，注重企业文化和企业精神的职业培训，提升员工的职业素养和对企业的忠诚度，用企业精神和企业文化激励员工树立正确的价值观、进取意识、创新精神和敬业精神，以此提高劳动者的劳动效率与效益（吴菊萍，2016）[④]。

职业培训能够促进劳动者就业或再就业已形成广泛的社会认知，但实际上劳动者就业问题受多方面因素的制约。尽管职业能力是劳动者实现就业的基础，但就业观念问题亦十分重要[⑤]。将思想政治工作融入职业培训，引导劳动者转变就业观念，适应社会发展需要，是解决就业再就业问题的关键所在。

---

① 于立影、赵希男：基于行为能力培训的组织人才战略管理研究，《上海管理科学》2015 年第 4 期，第 38~43 页。

② 孙永兴：《在员工培训中加强思想教育的有效途径探析》，《邮政研究》2012 年第 6 期，第 32~33 页。

③ 王文慧：《狠抓教育培训强化思想提升职业素养》，《现代工业经济和信息化》2014 年第 8 期，第 104~105 页。

④ 吴菊萍：《以教育培训细节关注员工素质提升，促进教育培训训管一致可持续发展》，《中小企业管理与科技》2016 年第 2 期，第 29 页。

⑤ 杜红芳：《思想政治教育对提升大学生就业能力的作用及实现途径》，《学校党建与思想教育》2016 年第 2 期，第 79~80 页。

同时，随着改革开放的不断深入和市场经济体制的建立，我国社会结构逐步发生一系列变化，文化建设也趋向多元。在这种形势下，部分劳动者或准劳动者产生了明显的功利主义、实用主义、享乐主义倾向。在职业培训中融入思想政治工作，可全面提高劳动者思想道德素质，引导劳动者形成良好的心理素质、职业道德和职业操守，增强劳动者的诚信意识和创新意识[①]。

（五）行为

行为指劳动者在职业岗位上或技能操作过程中的具体表现，由劳动者知识、技能、能力、态度等内化特征所决定。职业培训能够有效促进劳动者的行为改进，帮助其逐步克服不良行为，逐步养成良好的职业行为。有学者分析了一个人思想品德的形成过程，认为要经过“知、情、意、行”4个阶段。其中，“行”是思想品德形成的最终结果和最终表现（张琳等，1998）[②]。

在企业组织内部构建员工职业培训体系，可演变成职工的团队学习，建成学习型组织，有效引导员工改变心智模式，不断超越自我，增强对组织的信任感和归属感，提升企业的凝聚力和向心力。同时，企业内部实施的职业培训可为员工提供思想碰撞与相互交流的机会，减少组织内各类人员之间的相互猜忌，形成团结、协调、和谐的组织氛围，增强员工的责任感和使命感。通过持续的职业培训，广大员工可实现思维上的更新、认识上的提高，进而形成共同的奋斗目标，推动企业等组织实现可持续发展（陈厚蕻，2009）[③]。如新疆油田公司某采油厂开展全员持续培训后，当年事故率由上年的54起下降到20起、千人违章率由上年的12.3%下降至2.6%，有效地改善了企业安全生产行为（胡燕，2014）[④]。山东省寿光市实施的玉米生产技术培训，引导农民合理施肥，在玉米生产中减少氮肥施用量23%，还能增加

① 张燕：《思想政治教育对转变大学生就业创业观念的作用研究》，《教育现代化》2016年第3期，第136~139页。

② 张琳、段鸿斌：《课外活动与素质教育》，《信阳农专学报》1998年第2期，第59~60页。

③ 陈厚蕻：《基于改善“员工沉默”行为的培训策略》，《中小企业管理与科技》2009年第7期，第38~39页。

④ 胡燕：《基础安全培训对降低“三违”行为的重要作用》，《安全》2014年第3期，第47~50页。

单产。技术培训对减少氮肥使用、提高氮肥施用效益、控制面源污染等方面都将发挥重要作用（项诚等，2012）①。何文韬等（2016）研究认为，在创业意向转化为创业行为的过程中，职业培训与创业意向、创业行动均呈显著正相关关系②。

二、促进个性形成

个性指一个人所具有的稳定的、能够表现出来的心理特征，具体反映在能力、气质和性格等方面。个性化是指个体在生产、生活实践中逐渐形成的稳定的个性特征（张焕庭，1991）③，是马克思人与社会发展的"三形态"理论的第三个形态，是劳动者实现可持续发展的独特品质。职业培训面向每一个人，最终结果也表征于每一个人的身上。构建劳动者终身职业培训体系，会在推动劳动者全面发展的同时，促进劳动者实现个性化发展。

（一）个性化职业效应

早在1909年，被誉为"职业指导之父"的美国波士顿大学教授帕森斯（Frank Parsons）就提出了"人职匹配理论"④，认为明智的职业选择要考虑自我认知、职业认知和明智思考三个因素，清楚地了解自己的态度、兴趣、志向及其原因，了解职业成功的必要条件、利弊、报酬以及晋升机会，实现人职匹配。20世纪50年代后，以马斯洛（Maslow A. H.）、罗杰斯（Rogers C. R.）为代表的人本主义学派进一步阐释了职业指导的重要性，认为"每一个人都有从依赖到独立、从被动到主动、从消极到积极的倾向，都有自我实现的愿望"⑤。"职业生涯理论"将劳动者职业发展的过程分为成长、试探、建立、保持

① 项诚、贾相平、黄季焜等：《农业技术培训对农户氮肥施用行为的影响》，《农业技术经济》2012年第9期，第4~10页。

② 何文韬、郭晓丹：《创业培训、主观情绪与创业意向—行为转化》，《经济与管理研究》2016年第6期，第137~144页。

③ 张焕庭：《教育辞典》，江苏教育出版社1991版，第33~34页。

④ Nugent F.A.:《An introduction to the profession of counseling, Columbus: Merrill, 1990, pp.27-28.

⑤ 夏洛特・布勒：《人本主义心理学导论》，陈宝恺译，华夏出版社1990版，第120页。

与衰退5个阶段，认为劳动者职业意识、职业选择、职业适应是一个连续不断的过程（史梅等，2009）[①]，认为职业培训应贯穿在人生的各个阶段。

个性化职业效应表现为劳动者的职业发展既能做到人尽其才，也能适应劳动力市场的要求。在人尽其才方面，构建劳动者终身职业培训体系使劳动者在接受义务教育获得发展的基础素质之后，伴随职业生涯发展，能够根据个人的兴趣、价值观、气质、性格、能力等特征及社会需要，选择某个职业（专业），使劳动者在某一方面形成个人专业特长，由自然人转变为社会职业人。在适应劳动力市场需求方面，构建劳动者终身职业培训体系能够及时为劳动者提供各方面的劳动力市场信息，帮助劳动者认识自己、了解自己和就业环境，确立就业范围和要求，处理好个人职业需求与社会职业要求之间的矛盾，主动地适应社会发展和职业需求的变化，满足劳动者个人自我张扬以及自我发展的需求。

（二）个性化发展效应

从哲学视角出发，人的个性表达了一个人的既成结果，也表达了某种变化的状态。劳动者的个性发展与全面发展可以相互转化、相互促进，个性发展是全面发展的核心，全面发展是个性发展的基础。个性化发展效应指职业培训具有让劳动者发展更加适应个体兴趣、爱好、特长及愿望的功能，是在“尽可能多方面发展”的基础上的个人“自由充分的发展”。劳动者在全面发展基础上实现个性化发展，既是人的发展的本质要求，也有助于挖掘劳动者身上的潜在能力，发挥劳动者的创新创造能力。

普通教育采取规范统一的人才培养模式，未能注重人才的个性发展。与普通教育不同，职业培训多由劳动者自主选择，本身就活化了个人意愿，有利于人才的脱颖而出，实现劳动者的个性发展。劳动者通过参加职业培训，在发展个人兴趣专长和开发优势潜能的过程中，能够保持自我，不断提高实践能力和创新创业能力；职业培训机构会充分尊重劳动者的个性差异，使劳动者在接受培训过程中收获乐趣、找到动力，实现其个性特征与学习成就的高

① 史梅、王亭：《试论个性化职业指导》，《职教论坛》2009年第32期，第77~78页。

度统一。此外，由于职业培训形式多样，参训者技术技能水平不同，家庭背景、文化背景不一，劳动者通过实现终身学习，可逐步形成多维、立体式思维习惯，激发创新能力和批判能力，进而确定出一条最能充分发挥其个人创造力和个性才能的职业发展之路，在个人获得丰厚回报的同时，也为社会创造更大的财富。

第四章 劳动者职业培训需求现状分析

需求调查是实施劳动者职业培训活动的首要环节，是明确职业培训内容、选择职业培训方法、确定职业培训形式的主要依据。依据供给侧改革理论，构建劳动者终身职业培训体系首先要明确劳动者职业培训的需求状况，而后以不同方式方法促使劳动者职业培训“需求”与“供给”两端实现耦合互促，协同并进。有学者研究认为，无论是“需求侧”还是“供给侧”，都对劳动者终身职业培训体系构建提出了新的、更高的要求[①]。因此，构建劳动者终身职业培训体系，首先要了解劳动者职业培训需求的现状。而后再以满足需求为目标，以优化供给侧结构为手段构建劳动者终身职业培训体系。因此，职业培训需求现状分析是构建劳动者终身职业培训体系的基础性任务。本研究以河北省为研究区域，以职业农民和产业工人为体力劳动者代表，以高职教师为脑力劳动者代表，采用问卷及访谈等方法，调查了劳动者职业培训需求的现状。

第一节　职业农民职业培训需求的现状

一、调查与分析方法

（一）调查方法

1. 问卷调查

面向河北科技师范学院、河北省职业教育研究所6名职业教育专家以及农业培训机构9名培训师，采用德尔菲法（Delphi　Method）制定了《河北省

① 刘云生：《供给侧结构性改革：教育怎么办？》，《教育发展研究》2016年第3期，第1~7页。

职业农民培训需求调查问卷》。职业农民人口学特征设置了学历、性别、年龄、从事产业、年收入、所在地域6项指标，培训需求设置了培训内容、培训形式、培训教师、培训时间、培训地点5个维度、23个问项。其中，培训内容设置了三新知识（新技术、新品种、新设备）、植保知识、畜牧知识、经管（经济管理）知识、政策知识和其他知识6个问项（多选题）；培训形式设置了正规课堂、现场指导、发送资料、农村黑板报和电视广播5个问项（多选题）；培训教师设置了县乡技术人员、经营大户、专家学者和其他人员4个问项（单选题）；培训时间设置了农闲季节、及时安排、关键期（生产经营关键时期）和随时举办4个问项（单选题）；培训地点设置了县城、乡镇、本村和生产现场4个问项（单选题）。经预调查、信度与效度检验等步骤，确认调查问卷在可用范围之内。

问卷调查由部分在读硕士研究生和河北省农村生源本科生利用2015年寒假时间实施。依据2010年人口普查数据，按各县农业人口万分之2.5的比例发放问卷1401份，回收1338份，问卷回收率为95.50%；确定有效问卷1092份，问卷有效率为81.61%。调查将职业农民定义为“以农业收入为家庭主要经济来源，一年内有8个月以上的时间从事农业生产的农民”。

2. 访谈调查

走访河北省部分重点农业市、县农业局、职教中心、农广校等部门，面向相关工作人员进行了访谈，获取了河北省职业农民培训的相关数据、材料，听取了相关意见、看法等。

（二）分析方法

利用SPSS17.0软件对调查获取的数据进行了统计分析，比较了不同人口学特征的职业农民培训需求的差异。为便于比较，设置了“培训需求强度”（Demand Intensity，DI）参数，内含“相对需求强度”（Relative Demand Intensity，RDI）和“绝对需求强度”（Absolute Demand Intensity，ADI）。其中：

相对需求强度 = 某人口学特征职业农民对培训某要素（维度或问项）需求人数 / 相同人口学特征总人数

绝对需求强度 = 培训某要素（维度或问项）需求人数 / 总人数

公式中的“人数”指填写有效问卷的人数。结合访谈获取的相关信息资料，对职业农民的培训需求状况进行了综合分析。

二、调查结果及分析

（一）职业农民人口学指标特征

调查样本人口学特征指标状况如表 4-1 所示。可见，河北省女性职业农民多于男性，以 45 岁以上为主体；年龄在 35～45 岁（含）的职业农民最少，占调查总数的 11.54%。55 岁以上的职业农民最多，占调查总数的 31.32%；初中以下学历的职业农民最多，文化程度明显偏低；年收入在 3000 元以下的职业农民最多，占调查总数的 47.99%，说明职业农民年收入较低；生产经营型职业农民占调查总数的 95.25%，从事大田作物种植的职业农民最多，其次是从事畜牧养殖和设施农业，再次为从事水产养殖和经济林的职业农民，社会服务型职业农民较少，专业技能型职业农民最少。冀中地区职业农民数量最多，冀南地区次之，再次是冀东地区，冀北地区最少。

表 4-1 河北省职业农民的人口学特征

人口学特征指标		人数	百分比（%）
学历	小学及以下	312	28.57
	初中	426	39.01
	普高	154	14.10
	中职	76	6.96
	大专及以上	124	11.36
性别	男	464	42.49
	女	628	57.51
年龄	25 岁以下	158	14.47
	25~35 岁	154	14.10
	35~45 岁	126	11.54
	45~55 岁	312	28.57
	55 岁以上	342	31.32

（续表）

人口学特征指标		人数	百分比（%）
从事产业	大田作物种植	553	50. 64
	设施农业	137	12. 55
	经济林	62	5. 68
	畜牧养殖	183	16. 76
	水产养殖	105	9. 62
	农产品加工	22	2. 01
	农产品营销	18	1. 65
	技术服务	12	1. 09
年收入	3000 元以下	276	25. 27
	3000～5000 元	248	22. 71
	5000～7000 元	200	18. 32
	7000～9000 元	132	12. 09
	9000 元以上	236	21. 61
地域	冀东地区	264	24. 18
	冀南地区	342	31. 32
	冀北地区	116	10. 62
	冀中地区	380	34.80

注：1.“普高”指普通高中;“中职”指中等职业技术教育，为高中阶段教育。

（二）不同学历职业农民职业培训需求

不同学历职业农民职业培训需求调查结果如表 4–2 所示。

表 4–2 不同学历职业农民培训需求调查结果

培训需求		小学及以下		初中		普高	
		人数	RDI	人数	RDI	人数	RDI
培训内容	三新知识	73	24. 09	97	21. 18	29	20. 57
	植保知识	49	16. 17	68	14. 85	20	14. 18
	畜牧知识	35	11. 55	57	12. 45	16	11. 35
	经管知识	46	15. 18	81	17. 69	23	16. 31
	政策知识	16	5. 28	36	7. 86	10	7. 09
	其他知识	3	0. 99	4	0. 87	0	0. 00

（续表）

培训需求		小学及以下		初中		普高	
		人数	RDI	人数	RDI	人数	RDI
培训形式	正规课堂	49	16.07	60	13.22	22	14.57
	现场指导	141	46.23	191	42.07	66	43.71
	发送资料	47	15.41	87	19.16	29	19.21
	农村黑板报	25	8.20	47	10.35	17	11.26
	电视广播	43	14.10	69	15.20	17	11.26
培训教师	县乡技术人员	152	49.03	226	52.80	84	54.55
	经营大户	88	28.39	118	27.57	42	27.27
	专家学者	64	20.65	72	16.82	26	16.88
	其他人员	6	1.94	12	2.80	2	1.30
培训时间	农闲季节	80	25.81	88	20.56	20	12.99
	及时安排	138	44.52	184	42.99	80	51.95
	关键期	80	25.81	150	35.05	50	32.47
	随时举办	12	3.87	6	1.40	4	2.60
培训地点	县城	73	23.55	88	20.56	40	25.97
	乡镇	36	11.61	70	16.36	38	24.68
	本村	85	27.42	118	27.57	30	19.48
	生产现场	116	37.42	152	35.51	46	29.87

注：1. RDI 为相对需求强度，ADI 为绝对需求强度。

2."三新知识"为"新技术、新品种、新设备"；"植保知识"为"植物病虫害防治"；"畜牧知识"为"畜禽生产与疾病防治"；"经管知识"为"经营管理知识与市场信息"；"政策知识"为"政策法规与职业道德"；"现场指导"为"科技人员现场指导"；"发送资料"为"发送实用技术资料"；"经营大户"为"农业经营大户"；"及时安排"为"根据农业生产需要及时安排"；"关键期"为"生产经营关键时期"。

3."普高"为普通高中。下同。

1. 培训内容

不同学历职业农民对培训内容的绝对需求强度从高到低依次为：三新知识、经管知识、植保知识、畜牧知识、政策知识、其他知识。初中、普高学历职业农民对培训内容相对需求强度与上述排序一致；小学及以下、大专及以上学历职业农民相对需求强度从高到低均依次为：三新知识、植保知识、经管知识、畜牧知识、政策知识（大专及以上学历职业农民二者相对需求强度相同）、其他知识；中职学历职业农民则依次为经管知识、三新知识、植保知识和畜牧知识（二者相对需求强度相同）、政策知识、其他知识。显著性检验结果表明，不同学历职业农民对畜牧知识、其他知识培训相对需求强度呈显著性差异性（$P < 0.05$），对三新知识、植保知识、经管知识培训相对需求强度呈极显著差异（$P < 0.01$）。

表 4-2 不同学历职业农民培训需求调查结果（续表）

培训需求		中职		大专及以上		合计	
		人数	RDI	人数	RDI	人数	ADI
培训内容	三新知识	11	15.49	24	20.17	234	21.43
	植保知识	8	11.27	23	19.33	168	15.38
	畜牧知识	8	11.27	12	10.08	128	11.72
	经管知识	14	19.72	16	13.45	180	16.48
	政策知识	7	9.86	12	10.08	81	7.42
	其他知识	0	0.00	1	0.84	8	0.73
培训形式	正规课堂	4	5.97	12	10.43	147	13.46
	现场指导	31	46.27	51	44.35	480	43.96
	发送资料	16	23.88	29	25.22	208	19.05
	农村黑板报	3	4.48	12	10.43	104	9.52
	电视广播	13	19.40	11	9.57	153	14.01
培训教师	县乡技术人员	36	47.37	50	40.32	548	50.18
	经营大户	12	15.79	52	41.94	312	28.57
	专家学者	26	34.21	22	17.74	210	19.23
	其他人员	2	2.63	0	0.00	22	2.01
培训时间	农闲季节	10	13.16	36	29.03	234	21.43
	及时安排	34	44.74	62	50.00	498	45.60
	关键期	30	39.47	26	20.97	336	30.77
	随时举办	2	2.63	0	0.00	24	2.20
培训地点	县城	16	21.05	14	11.29	231	21.15
	乡镇	16	21.05	14	11.29	174	15.93
	本村	14	18.42	30	24.19	277	25.37
	生产现场	30	39.47	66	53.23	410	37.55

2. 培训形式

不同学历职业农民对培训形式的绝对需求强度从高到低依次为：现场指导、发送资料、电视广播、正规课堂、农村黑板报。初中、中职学历职业农民对培训形式相对需求强度与上述排序相同；小学及以下学历职业农民相对需求强度从高到低依次为：现场指导、正规课堂、发送资料、电视广播、农村黑板报；普高、大专及以上学历职业农民依次为：现场指导、发送资料、正规课堂、农村黑板报、电视广播。显著性检验结果表明，不同学历职业农民对培训形式相对需求强度均呈显著差异（$P < 0.05$）。

3. 培训教师

不同学历职业农民对培训教师的绝对需求强度从高到低依次为：县乡技术人员、经营大户、专家学者、其他人员。小学及以下、初中、普高学历职业农民对各类培训教师的相对需求强度与上述排序相同；中职学历职业农民相对需求强度从高到低依次为县乡技术人员、专家学者、农业大户、其他人员；大专及以上学历职业农民则依次为农业大户、县乡技术人员、专家学者、其他人员。显著性检验结果表明，不同学历职业农民对培训教师相对需求强度呈极显著差异（$P < 0.01$）。

4. 培训时间

不同学历职业农民对培训时间的绝对需求强度从高到低依次为：及时安排、关键期、农闲季节、随时举办。小学及以下、初中、普高、中职学历职业农民对培训时间的相对需求强度与上述排序一致。小学及以下学历职业农民对关键期、农闲季节培训时间的相对需求强度相同，大专及以上学历职业农民对培训时间相对需求强度从高到低依次为：及时安排、农闲季节、关键期、随时举办。显著性检验结果表明，不同学历职业农民对培训时间相对需求强度呈极显著差异（$P < 0.01$）。

5. 培训地点

不同学历职业农民对培训地点绝对需求强度从高到低依次为：生产现场、本村、县城、乡镇。小学及以下、初中学历职业农民对培训地点相对需求强度与上述排序一致；普高、中职学历职业农民对培训地点相对需求强度从高到低排序均依次为生产现场、县城、乡镇，本村。其中，中职学历职业农民在县城、乡镇培训地点相对需求强度相同；大专及以上学历职业农民对培训地点相对需求强度从高到低排序依次为生产现场、本村、县城和乡镇（二者相对需求强度相同）。显著性检验结果表明，不同学历职业农民对培训地点相对需求强度呈极显著差异（$P < 0.01$）。

（三）不同性别职业农民职业培训需求

不同性别职业农民职业培训需求调查结果如表 4-3 所示。

表 4-3 不同性别职业农民培训需求调查结果

培训需求		男性		女性		合计	
		人数	RDI	人数	RDI	人数	ADI
培训内容	三新知识	103	20.93	132	22.00	235	21.52
	植保知识	76	15.45	91	15.17	167	15.29
	畜牧知识	65	13.21	62	10.33	127	11.63
	经管知识	81	16.46	99	16.50	180	16.48
	政策知识	35	7.11	46	7.67	81	7.42
	其他知识	2	0.41	6	1.00	8	0.73
培训形式	正规课堂	73	13.49	76	13.79	149	13.64
	现场指导	236	43.62	244	44.28	480	43.96
	发送资料	84	15.53	68	12.34	152	13.92
	农村黑板报	47	8.69	58	10.53	105	9.62
	电视广播	101	18.67	105	19.06	206	18.86
培训教师	县乡技术人员	252	54.08	296	47.28	548	50.18
	农业大户	110	23.61	202	32.27	312	28.57
	专家学者	94	20.17	116	18.53	210	19.23
	其他人员	10	2.15	12	1.92	22	2.01
培训时间	农闲季节	112	24.03	122	19.49	234	21.43
	及时安排	180	38.63	318	50.80	498	45.60
	关键期	164	35.19	172	27.48	336	30.77
	随时举办	10	2.15	14	2.24	24	2.20

（续表）

培训需求		男性		女性		合计	
		人数	RDI	人数	RDI	人数	ADI
培训地点	县城	90	19.31	141	22.52	231	21.15
	乡镇	74	15.88	100	15.97	174	15.93
	本村	128	27.47	149	23.80	277	25.37
	生产现场	174	37.34	236	37.70	410	37.55

1. 培训内容

不同性别职业农民对培训内容的绝对需求强度从高到低依次为：三新知识、经管知识、植保知识、畜牧知识、政策知识、其他知识。不同性别职业农民对培训内容的相对需求强度均与上述排序一致。显著性检验结果表明，不同性别职业农民对植保知识、经管知识培训相对需求强度呈显著性差异（$P < 0.05$），对畜牧知识、其他知识相对需求强度呈极显著差异（$P < 0.01$），对三新知识、政策知识培训相对需求强度无显著差异（$P > 0.05$）。

2. 培训形式

不同性别职业农民对培训形式的绝对需求强度从高到低依次为：现场指导、发送资料、电视广播、正规课堂、农村黑板报。男性职业农民对各培训形式的相对需求强度与上述排序一致；女性职业农民对培训形式的相对需求强度从高到低依次为：现场指导、发送资料、正规课堂、电视广播、农村黑板报。显著性检验结果表明，不同性别职业农民对正规课堂、农村黑板报培训形式相对需求强度呈显著性差异（$P < 0.05$），对现场指导、发送资料、电视广播培训形式相对需求强度无显著差异（$P > 0.05$）。

3. 培训教师

不同性别职业农民对培训教师的绝对需求强度从高到低依次为：县乡技术人员、农业大户、专家学者、其他人员。不同性别职业农民对培训教师的相对需求强度均与上述排序相同。显著性检验结果表明，不同性别职业农民对培训教师的相对需求强度呈极显著差异（$P < 0.01$）。

4. 培训时间

不同性别职业农民对培训时间的绝对需求强度从高到低依次为：及时安排、关键期、农闲季节、随时举办。不同性别职业农民对培训时间的相对需求强度从高到低排序均与上述排序相同。显著性检验结果表明，不同性别职业农民对培训时间相对需求强度呈极显著差异（$P < 0.01$）。

5. 培训地点

不同性别职业农民对培训地点的绝对需求强度从高到低依次为：生产现场、本村、县城、乡镇。不同性别职业农民对培训地点的相对需求强度从高到低排序均与上述排序一致。显著性检验结果表明，不同性别职业农民对培训地点相对需求强度呈显著性差异（$P < 0.05$）。

（四）不同年龄职业农民职业培训需求

不同年龄职业农民职业培训需求调查结果如表 4-4 所示。

表 4-4 不同年龄职业农民培训需求调查结果

培训需求		25 岁以下		25～35 岁		35～45 岁	
		人数	RDI	人数	RDI	人数	RDI
培训内容	三新知识	27	19.15	25	20.16	19	15.70
	植保知识	28	19.86	14	11.29	17	14.05
	畜牧知识	13	9.22	10	8.06	12	9.92
	经管知识	16	11.35	21	16.94	27	22.31
	政策知识	13	9.22	9	7.26	9	7.44
	其他知识	1	0.71	1	0.81	1	0.83
培训形式	正规课堂	16	11.51	13	10.00	31	13.54
	现场指导	64	46.04	56	43.08	103	44.98
	发送资料	32	23.02	28	21.54	41	17.90
	农村黑板报	14	10.07	5	3.85	24	10.48
	电视广播	13	9.35	28	21.54	30	13.10
培训教师	县乡技术人员	66	41.77	88	57.14	52	41.27
	经营大户	58	36.71	42	27.27	46	36.51
	专家学者	32	20.25	20	12.99	22	17.46
	其他人员	2	1.27	4	2.60	6	4.76
培训时间	农闲季节	44	27.85	22	14.29	24	19.05
	及时安排	80	50.63	70	45.45	58	46.03
	关键期	34	21.52	60	38.96	40	31.75
	随时举办	0	0.00	2	1.30	4	3.17

（续表）

培训需求		25 岁以下		25～35 岁		35～45 岁	
		人数	RDI	人数	RDI	人数	RDI
培训地点	县城	28	17.72	52	33.77	16	12.70
	乡镇	18	11.39	44	28.57	22	17.46
	本村	40	25.32	26	16.88	38	30.16
	生产现场	72	45.57	32	20.78	50	39.68

表 4-4 不同年龄职业农民培训需求调查结果（续表）

培训需求		45～55 岁		55 岁以上		合计	
		人数	RDI	人数	RDI	人数	ADI
培训内容	三新知识	76	22.35	86	23.50	233	21.48
	植保知识	51	15.00	57	15.57	167	15.27
	畜牧知识	51	15.00	41	11.20	127	11.61
	经管知识	58	17.06	57	15.57	179	16.36
	政策知识	22	6.47	29	7.92	82	7.50
	其他知识	3	0.88	3	0.82	9	0.82
培训形式	正规课堂	51	16.35	36	12.77	148	13.54
	现场指导	131	41.99	127	45.04	481	44.01
	发送资料	58	18.59	48	17.02	207	18.94
	农村黑板报	31	9.94	30	10.64	104	9.52
	电视广播	41	13.14	41	14.54	153	14.00
培训教师	县乡技术人员	164	52.56	178	52.05	548	50.18
	经营大户	78	25.00	88	25.73	312	28.57
	专家学者	66	21.15	70	20.47	210	19.23
	其他人员	4	1.28	6	1.75	22	2.01
培训时间	农闲季节	72	23.08	72	21.05	234	21.43
	及时安排	136	43.59	154	45.03	498	45.60
	关键期	96	30.77	106	30.99	336	30.77
	随时举办	8	2.56	10	2.92	24	2.20
培训地点	县城	58	18.59	77	22.51	231	21.15
	乡镇	46	14.74	44	12.87	174	15.93
	本村	82	26.28	91	26.61	277	25.37
	生产现场	126	40.38	130	38.01	410	37.55

1. 培训内容

不同年龄职业农民培训内容绝对需求强度从高到低依次为：三新知识、经管知识、植保知识、畜牧知识、政策知识、其他知识。25～35 岁、45 岁以上职业农民对培训内容相对需求强度与上述排序一致（45～55 岁职业农民对植保知识、畜牧知识相对需求强度相同，55 岁以上职业农民对经管知识、植保知识相对需求强度相同）；25 岁以下职业农民对培训内容相对需求强度从高到低均依次为：植保知识、三新知识、经管知识、畜牧知识和政策知识（二者相对需求强度相同）、其他知识；35～45 岁职业农民则依次为经管知识、三新知识、植保知识、畜牧知识、政策知识、其他知识。显著性检验结果表明，不同年龄职业农民对政策知识培训相对需求强度存在显著性差异（$P < 0.05$），对三新知识、植保知识、畜牧知识、经管知识培训相对需求强度呈极显著差异（$P < 0.01$），对其他知识相对需求强度无显著差异（$P > 0.05$）。

2. 培训形式

不同年龄职业农民对培训形式的绝对需求强度从高到低依次为：现场指导、发送资料、电视广播、正规课堂、农村黑板报。25～35 岁职业农民对各培训形式的相对需求强度与上述排序一致；25 岁以下职业农民对培训形式的相对需求强度从高到低依次为：现场指导、发送资料、正规课堂、农村黑板报、电视广播；35～45 岁、45～55 岁、55 岁以上职业农民均依次为：现场指导、发送资料、正规课堂、电视广播、农村黑板报。显著性检验结果表明，不同年龄职业农民对现场指导培训形式相对需求强度呈显著性差异（$P < 0.05$）。

3. 培训教师

不同年龄职业农民对各类培训教师的绝对需求强度从高到低依次为：县乡技术人员、农业大户、专家学者、其他人员。不同年龄段职业农民对各类培训教师的相对需求强度与上述排序一致。显著性检验结果表明，不同年龄职业农民对培训教师相对需求强度呈极显著差异（$P < 0.01$）。

4. 培训时间

不同年龄职业农民对培训时间的绝对需求强度从高到低依次为：及时安排、关键期、农闲季节、随时举办。25 岁以上各年龄段职业农民对培训时间的相对需求强度与上述排序一致。25 岁以下职业农民相对需求强度从高到低依次为：及时安排、农闲季节、关键期，随时举办。显著性检验结果表明，不同年龄职业农民对培训时间相对需求强度呈极显著差异（$P < 0.01$）。

5. 培训地点

不同年龄职业农民对培训地点绝对需求强度从高到低依次为：生产现场、本村、县城、乡镇。25 岁以下、45 岁以上各年龄段职业农民对培训地点相对需求强度从高到低排序与上述排序一致；25～35 岁职业农民对培训地点相对需求强度从高到低排序均依次为：县城、乡镇、生产现场、本村；35～45 岁职业农民对培训地点相对需求强度从高到低排序依次为：生产现场、本村、乡镇、县城。显著性检验结果表明，不同年龄职业农民对培训地点相对需求强度呈极显著差异（$P < 0.01$）。

（五）不同产业职业农民职业培训需求差异

不同产业职业农民职业培训需求调查结果如表 4-5 所示。

表 4-5 不同产业职业农民培训需求调查结果

培训需求		大田种植		设施农业		经济林		畜牧养殖	
		人数	RDI	人数	RDI	人数	RDI	人数	RDI
培训内容	三新知识	107	21.27	14	19.72	24	15.89	21	10.66
	植保知识	87	17.30	12	16.90	45	29.80	13	6.60
	畜牧知识	58	11.53	11	15.49	16	10.60	103	52.28
	经管知识	71	14.12	12	16.90	27	17.88	17	8.63
	政策知识	35	6.96	5	7.04	11	7.28	20	10.15
	其他知识	4	0.80	1	1.41	1	0.66	1	0.51
培训形式	正规课堂	74	12.91	9	14.29	22	15.38	23	13.45
	现场指导	254	44.33	27	42.86	63	44.06	76	44.44
	发送资料	109	19.02	9	14.29	23	16.08	30	17.54
	农村黑板报	57	9.95	12	19.05	14	9.79	17	9.94
	电视广播	79	13.79	6	9.52	21	14.69	25	14.62
培训教师	县乡技术人员	262	47.38	31	44.29	85	62.96	77	43.02
	经营大户	161	29.11	11	15.71	27	20.00	59	32.96
	专家学者	116	20.98	28	40.00	21	15.56	38	21.23
	其他人员	14	2.53	0	0.00	2	1.48	5	2.79

（续表）

培训需求		大田种植		设施农业		经济林		畜牧养殖	
		人数	RDI	人数	RDI	人数	RDI	人数	RDI
培训时间	农闲季节	123	22. 04	7	11. 67	21	15. 33	28	15. 47
	及时安排	251	44. 98	37	61. 67	82	59. 85	90	49. 72
	关键期	169	30. 29	15	25. 00	33	24. 09	60	33. 15
	随时举办	15	2. 69	1	1. 67	1	0. 73	3	1. 66
培训地点	县城	97	17. 48	12	19. 35	41	30. 37	36	20. 00
	乡镇	86	15. 50	11	17. 74	17	12. 59	21	11. 67
	本村	134	24. 14	15	24. 19	42	31. 11	51	28. 33
	生产现场	238	42. 88	24	38. 71	35	25. 93	72	40. 00

表 4-5 不同产业职业农民培训需求调查结果（续表）

培训需求		水产养殖		农产品加工		农产品营销		技术服务		合计	
		人数	RDI	人数	RDI	人数	RDI	人数	RDI	人数	ADI
培训内容	三新知识	25	20. 33	5	26. 32	4	30. 77	4	26. 67	204	18. 68
	植保知识	12	9. 76	2	10. 53	0	0. 00	1	6. 67	172	15. 75
	畜牧知识	21	17. 07	2	10. 53	0	0. 00	2	13. 33	213	19. 51
	经管知识	25	20. 33	4	21. 05	5	38. 46	3	20. 00	164	15. 02
	政策知识	11	8. 94	1	5. 26	2	15. 38	1	6. 67	86	7. 88
	其他知识	2	1. 63	1	5. 26	0	0. 00	0	0. 00	10	0. 92
培训形式	正规课堂	13	13. 13	5	29. 41	5	35. 71	5	41. 67	156	14. 29
	现场指导	43	43. 43	9	52. 94	5	35. 71	3	25. 00	480	43. 96
	发送资料	19	19. 19	2	11. 76	2	14. 29	1	8. 33	195	17. 86
	农村黑板报	9	9. 09	1	5. 88	2	14. 29	2	16. 67	114	10. 44
	电视广播	15	15. 15	0	0. 00	0	0. 00	1	8. 33	147	13. 46
培训教师	县乡技术人员	63	61. 17	12	52. 17	11	61. 11	8	72. 73	549	50. 27
	经营大户	26	25. 24	9	39. 13	2	11. 11	0	0. 00	295	27. 01
	专家学者	14	13. 59	2	8. 70	3	16. 67	3	27. 27	225	20. 60
	其他人员	0	0. 00	0	0. 00	2	11. 11	0	0. 00	23	2. 11
培训时间	农闲季节	13	12. 26	4	18. 18	9	52. 94	6	54. 55	211	19. 32
	及时安排	60	56. 60	12	54. 55	7	41. 18	4	36. 36	543	49. 73
	关键期	33	31. 13	6	27. 27	1	5. 88	0	0. 00	317	29. 03
	随时举办	0	0. 00	0	0. 00	0	0. 00	1	9. 09	21	1. 92

（续表）

培训需求		水产养殖		农产品加工		农产品营销		技术服务		合计	
		人数	RDI	人数	RDI	人数	RDI	人数	RDI	人数	ADI
培训地点	县城	30	28.57	5	21.74	6	31.58	2	15.38	229	20.97
	乡镇	21	20.00	6	26.09	5	26.32	2	15.38	169	15.48
	本村	17	16.19	5	21.74	6	31.58	6	46.15	276	25.27
	生产现场	37	35.24	7	30.43	2	10.53	3	23.08	418	38.28

1. 培训内容

不同产业职业农民对培训内容的绝对需求强度从高到低依次为：畜牧知识、三新知识、植保知识、经管知识、政策知识、其他知识。大田作物种植、设施农业的职业农民对各培训内容相对需求强度从高到低均依次为：三新知识、植保知识、经管知识、畜牧知识、政策知识、其他知识（从事设施农业生产的职业农民对植保知识、经管知识相对需求强度相同）；畜牧养殖产业对各培训内容相对需求强度从高到低依次为：畜牧知识、三新知识、政策知识、经管知识、植保知识、其他知识；水产养殖、农产品加工、技术服务产业职业农民对各培训内容相对需求强度从高到低均依次为：三新知识、经管知识、畜牧知识、植保知识、政策知识、其他知识（水产养殖产业职业农民对三新知识、经管知识相对需求强度相同；农产品加工产业职业农民对植保知识、畜牧知识相对需求强度相同，对政策知识、其他知识相对需求强度相同）；经济林产业职业农民从高到低依次为：植保知识、经管知识、三新知识、畜牧知识、政策知识、其他知识；农产品营销产业职业农民从高到低依次为：经管知识、三新知识、政策知识、植保知识、畜牧知识、其他知识（三者相对需求强度相同）。显著性检验结果表明，不同产业职业农民对三新知识、植保知识、畜牧知识、其他知识的培训相对需求强度呈极显著差异（$P < 0.01$），对经管知识培训相对需求强度无显著差异（$P > 0.05$）。

2. 培训形式

不同产业职业农民对培训形式的绝对需求强度从高到低依次为：现场指导、发送资料、正规课堂、电视广播、农村黑板报。经济林产业职业农民对培训形式的相对需求强度与上述排序一致；大田作物种植、畜牧养殖、水产养殖产业职业农民相对需求强度从高到低依次为：现场指导、发送资料、电视广播、正规课堂、农村黑板报；农产品加工、农产品营销产业职业农民相对需求强度从高到低依次为：现场指导、正规课堂、发送资料、农村黑板报、电视广播（农产品营销产业职业农民对现场指导、正规课堂相对需求强度相同，对发送资料、农村黑板报相对需求强度也相同）；设施农业产业职业农民依次为：现场指导、农村黑板报、发送资料和正规课堂（二者相对需求强度相同）、电视广播。技术服务产业职业农民低依次为：正规课堂、现场指导、农村黑板报、发送资料和电视广播（二者相对需求强度相同）。显著性检验结果表明，不同产业职业农民对正规课堂、电视广播培训形式相对需求强度无显著差异（$P > 0.05$），对现场指导培训形式相对需求强度呈显著差异（$P < 0.05$），对发送资料、农村黑板报相对需求强度呈极显著差异（$P < 0.01$）。

3. 培训教师

不同产业职业农民对培训教师绝对需求强度从高到低依次为：县乡技术人员、经营大户、专家学者、其他人员。大田作物种植、经济林、畜牧养殖、水产养殖、农产品加工产业职业农民培训教师相对需求强度与上述排序一致；设施农业、农产品营销、技术服务产业职业农民对对各类培训教师的相对需求强度从高到低依次为：县乡技术人员、专家学者、经营大户、其他人员（技术服务产业职业农民对农业大户、其他人员相对需求强度相同）。显著性检验结果表明，不同产业职业农民对培训教师相对需求强度呈极显著差异（$P < 0.01$）。

4. 培训时间

不同产业职业农民对培训时间的绝对需求强度从高到低依次为：及时安排、关键期、农闲季节、随时举办。大田作物种植、设施农业、经济林、畜牧养殖、水产养殖、农产品加工产业职业农民对培训时间相对需求强度与上述排序一致；农产品营销产业职业农民对培训时间相对需求强度从高到低依次为：农闲季节、及时安排、关键期、随时举办；技术服务产业职业农民对培训时间相对需求强度从高到低依次为：农闲季节、及时安排、随时举办、关键期。显著性检验结果表明，不同产业职业农民对培训时间的相对需求强度呈极显著差异（$P < 0.01$）。

5. 培训地点

不同产业职业农民对培训地点绝对需求强度从高到低依次为：生产现场、本村、县城、乡镇。大田作物种植、设施农业、畜牧养殖产业职业农民对培训地点相对需求强度与上述排序一致；经济林产业职业农民对培训地点相对需求强度从高到低排序依次为：本村、县城、生产现场、乡镇；水产养殖产业职业农民依次为：生产现场、县城、乡镇、本村；农产品加工产业职业农民依次为：生产现场、乡镇、本村、县城（二者相对需求强度相同）；农产品营销产业职业农民依次为：本村、县城（二者相对需求强度相同）、乡镇、生产现场；技术服务产业职业农民依次为：本村、生产现场、县城、乡镇（二者相对需求强度相同）。显著性检验结果表明，不同产业职业农民对培训地点相对需求强度呈极显著差异（$P < 0.01$）。

（六）不同收入职业农民职业培训需求差异

不同收入职业农民职业培训需求调查结果如表 4-6 所示。

表 4-6 不同收入水平职业农民培训需求调查结果

培训需求		3000 元以下		3000～5000 元		5000～7000 元	
		人数	RDI	人数	RDI	人数	RDI
培训内容	三新知识	44	18.64	52	23.01	37	20.90
	植保知识	48	20.34	39	17.26	18	10.17
	畜牧知识	24	10.17	24	10.62	23	12.99
	经管知识	29	12.29	32	14.16	33	18.64
	政策知识	15	6.36	11	4.87	13	7.34
	其他知识	2	0.85	1	0.44	2	1.13
培训形式	正规课堂	47	15.46	60	13.19	22	14.57
	现场指导	142	46.71	192	42.20	66	43.71
	发送资料	47	15.46	87	19.12	29	19.21
	农村黑板报	25	8.22	47	10.33	17	11.26
	电视广播	43	14.14	69	15.16	17	11.26
培训教师	县乡技术人员	124	44.93	120	48.00	104	52.53
	经营大户	90	32.61	78	31.20	44	22.22
	专家学者	54	19.57	44	17.60	46	23.23
	其他人员	8	2.90	8	3.20	4	2.02
培训时间	农闲季节	78	28.26	46	18.40	32	16.16
	及时安排	132	47.83	130	52.00	60	30.30
	关键期	60	21.74	68	27.20	104	52.53
	随时举办	6	2.17	6	2.40	2	1.01

（续表）

培训需求		3000 元以下		3000～5000 元		5000～7000 元	
		人数	RDI	人数	RDI	人数	RDI
培训地点	县城	60	21.74	63	25.20	22	11.11
	乡镇	18	6.52	48	19.20	50	25.25
	本村	62	22.46	66	26.40	40	20.20
	生产现场	136	49.28	73	29.20	86	43.43

表 4-6 不同收入水平职业农民培训需求调查结果（续表）

培训需求		7000～9000 元		9000 元以上		合计	
		人数	RDI	人数	RDI	人数	ADI
培训内容	三新知识	32	21.77	69	22.55	234	21.43
	植保知识	18	12.24	44	14.38	167	15.29
	畜牧知识	18	12.24	38	12.42	127	11.63
培训内容	经管知识	26	17.69	59	19.28	179	16.39
	政策知识	15	10.20	27	8.82	81	7.42
	其他知识	1	0.68	3	0.98	9	0.82
培训形式	正规课堂	4	5.97	12	10.43	145	13.28
	现场指导	31	46.27	51	44.35	482	44.14
	发送资料	16	23.88	29	25.22	208	19.05
	农村黑板报	3	4.48	12	10.43	104	9.52
	电视广播	13	19.40	11	9.57	153	14.01
培训教师	县乡技术人员	72	52.94	128	55.17	548	50.18
	经营大户	46	33.82	54	23.28	312	28.57
	专家学者	18	13.24	48	20.69	210	19.23
	其他人员	0	0.00	2	0.86	22	2.01
培训时间	农闲季节	24	17.65	54	23.28	234	21.43
	及时安排	60	44.12	116	50.00	498	45.60
	关键期	50	36.76	54	23.28	336	30.77
	随时举办	2	1.47	8	3.45	24	2.20
培训地点	县城	38	27.94	48	20.69	231	21.15
	乡镇	24	17.65	34	14.66	174	15.93
	本村	40	29.41	69	29.74	277	25.37
	生产现场	34	25.00	81	34.91	410	37.55

1. 培训内容

不同收入职业农民对培训内容的绝对需求强度从高到低依次为：三新知

识、经管知识、植保知识、畜牧知识、政策知识、其他知识。年收入在9000元以上的职业农民对培训内容相对需求强度与上述排序一致；3000元以下职业农民从高到低均依次为：植保知识、三新知识、经管知识、畜牧知识、政策知识、其他知识；3000～5000元职业农民从大到小均依次为：三新知识、植保知识、经管知识、畜牧知识、政策知识、其他知识；5000～9000元职业农民从高到低均依次为：三新知识、经管知识、畜牧知识、植保知识（7000～9000元职业农民需求与前者相同）、政策知识、其他知识。显著性检验结果表明，不同收入职业农民对三新知识、植保知识、畜牧知识、经管知识、政策知识培训的相对需求强度呈极显著差异（$P < 0.01$），对其他知识的相对需求强度无显著差异（$P > 0.05$）。

2. 培训形式

不同收入职业农民对培训形式的绝对需求强度从高到低依次为：现场指导、发送资料、电视广播、正规课堂、农村黑板报。年收入水平在3000～5000元、7000～9000元职业农民对培训形式相对需求强度与上述排序一致；3000元以下、5000～7000元职业农民相对需求强度从高到低依次为：现场指导、发送资料、正规课堂、电视广播、农村黑板报（5000～7000元职业农民需求与前者相同）；9000元以上职业农民相对需求强度从高到低依次为：现场指导、发送资料、正规课堂、农村黑板报（需求与前者相同）、电视广播。显著性检验结果表明，不同收入职业农民对农村黑板报的相对需求强度无显著差异（$P > 0.05$），对正规课堂、发送资料的相对需求强度呈显著差异（$P < 0.05$），对现场指导、电视广播的相对需求强度呈极显著差异（$P < 0.01$）。

3. 培训教师

不同收入职业农民对培训教师的绝对需求强度从高到低依次为：县乡技术人员、经营大户、专家学者、其他人员。年收入在3000元以下、3000～5000元、7000元以上职业农民对各类培训教师的相对需求强度与上述排序一致；5000～7000元职业农民相对需求强度从高到低依次为：县乡技术人员、专家学者、农业大户、其他人员。显著性检验结果表明，不同收入水平职业农民对培训教师的相对需求强度呈极显著差异（$P < 0.01$）。

4. 培训时间

不同收入职业农民对培训时间的绝对需求强度从高到低依次为：及时

安排、关键期、农闲季节、随时举办。年收入在3000～5000元、7000元以上职业农民培训时间的相对需求强度与上述排序一致；3000元以下职业农民相对需求强度从高到低依次为：及时安排、农闲季节、关键期、随时举办；5000～7000元职业农民对培训时间的相对需求强度从高到低依次为：关键期、及时安排、农闲季节，随时举办。显著性检验结果表明，不同收入职业农民对培训时间相对需求强度存在极显著差异（$P<0.01$）。

5. 培训地点

不同收入职业农民对培训地点的绝对需求强度从高到低依次为：生产现场、本村、县城、乡镇。年收入在3000元以下、3000～5000元、9000元以上职业农民对培训地点的相对需求强度与上述排序一致；5000～7000元职业农民相对需求强度从高到低排序均依次为：生产现场、乡镇、本村、县城；7000～9000元职业农民对培训地点的相对需求强度从高到低排序均依次为：本村、县城、生产现场、乡镇。显著性检验结果表明，不同收入职业对农民培训地点相对需求强度呈极显著差异（$P<0.01$）。

（七）不同地域职业农民职业培训需求

不同地域职业农民职业培训需求的调查结果如表4-7所示。

表4-7 不同地域职业农民培训需求调查结果

培训需求		冀东		冀南		冀北	
		人数	RDI	人数	RDI	人数	RDI
培训内容	三新知识	75	23.89	46	16.91	20	15.50
	植保知识	30	9.55	54	19.85	40	31.01
	畜牧知识	30	9.55	37	13.60	10	7.75
	经管知识	67	21.34	39	14.34	21	16.28
	政策知识	25	7.96	18	6.62	10	7.75
	其他知识	2	0.64	3	1.10	1	0.78
培训形式	正规课堂	56	17.67	25	10.42	17	11.89
	现场指导	132	41.64	112	46.67	72	50.35
	发送资料	57	17.98	39	16.25	30	20.98
	农村黑板报	26	8.20	31	12.92	8	5.59
	电视广播	46	14.51	33	13.75	16	11.19

（续表）

培训需求		冀东		冀南		冀北	
		人数	RDI	人数	RDI	人数	RDI
培训教师	县乡技术人员	194	56.40	108	41.22	76	65.52
	经营大户	86	25.00	72	27.48	26	22.41
	专家学者	60	17.44	72	27.48	12	10.34
	其他人员	4	1.16	10	3.82	2	1.72
培训时间	农闲季节	78	22.67	44	16.79	2	1.72
	及时安排	136	39.53	120	45.80	88	75.86
	关键期	120	34.88	96	36.64	22	18.97
	随时举办	10	2.91	2	0.76	4	3.45
培训地点	县城	81	23.55	46	17.56	34	29.31
	乡镇	82	23.84	32	12.21	20	17.24
	本村	71	20.64	70	26.72	38	32.76
	生产现场	110	31.98	114	43.51	24	20.69

表 4-7 不同地域职业农民培训需求调查结果（续表）

培训需求		冀中		合计	
		人数	RDI	人数	ADI
培训内容	三新知识	86	22.45	227	20.67
	植保知识	62	16.19	186	16.94
	畜牧知识	50	13.05	127	11.57
	经管知识	53	13.84	180	16.39
	政策知识	28	7.31	81	7.38
	其他知识	3	0.78	9	0.82
培训形式	正规课堂	41	12.42	139	13.50
	现场指导	138	41.82	454	44.08
	发送资料	69	20.91	195	18.93
	农村黑板报	33	10.00	98	9.51
	电视广播	49	14.85	144	13.98
培训教师	县乡技术人员	170	45.95	548	50.18
	经营大户	128	34.59	312	28.57
	专家学者	66	17.84	210	19.23
	其他人员	6	1.62	22	2.01

（续表）

培训需求		冀中		合计	
		人数	RDI	人数	ADI
培训时间	农闲季节	110	29.73	234	21.43
	及时安排	154	41.62	498	45.60
	关键期	98	26.49	336	30.77
	随时举办	8	2.16	24	2.20
培训地点	县城	70	18.92	231	21.15
	乡镇	40	10.81	174	15.93
	本村	98	26.49	277	25.37
	生产现场	162	43.78	410	37.55

1. 培训内容

不同地域职业农民对培训内容绝对需求强度从高到低依次为：三新知识、植保知识、经管知识、畜牧知识、政策知识、其他知识。冀中地区职业农民对培训内容相对需求强度与上述排序一致；冀东地区职业农民从高到低依次为：三新知识、经管知识、植保知识和畜牧知识（二者相对需求强度相同）、政策知识、其他知识；冀南地区职业农民从高到低依次为：植保知识、三新知识、经管知识，畜牧知识、政策知识、其他知识；冀北地区职业农民从高到低依次为：植保知识、经管知识、三新知识、畜牧知识和政策知识（二者相对需求强度相同）、其他知识。显著性检验结果表明，不同地区职业农民对三新知识、植保知识、畜牧知识、经管知识培训相对需求强度呈极显著差异（$P<0.01$），对政策知识、其他知识培训相对需求强度无显著差异（$P>0.05$）。

2. 培训形式

不同地区职业农民对各培训形式的绝对需求强度从高到低依次为：现场指导、发送资料、电视广播、正规课堂、农村黑板报。其中，冀中地区职业农民对各培训形式的相对需求强度与上述排序一致；冀东地区职业农民相对需求强度从高到低依次为：现场指导、发送资料、正规课堂、电视广播、农村黑板报；冀南地区职业农民依次为：现场指导、发送资料、电视广播、农村黑板报、正规课堂；冀北地区职业农民依次为：现场指导、发送资料、正规课堂、电视广播、农村黑板报。显著性检验结果表明，不同地区职业农民对现场指导、发送资料、电视广播、正规课堂、农村黑板报培训形式相对需求强度均呈显著差异（$P<0.05$）。

3. 培训教师

不同地区职业农民对培训教师的绝对需求强度从高到低依次为：县乡技术人员、经营大户、专家学者、其他人员。不同地区职业农民对培训教师相对需求强度均与上述排序一致（冀南地区职业农民对经营大户、专家学者相对需求强度相同）。显著性检验结果表明，不同地区职业农民对培训教师相对需求强度呈极显著差异（$P < 0.01$）。

4. 培训时间

不同地区职业农民培训时间绝对需求强度从高到低依次为：及时安排、关键期、农闲季节、随时举办。冀东、冀南地区职业农民对培训时间的相对需求强度与上述排序一致；冀北地区职业农民培训时间相对需求强度从高到低依次为：及时安排、关键期、随时举办、农闲季节；冀中地区职业农民依次为：及时安排、农闲季节、关键期、随时举办。显著性检验结果表明，不同地区职业农民对培训时间相对需求强度呈极显著差异（$P < 0.01$）。

5. 培训地点

不同地区职业农民对培训地点的绝对需求强度从高到低依次为：生产现场、本村、县城、乡镇。冀南、冀中职业农民培对训地点相对需求强度与上述排序一致；冀东地区职业农民对培训地点相对需求强度从高到低排序依次为：生产现场、乡镇、县城、本村；冀北地区职业农民依次为：本村、县城、生产现场、乡镇。显著性检验结果表明，不同地区职业农民对培训地点相对需求强度呈极显著差异（$P < 0.01$）。

三、调查的主要结论

（一）职业农民人口学特征指标

河北省职业农民以初中以下学历为主体，文化程度明显偏低，且以女性为主，25 岁以下的年轻人和 55 岁以上老年人较多。职业农民以从事大田作物种植业为主，其次为畜牧养殖业，再次为设施农业，从事其他产业的均在 10% 以下。河北省职业农民多处于低收入水平状态；冀中地区职业农民数量最多，其次是冀南，再次是冀东地区，冀北地区最少。

（二）职业农民培训的绝对需求

培训内容绝对需求强度从高到低依次为：三新知识、经管知识、植保知识、畜牧知识、政策知识、其他知识。培训形式绝对需求强度从高到低依次为：现场指导、发送资料、电视广播、正规课堂、农村黑板报。培训教师绝对需求强度从高到低依次为：县乡技术人员、经营大户、专家学者、其他人员。培训时间绝对需求强度从高到低依次为：及时安排、关键期、农闲季节、随时举办。培训地点绝对需求强度从高到低依次为：生产现场、本村、县城、乡镇。以此推断，当前职业农民培训最为理想的安排是，组织县乡技术人员赴农业生产经营一线实施现场指导，根据农业生产需要及时安排新技术、新品种、新设备等培训。

（三）职业农民培训的相对需求

不同人口学特征职业农民对培训内容、培训教师、培训时间、培训地点的需求均表现一定的差异，需要职业培训部门安排职业农民培训时给予重点考虑。一是不同学历职业农民培训内容（畜牧知识、其他知识）、培训形式的相对需求强度呈显著性差异（$P < 0.05$），培训内容（三新知识、植保知识、经管知识）、培训教师、培训时间、培训地点的相对需求强度呈极显著差异（$P < 0.01$）。二是不同性别职业农民对培训知识（植保知识、经管知识）、培训形式（正规课堂、农村黑板报）、培训地点的相对需求强度呈显著差异（$P < 0.05$），对培训内容（畜牧知识、其他知识）、培训形式（现场指导、发送资料、电视广播）、培训教师、培训时间相对需求强度呈极显著差异（$P < 0.01$）。三是不同年龄职业农民培训内容（政策知识）、培训形式（现场指导）相对需求强度呈显著性差异（$P < 0.05$），培训内容（三新知识、植保知识、畜牧知识、经管知识）、培训教师、培训时间、培训地点相对需求强度呈极显著差异（$P < 0.01$）。四是不同产业职业农民培训内容（三新知识、植保知识、畜牧知识、其他知识）、培训形式（发送资料、农村黑板报）、培训教师、培训时间、培训地点的相对需求强度呈极显著差异（$P < 0.01$），对培训形式（现场指导）相对需求强度呈显著性差异（$P < 0.05$），其他培训问项无显著差异（$P > 0.05$）。五是不同收入职业农民对培训内容（三新知识、植保知识、畜牧知识、经管知识、政策知识）、培训形式（现场指导、电视广播）、培训教师、培训时间、培训地点的相对需求强度呈极显著差异（$P < 0.01$），对培训形式（正规课堂、发送资料）的相对需求强度存在显著差异（$P < 0.05$）。六是不同地区职业农民对培训内容（三新知识、植保知识、畜牧知识、经管知识）、培训教师、培训时间、培训地点的相对需求强度存在极显著差异（$P < 0.01$），对培训形式相对需求强度均呈显著差异（$P < 0.05$）。对其他培训问项的相对需求强度无显著差异（$P > 0.05$）。

第二节　产业工人职业培训需求的现状

一、调查与分析方法

（一）调查方法

调查采取问卷调查和访谈调查两种方法。

1. 问卷调查

综合前人研究成果，制定了产业工人职业培训需求调查问卷。而后，面向河北省某一国有企业、某一外资企业、某一股份制企业人力资源管理部门负责人征求了意见，采用德尔菲法（Delphi　Method）进行了修订，经预调查、信度和效度检验，确认问卷在可用范围之内。问卷分为产业工人人口学特征指标信息和职业培训需求信息两个部分。人口学特征指标信息共设置了学历、性别、年龄、工龄、职级和月收入 6 个问项；职业培训需求信息共设置了频次需求、方式需求、地点需求、时间需求、师资需求、培训主体需求 6 个维度，35 个问项。

问卷调查面向河北省某一国有企业、某一外资企业、某一股份制企业实施，按企业员工总数的 10% 发放 400 份问卷，回收 368 份，问卷回收率为 92.00%。剔除无效问卷 42 份，确定有效问卷 326 份，问卷有效率为 88.59%。有关产业工人调查样本的相关特征指标如表 4-8 所示。

2. 访谈调查

由河北科技师范学院职业教育研究所科研人员实施，面向实施问卷调查的 3 家企业人事部门负责人进行了调查，了解了产业工人职业培训的现状，获取了相关数据、材料及意见、看法等；同时，访谈了部分产业工人，就职业培训细节问题进行了深层次访谈。

表 4-8 产业工人培训需求调查样本基本情况

产业工人特征		人数	百分比(%)
性别	男	249	76. 38
	女	77	23. 62
学历	初中及以下	48	14. 72
	高中	110	33. 74
	中职	51	15. 64
	高职	43	13. 19
	本科	65	19. 94
	研究生及以上	9	2. 76
年龄	20 岁以下	7	2. 15
	20～25 岁	40	12. 27
	25～30 岁	77	23. 62
	30～35 岁	61	18. 71
	35～40 岁	54	16. 56
	40～45 岁	37	11. 35
	45～50 岁	20	6. 13
	50～55 岁	24	7. 36
	55～60 岁	6	1. 84
工龄	1 年内	9	2. 76
	1～5 年	83	25. 46
	5～10 年	73	22. 39
	10～15 年	39	11. 96
	15～20 年	46	14. 11
	20～25 年	29	8. 90
	25～30 年	24	7. 36
	30～35 年	17	5. 21
	35～40 年	6	1. 84

（续表）

产业工人特征		人数	百分比（%）
职级	无职级	133	40.80
	初级工	47	14.42
	中级工	85	26.07
	高级工	40	12.27
	技师	14	4.29
	高级技师	7	2.15
月收入	2000 元以下	87	26.69
	2000～3000 元	132	40.49
	3000～4000 元	61	18.71
	4000～5000 元	32	9.82
	5000～6000 元	9	2.76
	6000 元以上	5	1.53

（二）分析方法

与职业农民职业培训需求分析方法相同。

二、调查结果及分析

（一）产业工人人口学指标特征

由表 4-8 可见，河北省男性产业工人占 76.38%，女性仅为 23.62%，男性远多于女性。高中阶段教育学历（含普通高中和职业中专）工人最多，占产业工人总数的 49.38%，而后由多到少依次为本科、初中及以下、高职、研究生及以上。以青年为主体，25～45 岁的产业工人占 70.24%，45 岁以上的仅占 15.33%。工龄 1～5 年的产业工人最多，而后依次为 5～10 年、15～20 年、10～15 年，26 年以上的产业工人较少。无职级工人最多，而后从多到少依次为中级工、初级工、高级工，技师以上仅占 6.44%。月收入 3000 元以下工人所占比例高达 67.18%，3000～4000 元工人占 18.71%，5000 元以上工人占 4.29%。

（二）不同学历产业工人职业培训需求

不同学历产业工人职业培训需求调查结果如表 4-9 所示。

表 4-9 不同学历产业工人培训需求调查结果

培训需求		初中及以下		普高		中职		高职	
		人数	RDI	人数	RDI	人数	RDI	人数	RDI
培训次数（年度）	1 次	0	0.00	4	3.64	4	7.84	3	6.98
	2～3 次	6	12.50	16	14.55	7	13.73	14	32.56
	4～5 次	18	37.50	37	33.64	19	37.25	17	39.53
	6～7 次	11	22.92	36	32.73	15	29.41	8	18.60
	8～9 次	4	8.33	6	5.45	2	3.92	0	0.00
	10 次及以上	9	18.75	11	10.00	4	7.84	1	2.33
培训方式	课堂讲授	27	56.25	77	70.00	38	74.51	30	69.77
	课堂讨论	15	31.25	24	21.82	16	31.37	11	25.58
	视频授课	15	31.25	44	40.00	21	41.18	14	32.56
	案例分析	23	47.92	45	40.91	21	41.18	10	23.26
	角色扮演	3	6.25	10	9.09	7	13.73	6	13.95
	实践演练	21	43.75	45	40.91	17	33.33	18	41.86
培训地点	高职学校	11	22.92	24	21.82	17	33.33	15	34.88
	中职学校	7	14.58	23	20.91	5	9.80	6	13.95
	所在企业	43	89.58	80	72.73	29	56.86	22	51.16
	所在车间	26	54.17	52	47.27	25	49.02	8	18.60
	企业外培训机构	16	33.33	31	28.18	17	33.33	14	32.56
	本市	1	2.08	11	10.00	6	11.76	4	9.30
	市外	0	0.00	1	0.91	0	0.00	0	0.00
培训时间	上班前	13	27.08	15	13.64	10	19.61	2	4.65
	上班时间	16	33.33	46	41.82	24	47.06	18	41.86
	下班后	17	35.42	25	22.73	10	19.61	2	4.65
	周末时间	7	14.58	24	21.82	14	27.45	18	41.86
	其他时间	15	31.25	31	28.18	11	21.57	12	27.91
培训师资	高校学者	8	16.67	24	21.82	15	29.41	10	23.26
	行业专家	35	72.92	69	62.73	33	64.71	25	58.14
	企业管理者	9	18.75	31	28.18	14	27.45	12	27.91
	企业外培训师	15	31.25	36	32.73	21	41.18	18	41.86
	企业内培训师	21	43.75	40	36.36	21	41.18	11	25.58
	政府人员	4	8.33	4	3.64	6	11.76	6	13.95

（续表）

培训需求		初中及以下		普高		中职		高职	
		人数	RDI	人数	RDI	人数	RDI	人数	RDI
培训举办方	政府	3	6. 25	6	5. 45	7	13. 72	9	20. 93
	行业协会	8	16. 67	13	11. 82	12	23. 53	8	18. 60
	所在企业	29	60. 42	66	60. 00	21	41. 18	12	27. 91
	授权培训机构	5	10. 42	18	16. 36	11	21. 57	13	30. 23
	职业学校	3	6. 25	7	6. 36	0	0. 00	1	2. 33

表 4-9 不同学历产业工人培训需求调查结果（续表）

培训需求		本科		研究生及以上		合计	
		人数	RDI	人数	RDI	人数	ADI
培训次数（年度）	1 次	8	12. 31	0	0. 00	19	5. 83
	2～3 次	9	13. 85	1	11. 11	53	16. 26
	4～5 次	34	52. 31	3	33. 33	128	39. 26
	6～7 次	9	13. 85	4	44. 44	83	25. 46
	8～9 次	4	6. 15	0	0. 00	16	4. 91
	10 次及以上	1	1. 54	1	11. 11	27	8. 28
培训方式	课堂讲授	47	72. 31	7	77. 78	226	69. 33
	课堂讨论	12	18. 46	3	33. 33	81	24. 85
	视频授课	12	18. 46	1	11. 11	107	32. 82
	案例分析	18	27. 69	2	22. 22	119	36. 50
	角色扮演	7	10. 77	1	11. 11	34	10. 43
	实践演练	21	32. 31	5	55. 56	127	38. 96
培训地点	高职学校	11	16. 92	1	11. 11	79	24. 23
	中职学校	5	7. 69	0	0. 00	46	14. 11
	所在企业	39	60. 00	7	77. 78	220	67. 48
	所在车间	9	13. 85	0	0. 00	120	36. 81
	企业外培训机构	31	47. 69	6	66. 67	115	35. 28
	市内	8	12. 31	2	22. 22	32	9. 82
	市外	2	3. 08	2	22. 22	5	1. 53
培训时间	上班前	4	6. 15	1	11. 11	45	13. 80
	上班时间	28	43. 08	5	55. 56	137	42. 02
	下班后	6	9. 23	0	0. 00	60	18. 40
	周末时间	33	50. 77	4	44. 44	100	30. 67
	其他时间	7	10. 77	2	22. 22	78	23. 93

（续表）

培训需求		本科		研究生及以上		合计	
		人数	RDI	人数	RDI	人数	ADI
培训师资	高校学者	19	29.23	2	22.22	78	23.93
	行业专家	29	44.62	4	44.44	195	59.82
	企业管理者	16	24.62	6	66.67	88	26.99
	企业外培训师	25	38.46	2	22.22	117	35.89
	企业内培训师	19	29.23	3	33.33	115	35.28
	政府人员	10	15.38	1	11.11	31	9.51
培训举办方	政府	11	16.92	1	11.11	37	11.35
	行业协会	19	29.23	3	33.33	63	19.33
	所在企业	8	12.31	3	33.33	139	42.64
	授权培训机构	27	41.54	2	22.22	76	23.31
	职业学校	0	0.00	0	0.00	11	3.37

1. 培训次数

不同学历产业工人对培训次数（每年）的绝对需求强度从高到低依次为：4～5 次、6～7 次、2～3 次、10 次及以上、1 次和 8～9 次。中职学历产业工人对培训次数相对需求强度与上述排序一致；初中学历对培训次数相对需求强度从高到低均依次为：4～5 次、6～7 次、10 次及以上、2～3 次、8～9 次、1 次；普高学历与初中学历基本相同，仅 2～3 次、10 次及以上次序前后倒置；高职学历产业工人依次为 4～5 次、2～3 次、6～7 次、1 次、10 次及以上和 8～9 次；本科学历产业工人依次为 4～5 次、6～7 次和 2～3 次（两者相同）、1 次、8～9 次和 10 次及以上；研究生及以上学历工人则依次为 6～7 次、4～5 次、2～3 次和 10 次及以上（两者相同）、8～9 次和 1 次（两者相同）。显著性检验结果表明，不同学历产业工人对培训次数相对需求强度均呈极显著差异（$P < 0.01$）。

2. 培训方式

不同学历产业工人对培训方式绝对需求强度从高到低依次为：课堂教授、实践演练、案例分析、视频授课、课堂讨论和角色扮演。普高、本科学历产业工人对各培训方式的相对需求强度与上述排序相同；初中及以下学历产业工人对培训方式的相对需求强度也与上述基本一致，仅案例分析与实践演练前后倒置；中职学历产业工人依次为：课堂教授、案例分析、视频授课、实践演练、课堂讨论、角色扮演；高职学历产业工人依次为：课堂教授、实践演练、视频授课、课堂讨论、案例分析、角色扮演；研究生及以上学历工人则依次为：课堂教授、实践演练、课堂讨论、案例分析、视频授课、角色扮演。显著性检验结果表明，不同学历产业工人对培训形式相对需求强度均呈显著差异（$P < 0.05$）。

3. 培训地点

不同学历产业工人对培训地点绝对需求强度从高到低依次为：所在企业、所在车间、企业外培训机构、高职学校、中职学校、市内、市外。初中及以下、中职、普高学历产业工人对培训地点相对需求强度从高到低排序与上述排序一致；高职学历产业工人对培训地点相对需求强度依次为：所在企业、高职学校、企业外培训机构、所在车间、中职学校、市内、市外；本科学历产业工人依次为：所在企业、企业外培训机构、高职学校、所在车间、市内、中职学校、市外；研究生及以上学历工人依次为：所在企业、企业外培训机构、市内、市外、高职学校、所在车间和中职学校。显著性检验结果表明，不同学历产业工人对培训地点相对需求强度呈极显著差异（$P < 0.01$）。

4. 培训时间

不同学历产业工人对培训时间绝对需求强度从高到低依次为：上班时间、周末时间、其他时间、下班后、上班前。中、高职学历产业工人对培训时间相对需求强度从高到低排序与上述排序相同。初中及以下学历产业工人依次为：下班后、上班时间、其他时间、上班前、周末时间；普高学历工人依次为：上班时间、其他时间、下班后、周末时间、上班前；本科学历工人依次为：周末时间、上班时间、其他时间、下班后、上班前；研究生及以上学历工人依次为：上班时间、周末时间、其他时间、上班前、下班后。显著性检验结果表明，不同学历产业工人培训时间相对需求强度呈极显著差异（$P < 0.01$）。

5. 培训师资

不同学历产业工人对培训教师绝对需求强度从高到低依次为：行业专家、企业外培训师、企业内培训师、企业管理者、高校学者、政府人员。初中及以下、普高学历产业工人对培训教师的相对需求强度从高到低依次为：行业专家、企业内培训师、企业外培训师、企业管理者、高校学者和政府人员；中职、本科学历产业工人依次为：行业专家、企业外培训师、企业内培训师、高校学者、企业管理者、政府人员；高职学历产业工人依次为：行业专家、企业外培训师、企业管理者、企业内培训师、高校学者、政府人员；研究生及以上学历依次为：企业管理者、行业专家、企业内培训师、企业外培训师、高校学者、政府人员。显著性检验结果表明，不同学历产业工人对培训教师相对需求强度呈显著差异（$P < 0.05$）。

6. 培训主体

不同学历产业工人对培训主体绝对需求强度从高到低依次为：所在企业、授权培训机构、行业协会、政府、职业学校。初中及以下、中职、研究生及以上学历产业工人对培训主体相对需求强度从高到低依次为：所在企业、行业协会、授权培训机构、政府、职业学校；高中学历产业工人依次为：所在企业、授权培训机构、行业协会、职业学校、政府；高职学历产业工人依次为：授权培训机构、所在企业、政府、行业协会、职业学校；本科学历工人则依次为：授权培训机构、行业协会、政府、所在企业、职业学校。显著性检验结果表明，不同学历产业工人对培训主体相对需求强度呈极显著差异（$P < 0.01$）。

（三）不同性别产业工人职业培训需求

不同性别产业工人职业培训需求调查结果如表 4-10 所示。

表 4-10 不同性别产业工人培训需求调查结果

培训需求		男性		女性		合计	
		人数	RDI	人数	RDI	人数	ADI
培训次数（年度）	1 次	14	5. 62	5	6. 49	19	5. 83
	2～3 次	35	14. 06	18	23. 38	53	16. 26
	4～5 次	95	38. 15	33	42. 86	128	39. 26
	6～7 次	65	26. 10	18	23. 38	83	25. 46
	8～9 次	14	5. 62	2	2. 60	16	4. 91
	10 次及以上	26	10. 44	1	1. 30	27	8. 28
培训方式	课堂讲授	170	68. 27	56	72. 73	226	69. 33
	课堂讨论	65	26. 10	16	20. 78	81	24. 85
	视频授课	92	36. 95	15	19. 48	107	32. 82
	案例分析	100	40. 16	19	24. 68	119	36. 50
	角色扮演	27	10. 84	7	9. 09	34	10. 43
	实践演练	97	38. 96	30	38. 96	127	38. 96

（续表）

培训需求		男性		女性		合计	
		人数	RDI	人数	RDI	人数	ADI
培训地点	高职学校	63	25. 30	16	20. 78	79	24. 23
	中职学校	40	16. 06	6	7. 79	46	14. 11
	所在企业	177	71. 08	43	55. 84	220	67. 48
	所在车间	103	41. 37	17	22. 08	120	36. 81
	企业外培训机构	84	33. 73	31	40. 26	115	35. 28
	市内	23	9. 24	9	11. 69	32	9. 82
	市外	3	1. 20	2	2. 60	5	1. 53
培训时间	上班前	37	14. 86	8	10. 39	45	13. 80
	上班时间	102	40. 96	35	45. 45	137	42. 02
	下班后	56	22. 49	4	5. 19	60	18. 40
	周末时间	66	26. 51	34	44. 16	100	30. 67
	其他时间	65	26. 10	13	16. 88	78	23. 93
培训师资	高校学者	58	23. 29	20	25. 97	78	23. 93
	行业专家	157	63. 05	38	49. 35	195	59. 82
	企业管理者	65	26. 10	23	29. 87	88	26. 99
	企业外培训师	87	34. 94	30	38. 96	117	35. 89
	企业内培训师	99	39. 76	16	20. 78	115	35. 28
	政府人员	20	8. 03	11	14. 29	31	9. 51
培训举办方	政府	26	10. 44	11	14. 29	37	11. 35
	行业协会	46	18. 47	17	22. 08	63	19. 33
	所在企业	116	46. 59	23	29. 87	139	42. 64
	授权培训机构	52	20. 88	24	31. 17	76	23. 31
	职业学校	9	3. 61	2	2. 60	11	3. 37

1. 培训次数

不同性别产业工人培训次数（年度）绝对需求强度从高到低依次为：4～5次、6～7次、2～3次、10次及以上、1次、8～9次。男性产业工人培训次数相对需求强度与上述排序一致，女性产业工人排序依次为：4～5次、6～7次、2～3次、1次、8～9次、10次及以上。显著性检验结果表明，不同性别产业工人培训次数（年度）相对需求强度无显著性差异（$P > 0.05$）。

2. 培训方式

不同性别产业工人培训方式绝对需求强度从高到低依次为：课堂教授、实践演练、案例分析、视频授课、课堂讨论、角色扮演。不同性别产业工人培训方式相对需求强度与上述排序基本一致，男性产业工人仅案例分析与实践演练前后倒置，女性产业工人仅课堂讨论与视频授课前后倒置。显著性检验结果表明，不同性别产业工人培训形式相对需求强度均呈显著差异（$P < 0.05$）。

3. 培训地点

不同性别产业工人对培训地点绝对需求强度从高到低依次为：所在企业、所在车间、企业外培训机构、高职学校、中职学校、市内、市外。男性产业工人对培训地点相对需求强度与上述排序一致；女性产业工人排序依次为：所在企业、企业外培训机构、所在生产车间、高职学校、市内、中职学校、市外。显著性检验结果表明，不同性别产业工人对培训地点相对需求强度呈极显著差异（$P < 0.01$）。

4. 培训时间

不同性别产业工人对培训时间绝对需求强度从高到低排序依次为：上班时间、周末时间、其他时间、下班后、上班前。男性产业工人对培训时间相对需求强度与上述排序一致；女性产业工人从高到低排序依次为：上班时间、周末时间、其他时间、上班前、下班后。显著性检验结果表明，不同性别产业工人培训时间相对需求强度无显著差异（$P > 0.05$）。

5. 培训师资

不同性别产业工人对培训教师绝对需求强度从高到低排序依次为：行业专家、企业外培训师、企业内培训师、企业管理者、高校学者、政府人员。男性产业工人对培训教师相对需求强度与上述排序基本一致，仅企业内培训师与企业外培训师前后倒置；女性产业工人则依次为：行业专家、企业外培训师、企业管理者、高校学者、企业内培训师、政府人员。显著性检验结果表明，不同性别产业工人对培训教师相对需求强度呈显著差异（$P < 0.05$）。

6. 培训主体

不同性别产业工人对培训主体绝对需求强度从高到低排序依次为：所在企业、授权培训机构、行业协会、政府、职业学校。男性产业工人对培训主体相对需求强度与上述排序一致；女性产业工人对培训主体相对需求强度排序仅有授权培训机构与所在企业排序前后倒置。显著性检验结果表明，不同性别产业工人培训主体相对需求强度无显著差异（$P > 0.05$）。

（四）不同年龄产业工人职业培训需求

不同年龄产业工人职业培训需求调查结果如表 4-11 所示。

表 4-11 不同年龄产业工人培训需求调查结果

培训需求		20 岁以下		20～25 岁		25～30 岁		30～35 岁		35～40 岁	
		人数	RDI	人数	RDI	人数	RDI	人数	RDI	人数	RDI
培训次数（年度）	1 次	3	42.86	3	7.50	9	11.69	1	1.64	1	1.85
	2～3 次	2	28.57	11	27.50	9	11.69	10	16.39	5	9.26
	4～5 次	0	0.00	14	35.00	31	40.26	22	36.07	22	40.74
	6～7 次	0	0.00	9	22.50	22	28.57	19	31.15	15	27.78
	8～9 次	2	28.57	1	2.50	2	2.60	3	4.92	5	9.26
	10 次及以上	0	0.00	2	5.00	4	5.19	6	9.84	6	11.11
培训方式	课堂讲授	5	71.43	25	62.50	52	67.53	47	77.05	40	74.07
	课堂讨论	0	0.00	8	20.00	27	35.06	12	19.67	16	29.63
	视频授课	2	28.57	9	22.50	26	33.77	18	29.51	22	40.74
	案例分析	0	0.00	14	35.00	26	33.77	22	36.07	22	40.74
	角色扮演	2	28.57	1	2.50	7	9.09	7	11.48	8	14.81
	实践演练	4	57.14	13	32.50	16	20.78	32	52.46	17	31.48
培训地点	高职学校	2	28.57	11	27.50	22	28.57	18	29.51	8	14.81
	中职学校	0	0.00	4	10.00	6	7.79	15	24.59	7	12.96
	所在企业	3	42.86	18	45.00	49	63.64	46	75.41	40	74.07
	所在车间	3	42.86	12	30.00	25	32.47	19	31.15	24	44.44
	企业外机构	1	14.29	16	40.00	30	38.96	25	40.98	22	40.74
	市内	0	0.00	5	12.50	6	7.79	8	13.11	4	7.41
	市外	0	0.00	0	0.00	1	1.30	1	1.64	1	1.85
培训时间	上班前	3	42.86	3	7.50	13	16.88	6	9.84	10	18.52
	上班时间	5	71.43	23	57.50	25	32.47	27	44.26	15	27.78
	下班后	0	0.00	1	2.50	20	25.97	11	18.03	16	29.63
	周末时间	0	0.00	10	25.00	29	37.66	24	39.34	20	37.04
	其他时间	0	0.00	9	22.50	14	18.18	15	24.59	13	24.07

（续表）

培训需求		20岁以下		20～25岁		25～30岁		30～35岁		35～40岁	
		人数	RDI	人数	RDI	人数	RDI	人数	RDI	人数	RDI
培训师资	高校学者	2	28.57	11	27.50	21	27.27	16	26.23	14	25.93
	行业专家	4	57.14	16	40.00	45	58.44	35	57.38	31	57.41
	企业管理者	1	14.29	9	22.50	20	25.97	19	31.15	17	31.48
	企外培训师	1	14.29	17	42.50	27	35.06	19	31.15	16	29.63
	企内培训师	2	28.57	8	20.00	28	36.36	27	44.26	23	42.59
	政府人员	0	0.00	4	10.00	8	10.39	9	14.75	7	12.96
培训举办方	政府	1	14.29	7	17.50	10	12.99	7	11.48	4	7.41
	行业协会	2	28.57	12	30.00	18	23.38	9	14.75	7	12.96
	所在企业	4	57.14	10	25.00	31	40.26	24	39.34	30	55.56
	授权机构	0	0.00	11	27.50	18	23.38	17	27.87	12	22.22
	职业学校	0	0.00	0	0.00	0	0.00	4	6.56	1	1.85

表 4-11 不同年龄产业工人培训需求调查结果（续表）

培训需求		40～45岁		45～50岁		50～55岁		55～60岁		合计	
		人数	RDI	人数	RDI	人数	RDI	人数	RDI	人数	ADI
培训次数（年度）	1次	0	0.00	1	5.00	1	4.17	0	0.00	19	5.83
	2～3次	8	21.62	1	5.00	4	16.67	3	50.00	53	16.26
	4～5次	13	35.14	11	55.00	12	50.00	3	50.00	128	39.26
	6～7次	12	32.43	3	15.00	3	12.50	0	0.00	83	25.46
	8～9次	0	0.00	1	5.00	2	8.33	0	0.00	16	4.91
	10次及以上	4	10.81	3	15.00	2	8.33	0	0.00	27	8.28
培训方式	课堂讲授	26	70.27	16	80.00	11	45.83	4	66.67	226	69.33
	课堂讨论	10	27.03	2	10.00	4	16.67	2	33.33	81	24.85
	视频授课	16	43.24	4	20.00	9	37.50	1	16.67	107	32.82
	案例分析	22	59.46	6	30.00	6	25.00	1	16.67	119	36.50
	角色扮演	5	13.51	0	0.00	3	12.50	1	16.67	34	10.43
	实践演练	20	54.05	13	65.00	9	37.50	3	50.00	127	38.96
培训地点	高职学校	9	24.32	2	10.00	6	25.00	1	16.67	79	24.23
	中职学校	4	10.81	5	25.00	4	16.67	1	16.67	46	14.11
	所在企业	32	86.49	17	85.00	10	41.67	5	83.33	220	67.48
	所在车间	23	62.16	6	30.00	8	33.33	0	0.00	120	36.81
	企业外机构	9	24.32	5	25.00	5	20.83	2	33.33	115	35.28

（续表）

培训需求		40～45岁		45～50岁		50～55岁		55～60岁		合计	
		人数	RDI	人数	RDI	人数	RDI	人数	RDI	人数	ADI
培训地点	市内	3	8.11	2	10.00	4	16.67	0	0.00	32	9.82
	市外	2	5.41	0	0.00	0	0.00	0	0.00	5	1.53
培训时间	上班前	7	18.92	2	10.00	1	4.17	0	0.00	45	13.80
	上班时间	20	54.05	14	70.00	7	29.17	1	16.67	137	42.02
	下班后	6	16.22	3	15.00	3	12.50	0	0.00	60	18.40
	周末时间	10	27.03	2	10.00	5	20.83	0	0.00	100	30.67
	其他时间	7	18.92	5	25.00	10	41.67	5	83.33	78	23.93
培训师资	高校学者	10	27.03	2	10.00	2	8.33	0	0.00	78	23.93
	行业专家	29	78.38	16	80.00	15	62.50	4	66.67	195	59.82
	企业管理者	10	27.03	2	10.00	9	37.50	1	16.67	88	26.99
	企外培训师	18	48.65	11	55.00	6	25.00	2	33.33	117	35.89
	企内培训师	13	35.14	6	30.00	7	29.17	1	16.67	115	35.28
	政府人员	1	2.70	0	0.00	2	8.33	0	0.00	31	9.51
培训举办方	政府	2	5.41	4	20.00	2	8.33	0	0.00	37	11.35
	行业协会	8	21.62	3	15.00	3	12.50	1	16.67	63	19.33
	所在企业	17	45.95	11	55.00	10	41.67	2	33.33	139	42.64
	授权机构	9	24.32	2	10.00	6	25.00	1	16.67	76	23.31
	职业学校	1	2.70	0	0.00	3	12.50	2	33.33	11	3.37

1. 培训次数

不同年龄产业工人培训次数（年度）绝对需求强度从高到低排序依次为：4～5次、6～7次、2～3次、10次及以上、1次、8～9次。年龄在40～45岁的产业工人培训次数相对需求强度与上述排序一致；20岁及以下产业工人相对需求强度从高到低排序依次为：1次、2～3次、8～9次、4～5次、6～7次、10次及以上（后三者相同）；20～25岁产业工人依次为：4～5次、2～3次、6～7次、1次、10次及以上、8～9次；25～30岁产业工人依次为：4～5次、6～7次、2～3次和1次（两者相同）、10次及以上、8～9次；30～35岁产业工人依次为：4～5次、6～7次、2～3次、10次及以上、8～9次、1次；35～40岁工人依次为：4～5次、6～7次、10次及以上、2～3次和8～9次（两者相同）、1次；45～50岁工人依次为：4～5次、6～7次和10次及以上（两者相同）、2～3次、8～9次、1次（后三者相同）；年龄在50～55、55～60岁的产业工人均依次为：

4～5 次、2～3 次、6～7 次、10 次及以上、8～9 次、1 次（其中 55～60 岁工人后三者相同）。显著性检验结果表明，不同年龄产业工人对培训次数（年度）相对需求强度呈极显著差异（$P < 0.01$）。

2. 培训方式

不同年龄产业工人对培训方式绝对需求强度从高到低排序依次为：课堂教授、实践演练、案例分析、视频授课、课堂讨论、角色扮演。年龄在 30～35 岁、40～50 岁产业工人对培训方式相对需求强度与上述排序一致；20 岁及以下产业工人从高到低排序依次为：课堂教授、实践演练、视频授课、角色扮演、案例分析、课堂讨论；20～25 岁产业工人依次为：课堂教授、案例分析、实践演练、视频授课、课堂讨论、角色扮演；25～30 岁产业工人依次为：课堂教授、课堂讨论、案例分析和视频授课（两者相同）、实践演练、角色扮演；35～40 岁工人依次为：课堂教授、案例分析、视频授课、实践演练、课堂讨论、角色扮演；50～55 岁工人依次为：课堂教授、实践演练和视频授课（两者相同）、案例分析、课堂讨论、角色扮演；55～60 岁工人依次为：课堂教授、实践演练、课堂讨论、案例分析、视频授课、角色扮演（后三者相同）。显著性检验结果表明，不同年龄产业工人对培训形式相对需求强度呈显著差异（$P < 0.05$）。

3. 培训地点

不同年龄产业工人对培训地点绝对需求强度从高到低排序依次为：所在企业、所在车间、企业外培训机构、高职学校、中职学校、市内、市外。35～45 岁产业工人对培训地点相对需求强度从高到低与上述排序一致；20 岁及以下产业工人与上述排序也基本一致，但高职学校与企业外培训机构排序前后倒置；20～25 岁产业工人依次为：所在企业、企业外培训机构、所在车间、高职学校、市内、中职学校、市外；25～35 岁产业工人依次为：所在企业、企业外培训机构、所在车间、高职学校、中职学校、市内、市外；45～50 岁产业工人依次为：所在企业、所在车间、企业外培训机构、中职学校、高职学校和市内（两者相同）、市外；50～55 岁产业工人依次为：所在企业、所在车间、高职学校、企业外培训机构、中职学校和市内（两者相同）、市外；55～60 岁产业工人依次为：所在企业、企业外培训机构、高职学校、中职学校、所在车间、市内、市外（后三者相同）。显著性检验结果表明，不同年龄产业工人对培训地点相对需求强度呈极显著差异（$P < 0.01$）。

4. 培训时间

不同年龄产业工人对培训时间绝对需求强度从高到低排序依次为：上班时间、周末时间、其他时间、下班后、上班前。30～35 岁产业工人培训时间相对需求强度从高到低与上述排序相同。年龄在 20 岁及以下的产业工人相对需求强度从高到低排序依次为：上班时间、上班前、下班后、其他时间、周末时间（后三者相对需求强度相同）；20～25 岁、40～45 岁产业工人依次为：上班时间、周末时间、其他时间、上班前、下班后；25～30 岁工人则依次为：周末时间、上班时间、下班后、其他时间，上班前；35～40 岁产业工人与之排序基本一致，但上班时间与下班后前后倒置；45～50 岁产业工人依次为：上班时间、其他时间、下班后,、周末时间、上班前；50～60 岁产业工人依次为：其他时间、上班时间、周末时间、下班后、上班前（55～60 岁工人后三者相同）。显著性检验结果表明，不同年龄产业工人对培训时间相对需求强度呈极显著差异（$P < 0.01$）。

5. 培训师资

不同年龄产业工人对培训教师绝对需求强度从高到低依次为：行业专家、企业外培训师、企业内培训师、企业管理者、高校学者、政府人员。40～50 岁、55～60 岁产业工人培训教师相对需求强度与上述排序一致；20 岁及以下产业工人依次为：行业专家、企业内培训师、高校学者、企业外培训师、企业管理者、政府人员；20～25 岁产业工人依次为：企业外培训师、行业专家、高校学者、企业管理者、企业内培训师、政府人员；25～35 岁产业工人依次为：行业专家、企业内培训师、企业外培训师、高校学者、企业管理者、政府人员；35～40 岁产业工人依次为：行业专家、企业内培训师、企业管理者、企业外培训师、高校学者、政府人员；50～55 岁产业工人与之基本一致，但企业内培训师与企业管理者排序前后倒置。显著性检验结果表明，不同年龄段产业工人对培训教师相对需求强度呈显著差异（$P < 0.05$）。

6. 培训主体

不同年龄产业工人对培训主体绝对需求强度从高到低依次为：所在企业、授权培训机构、行业协会、政府、职业学校。年龄在 25～45 岁的产业工人培训主体相对需求强度与上述排序均相同。20 岁及以下产业工人相对需求强度从高到低排序依次为：所在企业、行业协会、政府、授权培训机构、职业学校；20～25 岁产业工人依次为：行业协会、授权培训机构、所在企业、政府、职业学校；45～50 岁产业工人依次为：所在企业、政府、行业协会、授权培训机构、职业学校；50～55 岁产业工人依次为：所在企业、授权培训机构、行业协会、职业学校、政府；55～60 岁产业工人依次为：所在企业、职业学校、行业协会、授权培训机构、政府。显著性检验结果表明，不同年龄产业工人对培训主体相对需求强度呈显著差异（$P < 0.05$）。

（五）不同工龄产业工人职业培训需求

不同工龄产业工人职业培训需求调查结果如表 4-12 所示。

表 4-12 不同工龄产业工人培训需求调查结果

培训需求		1 年及以内		1～5 年		5～10 年		10～15 年		15～20 年	
		人数	RDI	人数	RDI	人数	RDI	人数	RDI	人数	RDI
培训次数（年度）	1 次	0	0.00	6	7.23	8	10.96	3	7.69	0	0.00
	2～3 次	0	0.00	18	21.69	11	15.07	3	7.69	9	19.57
	4～5 次	6	66.67	28	33.73	23	31.51	14	35.90	25	54.35
	6～7 次	2	22.22	15	18.07	24	32.88	18	45.15	6	13.04
	8～9 次	0	0.00	8	9.64	2	2.74	1	2.56	3	6.52
	10 次及以上	1	11.11	8	9.64	5	6.85	0	0.00	3	6.52
培训方式	课堂讲授	5	55.56	50	60.24	51	69.86	30	76.92	35	76.09
	课堂讨论	3	33.33	25	30.12	17	23.29	10	25.64	12	26.09
	视频授课	2	22.22	26	31.33	30	41.10	12	30.77	15	32.61
	案例分析	4	44.44	32	38.55	29	39.73	13	33.33	14	30.43
	角色扮演	0	0.00	9	10.84	11	15.07	3	7.69	5	10.87
	实践演练	5	55.56	35	42.17	28	38.36	7	17.95	16	34.78
培训地点	高职学校	2	22.22	23	27.71	28	38.36	7	17.95	5	10.87
	中职学校	0	0.00	11	13.25	12	16.44	7	17.95	4	8.70
	所在企业	7	77.78	44	53.01	55	75.34	24	61.54	34	73.91
	所在车间	5	55.56	34	40.96	22	30.14	13	18.84	19	41.30
	企业外机构	3	33.33	35	42.17	23	31.51	13	18.84	18	39.13
	市内	0	0.00	10	12.05	10	13.70	0	0.00	4	8.70
	市外	0	0.00	0	0.00	0	0.00	0	0.00	2	4.35

（续表）

培训需求		1年及以内		1～5年		5～10年		10～15年		15～20年	
		人数	RDI	人数	RDI	人数	RDI	人数	RDI	人数	RDI
培训时间	上班前	1	11.11	17	20.48	10	13.70	4	10.26	7	15.22
	上班时间	3	33.33	45	54.22	31	42.47	12	30.77	10	21.74
	下班后	1	11.11	6	72.29	24	32.88	12	30.77	8	17.39
	周末时间	0	0.00	22	26.51	25	34.25	15	38.47	20	43.48
	其他时间	6	66.67	15	18.07	14	19.18	8	20.51	10	21.74
培训师资	高校学者	2	22.22	25	30.12	25	34.25	7	17.95	8	17.39
	行业专家	7	77.78	48	57.83	44	60.27	21	53.85	25	54.35
	企业管理者	2	22.22	22	26.51	18	24.66	11	28.21	17	36.96
	企外培训师	3	33.33	33	39.76	27	36.99	8	20.51	15	32.61
	企内培训师	4	44.44	27	32.53	27	36.99	17	43.59	17	36.96
	政府人员	0	0.00	6	7.23	10	13.70	7	17.95	3	6.52
培训举办方	政府	0	0.00	9	10.84	13	17.81	3	7.69	3	6.52
	行业协会	1	11.11	24	28.92	12	16.44	9	23.08	5	10.87
	所在企业	4	44.44	32	38.55	28	38.36	17	43.59	19	41.30
	授权机构	4	44.44	16	19.28	19	26.03	9	23.08	17	36.96
	职业学校	0	0.00	2	2.41	1	1.37	1	2.56	2	4.35

表4-12 不同工龄产业工人培训需求调查结果（续表）

培训需求		21～25年		26～30年		31～35年		36～40年		合计	
		人数	RDI	人数	RDI	人数	RDI	人数	RDI	人数	ADI
培训次数（年度）	1次	0	0.00	1	4.17	1	5.88	0	0.00	19	5.83
	2～3次	4	13.79	4	16.67	2	11.76	2	33.33	53	16.26
	4～5次	10	34.48	9	37.50	9	52.94	4	66.67	128	39.26
	6～7次	7	24.14	7	29.17	4	23.53	0	0.00	83	25.46
	8～9次	2	6.90	0	0.00	0	0.00	0	0.00	16	4.91
	10次及以上	6	20.69	3	12.50	1	5.88	0	0.00	27	8.28
培训方式	课堂讲授	21	72.41	19	79.17	10	58.82	5	83.33	226	69.33
	课堂讨论	6	20.69	3	12.50	3	17.65	2	33.33	81	24.85
	视频授课	11	37.93	7	29.17	3	17.65	1	16.67	107	32.82
	案例分析	15	51.72	8	33.33	3	17.65	1	16.67	119	36.50
	角色扮演	1	3.45	3	12.50	1	5.88	1	16.67	34	10.43
	实践演练	14	48.28	13	54.17	7	41.18	2	33.33	127	38.96

（续表）

培训需求		21～25年		26～30年		31～35年		36～40年		合计	
		人数	RDI	人数	RDI	人数	RDI	人数	RDI	人数	ADI
培训地点	高职学校	6	20.69	5	20.83	2	11.76	1	16.67	79	24.23
	中职学校	3	10.34	4	16.67	4	23.53	1	16.67	46	14.11
	所在企业	23	79.31	18	75.00	11	64.71	4	66.67	220	67.48
	所在车间	18	62.07	6	25.00	3	17.65	0	0.00	120	36.81
	企业外机构	11	37.93	6	25.00	3	17.65	3	50.00	115	35.28
	市内	2	6.90	3	12.50	3	17.65	0	0.00	32	9.82
	市外	1	3.45	0	0.00	0	0.00	0	0.00	5	1.53
培训时间	上班前	5	17.24	1	4.17	0	0.00	0	0.00	45	13.80
	上班时间	16	55.17	12	50.00	7	41.18	1	16.67	137	42.02
	下班后	3	10.34	5	20.83	1	5.88	0	0.00	60	18.40
	周末时间	8	27.59	5	20.83	4	23.53	1	16.67	100	30.67
	其他时间	6	20.59	8	33.33	7	41.18	4	66.67	78	23.93
培训师资	高校学者	4	13.79	4	16.67	2	11.76	1	16.67	78	23.93
	行业专家	22	75.86	16	66.67	9	52.94	3	50.00	195	59.82
	企业管理者	7	24.14	4	16.67	5	29.41	2	33.33	88	26.99
	企外培训师	10	34.48	12	50.00	6	135.29	3	50.00	117	35.89
	企内培训师	10	34.48	9	37.50	2	11.76	2	33.33	115	35.28
	政府人员	3	10.34	0	0.00	1	5.88	1	16.67	31	9.21
培训举办方	政府	5	17.24	2	8.33	2	11.76	0	0.00	37	11.35
	行业协会	6	20.69	4	16.67	1	5.88	1	16.67	63	19.33
	所在企业	14	48.28	15	62.50	8	47.06	2	33.33	139	42.64
	授权机构	3	10.34	2	83.33	5	29.41	1	16.67	76	23.31
	职业学校	1	3.45	1	4.17	1	5.88	2	33.33	11	3.37

1. 培训次数

不同工龄产业工人对培训次数（年度）绝对需求强度从高到低依次为：4～5次、6～7次、2～3次、10次及以上、1次、8～9次。工龄25～35年产业工人培训次数相对需求强度与上述排序一致；工龄不满1年的产业工人依次为：4～5次、6～7次、10次及以上、1次、2～3次、8～9次（后三者相同）；工龄1～5年、15～20年产业工人依次为：4～5次、2～3次、6～7次、10次及以上和8～9次（两者相同）、1次；工龄5～10年产业工人依次为：6～7次、

4～5 次、2～3 次、1 次、10 次及以上、8～9 次；工龄 10～15 年产业工人依次为：6～7 次、4～5 次、2～3 次和 1 次（两者相同）、8～9 次、10 次及以上；工龄 20～25 年产业工人依次为：4～5 次、6～7 次、10 次及以上、2～3 次、8～9 次、1 次；工龄 35～40 年产业工人依次为：4～5 次、2～3 次、6～7 次、10 次及以上、8～9 次、1 次（后四者相同）。显著性检验结果表明，不同工龄产业工人对培训次数（年度）相对需求强度呈显著差异（$P < 0.05$）。

2. 培训方式

不同工龄产业工人对培训方式绝对需求强度从高到低依次为：课堂教授、实践演练、案例分析、视频授课、课堂讨论、角色扮演。工龄 1～5 年、25～35 年产业工人培训方式相对需求强度与上述排序一致；工龄不满 1 年产业工人依次为：课堂教授、实践演练、案例分析、课堂讨论、视频授课、角色扮演；工龄 5～10 年产业工人依次为：课堂教授、视频授课、案例分析、实践演练、课堂讨论、角色扮演；工龄 10～15 年产业工人依次为：课堂教授、案例分析、视频授课、课堂讨论、实践演练、角色扮演；工龄 15～20 年产业工人依次为：课堂教授、实践演练、视频授课、案例分析、课堂讨论、角色扮演；工龄 20～25 年产业工人依次为：课堂教授、案例分析、实践演练、视频授课、课堂讨论、角色扮演；工龄 35～40 年产业工人依次为：课堂教授、实践演练、课堂讨论、案例分析、视频授课、角色扮演（后三者相同）。显著性检验结果表明，不同工龄产业工人对培训形式相对需求强度呈显著差异（$P < 0.05$）。

3. 培训地点

不同工龄产业工人对培训地点绝对需求强度从高到低依次为：所在企业、所在车间、企业外培训机构、高职学校、中职学校、市内、市外。1 年以内、15～30 年工龄产业工人对培训地点相对需求强度从高到低与上述排序一致；工龄 1～5 年、10～15 年产业工人依次为：所在企业、企业外培训机构、所在车间、高职学校、中职学校、市内、市外；工龄 5～10 年产业工人依次为：所在企业、高职学校、企业外培训机构、所在车间、中职学校、市内、市外；工龄 30～35 年产业工人依次为：所在企业、中职学校、所在车间、企业外培训机构、市内、高职学校、市外；工龄 35～40 年产业工人依次为：所在企业、企业外培训机构、高职学校、中职学校、所在车间、市内、市外（后三者相同）。显著性检验结果表明，不同工龄产业工人对培训地点相对需求强度呈极显著差异（$P<0.01$）。

4. 培训时间

不同工龄产业工人对培训时间绝对需求强度从高到低依次为：上班时间、周末时间、其他时间、下班后、上班前。工龄在1年以内的产业工人培训时间相对需求强度从高到低排序依次为：其他时间、上班时间、下班后、上班前、周末时间；工龄1～5年产业工人依次为：上班时间、周末时间、上班前、其他时间、下班后；工龄5～10年产业工人依次为：上班时间、周末时间、下班后、其他时间、上班前；工龄10～15年产业工人与之基本一致，仅周末时间与上班时间前后顺序倒置；工龄15～20年产业工人依次为：周末时间、上班时间、其他时间、下班后、上班前；工龄20～25年产业工人与之基本一致，仅周末时间与上班时间前后顺序倒置；工龄25～35年产业工人依次为：上班时间、其他时间、周末时间、下班后和上班前；工龄35～40年产业工人与之基本一致，但周末时间与其他时间前后顺序倒置。显著性检验结果表明，不同工龄产业工人对培训时间相对需求强度呈极显著差异（$P<0.01$）。

5. 培训师资

不同工龄产业工人对培训教师绝对需求强度从高到低依次为：行业专家、企业外培训师、企业内培训师、企业管理者、高校学者、政府人员。20～30年、35～40年工龄产业工人对培训教师相对需求强度与上述排序一致；1年内、1～10年工龄产业工人也与之基本一致，前者仅企业外培训师与企业内培训师前后顺序倒置，后者仅企业管理者和高校学者前后顺序倒置；工龄10～20年产业工人依次为：行业专家、企业内培训师、企业管理者、企业外培训师、高校学者、政府人员；工龄30～35年产业工人依次为：行业专家、企业外培训师、企业管理者、企业内培训师、高校学者、政府人员。显著性检验结果表明，不同工龄产业工人对培训教师相对需求强度显著差异（$P<0.05$）。

6. 培训主体

不同年龄产业工人对培训主体绝对需求强度从高到低依次为：所在企业、授权培训机构、行业协会、政府、职业学校。1年内、10～20年工龄产业工人对培训主体相对需求强度排序与上述排序一致；工龄1～5年、5～10年和30～35年产业工人也与之基本一致，前者仅授权培训机构和行业协会前后顺序倒置，后两者仅行业协会和政府前后顺序倒置；工龄 20～30 年产业工人依次为：所在企业、行业协会、政府、授权培训机构、职业学校；工龄 35～40 年产业工人依次为：所在企业、职业学校、授权培训机构、行业协会、政府。显著性检验结果表明，不同工龄产业工人对培训主体相对需求强度呈显著差异（$P < 0.05$）。

（六）不同职级产业工人职业培训需求

不同职级产业工人对职业培训需求调查结果如表 4-13 所示。

表 4-13 不同职级产业工人职业培训需求调查结果

培训需求		无职级		初级工		中级工		高级工	
		人数	RDI	人数	RDI	人数	RDI	人数	RDI
培训次数（年度）	1 次	8	6. 02	3	6. 38	6	7. 06	2	5. 00
	2～3 次	24	18. 05	10	21. 28	12	14. 12	3	7. 50
培训次数（年度）	4～5 次	40	30. 08	18	38. 30	32	37. 65	28	70. 00
	6～7 次	37	27. 82	10	21. 28	25	29. 41	6	15. 00
	8～9 次	6	4. 51	2	4. 26	6	7. 06	1	2. 50
	10 次及以上	18	13. 53	4	8. 51	4	4. 71	0	0. 00
培训方式	课堂讲授	87	65. 41	31	65. 96	61	71. 76	34	85. 00
	课堂讨论	37	27. 82	17	36. 17	17	20. 00	8	20. 00
	视频授课	49	36. 84	15	31. 91	30	35. 29	8	20. 00
	案例分析	58	43. 61	14	29. 79	31	36. 47	11	27. 50
	角色扮演	10	7. 52	6	12. 77	8	9. 41	5	12. 50
	实践演练	47	35. 34	16	34. 04	45	52. 94	11	27. 50
培训地点	高职学校	29	21. 80	15	31. 91	21	24. 71	9	22. 50
	中职学校	15	11. 28	7	14. 89	16	18. 82	5	12. 50
	所在企业	92	69. 17	31	65. 96	60	70. 59	21	52. 50
	所在车间	63	47. 37	16	34. 04	34	40. 00	5	12. 50
	企业外培训机构	36	27. 07	18	38. 30	24	28. 24	24	60. 00
	市内	12	9. 02	4	8. 51	12	14. 12	2	5. 00
	市外	0	0. 00	0	0. 00	2	2. 35	2	5. 00

（续表）

培训需求		无职级		初级工		中级工		高级工	
		人数	RDI	人数	RDI	人数	RDI	人数	RDI
培训时间	上班前	28	21. 05	3	6. 38	10	11. 76	2	5. 00
	上班时间	58	43. 61	25	53. 19	39	45. 88	9	22. 50
	下班后	39	29. 32	3	6. 38	13	15. 29	3	7. 50
	周末时间	19	14. 29	13	27. 66	27	31. 76	29	72. 50
	其他时间	35	26. 32	11	23. 40	22	25. 88	8	20. 00
培训师资	高校学者	28	21. 05	10	21. 28	26	30. 59	9	22. 50
	行业专家	86	64. 66	29	61. 70	54	63. 53	13	32. 50
	企业管理者	28	21. 05	15	31. 91	22	25. 88	16	40. 00
	企业外培训师	31	23. 31	20	42. 55	43	50. 59	17	42. 50
	企业内培训师	62	46. 62	17	36. 17	21	24. 71	11	27. 50
	政府人员	5	3. 76	6	12. 77	9	10. 59	7	17. 50
培训举办方	政府	15	11. 28	5	10. 64	13	15. 29	2	5. 00
	行业协会	18	13. 53	10	21. 28	25	29. 41	5	12. 50
	所在企业	78	58. 65	16	34. 04	31	36. 47	9	22. 50
	授权机构	17	12. 78	13	27. 66	15	17. 65	23	57. 50
	职业学校	5	3. 76	3	6. 38	1	1. 18	1	2. 50

表 4-13 不同职级产业工人职业培训需求调查结果（续表）

培训需求		技师		高级技师		合计	
		人数	RDI	人数	RDI	人数	ADI
培训次数（年度）	1 次	0	0. 00	0	0. 00	19	5. 83
	2～3 次	3	21. 43	1	14. 29	53	16. 26
	4～5 次	7	50. 00	3	42. 86	128	39. 26
	6～7 次	2	14. 29	3	42. 86	83	25. 46
	8～9 次	1	7. 14	0	0. 00	16	4. 91
	10 次及以上	1	7. 14	0	0. 00	27	8. 28
培训方式	课堂讲授	9	64. 29	4	57. 14	226	69. 33
	课堂讨论	1	7. 14	1	14. 29	81	24. 85
	视频授课	3	21. 43	2	28. 57	107	32. 82
	案例分析	3	21. 43	2	28. 57	119	36. 50
	角色扮演	3	21. 43	2	28. 57	34	10. 43
	实践演练	4	28. 57	4	57. 14	127	38. 96

（续表）

培训需求		技师		高级技师		合计	
		人数	RDI	人数	RDI	人数	ADI
培训地点	高职学校	3	21.43	2	28.57	79	24.23
	中职学校	2	14.29	1	14.29	46	14.11
	所在企业	10	71.43	6	85.71	220	67.48
	所在车间	1	7.14	1	14.29	120	36.81
	企业外培训机构	8	57.14	5	71.43	115	35.28
	市内	1	7.14	1	14.29	32	9.82
	市外	0	0.00	1	14.29	5	1.53
培训时间	上班前	1	7.14	1	14.29	45	13.80
	上班时间	4	28.57	2	28.57	137	42.02
	下班后	1	7.14	1	14.29	60	18.40
	周末时间	8	57.14	4	57.14	100	30.67
	其他时间	2	14.29	0	0.00	78	23.93
培训师资	高校学者	2	14.29	3	42.86	78	23.93
	行业专家	9	64.29	4	57.14	195	59.82
	企业管理者	4	28.57	3	42.86	88	26.99
	企业外培训师	5	35.71	1	14.29	117	35.89
	企业内培训师	2	14.29	2	28.57	115	35.28
	政府人员	2	14.29	2	28.57	31	9.51
培训举办方	政府	1	7.14	1	14.29	37	11.35
	行业协会	3	21.43	2	28.57	63	19.33
	所在企业	2	14.29	3	42.86	139	42.64
	授权机构	7	50.00	1	14.29	76	23.31
	职业学校	1	7.14	0	0.00	11	3.37

1. 培训次数

不同职级产业工人对培训次数（年度）绝对需求强度从高到低依次为：4～5 次、6～7 次、2～3 次、10 次及以上、1 次、8～9 次。无职级工人、初级工、高级技师对培训次数相对需求强度与上述排序一致；中级工、高级工均依次为：4～5 次、6～7 次、2～3 次、1 次、8～9 次、10 次及以上；技师依次为：4～5 次、2～3 次、6～7 次、8～9 次、10 次及以上、1 次。显著性检验结果表明，不同职级产业工人对培训次数（年度）相对需求强度无显著差异（$P > 0.05$）。

2. 培训方式

不同职级产业工人对培训方式绝对需求强度从高到低依次为：课堂教授、实践演练、案例分析、视频授课、课堂讨论、角色扮演。中级工、高级工对培训方式相对需求强度与上述排序一致；无职级工人低依次为：课堂教授、案例分析、视频授课、实践演练、课堂讨论、角色扮演；初级工依次为：课堂教授、课堂讨论、实践演练、视频授课、案例分析、角色扮演；技师与高级技师依次为：课堂教授、实践演练、案例分析、视频授课和角色扮演（两者相同）、课堂讨论。显著性检验结果表明，不同职级产业工人对培训形式相对需求强度呈显著差异（$P < 0.05$）。

3. 培训地点

不同职级产业工人对培训地点绝对需求强度从高到低依次为：所在企业、所在车间、企业外培训机构、高职学校、中职学校、市内、市外。无职级工人、中级工对培训地点相对需求强度与上述排序一致；初级工与之也基本一致，仅所在车间与企业外培训机构前后顺序倒置；高级工依次为：企业外培训机构、所在企业、高职学校、所在车间、中职学校、市内、市外；技师和高级技师依次为：所在企业、企业外培训机构、高职学校、中职学校、所在车间、市内、市外。显著性检验结果表明，不同职级产业工人对培训地点相对需求强度呈极显著差异（$P < 0.01$）。

4. 培训时间

不同职级产业工人对培训时间绝对需求强度从高到低依次为：上班时间、周末时间、其他时间、下班后、上班前。初级工、中级工对培训时间相对需求强度与上述排序一致；无职级工人依次为：上班时间、下班后、其他时间、上班前、周末时间；高级工和技师依次为：周末时间、上班时间、其他时间、下班后、上班前；高级技师依次为：周末时间、上班时间、下班后、上班前、其他时间。显著性检验结果表明，不同职级产业工人对培训时间相对需求强度呈极显著差异（$P < 0.01$）。

5. 培训师资

不同职级产业工人对培训教师绝对需求强度从高到低依次为：行业专家、企业外培训师、企业内培训师、企业管理者、高校学者、政府人员。初级工对培训教师相对需求强度与上述排序一致；无职级工人与之也基本一致，仅企业外培训师与企业内培训师前后顺序倒置；中级工依次为：行业专家、企业外培训师、高校学者、企业管理者、企业内培训师、政府人员；高级工依次为：企业外培训师、企业管理者、行业专家、企业内培训师、高校学者、政府人员；技师依次为：行业专家、企业外培训师、企业管理者、企业内培训师、高校学者、政府人员；高级技师依次为行业专家、高校学者、企业管理者、企业内培训师、政府人员、企业外培训师。显著性检验结果表明，不同职级产业工人对培训教师相对需求强度呈显著差异（$P<0.05$）。

6. 培训主体

不同职级产业工人对培训主体绝对需求强度从高到低依次为：所在企业、授权培训机构、行业协会、政府、职业学校。初级工对培训主体相对需求强度与上述排序一致；无职级工人、中级工和高级技师均与上述排序一致，仅授权培训机构与行业协会前后顺序倒置；高级工也基本与之一致，仅所在企业和授权培训机构前后顺序倒置；技师依次为：授权培训机构、行业协会、所在企业、政府、职业学校。显著性检验结果表明，不同职级产业工人对各培训主体相对需求强度均呈极显著差异（$P<0.01$）。

（七）不同收入水平产业工人职业培训需求

不同月收入水平产业工人职业培训需求调查结果如表 4-14 所示。

表 4-14 不同月收入水平产业工人职业培训需求调查结果

培训需求		2000 元及以下		2000～3000 元		3000～4000 元		4000～5000 元	
		人数	RDI	人数	RDI	人数	RDI	人数	RDI
培训次数（年度）	1 次	1	1.15	8	6.06	4	6.56	5	15.63
	2～3 次	14	16.09	27	20.45	11	18.03	0	0.00
	4～5 次	33	37.93	39	29.55	28	45.90	21	65.63
	6～7 次	29	33.33	33	25.00	10	16.39	6	18.75
	8～9 次	1	1.15	10	7.58	5	8.20	0	0.00
	10 次及以上	9	10.34	15	11.36	3	4.92	0	0.00

（续表）

培训需求		2000 元及以下		2000～3000元		3000～4000元		4000～5000元	
		人数	RDI	人数	RDI	人数	RDI	人数	RDI
培训方式	课堂讲授	59	67. 82	83	62. 88	46	75. 41	25	78. 13
	课堂讨论	26	29. 89	35	26. 52	11	18. 03	3	9. 38
	视频授课	39	44. 83	46	34. 85	17	27. 87	3	9. 38
	案例分析	43	49. 43	52	39. 39	17	27. 87	4	12. 50
	角色扮演	13	14. 94	8	6. 06	9	14. 75	4	12. 50
	实践演练	31	35. 63	58	43. 94	23	37. 70	9	28. 13
培训地点	高职学校	21	24. 14	35	26. 52	16	26. 23	3	9. 38
	中职学校	22	25. 29	14	10. 61	8	13. 11	1	3. 13
	所在企业	63	72. 41	95	71. 97	32	52. 46	18	56. 25
	所在车间	40	45. 98	64	48. 48	10	16. 39	3	9. 38
	企业外培训机构	34	39. 08	26	19. 70	30	49. 18	20	62. 50
	市内	9	10. 34	12	9. 09	7	11. 48	3	9. 38
	市外	1	1. 15	0	0. 00	2	3. 28	1	3. 13
培训时间	上班前	11	12. 64	26	19. 70	5	8. 20	5	15. 63
	上班时间	35	40. 23	62	46. 97	25	40. 98	0	0. 00
	下班后	31	35. 63	20	15. 15	4	6. 56	21	65. 63
	周末时间	15	17. 24	30	22. 73	29	47. 54	6	18. 75
	其他时间	27	31. 03	34	25. 76	13	21. 31	0	0. 00
培训师资	高校学者	23	26. 44	28	21. 21	16	26. 23	0	0. 00
	行业专家	61	70. 11	86	65. 15	32	52. 46	25	78. 13
	企业管理者	25	28. 74	31	23. 48	17	27. 87	3	9. 38
	企业外培训师	23	26. 44	49	37. 12	31	50. 82	3	9. 38
	企业内培训师	34	39. 08	52	39. 39	13	21. 31	4	12. 50
	政府人员	7	8. 05	5	3. 79	11	18. 03	4	12. 50
培训举办方	政府	6	6. 90	17	12. 88	9	14. 75	9	28. 13
	行业协会	10	11. 49	26	19. 70	15	24. 59	3	9. 38
	所在企业	49	56. 32	67	50. 76	14	22. 95	1	3. 13
	授权机构	16	18. 39	20	15. 15	20	32. 79	18	56. 25
	职业学校	6	6. 90	2	1. 52	3	4. 92	3	9. 38

表 4-14 不同收入水平产业工人职业培训需求调查结果（续表）

培训需求		5000～6000 元		6000 元及以上		合计	
		人数	RDI	人数	RDI	人数	ADI
培训次数（年度）	1 次	1	11. 11	0	0. 00	19	5. 83
	2～3 次	0	0. 00	1	20. 00	53	16. 26
	4～5 次	4	44. 44	3	60. 00	128	39. 26
	6～7 次	4	44. 44	1	20. 00	83	25. 46
	8～9 次	0	0. 00	0	0. 00	16	4. 91
	10 次及以上	0	0. 00	0	0. 00	27	8. 28
培训方式	课堂讲授	8	88. 89	5	100. 00	226	69. 33
	课堂讨论	5	55. 56	1	20. 00	81	24. 85
	视频授课	0	0. 00	2	40. 00	107	32. 82
	案例分析	2	22. 22	1	20. 00	119	36. 50
	角色扮演	0	0. 00	0	0. 00	34	10. 43
	实践演练	4	44. 44	2	40. 00	127	38. 96
培训地点	高职学校	2	22. 22	2	40. 00	79	24. 23
	中职学校	1	11. 11	0	0. 00	46	14. 11
	所在企业	8	88. 89	4	80. 00	220	67. 48
	所在车间	1	11. 11	2	40. 00	120	36. 81
	企业外培训机构	3	33. 33	2	40. 00	115	35. 28
	市内	0	0. 00	1	20. 00	32	9. 82
	市外	0	0. 00	1	20. 00	5	1. 53
培训时间	上班前	3	33. 33	0	0. 00	45	13. 80
	上班时间	4	44. 44	3	60. 00	137	42. 02
	下班后	1	11. 11	0	0. 00	60	18. 40
	周末时间	4	44. 44	2	40. 00	100	30. 67
	其他时间	0	0. 00	0	0. 00	78	23. 93
培训师资	高校学者	3	33. 33	2	40. 00	78	23. 93
	行业专家	5	55. 56	2	40. 00	195	59. 82
	企业管理者	5	55. 56	3	60. 00	88	26. 99
	企业外培训师	0	0. 00	1	20. 00	117	35. 89
	企业内培训师	4	44. 44	3	60. 00	115	35. 28
	政府人员	3	33. 33	1	20. 00	31	9. 51

（续表）

培训需求		5000～6000 元		6000 元及以上		合计	
		人数	RDI	人数	RDI	人数	ADI
培训举办方	政府	1	11. 11	1	20. 00	37	11. 35
	行业协会	3	33. 33	3	60. 00	63	19. 33
	所在企业	2	22. 22	1	20. 00	139	42. 64
	授权机构	3	33. 33	0	0. 00	76	23. 31
	职业学校	0	0. 00	0	0. 00	11	3. 37

1. 培训次数

不同月收入水平产业工人对培训次数（年度）的绝对需求强度从高到低依次为：4～5 次、6～7 次、2～3 次、10 次及以上、1 次、8～9 次。月收入 2000 元及以下产业工人对培训次数相对需求强度与上述排序一致；月收入 2000～3000 元的产业工人也与上述排序基本一致，仅 1 次和 8～9 次前后顺序倒置；月收入 3000～4000 元的产业工人依次为：4～5 次、2～3 次、6～7 次、8～9 次、1 次、10 次及以上；月收入 4000～6000 元的产业工人依次为：4～5 次、6～7 次、1 次、2～3 次，8～9 次，10 次及以上（后三者相同）；月收入 6000 元及以上的产业工人依次为：4～5 次、6～7 次、2～3 次、1 次、8～9 次、10 次及以上。显著性检验结果表明，不同月收入水平产业工人对培训次数（年）相对需求强度呈极显著差异（$P < 0.01$）。

2. 培训方式

不同月收入水平产业工人对培训方式绝对需求强度从高到低依次为：课堂教授、实践演练、案例分析、视频授课、课堂讨论、角色扮演。月收入 2000～4000 元的产业工人对培训方式相对需求强度与上述排序一致；月收入 2000 元及以下的产业工人依次为：课堂教授、案例分析、视频授课、实践演练、课堂讨论、角色扮演；月收入 4000～5000 元的产业工人依次为：课堂教授、实践演练、案例分析、角色扮演、视频授课、课堂讨论；月收入 5000～6000 元的产业工人依次为：课堂教授、课堂讨论、实践演练、案例分析、视频授课、角色扮演；月收入 6000 元及以上的产业工人依次为：课堂教授、实践演练、视频授课、案例分析、课堂讨论、角色扮演。显著性检验结果表明，不同月收入水平产业工人对培训形式相对需求强度呈显著差异（$P < 0.05$）。

3. 培训地点

不同月收入水平产业工人对培训地点绝对需求强度从高到低依次为：所在企业、所在车间、企业外培训机构、高职学校、中职学校、市内、市外。月收入2000～3000元的产业工人对培训地点相对需求强度从高到低排序与上述排序一致；月收入2000元及以下的产业工人依次为：所在企业、所在车间、企业外培训机构、中职学校、高职学校、市内、市外；月收入在3000～4000元、5000～6000元的产业工人依次为：所在企业、企业外培训机构、高职学校、所在车间、中职学校、市内、市外；月收入4000～5000元的产业工人依次为：企业外培训机构、所在企业、所在车间、高职学校、市内、中职学校、市外；月收入6000元以上的产业工人依次为：所在企业、企业外培训机构、所在车间、高职学校、市内、市外、中职学校。显著性检验结果表明，不同月收入产业工人对培训地点相对需求强度呈极显著差异（$P < 0.01$）。

4. 培训时间

不同月收入水平产业工人对培训时间绝对需求强度从高到低依次为：上班时间、周末时间、其他时间、下班后、上班前。月收入2000元及以下产业工人对培训时间相对需求强度从高到低依次为：上班时间、下班后、其他时间、周末时间、上班前；月收入2000～3000元的产业工人依次为：上班时间、其他时间、周末时间、上班前、下班后；月收入3000～4000元的产业工人则依次为：周末时间、上班时间、其他时间、上班前、下班后；月收入4000～5000元的产业工人依次为：下班后、周末时间、上班前、上班时间和其他时间（两者相同）；月收入5000～6000元的产业工人依次为：上班时间、周末时间、上班前、下班后、其他时间。显著性检验结果表明，不同月收入产业工人对培训时间相对需求强度呈极显著差异（$P < 0.01$）。

5. 培训师资

不同月收入水平产业工人对培训教师绝对需求强度从高到低依次为：行业专家、企业外培训师、企业内培训师、企业管理者、高校学者、政府人员。月收入3000元及以下的产业工人对培训教师相对需求强度与上述排序基本一致，仅企业外培训师与企业内培训师前后顺序倒置；月收入3000～4000元的产业工人依次为：行业专家、企业外培训师、企业管理者、高校学者、企业内培训师、政府人员；月收入4000～5000元的产业工人依次为：行业专家、企业内培训师、政府人员、企业外培训师、企业管理者、高校学者；月收入4000～5000元的产业工人依次为：行业专家、企业管理者、企业内培训师、高校学者、政府人员、企业外培训师；月收入6000千元以上的产业工人依次为：企业管理者和企业内培训师（两者相同）、行业专家、高校学者、企业外培训师、政府人员。显著性检验结果表明，不同月收入水平的产业工人对培训教师相对需求强度呈显著差异（$P < 0.05$）。

6. 培训主体

不同月收入水平产业工人对培训主体绝对需求强度从高到低依次为：所在企业、授权培训机构、行业协会、政府、职业学校。月收入2000元及以下产业工人对培训主体相对需求强度与上述排序一致；月收入3000～4000元、5000～6000元的产业工人依次为：授权培训机构、行业协会、所在企业、政府、职业学校；月收入4000～5000元的产业工人依次为：授权培训机构、政府、行业协会、职业学校、所在企业；月收入6000千元以上的产业工人依次为：行业协会、所在企业、政府、授权培训机构、职业学校。显著性检验结果表明，不同月收入水平产业工人对培训主体的相对需求强度呈极显著差异（$P < 0.01$）。

（八）不同所有制企业产业工人职业培训需求

不同所有制企业产业工人对职业培训需求调查结果如表4-15所示。

表4-15 不同所有制类型企业产业工人培训需求调查结果

培训需求		外资企业		国有企业		股份制企业		合计	
		人数	RDI	人数	RDI	人数	RDI	人数	ADI
培训次数	1次	3	1.94	5	5.21	11	14.67	19	5.83
	2～3次	24	15.48	9	9.38	20	26.67	53	16.26
	4～5次	45	29.03	58	60.42	25	33.33	128	39.26
	6～7次	46	29.68	24	25.00	13	17.33	83	25.46
	8～9次	12	7.74	0	0.00	4	5.33	16	4.91
	10次及以上	25	16.13	0	0.00	2	2.67	27	8.28

（续表）

培训需求		外资企业		国有企业		股份制企业		合计	
		人数	RDI	人数	RDI	人数	RDI	人数	ADI
培训方式	课堂讲授	103	66.45	81	84.38	42	56.00	226	69.33
	课堂讨论	52	33.55	1	1.04	28	37.33	81	24.85
	视频授课	74	47.74	8	8.33	25	33.33	107	32.82
	案例分析	86	55.48	9	9.38	24	32.00	119	36.50
	角色扮演	20	12.90	3	3.13	11	14.67	34	10.43
	实践演练	63	40.65	32	33.33	32	42.67	127	38.96
培训地点	高职学校	41	26.45	9	9.38	29	38.67	79	24.23
	中职学校	29	18.71	7	7.29	10	13.33	46	14.11
	所在企业	122	78.71	55	57.29	43	57.33	220	67.48
	所在车间	91	58.71	12	12.50	17	22.67	120	36.81
	企业外培训机构	48	30.97	47	48.96	20	26.67	115	35.28
	市内	13	8.39	8	8.33	11	14.67	32	9.82
	市外	1	0.65	0	0.00	4	5.33	5	1.53
培训时间	上班前	35	22.58	0	0.00	10	13.33	45	13.80
	上班时间	59	38.06	29	30.21	49	65.33	137	42.02
	下班后	51	32.90	0	0.00	9	12.00	60	18.40
	周末时间	26	16.77	58	60.42	16	21.33	100	30.67
	其他时间	49	31.61	16	16.67	13	17.33	78	23.93
培训师资	高校学者	34	21.94	12	12.50	32	42.67	78	23.93
	行业专家	118	76.13	29	30.21	48	64.00	195	59.82
	企业管理者	39	25.16	29	30.21	20	26.67	88	26.99
	企业外培训师	44	28.39	48	50.00	25	33.33	117	35.89
	企业内培训师	79	50.97	15	15.63	21	28.00	115	35.28
	政府人员	9	5.81	12	12.50	10	13.33	31	9.51
培训举办方	政府	12	7.74	12	12.50	13	17.33	37	11.35
	行业协会	20	12.90	11	11.46	32	42.67	63	19.33
	所在企业	94	60.65	29	30.21	16	21.33	139	42.64
	授权机构	22	14.19	40	41.67	14	18.67	76	23.31
	职业学校	7	4.52	4	4.17	0	0.00	11	3.37

1. 培训次数

不同所有制企业产业工人对培训次数（年度）绝对需求强度从高到低依次为：4～5 次、6～7 次、2～3 次、10 次及以上、1 次、8～9 次。国有企业产业工人对培训次数相对需求强度从高到低依次为：4～5 次、6～7 次、2～3 次、1 次、8～9 次、10 次及以上；外资企业产业工人依次为：6～7 次、4～5 次、2～3 次、10 次及以上、8～9 次、1 次；股份制企业产业工人依次为：4～5 次、2～3 次、6～7 次、1 次、8～9 次、10 次及以上。显著性检验结果表明，不同所有制企业产业工人对培训次数（年度）相对需求强度呈极显著差异（$P<0.01$）。

2. 培训方式

不同所有制企业产业工人对培训方式绝对需求强度从高到低依次为：课堂教授、实践演练、案例分析、视频授课、课堂讨论、角色扮演。国有企业产业工人对培训方式相对需求强度与上述排序基本一致，仅课堂讨论与角色扮演前后顺序倒置；外资企业产业工人依次为：课堂教授、案例分析、视频授课、实践演练、课堂讨论、角色扮演；股份制企业产业工人依次为：课堂教授、实践演练、课堂讨论、视频授课、案例分析、角色扮演。显著性检验结果表明，不同所有制企业产业工人对培训方式相对需求强度呈显著差异（$P<0.05$）。

3. 培训地点

不同所有制企业产业工人对培训地点绝对需求强度从高到低依次为：所在企业、所在车间、企业外培训机构、高职学校、中职学校、市内、市外。外资企业产业工人对培训地点相对需求强度与上述排序一致；国有企业产业工人依次为：所在企业、企业外培训机构、所在车间、高职学校、市内、中职学校、市外；股份制企业产业工人依次为：所在企业、高职学校、企业外培训机构、所在车间、市内、中职学校、市外。显著性检验结果表明，不同所有制企业产业工人对培训地点相对需求呈极显著差异（$P<0.01$）。

4. 培训时间

不同所有制企业产业工人对培训时间绝对需求强度从高到低依次为：上班时间、周末时间、其他时间、下班后、上班前。国有企业产业工人对培训时间相对需求强度从高到低依次为：周末时间、上班时间、其他时间、上班前和下班后（两者相同）；外资企业产业工人依次为：上班时间、下班后、周末时间、上班前、其他时间；股份制企业产业工人依次为：上班时间、周末时间、其他时间、上班前、下班后。显著性检验结果表明，不同所有制企业产业工人对培训时间相对需求强度呈极显著差异（$P < 0.01$）。

5. 培训师资

不同所有制企业产业工人对培训教师绝对需求强度从高到低依次为：行业专家、企业外培训师、企业内培训师、企业管理者、高校学者、政府人员。国有企业产业工人对培训教师相对需求强度从高到低依次为：企业外培训师、行业专家、企业管理者、企业内培训师、高校学者、政府人员；外资企业产业工人依次为：行业专家、企业内培训师、企业外培训师、企业管理者、高校学者、政府人员；股份制企业产业工人依次为：行业专家、高校学者、企业外培训师、企业内培训师、企业管理、政府人员。显著性检验结果表明，不同所有制企业产业工人对培训教师相对需求强度呈显著差异（$P < 0.05$）。

6. 培训主体

不同所有制企业产业工人对培训主体绝对需求强度从高到低依次为：所在企业、授权培训机构、行业协会、政府、职业学校。外资企业产业工人对培训主体相对需求强度与上述排序一致；国有企业产业工人依次为：授权培训机构、所在企业、政府、行业协会、职业学校；股份制企业产业工人依次为：行业协会、所在企业、授权培训机构、政府、职业学校。显著性检验结果表明，不同所有制企业产业工人培训主体相对需求强度呈极显著差异（$P < 0.01$）。

三、调查的主要结论

（一）产业工人队伍构成

本调查结果表明，河北省男性产业工人多于女性，这可能与样本企业产业有关；25～40 岁的产业工人数量最多，占调查总人数一半以上；以高中学历人员为主体，文化程度明显偏低；月收入在 3000 元的产业工人最多，占调查人数的半数以上；工龄在 20 年及以下的产业工人占调查人员总数的 76.69%；无职级产业工占调查总人数的 40.80%；高技工、技师、高级技师仅分别占调查总人数的 12.27%、4.29% 和 2.15%。

（二）产业工人培训需求

1. 绝对需求

产业工人对培训次数绝对需求为每年 4～7 次。课堂教授方式绝对需求最高，实践演练及案例分析次之，视频授课、课堂讨论和角色扮演较低。培训地点以所在企业、所在车间的产业工人最多，企业外培训机构、高职学校、中职学校、市内和市外培训的人员相对较少。多数产业工人要求在上班时间实施培训，周末时间次之，对其他时间、下班后和上班前实施培训的需求较低。选择行业专家实施培训的需求最大，企业内、外培训师次之，企业管理者、高校学者和政府人员需求较少。对所在企业实施培训的需求较多，授权培训机构、行业协会次之，政府和职业学校实施培训的需求较低。以此推断，当前产业工人实施职业培训的理想安排是，组织行业专家采用讲授法，每年赴企业进行 4～7 次职业培训。

2. 相对需求

在培训次数方面，研究生学历、工龄为 5～15 年的产业工人对每年 6～7 次培训的相对需求强度最高，其他学历及工龄产业工人则需求 4～5 次；不同性别、不同工龄、不同职级、不同月收入产业工人均能接受每年 4～5 次职业培训，但外资企业工人相对需求强度较高，为 6～7 次。

在培训形式方面，不同人口学特征产业工人均对课堂讲授的相对需求强度最高，高中和高职及以上学历产业工人对实践演练的相对需求强度明显高于其他学历，中职和高职学历产业工人对视频授课的相对需求强度明显高于其他学历，女性产业工人对实践演练的相对需求强度明显高于男性，处于年龄（20 岁以下、40 岁以上）、工龄（5 年以内、25 年以上）端值的、职级较高的产业工人对实践演练的相对需求强度也高于其他产业工人，国有企业、股份制企业产业工人对实践演练的相对需求强度高于外资企业。

在培训地点方面，不同人口学特征产业工人均对在所在企业实施职业培训的相对需求强度最高。学历越高、职级越高越希望到所在车间以外的地点培训，高级工、月收入 4000～5000 元的产业工人对企业外培训相对需求强度较高。

在培训时间方面，不同人口学特征产业工人均希望上班时间实施职业培训，3000 元及以下和 5000 元以上的产业工人对上班时间实施培训的相对需求强度最高。高级工以上职级、月收入 3000～4000 元、国有企业的产业工人对周末时间实施培训的相对需求强度较高，工龄处于端值（1 年以内和 25 年以上）的产业工人对周末培训的相对需求强度相对较低。月收入 4000～5000 元的工人对下班后实施职业培训的相对需求强度高于其他收入水平产业工人。

在培训师资方面，研究生及以上学历产业工人对企业管理者作为培训教师的相对需求强度最高，其他学历产业工人对行业专家的相对需求强度最高。男、女性产业工人分别对企业内培训师、企业管理者作为培训教师的相对需求强度较高。20～25 岁、40～60 岁的产业工人对企业外培训师的相对需求强度最高，年龄 25～40 岁的产业工人对企业内培训师相对需求强度较高。不同工龄产业工人均对行业专家相对需求强度最高，但工龄 10～20 年的产业工人对企业内部培训师相对需求强度最高。高级工对企业外培训师的相对需求强度最高，其他职级对行业专家相对需求强度最高。国有企业产业工人对企业外培训师的相对需求强度最高，外资、股份制企业产业工人均对行业专家相对需求强度最高。月收入 6000 元及以上的产业工人对企业管理者、企业内培训师的相对需求强度最高，其他收入水平的产业工人均对行业专家的相对需求强度最高。

在培训主体方面，除高职、本科学历外，各学历产业工人均对所在企业职业培训相对需求强度最高，男、女性产业工人分别对所在企业、授权培训机构的相对需求强度最高。除 20～25 岁产业工人外，各年龄段以及不同工龄和月收入 3000 元及以下的产业工人均对所在企业职业培训的相对需求强度最高；中等职级产业工人对培训机构的相对需求强度最高。月收入 3000～6000 元、6000 元以上的产业工人分别对授权培训机构、行业协会培训的相对需求强度最高。国有企业、外资企业、股份制企业产业工人分别对授权培训机构、所在企业、行业协会举办的职业培训相对需求强度最高。

第三节　高职教师职业培训需求的现状

一、调查与分析方法

（一）调查方法

调查采取问卷调查和访谈调查两种方法。

1. 问卷调查

在综合前人研究成果的基础上，制定了高职教师职业培训调查问卷初稿，而后征求了河北科技师范学院等高校部分职业教育专家的意见，对问卷进行了多次修改，通过预调查及信度、效度检验，确认问卷在可接受范围之内。

问卷调查于 2014 年 9 月在河北省 5 所高职学校实施，包括专业课教师、文化课教师、辅导员、管理岗位人员。共发放问卷 400 份，回收 387 份，问卷回收率为 96. 75%。剔除无效问卷 57 份，确定有效问卷 330 份，问卷有效率为 85. 27%。

2. 访谈调查

访谈调查由河北科技师范学院职业教育研究所科研人员具体实施，与河北省 5 所高职院校人事部门负责人进行了访谈，了解了高职教师职业培训的现状，获取了相关数据、材料及意见、看法等；同时，访谈了 5 所高职院校部分专业骨干教师，探究了职业培训在其专业发展过程中的相关效能。

（二）分析方法

利用 Excel 软件对问卷调查获取的相关数据进行整理，并建立了数据库。利用 SPSS17. 0 统计软件对高职教师培训需求状况进行了分析。

二、调查结果及分析

（一）样本情况

高职教师培训需求调查样本基本情况如表 4-16 所示。可见，河北省高职学校女性教师多于男性教师，中青年教师占 63. 94%，教龄在 5～10 年的教师占 56. 67%。本科学历教师最多，硕士学历教师次之，博士学历教师较少，专科学历最少。中级职称教师最多，初级职称教师次之，副高级职称教师较少，正高级教师最少。大部分教师拥有中级职业资格证书，拥有初级职业资格证书的教师次之，高级职业资格证书的教师较少。文化课教师最多，专业课教师次之。月收入3000～4000元、2000～3000元、4000～5000元、5000元以上、1000～2000元的教师人数分别占调查总人数的51.21%、23.64%、18.79%、4.24%、2.12%。

表4-16 高职教师培训需求调查样本情况

特征	类别	人数	占百分比(%)
性别	男	133	34.24
	女	197	65.76
年龄	小于30岁	57	17.27
	30～45岁	211	63.94
	大于45岁	62	18.79
教学年级	一年级	96	29.09
	二年级	186	56.36
	三年级	48	14.55
教龄	5年以内	81	24.55
	5～10年	187	56.67
	10～15年	40	12.12
	15～20年	7	2.12
	20年以上	15	4.54
学历	博士	18	5.46
	硕士	115	34.85
	本科	188	56.97
	专科	8	2.42
	其他	1	0.30
职称	初级	106	32.12
	中级	157	47.58
	副高	53	16.06
	正高	9	2.73
	其他	5	1.51

（续表）

特征	类别	人数	占百分比（%）
职业技能资格	初级	99	30. 00
	中级	151	45. 76
	高级	69	20. 91
	没有	11	3. 33
工作岗位	专业课教师	116	35. 15
	文化课教师	129	39. 09
	辅导员	60	18. 18
	管理岗位	25	7. 58
月工资收入	1000～2000 元	7	2. 12
	2000～3000 元	78	23. 64
	3000～4000 元	169	51. 21
	4000～5000 元	62	18. 79
	5000 元以上	14	4. 24

（二）参培情况

1. 培训内容

问卷将高职教师培训内容实用性状况、对工作帮助情况均设置了 5 个级别，分别为：非常有实用性、较有实用性、一般、实用性较差、没有实用性，对今后工作帮助很大、有一定帮助、一般、基本没有帮助、完全没有帮助。调查结果表明，高职教师认为职业培训内容非常有实用性、较有实用性、一般、实用性较差、没有实用性的比例分别为 9. 39%、26. 97%、46. 06%、15. 46%、7. 00%；认为职业培训对今后工作帮助很大、有一定帮助、一般、基本没有帮助、完全没有帮助的高职教师比例分别为 13. 03%、24. 24%、39. 09%、22. 43%、1. 21%。

2. 培训级别

问卷将高职教师参加职业培训的级别设置为国家级、省级、市级、校内培训 4 个级别。调查结果表明，高职教师参加国家级、省级、市级、校内职业培训的人数分别占调查教师总人数的 18. 49%、37. 88%、25. 45%、18. 18%。

3. 参培次数

问卷将高职教师 5 年内参培次数设置为 0 次、1 次、2 次、3 次、3 次以上 5 个选项。调查结果表明，参加 0 次、1 次、2 次、3 次、3 次以上的教师分别占调查教师总数的 10.30%、32.12%、33.64%、14.85%、9.09%。

4. 参培时间

问卷将参加职业培训的时间长度设置为一个月、二个月、半年以下、超过半年、没有参加过任何教师培训 5 个选项。调查结果表明，高职教师参加职业培训时间长度为一个月、二个月、半年以下、超过半年的高职教师分别占调查教师总数的 33.94%、18.18%、19.09%、13.33%。有 15.46% 的高职教师没有参加过任何职业培训。

（三）培训需求

1. 内容需求

问卷将高职教师职业培训内容需求分为理论知识培训需求和实践（操作）技能培训需求两个方面。

理论知识需求设置为学科知识、实践知识、学生管理知识、教育方法、课程开发技术、其他 6 个选项。调查结果表明，选择实践知识、教育方法培训需求的教师分别占调查教师总数的 33.01%、27.70%。选择课程开发技术、学科知识、学生管理知识培训需求的教师分别占 14.93%、11.59%、11.98%。选择其他培训需求的教师仅占 0.79%。

实践（操作）技能培训需求设置为课件制作与应用、专业操作技能、学生班级与团队管理、人际交往技巧、教学策略、课程开发技术、制定培养方案技能 7 个问项。调查结果表明，选择专业操作技能、课程开发技术、制定培养方案技能培训需求的教师分别占调查教师总数的 35.83%、25.67%、13.80%。选择人际交往技巧、学生班级与团队管理、教学策略、课件制作与应用的教师仅分别占 8.96%、6.78%、6.54%、2.42%。

2. 形式需求

问卷将高职教师职业培训形式需求分为职业培训形式需求和组织形式需求两个方面。

培训形式需求设置为校外培训、自学、校本培训、企业顶岗实习、其他 5

个选项。调查结果表明，选择企业顶岗实习、校本培训、校外培训、自学的教师的教师分别占调查教师总数的44. 29%、30. 46%、14. 43%、9. 01%，选择其他培训形式的教师仅占1. 81%。

培训组织形式需求设置为案例分析、经验交流、专家讲座、教学示范、校本教研、其他6个选项。调查结果表明，选择教学示范、专家讲座、案例分析、经验交流的教师分别占调查教师总数的42. 04%、22. 29%、14. 44%、10. 83%，选择校本教研、其他的教师仅占7. 85%和2. 55%。

3. 方法需求

问卷将职业培训方法需求设置为课堂讲授法、课题研究法、实践操作法、观摩教学法、读书指导法、案例教学法、其他7个选项。调查结果表明，选择实践操作法、观摩教学法、案例教学法的教师分别占调查教师总数的29. 08%、24. 48%、22. 59%，选择课题研究法、课堂讲授法、读书指导法的教师分别占11. 09%、8. 37%和4. 18%，选择其他培训形式的教师仅占0. 21%。

4. 时间需求

问卷将职业培训时间需求设置为工作日、周末、寒假、暑假、其他5个选项。调查结果表明，选择周末、暑假、工作日培训的教师人数分别占32. 42%、24. 55%、21. 52%，选择寒假、其他培训时间的教师分别占18. 79%、2. 72%。

5. 地点需求

问卷将职业培训地点需求设置为所在学校、企业、学校企业之外的培训基地、国外、其他5个选项。调查结果表明，选择学校企业之外的培训基地、企业、所在学校的教师分别占调查教师总数的51. 51%、27. 58%、12. 42%，选择国外、其他培训地点的教师分别占7. 58%、0. 91%。

6. 费用需求

问卷将职业培训费用需求设置为教师负担、学校负担、学校与教师分担、财政负担、学校与政府主管部门分担5个选项。调查结果表明，选择学校与政府主管部门分担、学校负担、学校与教师分担的教师分别占调查教师总数的30. 91%、30. 30%、23. 03%，选择财政负担和教师负担的教师分别占6. 67%和9. 09%。

7. 培训教师需求

问卷将职业培训教师需求设置为培训机构的专职教师、企业培训教师、某一领域专家学者、其他 4 个选项。调查结果表明，选择某一领域专家学者、企业培训教师、培训机构的专职教师授课的教师分别占调查教师总数的 51. 52%、25. 45%、16. 06%，选择其他人员授课的教师人数仅占 6. 97%。

对培训教师应具备的素质和能力进行的调查结果表明，高职教师选择培训教师应具备的能力和素质排前 5 位的分别是：掌握学科前沿知识、掌握技能、丰富的教学经验、敬业精神、对高职教师的人文关怀，选择教师比例分别为 46. 13%、42.16%、18. 02%、15. 68%、15. 68%，选择管理能力、其他的教师比例分别为 3. 24%、1. 26%。

（四）需求差异

问卷将培训需求进一步具体化为理论知识、实践技能、培训形式、培训方法、培训时间、培训地点、培训费用、授课教师 8 项具体内容，分析了不同性别、年龄、教龄、任教年级、职称、学历学位、资格证书、工作岗位、薪金收入教师的需求差异状况，结果如表 4-17 所示。

表 4-17 不同人口学参数高职教师培训需求差异统计分析结果

影响因素	理论知识		实践技能		培训形式		培训方法	
	χ^2	P	χ^2	P	χ^2	P	χ^2	P
教师性别	2. 803	0. 730	10. 698	0. 098	4. 804	0. 308	7. 636	0. 266
教师年龄	8. 659	0. 565	7. 928	0. 791	7. 596	0. 474	18. 799	0. 044
教师教龄	18. 747	0. 538	23. 665	0. 481	17. 620	0. 347	27. 113	0. 299
任教年级	128. 070	0. 000	13. 554	0. 330	11. 424	0. 179	13. 876	0. 309
教师职称	12. 546	0. 896	26. 366	0. 335	28. 972	0. 024	17. 989	0. 804
学历学位	84. 235	0. 000	18. 760	0. 765	11. 641	0. 768	17. 294	0. 775
资格证书	59. 616	0. 000	9. 828	0. 937	17. 736	0. 124	12. 082	0. 843
工作岗位	36. 518	0. 001	40. 129	0. 002	20. 929	0. 049	21. 696	0. 246
薪金收入	19. 299	0. 502	33. 016	0. 104	9. 360	0. 898	19. 564	0. 721

表 4-17 不同人口学参数高职教师培训需求差异统计分析结果（续表）

影响因素	培训时间		培训地点		培训费用		授课教师	
	χ^2	P	χ^2	P	χ^2	P	χ^2	P
教师性别	2. 796	0. 592	9. 634	0. 047	5. 279	0. 260	2. 788	0. 426
教师年龄	6. 074	0. 639	3. 152	0. 924	12. 580	0. 127	5. 626	0. 466
教师教龄	27. 259	0. 039	19. 712	0. 233	23. 037	0. 113	11. 671	0. 472
任教年级	18. 199	0. 020	14. 122	0. 079	27. 260	0. 039	6. 170	0. 404
教师职称	22. 845	0. 118	17. 420	0. 359	34. 012	0. 005	24. 326	0. 018
学历学位	8. 543	0. 931	41. 187	0. 001	27. 260	0. 039	15. 851	0. 198
资格证书	13. 485	0. 335	19. 577	0. 076	20. 442	0. 016	20. 334	0. 059
工作岗位	28. 858	0. 004	22. 330	0. 034	31. 167	0. 002	7. 971	0. 537
薪金收入	27. 224	0. 039	14. 102	0. 591	24. 895	0. 042	11. 109	0. 520

1. 性别差异

由表 4-17 可见，不同性别高职教师理论知识、实践技能、培训形式、培训方法、培训时间、培训费用、授课教师需求无显著差异（$P > 0.05$），培训地点需求呈显著差异（$P < 0.05$）。

由图 4-1 可见，高职教师选择学校、企业以外培训基地的人数比例最高，其次为企业，再次为所在学校，选择国外的人数比例较低，选择其他培训地点的人数比例最低，仅为 0. 91%。其中，女性教师选择学校企业外培训基地（国内，下同）、所在学校（国内，下同）和国外培训的人数比例分别为 53. 46%、11. 98% 和 9. 68%，男性选择比例分别为 47. 79%、11. 28% 和 9. 68%，女性教师均多于男性。男性教师选择企业（国内）培训比例为 37. 39%，高于女性选择比例 23. 50%。

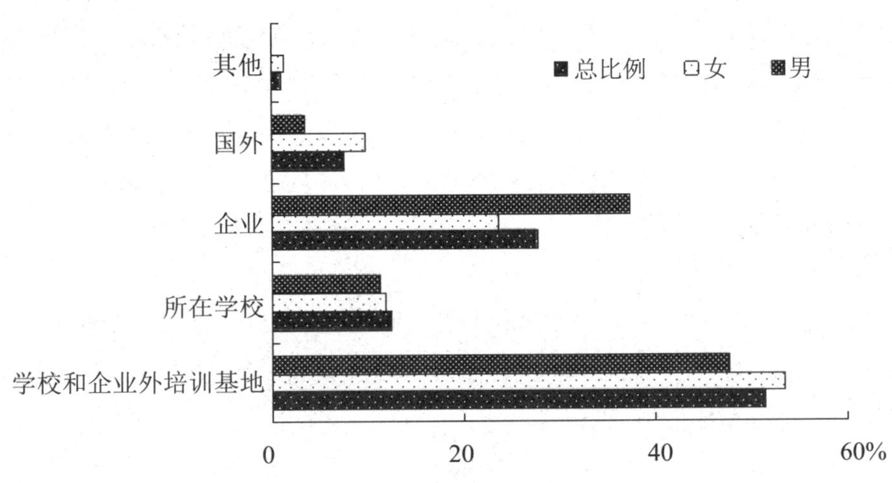

图 4-1 不同性别的教师对培训地点的需求差异

2. 年龄差异

由表 4-17 可见，不同年龄高职教师理论知识、实践技能、培训形式、培训时间、培训地点、培训费用、授课教师需求无显著差异（$P > 0.05$），培训方法需求呈显著差异（$P < 0.05$）。

由图 4-2 可见，高职教师选择实践操作法的人数比例最高，而后从高到

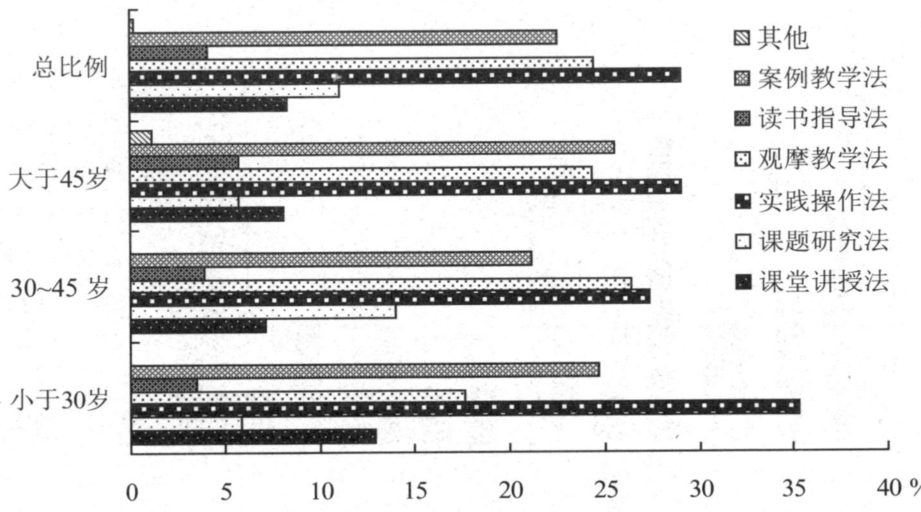

图 4-2 不同年龄高职教师对培训方法需求的差异

低依次为观摩教学法、案例教学法、课题研究法、课堂教授法和读书指导法，选择其他培训方法的人数比例最低。其中，小于 30 岁的高职教师选择实践操作法的最多，选择案例教学法的次之；30～45 岁的高职教师选择实践操作法的最多，选择观摩教学法的次之；大于 45 岁的高职教师选择实践操作法的最多，选择案例教学法的次之。

3. 教龄差异

由表 4-17 可见，不同教龄高职教师理论知识、实践技能、培训形式、培训方法、培训地点、培训费用、授课教师需求无显著差异（$P > 0.05$），培训时间需求呈显著差异（$P < 0.05$）。

由图 4-3 可见，高职教师选择周末培训的比例最高，而后从高到低依次为暑假、工作日、寒假，选择其他培训时间的比例最低。其中，5 年以内教龄的教师选择周末实施职业培训的比例最高，工作日培训的次之，再次为暑假；5～10 年教龄的教师选择周末培训的比例最高，寒假培训的次之，再次为暑假；10～15 年教龄的教师选择工作日培训的比例最高，其次为暑假和周末；15～20 年教龄的教师选择工作日、暑假培训的比例最高（且二者比例相同），选择寒假培训的次之；20 年以上教龄教师选择暑假培训最多，工作日培训次之，再次为周末和寒假（且二者比例相同），选择其他时间培训的人数最少。

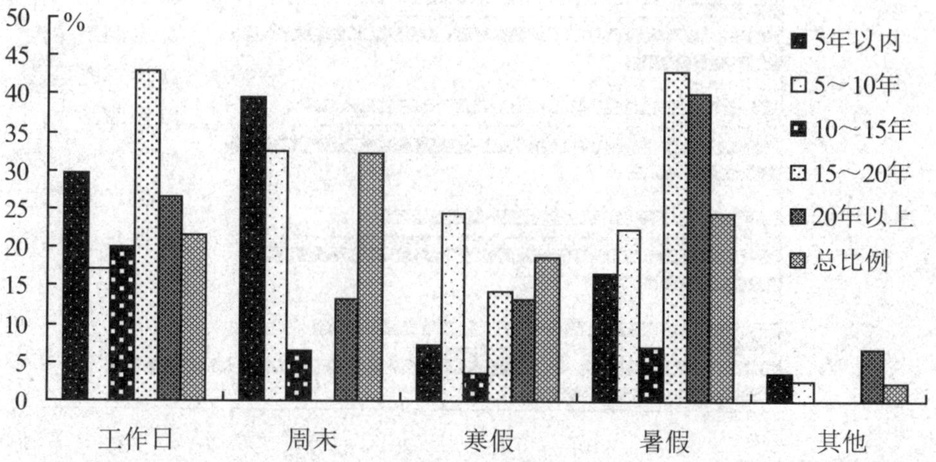

图 4-3 不同教龄高职教师对培训时间需求的差异

4. 任教年级差异

由表 4-17 可见，不同任教年级教师实践技能、培训形式、培训方法、培训地点、授课教师需求无显著差异（$P > 0.05$），理论知识、培训时间、培训费用需求呈显著差异（$P < 0.05$）。

由图 4-4 可见，不同任教年级高职教师理论知识培训选择实践知识的比例最高，而后从高到低依次为：教育方法、课程开发、学生管理、学科知识，选择其他培训内容的比例最低。其中，任教一年级教师理论知识培训选择学科知识的比例最高，教育方法次之，再次为实践知识和课程开发，选择学生管理及其他的教师较少；二年级教师多选择实践知识为培训内容，教育方法次之，再次为课程开发和学生管理，选择学科知识的教师较少；三年级教师多选择教育方法为培训内容，课程开发和实践知识的次之，选择学科知识和学生管理的教师较少。

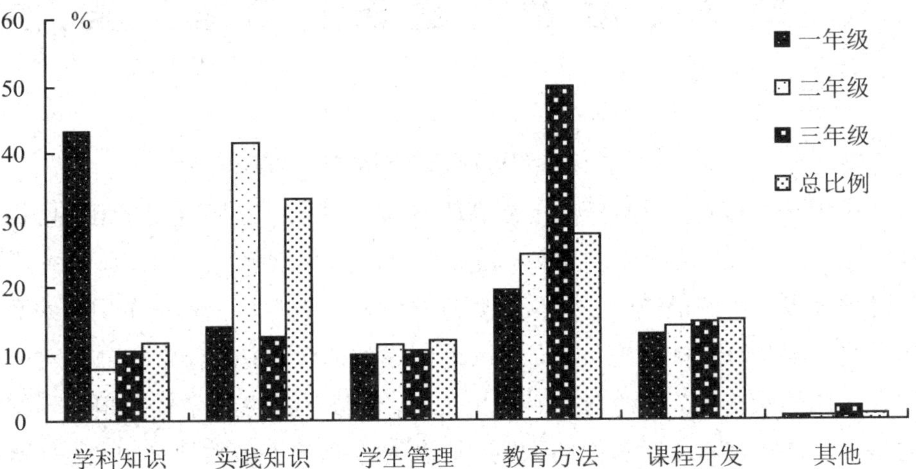

图 4-4 不同任教年级高职教师对理论知识培训需求差异

由图 4-5 可见，不同任教年级高职教师培训时间选择周末的比例最高，而后从高到低依次为：暑假、工作日、寒假，选择其他时间培训的比例最低。其中，一年级教师选择工作日培训的人数比例最高，选择周末和暑假培训的人数比例次之，选择寒假培训人数比例较低；二年级教师选择周末培训的人数比例最高，选择暑假和工作日培训的人数比例次之，选择寒假和其他时间培训的人数比例较低；三年级教师选择周末培训的人数比例最高，选择暑假的人数比例次之，再次为选择工作日培训，选择寒假的人数比例较低，选择其他时间培训的人数比例最低。

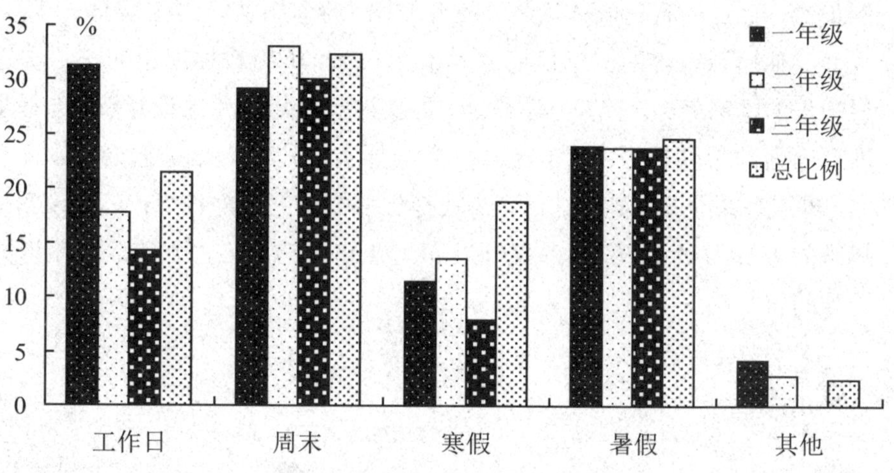

图 4-5 不同任教年级高职教师对培训时间需求差异

由图 4-6 可见，不同任教年级高职教师培训费用选择学校负担的比例最高，而后从高到低依次为：学校与教师分担、教师负担、财政负担，选择学校与财政分担的比例最低。一年级教师选择学校与教师分担培训费用的人数比例最高，其次为选择学校负担，再次为选择教师负担，选择学校与财政分担的人数比例较少，无教师选择财政负担；二年级教师选择学校负担培训费用的最多，选择教师自行负担的次之，再次为选择学校与教师分担，选择财政负担的人数比例较低，选择学校与财政分担的人数比例最低；三年级教师选择学校与教师分担培训费用的人数比例最高，其次为学校单一负担和教师单一负担，选择学校与财政分担的人数比例较低，选择由财政单一负担的人数比例最低。

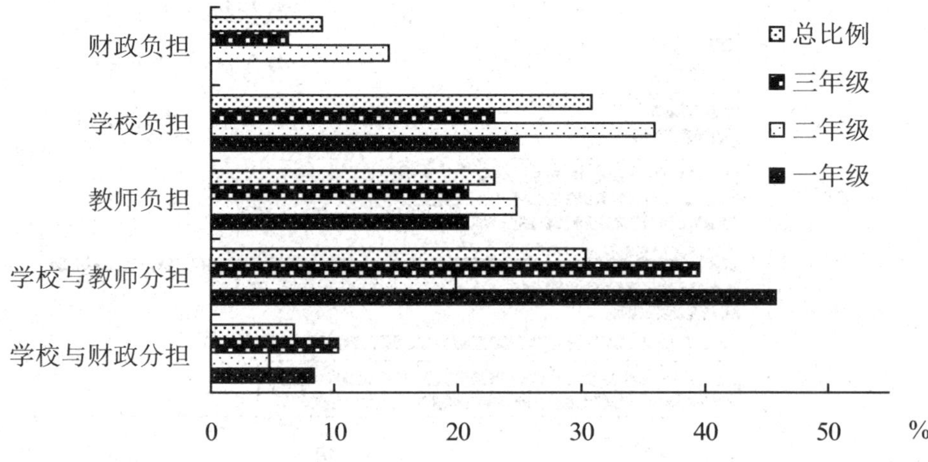

图 4-6 不同任教年级高职教师对培训费用需求差异

5. 职称差异

由表 4-17 可见，不同职称高职教师理论知识、实践技能、培训方法、培训时间、培训地点需求无显著差异（$P > 0.05$），培训形式、培训费用、授课教师需求呈显著差异（$P < 0.05$）。

由图 4-7 可见，不同职称高职教师选择企业顶岗培训的比例最高，而后从高到低依次为：校本培训、校外培训和自学，选择其他培训方式的比例最低。各职称教师选择企业顶岗培训方式比例均为最大，但中级和正高（二者均为 46.67%）职称教师选择比例高于初级和副高职称教师。选择校外培训的副高职称教师选择比例明显高于初级、中级和正高职称教师，初级、中级和其他职称教师选择校本培训的比例最高，而选择自学的正高级职称教师比例最高。

由图 4-8 可见，不同职称教师选择单一由财政或单一由学校负担培训费用的人员比例最高，选择学校与教师分担、学校与财政分担培训费用的次之，选择单一由教师本人负担的教师比例最低。其中，初级、中级职称教师选择由财政单一负担培训费用的比例最多，副高职称、其他职称教师选择由学校单一负担培训费用的比例最多，正高职称教师选择由学校与教师分担培训费用的比例最多。

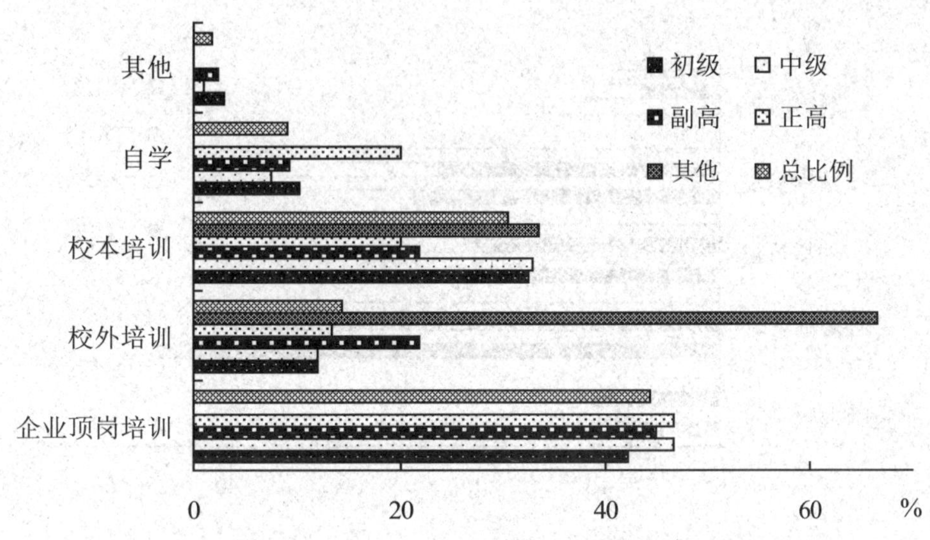

图 4-7 不同职称高职教师对培训形式需求差异

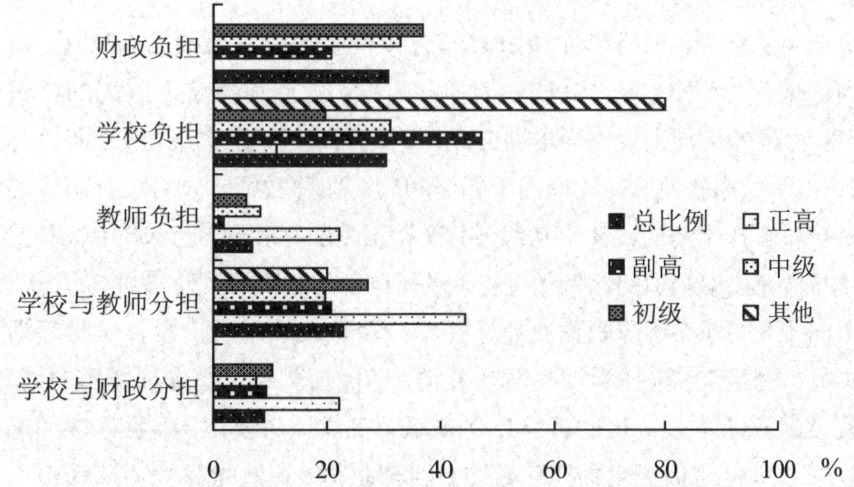

图 4-8 不同职称高职教师对培训费用需求差异

由图 4-9 可见，不同职称教师选择某领域专家学者担任培训教师的比例最高，其次为企业培训师，再次为专职培训师，选择其他人员担任培训教师的比例最低。各职称教师选择某领域专家学者担任培训教师人数均为最多，初级职称选择比例最大，其他职称次之，再次是副高级职称教师，正高级教师的选择比例相对较低。选择专职培训师的其他职称教师人数最多，正高级职称教师次之，初级职称教师最少；选择企业培训师的正高级职称教师人数最多，副高级职称教师次之，其他职称教师最少；选择其他人员作为培训教师的人数较少，且随职称的提高选择比例降低。正高级职称教师选择各类培训教师的比例一致。

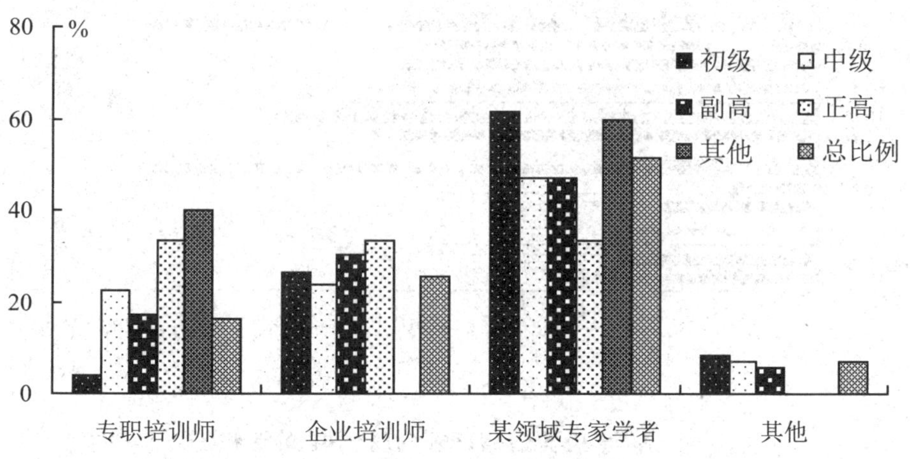

图 4-9 不同职称高职教师对授课教师的需求差异

6. 学历学位差异

由表 4-17 可见，不同学历学位高职教师实践技能、培训形式、培训方法、培训时间、授课教师需求无显著差异（$P > 0.05$），理论知识、培训地点、培训费用需求呈显著差异（$P < 0.05$）。

由图 4-10 可见，不同学历学位高职教师选择实践知识作为理论知识培训的比例最高，而后从高到低依次为：教育方法、课程开发、学生管理知识、学科知识，选择其他理论知识的比例最低。其中，博士学位教师选择实践知识与教育方法为理论知识培训内容的比例最高（两者比例均为30.77%），课程开发知识次之，学科知识的选择人数最少；硕士学位教师选择学生管理知识为培训内容的比例最高，教育方法次之，再次是学科知识、课程开发知识，选择实践知识的教师比例最低；本、专科学历教师选择实践知识的比例最高，其他学历教师只选择了学生管理知识与教育方法（两者比例相同）。

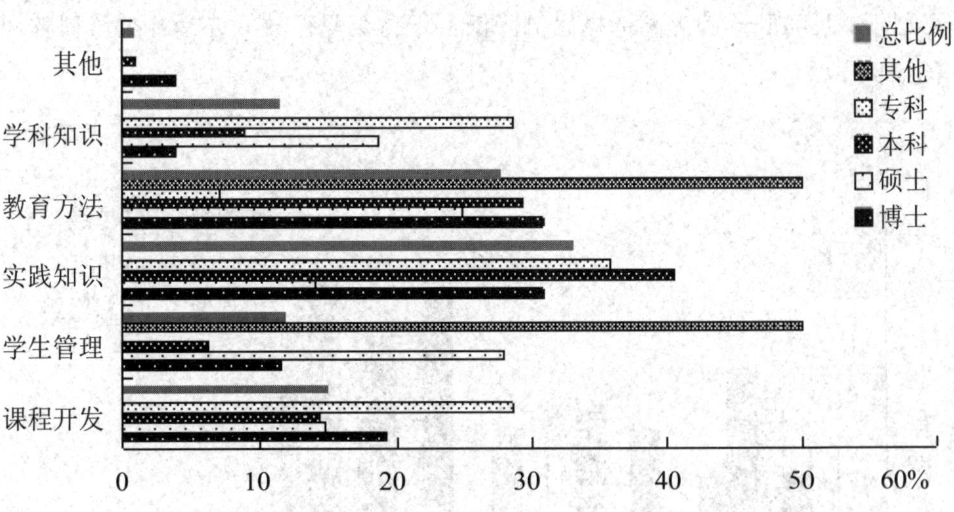

图 4-10 不同学历学位高职教师对理论知识的需求差异

由图 4-11 可见，不同学历学位高职教师选择学校和企业外培训基地作为培训地点的比例最高，而后从高到低依次为：企业、所在学校、国外，选择其他培训地点的比例最低。各学历学位教师选择学校和企业之外的培训基地的比例均为最高，博士学位、本科学历、硕士学位和专科学历教师的选择比例分别为 61.11%、53.04%、50.26% 和 5.80%。选择企业（国内）培训的次之，硕士学位、本科学历、博士学位和专科学历教师选择比例分别为 30.48%、24.35%、11.11% 和 5.80%。再次为所在学校，本科学历教师选择比例最高，硕士学位教师次之，博士学位教师最少。本科学历、硕士学位、博士学位、专科学历教师选择国外培训的比例分别为 7.83%、6.95%、

5. 56%、1. 45%。仅有博士、硕士学位选择了其他培训地点，其他学历学位教师没有选择。

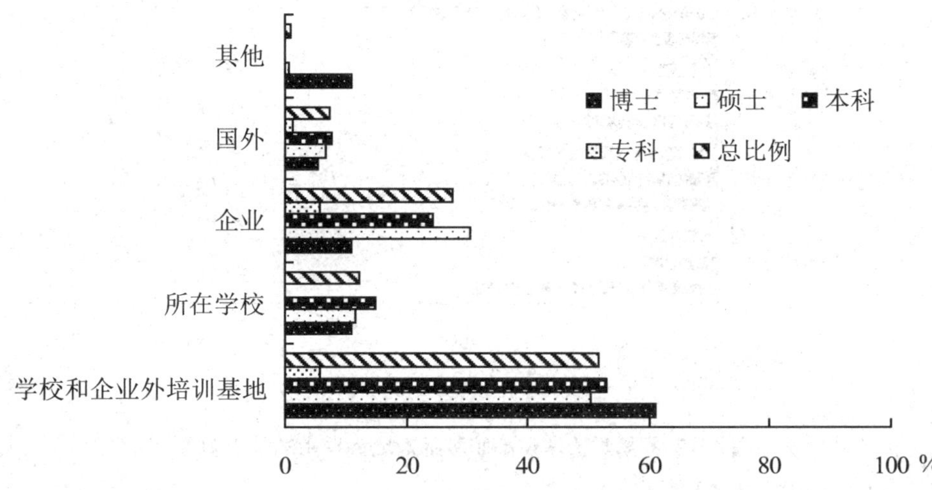

图 4-11 不同学历学位高职教师对培训地点的需求差异

由图 4-12 可见，不同学历学位高职教师选择财政负担培训费用的比例最高，而后从高到低依次为：学校负担、学校与教师分担、学校与财政分担，选择教师负担的比例最低。其中，博士学位教师选择学校与财政分担培训费用的人数最多，财政负担和学校与教师分担次之（两者比例相同），再次为教师负担，选择学校负担的比例最低；硕士学位教师选择财政负担培训费用的比例最高，学校与教师分担的次之，再次是学校负担和学校与财政分担，选择教师负担的比例最低；本科学历教师选择学校负担培训费用的人数最多，财政负担次之，再次是学校与教师分担、学校与财政分担，选择教师负担的比例最低。专科学历教师仅选择了学校负担和学校与教师分担两项，选择学校负担的比例远高于学校与教师分担比例。

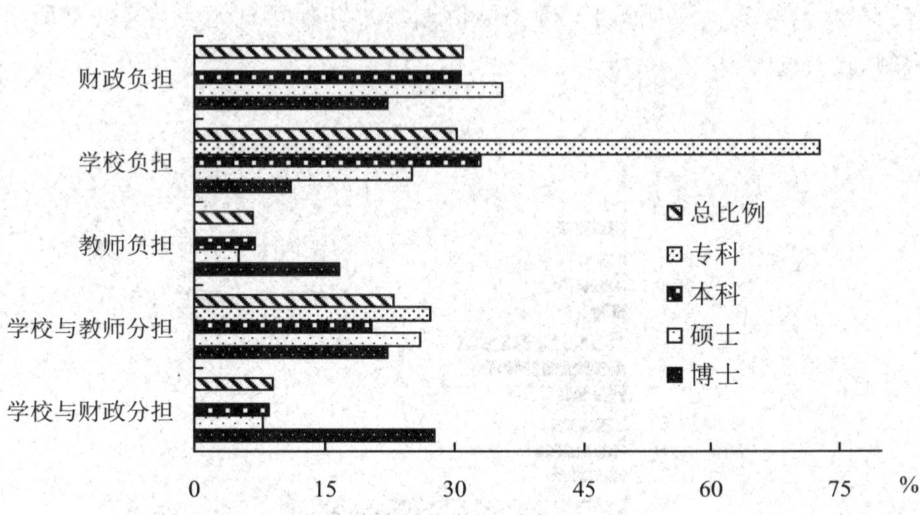

图 4-12 不同学历学位高职教师对培训费用的需求差异

7. 资格证书差异

由表 4-17 可见，高职教师是否拥有职业资格证书对实践技能、培训形式、培训方法、培训时间、培训地点、授课教师需求无显著差异（$P > 0.05$），理论知识、培训费用需求差异达显著水平（$P < 0.05$）。

由图 4-13 可见，拥有不同等级职业资格证书（含没有）高职教师理论知识培训选择学科知识的比例最高，而后从高到低依次为：学生管理、课程开发和实践知识（两者比例相同）、教育方法，选择其他知识的比例最低。拥有初级、中级资格证书的教师选择学科知识作为培训内容的比例均为最高，初级资格证书教师选择学生管理次之，再次为课程开发和实践知识（两者比例相同），选择教育方法的比例较低；拥有中级资格证书的教师选择课程开发和实践知识（两者比例相同）次之，再次为学生管理，选择教育方法的比例较低。拥有高级资格证书的教师选择教育方法的比例最大，学科知识次之，再次为学生管理，课程开发和实践知识（两者比例相同）的选择比例较低。没有资格证书的教师选择学科知识的比例最高，选择教育方法的次之，再次为选择学生管理，选择课程开发和实践知识（两者比例相同）的比例较低。所有教师选择其他培训内容的比例均为最低。

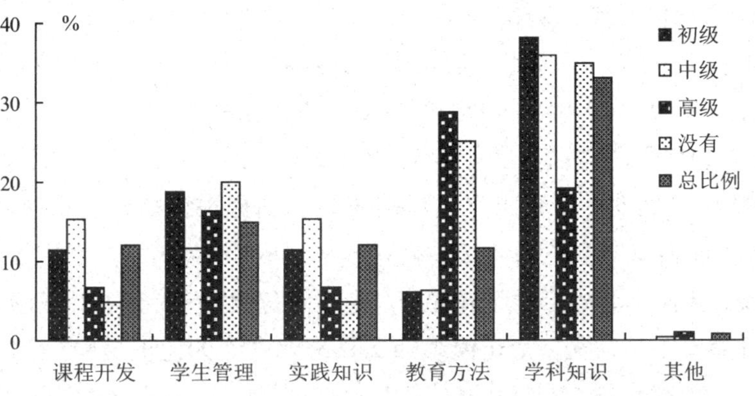

图 4-13 不同资格证书高职教师对理论知识的需求差异

由图 4-14 可见，拥有不同等级职业资格证书（含没有）高职教师培训费用需要财政负担的人数比例最高，而后从高到低依次为：学校负担、学校与教师分担、学校与财政分担，选择由教师负担培训费用的人数比例最低。拥有初、中级职业资格证书的教师选择财政负担培训费用的人数比例均为最高，拥有初级职业资格证书的教师选择学校与教师分担的次之，拥有中级职业资格证书的教师选择学校负担的次之；拥有高级职业资格证书和没有职业资格证书的教师选择学校负担培训费用的人数比例最高，拥有高级职业资格证书的教师选择学校与教师分担或财政负担的次之，没有资格证书的教师选择学校与教师分担的次之。

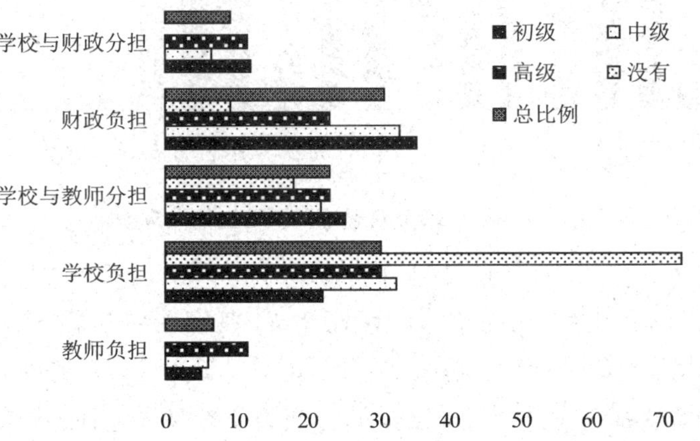

图 4-14 不同资格证书高职教师对培训费用的需求差异

8. 工作岗位差异

由表 4–17 可见，不同工作岗位高职教师对培训方法、授课教师的培训需求无显著差异（$P > 0.05$），对理论知识、实践技能、培训形式、培训时间、培训地点、培训费用的需求呈显著差异（$P < 0.05$）。

由图 4–15 可见，不同工作岗位高职教师选择实践知识作为培训内容的比例最高，而后从高到低依次为：教育方法、课程开发知识、学生管理知识、学科知识、其他。其中，专业课教师、管理岗位教师选择各项培训知识的人数比例排序与上述一致；文化课教师选择教育方法的比例最高，而后从高到低依次为：实践知识、学科知识、课程开发知识、学生管理知识；辅导员选择实践知识的比例最高，而后从高到低依次为：教育方法、课程开发知识、学生管理知识、学科知识。各工作岗位教师选择其他培训内容的比例均为最低。

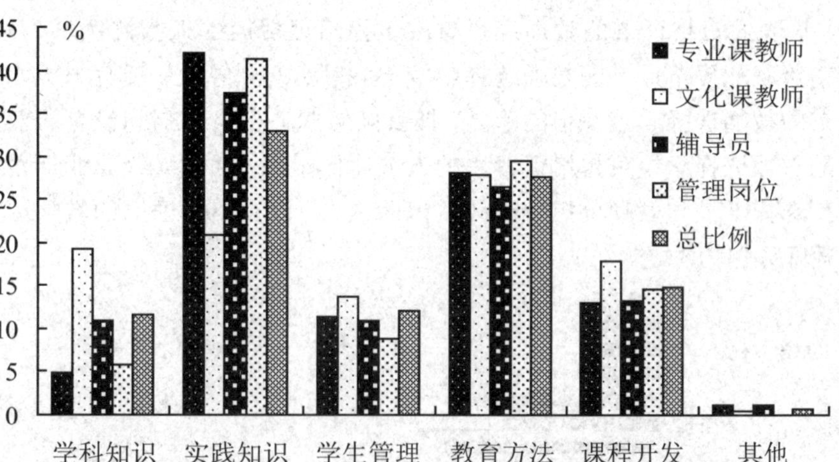

图 4–15 不同工作岗位高职教师对理论知识培训的需求差异

由图 4–16 可见，不同工作岗位高职教师选择专业技能作为实践技能培训内容的比例最高，而后从高到低依次为：课程开发、制定培养方案、人际交往能力、班级管理、教学策略、课件制作。专业课教师、管理岗位教师对各项实践技能培训内容的选择与上述排序一致，但管理岗位教师未选择课件制作选项（选择人数为 0）。文化课教师选择课程开发培训的人数比例最高，而后从高到低依次为：专业技能、制定培养方案、人际交往能力和班级管理（二者比例相同）、教学策略、课件制作。辅导员选择专业技能培训的人数比例最高，而后从高到低依次为：制定培训方案、人际交往和教学策略（二者比例相同）、班级管理、课程开发，未选择课件制作选项（选择人数为 0）。

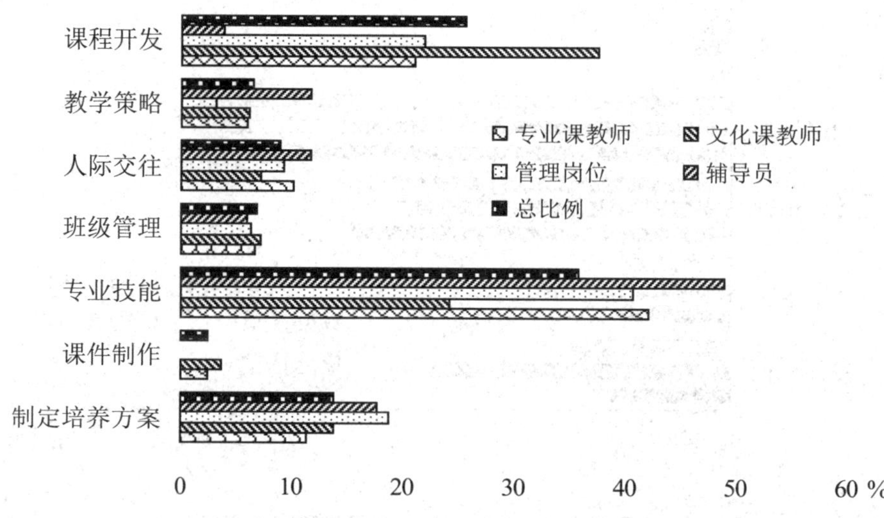

图 4-16 不同工作岗位高职教师对实践技能培训的需求差异

由图 4-17 可见，不同工作岗位的高职教师选择企业顶岗培训为培训形式的人数比例最高，其次为校本培训，再次为校外培训和自学，选择其他培训形式的人数比例最低。各岗位教师培训方式选择排序与上述基本一致，但管理岗位无选择自学人员（选择人数为 0）。从各种培训形式选择的人数比例看，选择企业顶岗培训形式的管理岗位人员比例最高，文化课教师次之，再次为专业课教师，辅导员比例相对较低。选择校本培训形式的专业课教师比例最高，管理岗位人员次之，再次为文化课教师，辅导员比例相对较低。选择自学培训形式的文化课教师比例最高，专业课教师次之，再次为辅导员，无管理岗位人员选择。选择校外培训形式的辅导员比例最高，管理岗位人员次之，再次是文化课教师，专业课教师比例相对较低。

由图 4-18 可见，不同工作岗位的高职教师选择学校和企业外培训基地作为培训地点的比例最高，其次为企业，再次为所在学校，选择国外培训的人数相对较低，选择其他培训地点的人数比例最低。专业课、文化课教师和辅导员培训地点的选择与上述排序一致，但辅导员无选择其他培训地点人员。管理岗位人员选择企业作为培训地点的比例最高，其次为学校和企业外培训基地，再次为所在学校，无选择国外及其他人员。

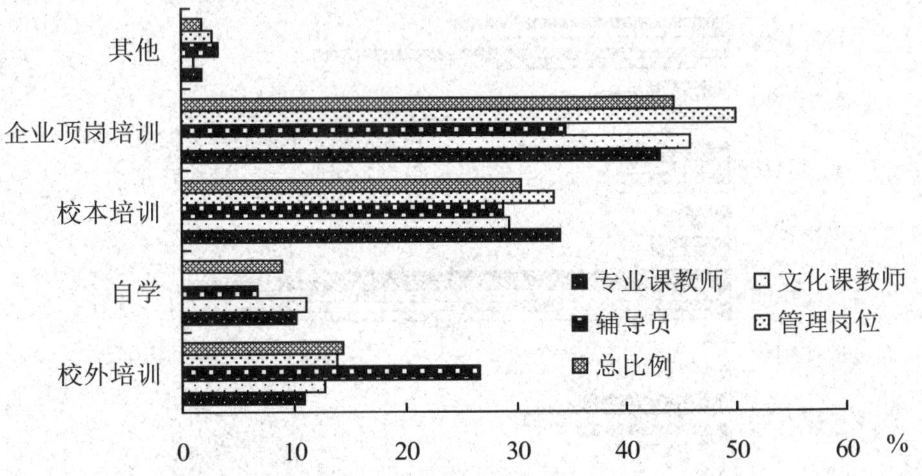

图 4-17 不同工作岗位的高职教师对培训形式的需求差异

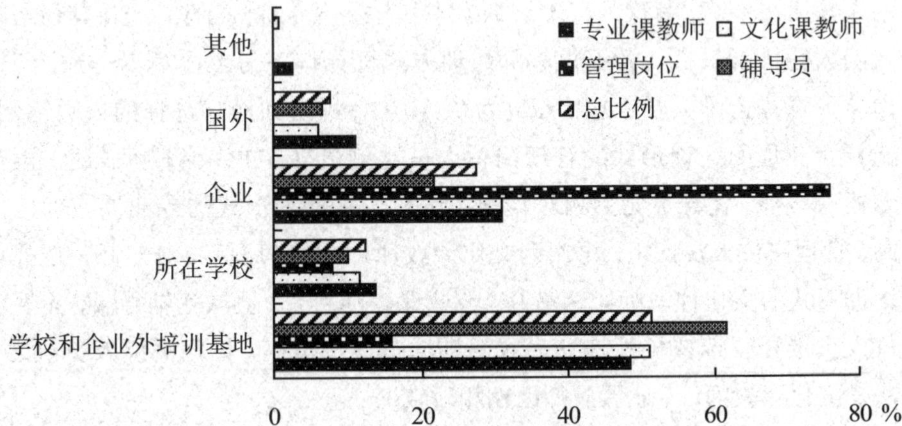

图 4-18 不同工作岗位高职教师对培训地点的需求差异

由图 4–19 可见，不同工作岗位的高职教师选择周末为培训时间的人数比例最高，选择暑假的次之，再次是利用工作日进行培训，选择寒假的比例较低，选择其他培训时间的比例最低。专业课教师与上述排序基本一致，但暑假和工作日前后顺序倒置。文化课教师选择周末作为培训时间的比例也最高，其次是寒假和暑假（二者比例相同），再次是工作日，选择其他培训时间的比例最低。辅导员选择暑假为培训时间的比例最高，选择工作日的次之，再次为寒假，选择周末的比例较低，无选择其他培训时间人员。管理岗位人员选择寒假作为培训时间的比例最高，其次为暑假，再次为周末，选择工作日和其他（二者比例相同）的人数比例较低。

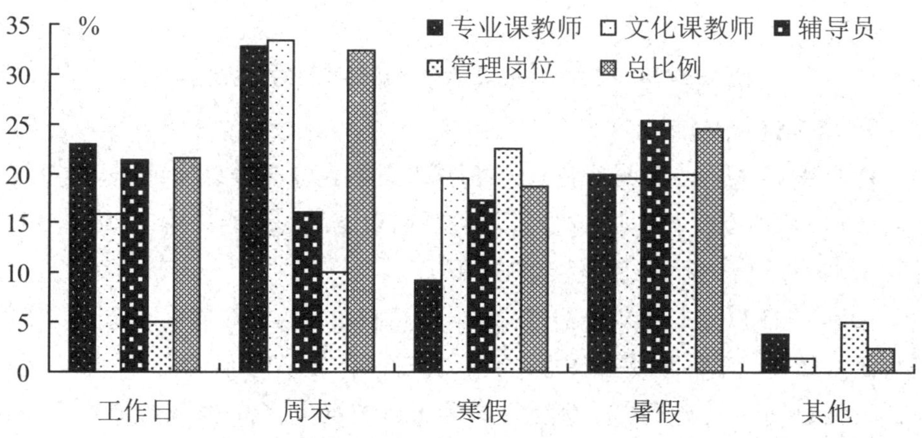

图 4–19 不同工作岗位高职教师对培训时间的需求差异

由图 4–20 可见，不同工作岗位高职教师选择由财政负担培训费用的比例最高，而后从高到低依次为：学校负担、学校与教师分担、学校与财政分担，选择自行负担培训费用的教师比例最低。文化课教师和管理岗位人员对培训费用支付方式的选择比例从高到低与上述排序基本一致，但文化课教师学校负担和学校与教师分担选项前后顺序倒置，管理岗位人员学校负担和财政负担选项前后顺序倒置，且无人选教师负担选项（选择人数为 0）。专业课教师和辅导员选择结果一致，均为学校负担培训费用选择人数的比例最高，而后从高到底排序依次为：财政负担、学校与教师分担、教师负担、学校与财政分担。

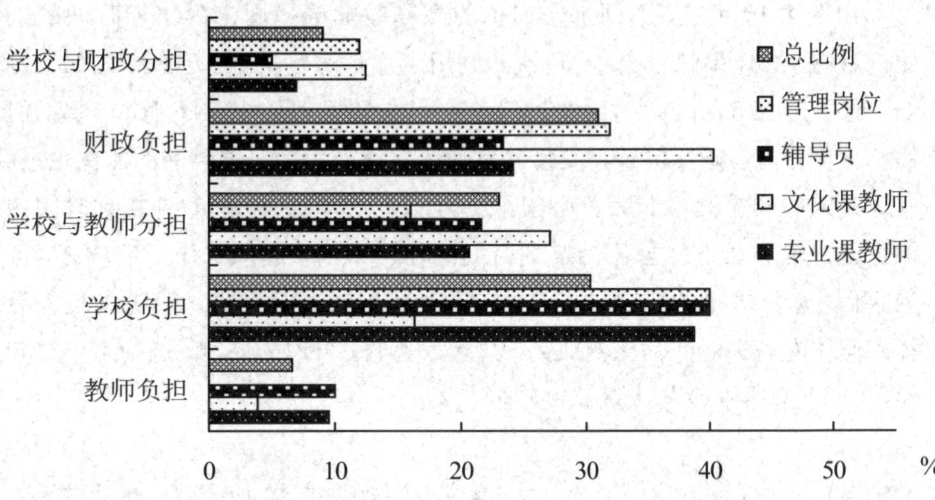

图 4-20 不同工作岗位高职教师对培训费用的需求差异

9. 薪金收入差异

由表 4-17 可见，不同薪金收入水平的高职教师对理论知识、实践技能、培训形式、培训方法、培训地点、授课教师需求无显著差异（$P > 0.05$），培训时间、培训费用需求呈显著差异（$P < 0.05$）。

由图 4-21 可见，不同薪金收入水平的高职教师培训时间需求选择周末的人数比例最高，选择暑假的次之，再次为工作日，选择寒假的比例较低，选择其他培训时间的比例最低。薪金收入在 3000～4000 元的高职教师对培训时间的选择与上述排序完全一致；月收入 2000 元以下的高职教师选择工作日培训的人数比例最大，选择周末培训的次之，无选择寒假、暑假和其他培训时间人员；月收入 4000～5000 元的高职教师选择周末的人数比例最高，选择寒假的次之，再次为暑假，选择工作日的比例较低；月收入 2000～3000 元的高职教师选择暑假的人数比例最高，选择周末的次之，再次为工作日，选择寒假培训的比例较低；月收入 5000 元以上的高职教师选择工作日和周末培训的比例最高（二者比例相同）、选择暑假的次之，选择寒假和其他培训时间的比例最低（二者比例相同）。各收入水平教师均以选择其他培训时间的人数比例均为最低。

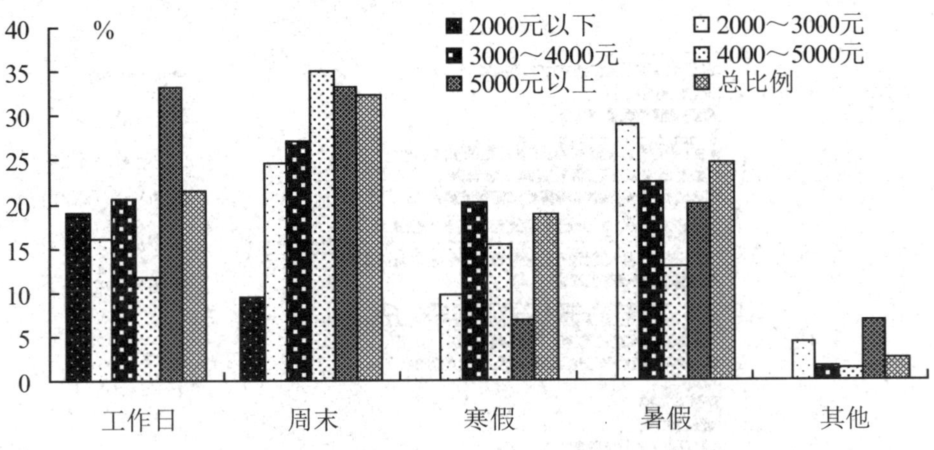

图 4-21 不同薪金收入水平高职教师对培训时间的需求差异

由图 4-22 可见，不同薪金收入水平的高职教师选择财政负担培训费用的人数比例最大，选择学校负担的次之，再次是学校与教师分担，选择学校与财政分担的人数比例相对较低，选择教师负担的人数比例最低。月收入 4000～5000 元和 3000～4000 元的高职教师对培训支付的选择与上述排序基本一致，但月收入 3000～4000 元选择学校负担、学校与教师分担的人数比例排序前后倒置。月收入 2000 元以下的高职教师选择学校负担或学校与教师分担（二者比例相同）的比例最高，其他三种方式比例较低（三者比例相同）；月收入 2000～3000 元的教师选择学校负担的人数比例最高，选择学校与教师分担的次之，再次为财政负担，选择教师负担的人数比例相对较低，选择学校与财政分担的比例最低。月收入在 5000 元以上的教师选择学校负担的人数比例最高，学校与教师分担的次之，再次为学校与财政分担，选择财政负担和教师负担的比例相对较低。

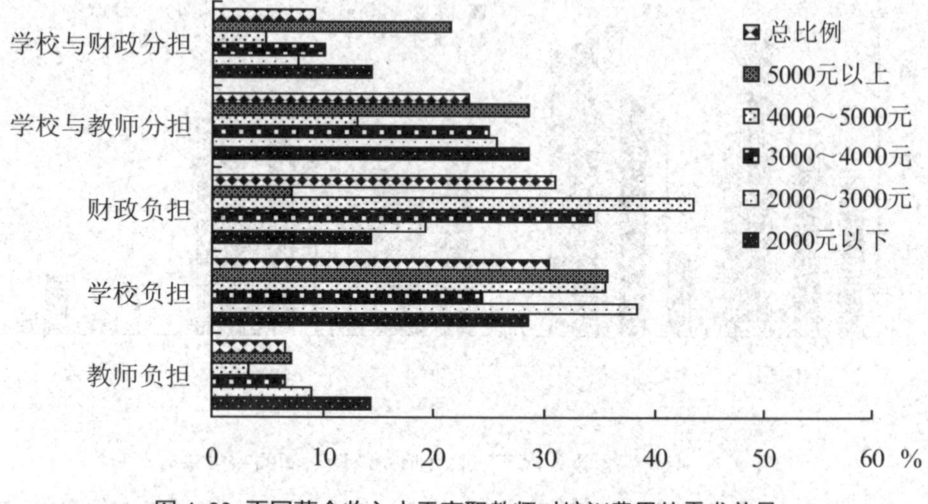

图 4-22 不同薪金收入水平高职教师对培训费用的需求差异

（四）影响因素

1. 学校因素

问卷将影响高职教师参加职业培训的学校因素设置为机会少、工学矛盾、自身不积极、领导重视不够、培训成效不明显和其他 6 个问项。调查结果表明，选择领导重视不够的教师所占比例最大，占调查教师总数的 35. 76%；其次是培训成效不明显和培训机会少，分别占教师调查总数的 24. 46% 和 20. 00%；选择工学矛盾的占教师调查总数的 12. 42%；选择自身不积极的最少，占教师调查总数的 7.36%。没有教师选择其他因素。

2. 制度因素

问卷将影响高职教师参加职业培训的制度因素设置为培训考核奖惩制度、培训与受训之间关系、培训内容丰富程度、培训资金、培训形式、其他 6 个问项。调查结果表明，选择培训内容丰富程度的人数最多，占调查教师总数的 32. 05%；选择培训与受训之间关系的人数次之，占调查教师总数的 24. 38%；再次是培训形式和培训资金，占调查教师总数的 19. 19% 和 11. 71%；选择培训考核奖惩制度是否建立和其他因素的人数最少，仅占调查教师总数的 9. 60% 和 3. 07%。

3. 培训因素

问卷将影响高职教师参加职业培训的培训因素设置为培训内容的针对性、培训目标的设计、培训方法的选择、培训管理、现代化教学手段和其他因素 6 个问项。调查结果表明，多数教师认为培训内容的针对性是目前职业培训活动中存在的主要问题，占调查教师总数的 43. 51%；培训目标的设计次之，占调查教师总数的 20. 78%；再次为培训方法的选择，占调查教师总数的 14. 39%；选择培训管理、现代化教学手段、其他因素的教师较少，分别占调查教师总数的 8. 87%、9. 09% 和 3. 46%。

三、调查的主要结论

（一）高职教师培训需求现状

调查结果表明，目前高职教师的培训需求涉及多个方面。在知识内容培训需求方面，多数教师需要实践知识和教育方法的培训；在实践（操作）技能培训方面，多数教师需要专业操作技能、课程开发技术和课件制作的培训；在培训形式上，多数教师选择了企业顶岗实习和校本培训；在培训方法上，实践操作法、观摩教学法、案例教学法和课题研究法 4 种方法受到多数教师的青睐；在培训时间上，周末是多数教师的最佳培训时间，暑假和工作日培训也得到了多数教师的认可；在培训地点方面，多数教师倾向于到学校、企业之外的培训基地和企业接受培训；在培训费用上，认为应由学校与政府主管部门分担和学校负担；在授课教师需求方面，选择某领域专家学者的教师最多，其次为企业培训教师。

（二）高职教师培训需求差异

调查结果表明，高职教师人口学特征参数不同，职业培训需求存在较大差异，表现出多样性、广泛性和层次性三个特征。

1. 多样性

多样性指引发高职教师职业培训需求变化的因素众多，包括自身因素和外部因素等。不同性别、年龄、教龄、任教年级、职称、学历学位、资格证书、工作岗位、薪金收入水平的高职教师职业培训需求各异，部分因素指标具有相同的需求表征，部分因素则产生了较大的需求变化。高职教师性别、年龄不同，引发了培训地点需求不同，教龄不同导致对培训时间需求各异，任教年级主要影响了培训内容、培训时间需求等，薪金收入水平也影响到培训时间、培训费用需求。

2. 广泛性

广泛性指教师学历学位和工作岗位引发培训需求的变化较为广泛。高职教师学历学位不同，培训内容、培训地点、培训费用、授课教师等需求均发生了较大变化，教师是否拥有职业资格证书也影响到培训内容、培训费用等需求。高职教师工作岗位不同，直接导致培训内容、培训形式、培训时间、培训地点、培训费用等需求发生较大变化。以此可以推断，教师学历学位和工作岗位是影响培训需求的主要因素。

3. 层次性

层次性指高职教师培训需求受多种人口学特征参数的影响，具有一定的规律可循。其中，培训费用需求的影响因素最多，涉及教师职称、学位学历、证书级别、任教年级、工作岗位以及薪金收入等 6 项因素；理论知识需求和培训时间需求的影响因素次之。理论知识需求影响因素主要涉及教师任教年级、学历学位、证书级别和工作岗位等 4 项因素，培训时间需求影响因素主要涉及教师教龄、任教年级、工作岗位和薪金收入等 4 项因素。再次是培训地点，也受到教师性别、学历学位以及工作岗位等 3 项因素的影响。

（三）培训需求外部影响因素

本调查结果表明，影响高职教师培训需求的主要因素为领导不够重视和职业培训成效不明显，选择两者的高职教师人数占半数以上。有 32.05% 的高职教师认为培训内容是否丰富为主要因素，授课教师与参加培训教师之间的关系融洽程度以及培训形式也是影响高职教师培训需求的关键因素。此外，培训机构在管理、实施等各个环节中的不足之处，也直接影响了高职教师的培训需求。本调查发现，多数高职教师认为当前培训机构培训内容针对性较差，培训目标设计不合理，说明职业培训机构在上述方面有待进一步改进。

（四）培训需求研究有待加强

名师出高徒，高职教师的自身素质状况直接影响到高等职业教育质量状况。如何加强高职教师职业培训工作，是我国现代职业教育发展所面临的一个重大问题。立足我国高职教师队伍建设实际，对高职教师培训进行需求分析，是做好高职教师培训工作的重要前提。目前，世界发达国家高职教师培训需求研究已经呈现出立体化、综合化的趋势，而我国相关研究尚停留在即时性、片面性等层面，应尽快建立“立体化”“多层次”的培训需求研究体系，以此丰富培训内容，改进培训方法，提升培训效果。

第五章 劳动者职业培训供给现状分析

马晓河等（2005）研究认为，劳动者职业培训供给属于社会公共服务产品的供给，具有非排他性和非竞争性①。但实际上，职业培训具有趋利性已是不争的事实。特别是企业内部举办的职工入职培训或在职培训活动，由于出发点就在于提升企业绩效，因此具有明显的排他性和竞争性。尤其是那些高科技企业以及销售培训等，其技术资料、客户资料等具有保密成分，排他性和竞争性更强。依据供给侧结构性改革理论，目前我国劳动者职业培训不是"有没有"的问题，而是"好不好"的问题，涉及职业培训供给能否激发劳动者职业培训需求、满足劳动者职业需求等问题。构建劳动者终身职业培训体系，需要在清晰劳动者终身职业培训需求现状的基础上，全面分析职业培训的现状，进而确定供给与需求两侧存在的具体问题，有的放矢地提出相关对策并付诸实施。域外经验证明，构建劳动者终身职业培训体系不仅能为劳动者提供终身学习的平台，也会刺激劳动者对职业培训的需求。换言之，通过强化劳动者终身职业培训供给，也可有效地带动劳动者培训需求，进而使两侧形成相融互促的局面，推进学习型社会建设进程，达到提升全体劳动者素质、促进社会经济发展的目标。

第一节　我国职业培训机构的类型及特点

一、职业培训机构的类型

有研究机构从市场角度，将职业教育培训划分为面向个人的2C

① 马晓河、方松海：《我国农村公共品的供给现状、问题与对策》，《农业经济问题》2005年第4期，第22~29页。

（Consumer to Consumer）市场和面向企业机构的2B（Business to Business）市场[①]，具体如图5-1所示。前者涵盖了中、高职两种教育类型以及针对财会、IT、公务员等对象实施的考试培训，针对汽修、烹饪、美容美发等具体技能实施的职业技术培训，也包括旨在提升劳动者职业素养、兴趣爱好等目标实施的职业培训，核心是面向一名具体的劳动者，故称为2C市场；后者以满足企业对员工的专业技术培训和对管理层人员的管理能力培训为主，旨在满足相关劳动者（这里的劳动者也包括企业中高层领导）的职业发展需求，进而提升企业绩效水平。实施者为企业外培训机构，面向企业，故称为2B市场。

当前，随着我国供给侧结构性改革战略的逐步实施，国内大中城市劳动力就业竞争日趋激烈，求职劳动者数量与企业岗位劳动者需求数量呈双向上升的局面。一方面求职劳动者数量逐步增加，另一方面企业结构性人才矛盾日益突出，中高级技术技能型人才严重短缺。因此，无论是2C市场（即面向具体劳动者的职业培训需求市场）还是2B市场（即面向企业的职业培训需求市场），职业培训均显示出巨大的需求空间。

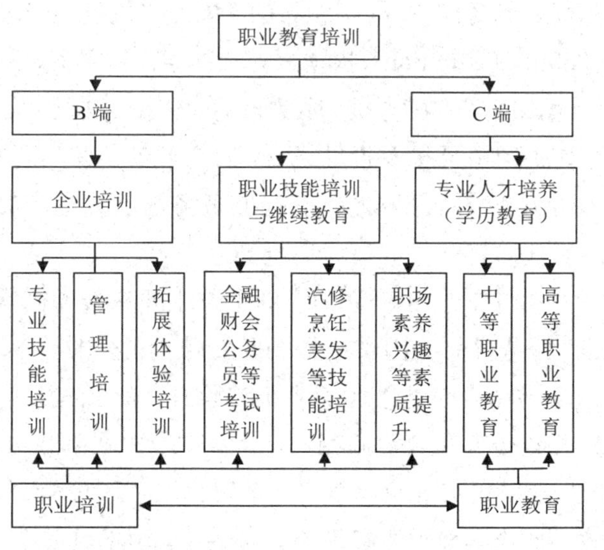

图5-1 职业培训供给市场的分类

① 《2016年中国职业教育培训行业现状分析及发展趋势预测》，2016年5月12日（http://www.chyxx.com/industry/201605/415563.html.）。

职业培训机构有多种分类方法。依据其实施对象，可分为企业组织内部培训机构、社会培训机构等；依据其营利性，可分为营利性职业培训机构与非营利性职业培训机构等。从社会认知广度出发，广大劳动者多将职业培训机构分为事业单位与企业单位，或国办职业培训机构与民办职业培训机构等。与民办学校教育不同，由于部分民办职业培训机构质量较高，出现了品牌效应，已经得到广大劳动者的普遍认可。

（一）事业与企业职业培训机构

1. 事业性质的职业培训机构

按组织类型划分，目前我国职业培训机构可分为事业组织和企业组织两种类型。事业组织是我国独有的一种社会组织类型，其功能对应于国外的非营利组织（NPO）或非政府组织（NGO）。与国内不同的是，国外这些组织多为依法自治组织，而我国的事业性质的职业培训机构与政府关系比较密切，或由政府直接举办，或具有政府背景，甚至有些职业培训机构还可以行使部分政府部门的职能。国务院 1998 年颁布的《事业单位登记管理暂行条例》规定，事业单位（Public Institution）指国家为了社会公益目的，由国家机关举办或者其他组织利用国有资产举办的，从事教育、科技、文化、卫生等活动的社会服务组织，并具有经审批机关批准设立，有自己的名称、组织机构和场所，有与其业务活动相适应的从业人员，有与其业务活动相适应的经费来源，能够独立承担民事责任等特征①。

我国面向劳动者实施职业培训的事业单位主要有普通高等学校、职业院校、技工学校等，也是目前我国实施社会职业培训的主体。普通高等学校从事的职业培训活动多由内设的继续教育机构承担，在组织成人学历教育的同时，依据市场需求面向劳动者实施相关职业培训；职业院校分为高等职业技术学院、中等职业学校和初等职业学校三个层次，对应培养高等、中等和初等实用型技术人才。此类学校过去以学历教育为主，由于目前全日制生源紧张，现在面向劳动者需求，开发了各类短期培训项目，已成为区域性综合职业培训基地；同职业院校一样，技工学校也分为技师学院、高级技工学校和普通技

① 《事业单位登记管理暂行条例》，《中华人民共和国国务院公报》1998 年第 27 期，第 1042~1045 页。

工学校三个层次，对应培养相应层次的技术技能型人才。

2. 企业性质的职业培训机构

尽管企业是现代社会广泛存在的一种组织类型，但学界有关企业概念的认知尚未统一。罗水根（2004）在分析已有企业概念的基础上，提出“企业是按市场需求提供商品和服务的主体经济单位，是基于学习型组织、具有高度分工协作，以获取最佳经济、社会综合效益为目的，依照有关法律设立、并承担一定社会责任的组织”，并确认“利润是企业生存与发展的前提也是市场对企业产品或服务满足需要的认可或报酬”[①]。依此推导，目前我国社会很多培训机构应该归属于企业。企业性质的职业培训机构作为广泛存在于职业培训行业的一种组织类型，主要有两种具化类型。

第一，企业内设的职业培训机构。一些规模较大的企业内部设立了职工培训中心或技工学校等机构，具体负责员工的入职培训及在职培训的工作，以期提升员工绩效，创造更多的企业利润。此类培训机构的资产由企业投入，培训教师由企业招聘，并逐步开发出系列具有企业色彩的职业培训课程，以保证企业发展具有旺盛的活力。同时，这些培训机构也单独核算，部分机构已经成为独立的法人实体，并面向社会开展培训。例如我国国家电网作为全球最大的电力企业，围绕建设世界一流企业的目标，通过对员工实施企业价值观培训，使员工对企业文化、企业价值等有了深刻的认识和了解，促进了公司发展战略目标的实现[②]。通过开展职业培训，使员工能够不断完善自身、提升自我、发展自我，增强了合作能力，提升了战略执行能力和团队凝聚力[③]。

第二，以营利为目的的职业培训机构。此类职业培训机构立足社会职业培训市场需求，以营利为目的，由社会资本投入并招聘教师等。例如在“十二五”开局之年，达晨创投、汉能投资、用友集团和分享投资等4家机构视职业培训为高智力密集型产业，联合向盛景网联培训咨询集团注资9000万元[④]，进一步壮大了培训实力，形成较大的社会影响。还有的企业依托社会其

---

① 罗水根：《企业定义》，《有色金属工业》2004年第9期，第40~41页。

② 周川：《国家电网公司企业文化培训的思考与探索》，《中国高新技术企业》2016年第1期，第164~165页。

③ 赵晓龙：《供电企业全员培训机制建设研究》，《电子测试》2016年第1期，第147页。

④ 贺骏：《盛景网联获达晨汉能用友等4机构9000万注资》，《证券日报》2011年6月15日第2版。

他组织，建立了合作共享的培训基地，成为企业人力资源的保障基地和推动职业技能培训市场发展的重要力量。总体看，以营利为目的的职业培训机构呈现出规模逐步扩大、社会影响逐步增强之势。

当然，有关企业面向社会举办的职业培训机构也引发了学界诸多争议，其焦点在于企业举办的职业培训机构与政府举办的职业培训机构具有同样的性质，理应也归属于事业单位范畴之内。因为某些事业单位虽然为政府投资、政府管理，但也存在营利行为。

（二）国办与民办职业培训机构

国办（国有）与民办职业培训机构也可称为公立与私立职业培训机构。目前，广大民众多将各级政府投资兴办的职业培训机构以及国有事业单位、企业单位称为国办或公立、国有职业培训机构，而将非政府机构投资兴办的职业培训机构称为民办或私立职业培训机构。

1. 国办职业培训机构

目前，我国国办职业培训机构主要有三种类型。

第一，政府直接投资兴办的职业培训机构。在政府直接投资兴办职业培训机构方面，部分政府行政部门及政府直接拨款的群团组织为满足民众就业需要，直接设立了形式多样的就业培训中心、就业训练基地和培训机构等。例如妇联设立的妇女创业中心，人力资源管理部门设立的新生劳动力技能培训中心、农民工职业培训中心以及失业人员技能培训中心，安全管理部门设立的特种行业作业培训机构等均可归到国办职业教育培训机构范畴。有些政府职能部门职业培训工作已经实现了常态化，例如农业部门组织的农业技术培训等。当前，随着政府职能转变的逐步推进，政府直接投资兴办的职业培训机构呈现出整合趋势。例如河南省信阳市平桥区积极利用河南省与国家人社部共同推进全民技能振兴工程和职教攻坚计划的良好机遇，建立了融职业培训与就业服务为一体的服务机构——平桥区职业教育和就业服务局，将人社部门组织的劳动力转移就业培训和零就业家庭人员培训、农业部门组织的“阳光工程”培训、扶贫开发部门实施的“雨露计划”培训、民政部门实施的复员退伍军人培训、工会组织实施的困难职工培训、残疾人联合会组织的残疾人劳动技能培训、共青团系统组织的创业培训以及财政、科技等有职业培训项目的政府行政部门整合在一起，统筹使用职业培训资金，共同实施职业培训项目，收到了较好的实践效果。该区每年开展各类职业培训的受益劳动者超过 1 万人次，取得了良好的经济效益和社会效益①。

第二，国有事业单位投资兴办的职业培训机构。部分公办普通高等学校、职业院校、技工学校等兴办的职业培训机构，与前述事业单位职业培训机构意义及功能相同，多为政府组织的各类职业培训活动的具体实施者。

第三，国有企业投资兴办的职业培训机构。部分源于员工职业培训基础上的部分国有企业培训机构视职业培训市场发展为商机，也面向社会开展了职业技能培训及职业教育工作。例如首钢集团所属的首钢工学院对内为职工培训技能中心，对外则是北京市一所高等职业教育机构，面向全社会招生，培养人力资源市场需要的技术技能型人才。唐山开滦煤矿集团也将原有的培训中心改建为河北能源职业技术学院，面向社会提供职业教育与培训服务。唐山钢铁集团也将原有的企业培训中心改建为唐山科技职业技术学院，实现了技术技能培训服务的社会化，在赢得部分经济效益的同时，为企业储备了大量技术技能型人才。

2. 民办职业培训机构

民办职业培训机构主要是指国家机构以外的社会组织或个人，依据《中华人民共和国民办教育促进法》等规定，利用非国家财政性经费依法设立的面向社会的职业培训机构。按国际惯例，我国民办职业培训机构也可称为私立职业培训机构，其性质和功能与国外私立职业培训机构相同。依照相关法律规定，我国民办职业培训机构既不属于事业单位，也不属于企业单位，因为事业单位多由政府出资。依据 1998 年国务院颁布的《民办非企业单位登记管理暂行条例》规定，即使民办职业培训机构属于非营利单位，也应定义为民办非企业单位，即社会团体和其他社会力量以及公民个人利用非国有资产举办的，从事非营利性社会服务活动的社会组织——企业事业单位。但也有部分城市将民办职业培训机构认定为民办公益性事业单位，将其纳入教育事业的

① 陈廷森、何祖琴、郭玉琳：《政府搭桥，部门协作，校企融合，群众受益——信阳市平桥区全民职业技能培训举措探讨》，《人力资源开发》2014 年第 3 期，第 21~23 页。

重要组成部分，强调实行“积极鼓励、大力支持、正确引导、依法管理”的方针[①]，依此不断壮大区域职业培训实力。

目前，我国民办职业培训机构的投资形式具有多样化特点，既有内地相关组织、企业或个人投资，也有境外机构和个人单独投资或同境内具有法人资格的社会组织联合投资。由于我国职业培训市场广阔，市场吸引力较大，且国家实行“积极鼓励、大力支持、正确引导、依法管理”的政策，促进了民办职业培训机构的快速发展。同时，由于民办职业培训机构具有市场信息掌握较快、办学机制灵活、服务对象广泛、专业针对性较强等诸多优势，在职业培训市场中显示出旺盛的生命力。到2015年，全国共有民办职业培训机构2.01万所，年内吸纳898.66万人次劳动者接受了职业培训[②]。

需要说明的是，由于职业培训机构是否营利直接涉及劳动者接受职业培训的切身利益，因而受到社会各界广泛关注。在职业培训机构分类方面，广大民众亦将职业培训机构分为营利型和公益型两类，也是今后各级政府对职业培训机构实施分类管理的重要依据。适应形势发展的需要，2016民政部就《民办非企业单位登记管理暂行条例（修订草案征求意见稿）》面向全社会公开征求意见，拟将“民办非企业单位”更名为“社会服务机构”[③]，将其定义为自然人、法人或者其他组织为了提供社会服务，主要利用非国有资产设立的非营利性法人。另外，相对于营利性而言，职业培训体系可纳入行业管理。但基于职业培训的公益性，很多研究者仍将其称为职业培训事业。

二、职业培训机构的特点

相关研究机构调查结果表明，目前我国约有劳动力7.7亿人，近年来就业率一直稳定在96%左右。其中，在城镇就业的劳动力约4亿人。在我国经济结构转型升级、城镇化及市场化程度逐步提升的背景下，劳动者接受职业

---

① 《南京市民办职业培训机构管理暂行办法》，2006年8月5日（http://www.law-lib.com/law/law_view.asp?id=287324.）。

② 《2015年全国教育事业发展统计公报》，2016年7月16日（http://www.moe.gov.cn/srcsite/A03/s180/moe_633/201607/t20160706_270976.html.）。

③ 《民政部就〈民办非企业单位登记管理暂行条例（修订草案征求意见稿）〉公开征求意见》，2016年5月26日（http://www.gov.cn/xinwen/2016-05/26/content_5077073.htm.）。

培训的需求日益激烈，职业培训展现出美好的发展前景[①]。中投顾问将职业培训视为行业，于2016年发布了《2016—2020年中国培训行业投资分析及前景预测报告》，认为我国职业培训行业外部承受着互联网冲击，内部面临着机构之间的竞争，行业内部也在发生着变化[②]。综合相关研究结论，确认我国职业培训发展呈现出以下5个特点。

（一）机构类型众多，所有制结构复杂

随着我国供给侧结构性改革的逐步推进，企业转型、产业升级进程逐步加快，人力资源市场对劳动者专业知识与实践技能等素质的要求不断提升，职业培训需求潜力巨大。特别是2C市场，由于需求规模巨大，吸引了众多社会投资，使我国职业培训机构呈现出多元化发展态势。一是所有制结构多元。职业培训机构既有公办也有民办，还有公私合营与中外合作。既有专业性机构也有综合性机构，职业培训服务的覆盖面越来越广。二是培训方式多元。多数职业培训机构实现了“灵活办学”和“差异化办学”，逐步形成了一些具有区域特色的职业培训机构。三是培训方法多元。积极利用互联网技术，对传统培训方法进行了开发与改造，手机终端、网络培训等现代化方式方法逐步被职业培训机构采纳，电化教学、远程教育等成为职业培训的新形势，使劳动者实施随时、随地学习成为可能。但与此同时，培训机构所有制的多元化以及培训方式方法的多元化，也加大了政府实施行政管理的难度。

（二）发展态势良好，省际间差异较大

在产业转型升级、市场竞争日渐加剧的经济环境中，人力资源已成为企业核心竞争力的关键因素。目前，我国企业专业化、高素质人才紧缺问题十分突出，员工离职率逐年提升，企业迫切需要提升员工知识、技能和素质，满足可持续发展和参与市场竞争的需求，职业培训2B市场也呈现出广阔的发展前景。有研究表明，无论是企业培训还是个人培训，均呈现出良好的发展势头，

---

① 《2016年中国职业教育培训行业现状分析及发展趋势预测》，2016年5月12日（http://www.chyxx.com/industry/201605/415563.html.）。

② 《中投顾问：中国培训机构发展现状及特点分析》，2016年7月6日（http://www.ocn.com.cn/chanye/201607/aewap06102116.shtml.）。

我国已经进入职业培训需求的高峰期。据央视报道，我国劳动力流动加剧，春节返乡已给铁路等运输部门造成巨大压力。这种状况的形成，一方面反映了劳动力按市场规则流动，合理配置了劳动力资源。另一方面也反映了区域经济发展不尽平衡的现象。特别是随着职业培训发展，落后地区与先进地区的差异越来越大。有研究结果表明，我国沿海各省份之间职业培训发展存在较大的差距，直接影响到经济社会发展对技能型人才需求的供应[①]。

（三）整合速度加快，社会化特征明显

在激烈的市场竞争中，近年来我国部分职业培训机构逐步被淘汰，或与其他机构实施了整合，表现出明显的社会化特征。北京市民教信息科学研究院的调研数据表明，劳动者对职业培训机构的师资力量、教学环境、课程设置、教学效果等方面的满意度均有待提高。部分职业培训机构由于存在教学质量薄弱、专业师资力量缺乏、教材质量不高等问题，整合速度、力度日益加快[②]。特别是2015年年初，国务院讨论通过了部分教育法律修正草案，明确了对民办学校实行分类管理等措施，社会资本市场对职业培训领域的投资加速、整合也成为推动职业培训行业发展的核心驱动力量。一些能够提供优质培训内容、社会影响力较大的职业培训机构迎来了快速扩张的发展时期。

（四）市场拓展较快，机构间竞争加剧

有机构调查结果表明，劳动者在激烈的就业竞争环境中，亟须接受职业认证与技能培训服务，进而提升就业竞争力；从效用角度，职业认证发挥了为职业能力背书的作用。目前，我国每年获得职业资格证书的人数多达1500万左右，认证报考人数呈平稳增长趋势[③]，为职业培训市场拓展了空间。同时，由于职业能力涉及因素众多，促进了职业培训市场的细分。特别是在我国经济社会发展呈现新常态的背景下，一些新兴产业发展需要大批的专业技能型

① 闫志利、刁丽丽：《河北省职业培训机构发展现状与对策研究》，《中国职业技术教育》2013年第6期，第62~67页。

② 《2016年中国职业教育培训行业现状分析及发展趋势预测》，2016年5月12日（http://www.chyxx.com/industry/201605/415563.html.）。

③ 《2016年中国职业教育培训行业现状分析及发展趋势预测》，2016年5月12日（http://www.chyxx.com/industry/201605/415563.html.）。

人才，企业转型、产业升级也将带来劳动者职业的变动和岗位的变化。与此对应的是，2014—2015 年全国人才供需指数仍维持在 30 以上，人才结构性矛盾日益显著。在这种形式下，如果职业培训机构能够满足劳动者需求，则能够在发展中不断壮大自身实力。反之，如果职业培训项目不能适应市场需求，则会面临着被市场淘汰的可能。由于市场化机制的存在，目前职业培训机构之间的竞争也愈演愈烈。

（五）两极分化严重，大中小机构分界

有研究机构通过调查解析了我国职业培训机构分界情况，认为小型职业培训机构年学费收入在 0～350 万元之间，中型职业培训机构年学费收入在 350 万～1000 万元之间，而大型职业培训机构年学费收入在 1000 万元以上。目前的状况是，2014 年小型职业培训机构学费收入比 2013 年逆市增长，大、中型职业培训机构学费收入均比 2013 年下滑。其中，中型职业培训机构学费收入下滑趋势更为明显，降幅比大型职业培训机构更大。其原因在于，大型职业培训机构拥有强大的战略部署甚至产业布局的能力，具备较强的人才吸引能力和较为充沛的教研能力，能够长期打磨产品、积累人力，发挥现金优势进行规模扩张乃至并购。而中型职业培训机构现有教职人员容易被大机构虹吸，并受限于教研组织规模和能力，培训课程不具有市场竞争力。而小型职业培训机构虽然没有教研能力，但与其他单位合作关系的定位明确，可直接从外部获取教研成果和培训内容，抗风险能力强，培训内容富有特色，受到劳动者的青睐和市场的认可。

第二节　职业培训发展的现状及省际差异

一、职业培训发展现状

（一）职业培训机构的数量

依据《中国教育统计年鉴》《人力资源和社会保障事业发展统计公报》等相关资料，将 2007—2014 年全国职业培训机构数量的变动情况整理为表 5-1 所示。可见，全国职业培训机构数量除 2012 年比上年略有增加外，其余

年份均比上年减少。2007 年全国拥有职业培训机构数量 17. 89 万所，2014 年减少至 10. 51 万所，年均减少近 1 万所。

表 5-1 我国职业培训机构 2007—2014 年发展情况

项目	2014 年	2013 年	2012 年	2011 年
培训机构数量 / 万所	10. 51	11. 23	12. 83	12. 53
结业生数量 / 万人	4479. 52	4715. 59	4823. 36	5146. 59
专任教师数量 / 万人	27. 65	27. 43	28. 22	29. 83
仪器设备资产 / 亿元	717. 44	704. 48	135. 58	161. 99
参加鉴定人数 / 万人	1854	1838. 57	1830. 55	1746
获取证书人数 / 万人	1554. 28	1536. 67	1548. 78	1482

表 5-1 我国职业培训机构 2007—2014 年发展情况（续表）

项目	2010 年	2009 年	2008 年	2007 年
培训机构数量 / 万所	12. 94	15. 31	16. 20	17. 89
结业生数量 / 万人	5252. 29	5430. 51	5720. 99	6003. 18
专任教师数量 / 万人	24. 23	25. 24	25. 29	26. 38
仪器设备资产 / 亿元	170. 30	241. 94	192. 18	197. 51
参加鉴定人数 / 万人	1657. 55	1492. 08	1337. 47	1223. 14
获取证书人数 / 万人	1392. 94	1232. 01	1137. 21	995. 61

注：依据《中国教育统计年鉴》《人力资源和社会保障事业发展统计公报》等资料整理。

（二）职业培训结业生数量

由表 5-1 可见，2007—2014 年全国职业培训机构结业生数量亦呈逐年减少趋势，2007 年全国职业培训机构结业生数量达到 6003. 18 万人，而到 2014 年仅为 4479. 52 万人，7 年间减少了 1523. 66 万人，平均每年减少 217. 67 万人。除 2012 年外，全国职业培训机构结业生数量总体变化情况与培训机构数量变化情况基本一致。

（三）职业培训专任教师数量

由表 5-1 可见，2007—2014 年我国职业培训机构专任教师数量呈“先降再增后平稳”的发展趋势。2007—2010 年，全国职业培训机构专任教师逐年减少，2007年为26.38万人，2010年减少到24.23万人，年均减少0.72万人；2011年又比上年增加5.6万人，达到历史最高水平。但2012年、2013年又比上年分别减少1.61万人、0.79万人，2014年又比上年增加0.22万人。2012年后全国职业培训机构教师数量稳定在27万人左右。

（四）职业培训机构设备资产情况

由表5-1可见，2007—2014年全国职业培训机构教学、实习仪器设备资产总值变化呈“先下降后剧增”趋势。除2009年全国职业培训机构教学、实习仪器设备资产总值比上年增加25.89%外，2007—2012年均呈逐年下降趋势。2012年全国职业培训机构教学、实习仪器设备资产总值最低，仅为135.58亿元，比2007年的197.51亿元减少了31.36%。2013年，全国职业培训机构教学、实习仪器设备资产总值实现剧增，达到704.48亿元，是上一年度的5.2倍。2014年达到717.44亿元，又比上年增长了1.84%，创历史新高。

（五）职业技能鉴定考核情况

由表5-1可见，2007—2014年全国参加职业技能鉴定考核人数呈逐年递增的趋势，平均年递增6.21%。2007年全国参加职业技能鉴定考核的人数为1223.14万人，2014年达到1854万人，创历史之最，比2007年增长了51.58%。

（六）获取职业资格证书情况

由表5-1可见，除2013年外，2007—2014年全国获取职业资格证书人数也呈逐年递增的趋势，年均递增6.70%。2013年全国获取职业资格证书人数比上年减少了0.78%，但2014年又达到1554.28万人，比上年增长了1.15%，比2007年增长了56.11%。

综合分析2007—2014年全国职业资格证书鉴定通过率情况发现，2008年通过率最高，达到85.03%。其次是2011年、2012年和2010年，职业资格证书鉴定通过率分别为84.88%、84.61%和84.04%。再次是2014年和2013年，鉴定通过率分别为83.83%和83.58%。2009年较低，仅为82.57%。

2007 年最低，仅为 81. 40%。这 8 年，全国职业资格证书鉴定平均通过率为 83. 74%。

二、省际发展差异分析

依据《中国教育统计年鉴》提供的相关数据，选取内地 30 个省（市、自治区）2014 年职业培训机构数量、结业生数量、专任教师数量、固定资产总额 4 项指标，比较了各省份职业培训发展差异状况。基于各省（市、自治区）人口数量不一的状况，为便于比较，依据《中国统计年鉴》提供的人口数据，将各指标实施了人均化处理。西藏自治区因部分数据缺失，未纳入分析范围。

（一）培训机构数量

将 2014 年我国内陆 30 个省（市、自治区）“每万人”平均拥有职业培训机构数量整理为表 5–2 所示。可见，陕西、云南、贵州 3 省万人拥有职业培训机构均超过 2 所，辽宁省以及天津、北京、重庆 3 市均超过 1. 5 所，山西、河南、江苏 3 省均超过了 1. 0 所，新疆、四川、浙江、河北、内蒙古、吉林、黑龙江、山东、青海 9 省（自治区）均超过了 0. 5 所，其他 11 个省（市、自治区）均在 0. 5 所以下。其中，广西壮族自治区、宁夏回族自治区和安徽省万人拥有职业培训机构分别为 0. 011 所、0. 032 所和 0. 036 所，分别为陕西省的 0. 471%、1. 371% 和 1. 543%。

（二）结业生数量

将 2014 年我国内地 30 个省份（市、自治区）“每万人”平均职业培训结业生数量整理为表 5–3 所示。可见，北京市万人培训结业生数量最多，为 1337. 678 人，天津、上海 2 市和江苏、云南 2 省万人拥有职业培训结业生数量均超过 800 人，山西、浙江、新疆 3 个省（自治区）均超过了 500 人，辽宁、贵州、重庆、陕西 4 省（市）均超过了 300 人，河北、内蒙古、吉林、黑龙江、山东、福建、河南、广东、四川 9 省（自治区）均超过了 100 人，其他 9 个省（自治区）均在 100 人以下。其中，广西壮族自治区、江西省、青海省万人拥有职业培训结业生数量分别为 10. 584 人、11. 190 人和 17. 962 人，分别为北京市的 0. 791%、0. 837% 和 1. 343%。

表 5-2 内地 30 个省（市、自治区）2014 年万人平均拥有培训机构数量（所 / 万人）

区间	省份及数量
2.0 以上	陕西 2.333，云南 2.057，贵州 2.027
1.5～2.0	天津 1.863，辽宁 1.857，北京 1.718，重庆 1.528
1.0～1.5	山西 1.106，河南 1.082，江苏 1.042
0.5～1.0	吉林 0.927，新疆 0.909，浙江 0.795，山东 0.695，河北 0.689，内蒙古 0.643，青海 0.612，四川 0.560，黑龙江 0.558
0.5 及以下	甘肃 0.493，福建 0.415，上海 0.286，海南 0.273，广东 0.200，湖北 0.188，湖南 0.163，江西 0.077 安徽 0.036，宁夏 0.032，广西 0.011

注：省（市、自治区）名称后数值为万人平均职业培训机构数量。

表 5-3 内地 30 个省（市、自治区）2014 年万人平均职业培训结业生数量（人 / 万人）

区间	省份及数量
1000 以上	北京 1337.678
800～1000	云南 998.577，江苏 954.925，天津 850.163，上海 831.090
500～800	新疆 569.691，山西 554.178，浙江 511.980
300～500	贵州 465.765，重庆 459.976，辽宁 439.487，陕西 353.181
100～300	河南 296.863，四川 273.383，福建 213.151，广东 209.292，河北 209.164，山东 193.846，黑龙江 162.633，内蒙古 144.170，吉林 118.200
100 及以下	甘肃 66.415，湖南 63.741，湖北 59.113，宁夏 54.966，海南 41.485，安徽 29.308，青海 17.962，江西 11.190，广西 10.584

注：省（市、自治区）名称后数值为万人平均职业培训结业生数量。

（三）专任教师数量

将 2014 年内地 30 个省（市、自治区）“每万人”平均拥有职业培训专任教师数量整理为表 5-4 所示。可见，北京、天津 2 市及辽宁万人平均拥有职业培训专任教师数量均超过 5 人，陕西、江苏 2 省及上海市均超过 3 人，河北、山西、吉林、黑龙江、山东、浙江 6 省均超过 2 人，内蒙古、福建、河南、广东、四川、云南、贵州、重庆 8 省（市、自治区）均超过 1 人，其他 10 省（自治区）均在 1 人以下。其中，广西壮族自治区和安徽、海南 2 省万人专任教师数量分别为 0.024 人、0.148 人和 0.225 人，仅为北京的 0.260%、1.602% 和 2.436%。

（四）固定资产总值

将 2014 年我国内地 30 个省（市、自治区）人均拥有职业培训固定资产总值整理为表 5-5 所示。可见，广东省人均拥有职业培训固定资产值高达 1291. 291 元，江苏、辽宁 2 省人均拥有职业培训固定资产值均超过 100 元，北京、上海 2 市和陕西、浙江 2 省均超过 50 元，天津市以及山西、吉林、黑龙江、贵州 4 省均超过 20 元，河北、内蒙古、山东、福建、湖北、湖南、河南、四川、重庆、新疆 10 个省（市、自治区）均超过 10 元，其他 8 个省（自治区）均在 10 元以下。其中，广西、宁夏 2 个自治区和青海省人均拥有职业培训固定资产总值仅分别为 0. 784 元、5. 352 元和 3. 633 元，分别为广东省的 0. 061%、0. 281% 和 0. 414%。

表 5-4 内地 30 个省（市、自治区）2014 年万人拥有职业培训专任教师数量（人 / 万人）

区间	省份及数量
5 以上	北京 9. 238，辽宁 7. 138，天津 6. 706
4～5	陕西 4. 323，江苏 4. 155
3～4	上海 3. 152
2～3	山西 2. 588，浙江 2. 572，黑龙江 2. 553，吉林 2. 323，山东 2. 214，河北 2. 147
1～2	重庆 1. 776，贵州 1. 771，河南 1. 575，广东 1. 527，内蒙古 1. 507，福建 1. 501，四川 1. 210，云南 1. 086
1 及以下	湖北 0. 840，新疆 0. 829，甘肃 0. 684，湖南 0. 517，青海 0. 382，宁夏 0. 317，江西 0. 307，海南 0. 225，安徽 0. 148，广西 0. 024

注：省（市、自治区）名称后数值为万人拥有职业培训专任教师数量。

表 5-5 内地 30 个省（市、自治区）2014 年万人拥有固定资产总值数量（元 / 人）

区间	省份及数量
1000 以上	广东 1291. 291
100～1000	江苏 249. 376，辽宁 101. 959
50～100	北京 98. 251，陕西 80. 801，浙江 62. 204，上海 57. 723
20～50	山西 42. 700，天津 39. 334，贵州 34. 295，吉林 26. 245，黑龙江 22. 686
10～20	湖北 19. 762，新疆 18. 816，山东 17. 189，河南 17. 008，内蒙古 16. 173，河北 16. 105，福建 15. 580，四川 13. 729，重庆 12. 694，湖南 12. 629
10 及以下	云南 9. 729，江西 8. 956，海南 8. 827，甘肃 7. 281，安徽 5. 987，宁夏 5. 352，青海 3. 633，广西 0. 784

注：省（市、自治区）名称后数值为人均职业培训固定资产总值。

三、职业培训发展综合指数

为比较各省（市、自治区）职业培训发展差异情况，仿照陈嵩等（2005）提出的“中职发展指数”①，选取万人拥有职业培训机构数量、万人职业培训结业生数量、万人拥有职业培训专任教师数量和人均职业培训固定资产总值4项指标，设定了各指标的权重。采用阈值法，对各项指标实施了无量纲化处理，构建了职业培训发展综合指数（Vocational Training Index，VTI）。

无量纲化处理公式为：

$$Y_i = X_i / \max X_i$$

式中：X_i 为某省（市、自治区）指标系列数值（$1 \leqslant i \leqslant 4$，且为整数）。其中，$X_1$ 为某省（市、自治区）万人拥有职业培训机构数量，X_2 为该省（市、自治区）万人培训结业生数量，X_3 为该省（市、自治区）万人拥有培训专任教师数量，X_4 为该省（市、自治区）人均职业培训固定资产总值，$\max X_i$ 为该指标系列最大值，Y_i 为对应指标的无量纲指标值。

在指标权重设定上，由于职业培训机构规模不一，各省（市、自治区）职业培训机构数量难以表达职业培训发展整体规模，故其权重仅设定为0.1；职业培训结业生数量直接反映了职业培训规模，也间接反映了政府投入状况（因地方政府均实施了职业培训补助政策），故其权重设定为0.4；职业培训专任教师数量也通过师生比等数值间接反映了职业培训规模，但未能反映出教师素质内涵等指标，将其权重设定为0.2；职业培训固定资产总值客观反映了职业培训投入状况，也间接反映了职业培训发展规模，将其权重设定为0.3。

职业培训发展综合指数（VTI，Vocational Training Index）的计算公式设计为：

$$VTI_n=0.1Y_{1n}+0.4Y_{2n}+0.2Y_{3n}+0.3Y_{4n}$$

式中：n 为某省（市、自治区）份编码数值（$1 \leqslant n \leqslant 30$，且为整数），$VTI_n$ 为该省职业培训发展综合指数，Y_{1n}、Y_{2n}、Y_{3n}、Y_{4n} 分别为该省份 X_1、X_2、X_3、X_4 指标的无量纲指标值。计算获取到各省（市、自治区）职业培训发展综合指数（VTI）如表5-6所示。

由表5-6可见，北京市职业培训发展综合指数达到0.696，天津市和江

① 陈嵩、马树超：《我国不同地区职业教育发展水平比较研究》，《教育发展研究》2005年第6期，第8~13页。

苏、云南、广东3省职业培训发展综合指数均超过0.4，上海市和辽宁、陕西2省均超过0.3，重庆市以及山西、贵州、浙江、新疆4省（自治区）均超过0.2，河南、河北、山东、四川、黑龙江、吉林、福建、内蒙古8省（自治区）均超过0.1，其他9个省（自治区）均在0.1以下。其中，广西壮族自治区职业培训发展综合指数最低，仅为0.004；安徽、江西2省也仅为0.015。可见，我国内地30个省份职业培训发展呈现极不平衡状态。

表5-6 我国内地30个省（市、自治区）2014年职业培训发展综合指数

区间	省份及指数
0.5以上	北京0.696
0.4～0.5	天津0.488，江苏0.478，云南0.413，广东0.404
0.3～0.4	辽宁0.389，上海0.342，陕西0.318
0.2～0.3	山西0.279，贵州0.272，浙江0.257，重庆0.244，新疆0.232
0.1～0.2	河南0.173，河北0.142，山东0.140，四川0.135，黑龙江0.133，吉林0.131，福建0.118，内蒙古0.170
0.1及以下	甘肃0.058，湖北0.049，青海0.041，湖南0.040，海南0.031，宁夏0.026，江西0.015，安徽0.015，广西0.004

注：省（市、自治区）名称后面数值为职业培训发展指数。

四、影响因素灰色关联分析

依据《中国教育统计年鉴》《中国人口与就业统计年鉴》，选取2014年内陆30个省（市、自治区）部分经济社会发展指标，采用灰色关联度分析法，探究了各项经济社会发展指标与职业培训发展（以职业培训发展综合指数表示）的关联程度，确定了影响各省（市、自治区）职业培训发展的主要因素。

（一）指标（因素）选取

根据数据的可得性，选取了各省（市、自治区）2014年人均GDP（A_1）、人均财政收入（A_2）、城镇人口比（A_3）、城镇居民可支配收入（A_4）、农村居民可支配收入（A_5）、就业人员中高中及以上人口数比（A_6）、财政性教育经费占财政总支出的比重（A_7）、第一产业产值（A_8）、第二产业产值（A_9）、第三产业产值（A_{10}）10项经济社会发展指标，具体如表5-7所示。其中：人均GDP用于反映各省（市、自治区）经济发展水平，人均财政收入用于反映政府财力状况，城镇人口比用于反映城镇化水平，城镇居民可支配收入和农村居民可支配收入用于反映劳动者对职业培训的购买力水平，就业人员中高中及以上人口数用于反映劳动者（含准劳动者）的教育文化素质，财政性教育经费占财政总支出的比重用于反映政府对职业培训经费支付（补助）能力，三产业产值用于反映区域经济结构。

（二）灰色关联度的计算

计算步骤为：

1. 确定参考数列和比较数列。将职业培训发展指数确定为参考数列，将社会经济发展 10 项指标确定为比较数列。

2. 对原始数据无量纲化处理。采取初值化处理方式，具体公式为：

$$C_k(n)=A_k(n)/A_k(1)$$

式中：k 为某省（市、自治区）社会经济发展 10 项指标和职业培训发展指数的编码数值（$0 \leqslant k \leqslant 10$，且为整数），$n$ 为某省（市、自治区）编码数值（$1 \leqslant n \leqslant 30$，且为整数），$A_k(n)$ 为该省（市、自治区）参考数列和各比较数列的初始化数据，$A_k(1)$ 为北京市参考数列和各比较数列的初始化数据，经计算得到初值化数据 $C_k(n)$。

3. 计算绝对差序列。采用公式为：

$$\triangle k(n)=|C_0(n)-C_k(n)|$$

式中：$C_0(n)$ 为参考数列的初值化数据，$C_k(n)$ 为各比较数列的初值化数据。经计算，得到绝对差序列表。

4. 计算灰色关联系数。采用公式为：

$$\zeta_k(n)=[\triangle(\min)+\rho\triangle(\max)]/[\triangle k(n)+\rho\triangle(\max)]$$

式中：$\triangle k(n)$ 为绝对差序列中各项的值，$\triangle(\min)$ 为绝对差序列中绝对值最小的数，$\triangle(\max)$ 为绝对差序列中绝对值最大的数，ρ 为分辨系数（取值为 0.2）。经计算，得到比较系列的灰色关联系数 $\zeta_k(n)$。

5. 计算灰色关联度。采用平均数的方法，计算各比较数列与参考数列的关联度 r_k。公式为：

$$r_k=\frac{1}{n}\sum_{n=1}^{n}\zeta_k(n)$$

式中：$\zeta_k(n)$ 为各比较数列的灰色关联系数。经计算，得到的各省（市、自治区）经济社会发展指标与职业培训综合发展指数之间的灰色关联度如表 5-7 所示。

表 5-7 内地 30 个省份 2014 年主要经济社会指标与职业培训综合发展指数关联分析

省份	A_1	A_2	A_3	A_4	A_5	A_6	A_7	A_8	A_9	A_{10}	A_0
北京	10.086	18.876	86.30	4.853	1.887	73.29	3.479	0.075	2.149	7.861	0.696
河北	4.012	3.325	48.12	2.414	1.019	26.16	2.953	0.470	2.047	1.495	0.142
天津	10.681	15.994	82.01	3.151	1.701	52.51	3.288	0.136	5.253	7.446	0.488
山西	3.515	5.003	52.56	2.407	0.881	35.60	3.976	0.217	1.734	1.564	0.279
内蒙古	7.114	7.370	58.17	2.835	0.998	33.05	2.689	0.652	3.651	2.811	0.107
辽宁	6.521	7.272	66.45	2.908	1.119	30.32	2.112	0.521	3.277	2.724	0.389
吉林	5.018	4.374	54.20	2.322	1.078	29.08	2.949	0.554	2.649	1.815	0.131
黑龙江	3.922	3.394	57.40	2.261	1.045	23.63	3.364	0.681	1.446	1.795	0.133
山东	6.106	5.150	53.75	2.922	1.188	35.68	2.459	0.493	2.958	2.655	0.140
江苏	8.198	9.099	64.11	3.435	1.496	36.29	2.312	0.458	3.886	3.854	0.478
上海	9.765	18.945	89.60	4.884	2.119	59.55	2.952	0.051	3.382	6.325	0.342
安徽	3.458	3.663	47.86	2.484	0.992	21.51	3.564	0.397	1.837	1.224	0.015
浙江	7.303	7.490	64.00	4.039	1.937	36.26	2.568	0.323	3.488	3.496	0.257
福建	6.374	6.233	60.77	3.077	1.265	34.54	2.638	0.534	3.316	2.524	0.118
湖北	4.719	4.420	54.51	2.485	1.085	33.83	2.826	0.548	2.216	1.957	0.049
湖南	4.043	3.370	47.96	2.657	1.006	38.57	3.081	0.471	1.865	1.705	0.040
河南	3.712	2.907	43.80	2.367	0.997	27.96	3.438	0.442	1.893	1.377	0.173
江西	3.474	4.152	48.87	2.431	1.012	29.32	4.531	0.372	1.824	1.279	0.015
广东	6.369	7.549	67.76	3.215	1.225	36.01	2.668	0.298	2.952	3.121	0.404
广西	3.321	3.003	44.81	2.467	0.868	22.03	4.214	0.511	1.552	1.258	0.004
海南	3.911	6.177	52.74	2.449	0.991	33.99	5.026	0.904	0.979	2.028	0.031
四川	3.520	3.768	44.90	2.423	0.094	24.75	3.704	0.436	1.722	1.362	0.135
云南	2.734	3.613	40.48	2.430	0.746	18.20	5.267	0.425	1.127	1.183	0.413
贵州	2.642	3.899	37.83	2.255	0.667	17.16	6.886	0.366	1.101	1.179	0.272
重庆	4.803	6.449	58.34	2.515	0.949	28.63	3.295	0.357	2.198	2.247	0.244
宁夏	4.208	5.165	52.01	2.328	0.841	27.81	4.458	0.332	2.051	1.825	0.026
新疆	4.092	5.622	44.47	2.321	0.872	31.61	6.123	0.680	1.744	1.672	0.232
青海	3.981	4.336	48.51	2.231	0.728	32.45	6.793	0.374	2.135	1.476	0.041
甘肃	2.647	2.601	40.13	2.180	0.628	28.57	5.879	0.349	1.133	1.166	0.058

（续表）

省份	A_1	A_2	A_3	A_4	A_5	A_6	A_7	A_8	A_9	A_{10}	A_0
陕西	4.700	5.015	51.31	2.437	0.793	37.28	3.922	0.416	2.544	1.740	0.318
关联度	0.960	0.976	0.945	0.955	0.952	0.965	0.888	0.556	0.886	0.975	—
排序	4	1	7	5	6	3	8	10	9	2	—

注：A_1 表示人均 GDP（万元），A_2 表示人均财政收入（千元），A_3 表示城镇人口比例（%），A_4 表示城镇居民可支配收入（万元），A_5 表示农村居民可支配收入（万元），A_6 表示就业人员中高中及以上人口数比例（%），A_7 表示财政性教育经费占财政总支出的比重（%），A_8 表示第一产业人均产值（万元），A_9 表示第二产业人均产值（万元），A_{10} 表示第三产业人均产值（万元），A_0 表示职业培训发展指数。

（三）灰色关联系数分析

由表 5-7 可见，各省（市、自治区）经济社会发展指标与职业培训发展指数的灰色关联系数从高到低依次为：人均财政收入（0. 976）、第三产业产值（0. 975）、就业人员受教育程度为高中及以上人口数（0. 965）、人均 GDP（0. 960）、城镇居民可支配收入（0. 955）、农村居民可支配收入（0. 952）、城镇人口比（0. 945）、财政性教育经费占财政总支出的比重（0. 888）、第二产业产值（0. 886）、第一产业产值（0. 556）。其中，第一产业产值与职业培训发展系数的灰色关联系数较低，可能与农业技术推广机构未纳入职业培训体系有关。第二产业产值与职业培训发展系数的灰色关联系数也较低，可能与企业内部职业培训体系较为完善、未纳入社会职业培训统计口径有关。财政性教育经费占财政总支出的比重与职业培训系数的灰色关联度也低于 0. 9，可能与财政性教育经费的主要投向为学校教育系统有关。

第三节 职业培训运行现状及满意度分析

职业培训满意度指“人们因为感觉到职业培训本身可以满足或者有助于满足自己的价值观需要而产生的一种愉悦的感受”（Locke，1996），是劳动者接受职业培训后内在的情感体验，源于企业员工满意度研究（Frederik Taylor，1911）。目前，职业培训满意度已成为评估职业培训效果的直接手段（Morgan 等，2000），根据柯克帕特里克（Kirkpatrick，1996）四层次职业培训效果评估模型，职业培训满意度（反应层）不仅会影响到其他三个层级（学习层、行为层、结果层）的效果，也会带来更好的绩效结果（Anderson 等，1993；Yoon 等，2000）[①]。为全面分析我国职业培训供给存在的薄弱环节，确定劳动者职业培训工作尚待改进之处，明确劳动者终身职业培训体系构建的重点，本研究以河北省为研究样本，采用问卷调查法，以职业农民和产业工人为体力劳动者代表，以高职教师为脑力劳动者代表，分析了劳动者职业培训运行的现状，调查了职业培训满意度状况，并针对调查中发现的问题访谈了部分劳动者，探究了相关问题的成因。

一、职业农民培训现状及满意度

农民职业培训方式众多，且农民参与状况不一。本研究分析了现有职业农民培训的主要模式，而后以认知度、参与度、认可度 3 项指标间接地反映了职业农民对职业培训的满意度状况。

（一）职业农民培训的模式

以河北省为研究样本，采取问卷调查和现场访谈两种研究方法，对现有职业农民培训实施的主要模式进行了调查。调查结果表明，河北省职业农民培训主要有以下 4 种模式：

1. 政府工程培训模式

政府工程培训模式指各级政府相关职能部门实施的，以工程带动或培训规划为主要形式培训职业农民的一种模式[②]。改革开放以来，应对农村经济发展与产业结构调整对高素质农村科技人才的迫切需求，我国高度重视农民职业培训工作，先后实施了“星火计划”“丰收计划”“燎原计划”等一系列“短、平、快”科技培训项目，有效地促进了农业发展、农村进步。20 世纪 90 年代初，国家实施了大型农民培训工程——“绿色证书培训工程”。农业部等相关部门根据农情变化需要，适时组织了“跨世纪青年农民科技培训工程”“新型农民科技培训工程”“农村劳动力转移培训阳光工程”“百万中专

① 刘晓晶：《教师培训满意度影响因素的文献梳理》，《中国校外教育》2016 年第 6 期，第 83 页。
② 张亮：《我国新型农民培训模式研究》，博士学位论文，河北农业大学，2010 年。

生计划”等一系列项目、工程、计划，大力推进了农民培训工作[①]。培训活动的名称逐步实现了由“计划”到“工程”的转变，培训内容涉及农业科技知识以及创业就业等非农技能。

总体而言，我国政府工程职业培训模式实施时间久远，影响范围较广，积累了丰富的经验。举办部门根据每个阶段农业、农民发展所需，灵活制订培训计划，合理确定内容，以提高农民的农业科技知识和技能等实用能力为目标，面向全体农民招收学员。政府实施部门通过制定相关政策、提供配套资金、确定培训机构，组织人力、物力等方面的资源提供各种支撑条件，自上而下组织。相关职能部门积极配合参与，充分发挥了主导作用，以颁发《绿色证书》《技能证书》、非学历《培训证书》等体现并衡量培训的效果。

访谈得知，政府工程模式立足国家农业发展全局的高度制订了培训规划，有效地发挥了政府在宏观调控、人力物力资源组织调配等方面的优势，具有政策、资金、机构、基地等相关要素支撑力度大、保障力强、覆盖面广、农民负担小等优势，容易产生推动效应。但同时也存在人力、物力、财力高消耗等缺点，政府自上而下统一安排，个性化程度不高，不能完全满足职业农民培训需求。农民多由包括村委会在内的类行政机构组织被动受训，自主性弱。此外，政府工程培训模式多限定了时间，职业培训机构必须在期限内完成培训目标，且多为短期，长效性差，项目之间也缺乏衔接性和持续性，不利于农民职业生涯的持续发展。

2. 院校职业培训模式

院校职业培训模式是指以中、高等农业职业院校为实施主体，以接受正规学历教育或非学历培训为主要形式，对农民实施职业培训的模式。改革开放以来，河北省农村职业教育事业发展较快，形成了以县级职业技术教育中心为龙头、以乡镇成人学校为骨干的职业培训网络，为广大农民提供了接受职业培训的机会。自 2003 年起，河北省面向本省户籍、具有中等教育或同等学历、长期工作在农业第一线的青年，实施了“一村一名大学生”工程，并得到国家相关部门的认同。到 2013 年，已为农村培育了 3700 多名大学生。自

① 常英新、曹冀苏：《社会转型期中国农民职业教育发展的思考》，《继续教育研究》2011 年第 12 期，第 25~27 页。

2009年起，河北省又面向农村适龄青年广泛开展了“送教下乡”活动，将职业院校涉农专业的优质教育资源送到农村，把职业培训地点设在农户家门口，把课堂设在田间地头，力求方便更多农民接受系统的职业培训。各县（区）职业技术教育中心组织相关教师赴乡镇成人学校，采用“2+3”（即2天理论学习、3天实践）的方式向农村青年系统传授农业生产经营知识。通过边劳动、边学习的方式，实现了农业增产、农民增收。到2013年，全省共有30多万农民重返课堂。

综合分析，院校职业培育模式具有培训系统正规、师资雄厚等优点，有利于农民的长远发展和可持续发展，对农业发展、农村建设的贡献较大。但是，院校职业培育模式对农民的基础要求较高，适合文化程度较高的适龄青年、农业后备军和“塔尖型”农民的培训，存在成本高、周期长、见效慢的缺点。河北省相关县市“送教下乡”主管部门负责同志认为，由于接受系统学历教育农民机会成本较高、见效慢，适龄青壮年劳力宁愿外出打工也不愿意接受教育培训，学员多为留守妇女、岁数较大的职业农民，且参与积极性较低。

3. 远程教育培训模式

远程教育培训模式指通过运用电视、广播、互联网、录音、影像等多种技术手段和媒体介质，对农民开展远距离教育，使其自主选择并接受农业科学技术等方面的知识，自助提高自身素质的一种培育模式。1980年12月，中央农业广播电视学校成立，开启了远程农民教育培训的历程，开创了农民教育培训的新领域。1996年1月，中央七套农业频道正式播出，随后各省级农业电视频道陆续建立，加之“村村通广播电视工程”的推动，全国农村有线电视网络迅速普及，卫星技术和互联网信息技术的飞速发展，为农民培训远程化提供了现实的可能性。

河北省远程教育最初主要通过村广播站广播，或科技下乡队伍“大喇叭通信车”等方式实施。2005年5月1日，河北省电视台农民频道正式播出，全天播出近20个小时，以“服务三农问题”为宗旨，“传播现代农业科技信息，关注农民生活百态，帮助农民解决实际困难”为己任，成为涉农信息传播的主要工具。随着互联网技术的发展，河北省政府相关部门开始利用网络建立专家信息库等，为农民和专家沟通提供在线平台，通过手机终端发送短信提醒农民提防气象灾害、提供市场信息等，逐步完善了远程教育网络体系。实践证明，远程教育培育模式打破了传统培训方式在时空方面的局限性，农民可以随时随地学习，通过先进的通信设备实现与专家的“面对面”交流、进行答疑和讨论、及时解决存在问题，加速了科技信息的传播速度，加快了农业科技推广步伐。网络媒体作为信息承载量最大、互动性最强、集纳传播媒介最多的优势电子媒介，在农民培训服务中发挥着无可替代的作用。

据河北省部分县市相关部门负责人反映，远程式教育培训对地方基础设施依赖较强，互联网普及率仍需进一步提高完善。此外，远程式教育培训完全基于农民的自觉性，农民能否主动接受并充分利用这一教育资源不得而知，无法明确实施效果。同时，互联网信息平台的使用对农民的文化素质要求较高，大部分农村劳动力特别是年龄较大的职业农民难以熟练掌握。

4. 农技培训服务模式

农技培训服务模式是政府设立的农业科技服务机构在进行农业科技推广过程中对农民进行培训的一种模式。早在新中国成立初，我国就在东北、华北各地设立了农业技术推广站建设试点。到1957年，全国共建立农业技术推广站1.37万个，基本达到了一区一站，初步形成全国基层农业技术推广服务体系。而后几经波折，体系建设越来越完善。改革开放后已基本形成了市、县、乡三级，以县为主体的基层农技推广体系。通过全面推进农业科技进村入户活动，有效地解决了农民急需的技术难题，在农业技术的推广传播以及职业农民成长中发挥了重要作用。特别是近年来，除了政府部门兴办的农业技术推广系统外，还涌现了农民协会、农民经济合作组织、农业龙头企业和科研院所服务组织等，逐步形成了多元化的农业技术推广体系。1999年，福建省南平市政府在全国率先实行了科技特派员制度，受到广大农民群众的普遍欢迎。在国家科技部的推动下，河北省大部分市县也相继开展了科技特派员工作，有效地充实了基层农业科技推广工作力量，进一步加强了农业科技推广体系建设。

农业技术推广体系建设得到了国家及各级财政的大力支持。如2012年农业部、财政部提出《关于基层农业技术推广体系改革与建设实施指导意见》，“中央财政安排26亿元补助资金，将基层农技推广补助项目基本覆盖到全国所有农业市县”，各农业市县可根据各地实际需要申报项目，获得经费用于本地区农民教育培训。2013 年，河北省青龙满族自治县共获得省农业厅、财政厅基层农技推广补助项目资金 90 万元，并结合实际情况制定了《青龙满族自治县 2013 年农技推广补助项目实施方案》，通过确定主导产业和主推技术、选聘技术指导员和科技示范户、建立试验示范基地等措施，有效提高了农业技术推广信息化服务水平，为农民培训工作提供了强力支撑。

相关县市访谈得知，农技培训服务模式具有集科技推广、培训与服务为一体的优点，体系完整，可以深入到农村一线进行现场培训和技术指导。特别是“科技特派员”制度，将科研院所、大专院校最新的农业技术、品种推广到农村，提高新品种、新技术的应用转化率。河北省在总结传统农业推广的基础上，结合各地实际对新时期农业科技推广服务体系建设进行了探索和实践。但从总体状况看，传统农业推广机构仍占主导地位，体制、模式、人员、技术更新难度较大，体制不顺、机制不活、知识“老化”、保障不足、多元化服务组织发育滞后等问题仍未得到彻底解决，现有科技成果转化率仍然较低，转化速度依然较慢，覆盖面仍然较窄。特别是有关市场经营问题很少涉及，导致农民市场意识薄弱，面对市场风险仍然束手无策，难以实现走向市场、参与市场竞争的目标。

（二）农民职业培训的实施效果

1. 认知度

问卷调查发现，在 1092 名被调查者中，知晓政府工程培训模式、院校职业培训模式、远程教育培训模式、农技培训服务模式的分别有 644 人、460 人、556 人和 292 人（多选题），分别占调查总人数的 58. 97%、42. 12%、50. 92% 和 26. 74%。可见，知晓政府工程培训模式的职业农民最多，说明其有较强的社会影响力。其次为远程教育培训模式，众多农民有看农民频道的习惯。再次为院校职业培训模式，不少农民对“送教下乡”感触颇深。知晓农技培训服务模式的农民最少，很多农民误认为基层农技推广机构是销售生产资料的。可见，现有农民职业培训模式整体社会认知度较低，所有培训模式的认知范围最高未超过 60%。政府工程培训模式在河北省职业农民培育过程中发挥着主导作用，影响范围较广；通过对电视、广播等媒体培训的认知度可以推测出河北省农民能自觉接受远程教育培训的人数不足 50%;“送教下乡”作为河北省农民职业培训的创新之举，影响范围较大，但享受人员及受益范围有限；仅有 26.70% 的农民听说过“基层农技推广服务体系”，说明基层农技推广体系尚待加强，作用尚待全面发挥。

2. 参与度

在 1092 名被调查者中，参加过各类培训模式的职业农民有 446 名，仅占调查职业农民总人数的 40.84%，说明农民培训范围有待进一步拓展。其中，参与过政府工程培训模式、院校职业培训模式、远程教育培训模式、农技培训服务模式的分别有 148 人、220 人、92 人和 118 人，占参加过各类培训模式农民的 33.18%、49.33%、20.63% 和 26.46%，可见，参加过院校职业培训模式的人员最多，这是由于很多农民将技术人员举办的讲座都视为院校职业培训模式所致；其次为政府工程培训模式。由于该模式多由村干部组织，可信度较高；再次是农技培训服务模式，说明政府农技推广机构在农村具有一定的影响力；远程教育培训模式认知度最低，多数农民认为其娱乐性大于教育性。

综合分析可见，河北省参与职业培训的农民仍然较少，与当前国家实施的大力培育新型职业农民的战略部署极不相称，亟须进一步优化，并扩大其社会认知，调动社会各界力量参与新型职业农民培育的积极性，进而激发农民群众参与职业培训的热情，提高参与度。

3. 认可度

河北省现有职业农民培育模式认可状况的调查分为“对提高农业生产能力的作用”和“对提高农业收入的作用”两项内容。

调查问卷将各种培训模式“对提高农业生产能力的作用”设置为“很有作用”“有作用”“有一点作用”“没有作用”和“不知道有没有”5 个级次。调查结果表明，在 1092 名被调查者中，认为各种职业培训模式对提高农业生产水平“很有作用”“有作用”和“有一点作用”的分别有 138 人、314 人和 402 人，占调查总人数的 12.64%、28.75% 和 36.81%。认为“没有作用”和“不知道有没有作用”的分别有 166 人和 72 人，占调查总人数的 15.20% 和 6.59%；

在提高农业收入方面，调查问卷将培育模式“对提高农业收入的作用”分为“大幅度提高收入”“提高收入”“对提高收入没有作用”和“不知道有没有作用”等4个级次。调查结果表明，在1092名被调查者中，认为各种培育模式能“大幅度提高收入”和“提高收入”的分别有182人和538人，分别占调查总人数的16.67%和49.27%。认为各种培育模式“对提高收入没有作用”和“不知道有没有作用”的分别有284人和88人，分别占调查总人数的26.01%和8.06%。

（三）现有培训模式的问题分析

1. 政府工程培训模式

现有政府工程培训模式多由各级政府及其相关部门组织，行政化色彩浓厚，且自上而下推动，多为短期、阶段性培训，培训内容缺乏针对性和连续性，与职业农民存在的由低级向高级的持续性转化过程相悖，不符合职业农民终身培训需求，同时，培训内容多面向生产经营型职业农民，不符合专业技能型和社会服务型职业农民的需要，缺乏包容性。面对科学技术快速发展的时代，专业技能型和社会服务型职业农民的知识结构与技能类型均需要逐步提升，而现有政府工程培训模式难以满足这一要求。

2. 院校职业培训模式

院校职业培训模式的实施主体为涉农职业院校或农业高等院校。调查发现，在国家的统一部署下，河北省农业中职学校或中职学校涉农专业广泛开展了职业培训工作。但是，对那些接受中职教育的农民而言，继续接受更高水平教育的渠道依然不畅，中、高等职业教育还未形成相互衔接、彼此贯通的系统，难以满足职业农民终身学习、持续成长的需要。此外，中职教育与高职教育“各自为政”，缺乏有效的沟通，在课程设置和教学内容安排上存在着严重的重复现象，在一定程度上浪费了职业教育资源，也影响了农民参与职业培训的积极性，难以满足传统职业农民向新型职业农民转变以及农民知识、技能持续增长的需要。

3. 远程教育培训模式

远程教育培训模式通过电视、广播、互联网等传播农业知识、科技信息，依靠农民自主接受培训，时间分散，难以保证职业农民接受系统、连续的培训内容，不利于职业农民综合素质水平的全面提高与持续提升、实现终身学习。培训内容多为文化、技术等理论知识，实践指导性差，主要适应生产经营型职业农民知识或技能提升的需要，难以满足专业技能型和社会服务型职业农民的培训需求。

4. 农技培训服务模式

河北省现有农技培训服务模式主要依靠各农技推广机构“进村入户”，到“田间地头”提供农业生产急需的实用技术，帮助农民解决生产中的关键问题，缺少对职业农民整个成长过程及终身学习的关注。培训对象主要为生产经营型职业农民，对专业技能型、社会服务型新型职业农民的培训较少，适用面较窄，提供的知识技能层次较低，也不能满足职业农民从低级向高级成长的现实需求，亟须与其他培训主体、培训模式相结合，不断完善服务形式，丰富服务内容。

二、产业工人培训现状及满意度

（一）产业工人职业培训运行的现状

非严格意义而言，我国产业工人指企业员工或准员工。产业工人培训的类型与方式指培训主体（通常是企业或企业委托的外培机构）为了实现培训目标而采取的员工职业培训的各种方式、形式、手段和程序等的总和。本研究在河北省邢台市产业工人职业培训需求调查过程中发现，不同所有制企业均立足企业发展战略和生产经验需求，根据不同培训对象制订了相应的职业培训计划，确定了相应的职业培训时间，安排了较为合理的职业培训地点，使员工职业培训得以有效运行。

1. 产业工人培训的类型

调查发现，河北省邢台市不同所有制企业均按培训内容将员工职业培训划分为技能培训、知识培训与作风培训，按培训对象划分为新职工培训与在岗职工培训，按培训层次分为基层生产员工培训、技术人员培训、基层管理人员培训与高层领导干部培训，与李海艳（2010）研究的D公司员工职业培训类型基本一致[①]。

深入分析邢台市某一企业年度职业培训规划发现，企业在具体培训项目中进一步细化了培训对象，如将在职员工分为基层生产员工、技术员工、管理员工等，基层生产员工再分为操作工、维修工、快检人员、生产骨干等，强化了培训内容指向。访谈企业人力资源管理部门负责人得知，企业管理层多将职业培训类型划分为入厂导向培训、在岗实习培训、管理培训、脱产培训4类。入场导向培训面向新职工实施，侧重于引导新员工熟悉工作环境与工作性质，掌握基础技术技能知识，培养其团队意识与工作热情。在岗实习培训指新员工接受入企导向培训上岗后，再对员工进行为期3～6个月学徒制培训，员工在培训师傅的指导下，熟悉生产流程与工艺要求，熟练掌握操作技能。管理培训是针对中高层管理人员进行的职业培训，其内容多为管理知识及领导决策能力提升培养等。脱产培训指企业安排员工暂时离岗，到与企业有合作关系的学校或科研机构进行理论学习，以便将理论知识融于生产操作之中。

2. 产业工人培训的形式

调查发现，河北省邢台市不同所有制类型企业内部员工培训多采用了传统的课堂讲授法与案例分析法实施，部分重要培训项目由企业委托外部培训机构实施（外培），在岗培训以“师徒制”、轮岗等为主要形式。此外，多数企业还利用车间广播、手机微信（短信）等形式，对员工实施提醒式培训，主要内容集中于安全生产知识、企业文化培训等。在职业培训过程中，不同所有制类型企业均注重发挥自身特长，将外培与职工福利相结合，激励员工做好本职工作。如外资企业利用海外资源优势，派遣部分优秀员工到海外企业学习等。

3. 培训时间与培训主体

调查发现，河北省邢台市不同类型所有制企业均立足培训项目需求安排培训时间及培训责任主体。由调查获取的该市某企业部分年度培训项目（表5-8）可见，企业员工培训因项目不同，培训时间安排从1个月到12个月不等，培训主体涉及安环部、技术部、质量部、人力资源部、车间等多个部门及单位。

① 李海艳：《D公司的员工培训体系设计》，硕士论文，山东大学，2010年。

表 5-8 河北省邢台市某企业员工培训计划（部分）

序号	培训项目	培训对象	人数	时间	方式	组织者
1	密炼工艺与5S 管理	车间生产员工	70	2～5 个月	集中	炼胶车间
2	硫化工艺规程	硫化岗位操作工	36	1～3 个月	集中	实心车间
3	电气焊培训	维修工	25	9 个月	集中	工程部
4	安全管理职责	全员	372	2 个月	集中	安环部
5	特殊作业与安全	生产及维修工	358	5 个月	集中	安环部
6	工艺技术培训	调度人员	4	6 个月	集中	生产部
7	实心工艺管理	技术工	7	7～9 个月	集中	技术部
8	标准及方法	快检人员	6	8～9 个月	集中	质量部
9	成本管理	财务、车间管理人员	6	5 个月	集中	财务部
10	英语培训	业务骨干	20	1～12 个月	集中	人资部
11	质量体系培训	内审员	20	1 个月	外培	质量部

4. 产业工人培训的特征

调查发现，河北省邢台市不同所有制类型企业员工培训呈现多元化特征，技术与管理更具市场化。企业作为利益最大化的追求者，也是产业工人职业培训的主要投资者，既要考虑员工培训时间的间接成本与培训费用的直接成本，也要重视职业教育在企业生产经营中的实效性与经济性。综合分析，河北省邢台市不同所有制类型企业职业培训呈现出以下 4 个特征。

第一，社会性。调查发现，河北省邢台市不同所有制类型企业职业培训对象集中于在岗人员或即将进入工作岗位的人员。一方面，培训对象具备了一定的社会认识能力，已产生了提高自己职业能力的意识和职业培训的需求，参加职业培训的主动性和积极性较强。在职业培训过程中，员工的自我观念、自学能力与培训需求均呈稳定状态。另一方面，企业培训涉？及外部委托培训，需要政府提供良好的社会环境，包括优质的职业培训机构、培训教师以及所需课程的安排等。同时，企业也需要顾及员工的家庭生活状况，特别注意女职工照顾老人、小孩等家庭责任，合理安排培训时间及培训地点等。

第二，职业性。调查发现，河北省邢台市不同所有制类型企业职业培训对象集中于在岗人员或即将进入工作岗位的人员，具有较强的职业性和明确的岗位指向性。参培人员能够意识到所学知识与技能为岗位所需，具有一定的责任感和使命感，具有认真学习、刻苦训练的信心和决心，在一定程度上保障了学习效果。但是，对于在岗人员而言，如果培训内容、培训方法、培训时间安排不尽适应自身要求，也会产生一定的抵触情绪。对于新入职人员，如果采取一味的说教方法，也会产生不良的效果。因此，对不同类型员工应该采取不同的培训方法和手段，进而保障培训效果。

第三，针对性。基于企业的逐利目的，河北省邢台市企业职工培训均立足企业生产经营需要实施，目的在于通过职业培训，提高员工知识与技能水平，为企业创造更大的绩效。在培训项目安排上，多为一些短、平、快项目，具有较强的针对性，既能够使参培者通过参加职业培训满足用人部门的需求，也体现了企业生产经营工作的重点。调查样本企业在 2015 年安排的 49 个培训项目中，安全生产培训项目有 21 项，技术培训项目有 9 项，二者占整个年度培训项目的 61.2%。由表 5–9 可见，技术培训、安全生产培训费用支出计划也高于其他岗位培训，凸显了企业员工培训的针对性。

第四，实用性。企业高度重视职业培训的原因在于能够提升绩效水平，实现其盈利及发展目标；对员工而言，希望能够通过参加职业培训提升知识与技能水平，进而增加收入或改变社会（企业中的）地位。调查发现，河北省邢台市不同所有制类型企业均制订了比较完善的员工培训计划，从培训项目、培训目标、培训对象、培训方式、培训课时、参加人数、资金投入等方面均做出了比较详尽的安排。但在执行过程中，计划与落实还存在一定的偏差，导致培训效果不够理想。一方面，管理者埋怨员工参与职业培训的积极性不高，学习不够认真；另一方面，员工埋怨培训内容不符合自己需要，培训形式、培训时间令人难以接受。可见，解决职业培训需求与供给的关系，是当前做好产业工人职业培训的关键问题。

表 5–9 河北省邢台市某企业外部培训计划（部分）

序号	培训项目	培训对象	人数	时间	方式	组织者	费用（万元）
1	电机直流调速	机修人员	6	3 个月	外培	工程部	1.2
2	电机控制器	维修工	7	5 个月	外培	工程部	0.8
3	PLC 变频应用	维修工	10	7 个月	外培	工程部	2.4
4	安全医疗救护	生产员工	358	4 个月	外聘	安环部	0.1

(续表)

序号	培训项目	培训对象	人数	时间	方式	组织者	费用(万元)
5	PPE 培训	生产人员	360	8 个月	外聘	安环部	1.5
6	空间知识	生产及维修工	360	10 个月	外聘	安环部	0.2
7	计划管理	计划员	2	3 个月	外培	供应部	0.7
8	仓储管理	库管	2	6 个月	外培	供应部	0.3
9	特种岗位	持证人员	150	随机	外培	人资部	8.5

5. 员工培训的发展趋势

第一，培训意识与地位中心化。调查发现，河北省邢台市不同所有制类型企业均深切认识到人力资源质量对提升企业整体实力的重要作用，将职业培训作为实施企业发展战略的重要环节，将其视为提高劳动者技能与价值的重要途径和提升企业绩效水平的有效措施，已经将职业培训由边缘地位提升到核心地位。因此，加大了职业培训投入，扩大了参培人员规模。职业培训活动也从企业内部向企业外部拓展，积极开展外部委托培训和聘请相关培训师来企培训。访谈企业管理人员得知，所有样本企业均认为政府应在制定和落实“减税降负”等经济措施的同时，加快劳动者终身职业培训体系构建进程，使企业特别是中小型企业员工能够享受到急需的职业培训服务。

第二，培训模式与方式多样化。调查发现，河北省邢台市不同所有制类型企业培训均打破了传统的课堂授课、外出考察等方式，从单纯的职业培训出勤、培训课时与培训内容考察逐步转向对不同业务部门员工进行系统的培训，明显表现出遵循员工职业发展路径的趋势。企业管理层根据不同层次员工的职业培训需求，采取了外培、外聘或内部集中培训等方式，提升了培训效果。培训方式采取“导师制”、远程授课、课堂培训、海外培训等多样化方式，更加注重培训快捷性和有效性，注重现代教育技术在企业培训中的应用。访谈企业部分产业工人得知，目前企业员工培训多从职业需求、岗位需要出发，难以顾及产业工人自身的兴趣与爱好，培训需求与供给之间存在较大的矛盾，需要通过建立社会化的劳动者终身职业培训体系给予解决。

第三，培训机构与内容外延化。调查得知，目前河北省邢台市不同所有制类型企业多采用内外结合的方式实施职业培训，进一步丰富了培训内容，提升了培训效果。但是，从现实状况看，随着企业转型、产业升级的逐步推进和科学技术的不断进步，外部培训师明显表现出知识老化、操作能力不强等现实问题。部分企业管理者要求政府加强社会职业培训机构教师管理，不断提升培训师质量，满足产业工人培训需求。目前，随着企业规模的不断扩大，部分企业已倾向于建立自己的内部培训体系，弱化对外部培训力量的依赖。在本研究调查的某样本企业46个培训项目中，内部培训项目占年度安排项目的69.6%。企业管理者反映，这样安排的原因在于外部无处去培训，没有教师能教。可见，改善劳动者职业培训供给侧改革，已经成为促进企业发展的现实任务。

（二）产业工人职业培训满意度分析

为了解产业工人职业培训满意度现状，确定产业工人职业培训实施的效果，选择河北省邢台市3类所有制企业（国有企业、外商独资企业、股份制企业），在调查职业培训需求的同时，调查了产业工人职业培训满意度的现状。调查样本与第四章产业工人职业培训需求调查相同。

1. 调查与分析方法

借鉴已有研究成果，编制了产业工人职业培训满意度调查问卷，并在案例企业进行了两次样本容量为50人的预调查。根据预调查发现的问题，对问卷进行了调整和完善，经预调查以及信度、效度检验等程序，确认问卷在可用范围之内。问卷分为被调查者基本信息和培训满意度两部分。其中，培训满意度分为培训条件、培训内容、培训过程、效果认知4个维度。培训条件包括企业重视程度、年培训次数、培训机会、经费支出4个问项；培训内容包括内容实用性、技能提升、满足需求3个问项；培训过程包括培训地点、管理制度、培训方式、外聘培训师、内部培训师、培训工具6个问项；效果认知包括培训效果、总满意度2个问项。采用Likert的五等级评定法，将问项设定为“非常不满意、不满意、一般、比较满意、非常满意”5个级次。根据河北省邢台市3类所有制企业（国有企业、外商独资企业、股份制企业）员工规模，按20%的比例发放了390份调查问卷。回收问卷366份，回收率为93.85%。根据问卷填写是否完整、回答是否符合题意等要求剔除无效问卷40份，确定有效问卷为326份，问卷有效率为89.07%。调查样本产业工人的人口学参数状况如第四章表4-8所示。

按问项“非常不满意、不满意、一般、比较满意、非常满意”5个级次，分别赋值 1 分、2 分、3 分、4 分、5 分。利用 Excel 软件对问卷调查结果进行了汇总，建立了数据库。利用 SPSS19. 0 统计软件，按问卷设定的 4 个维度和 15 个问项，分析了产业工人职业培训满意度的总体情况以及不同人口学参数产业工人职业培训满意度的差异。

2. 调查结果及分析

将调查获取的产业工人职业培训满意度调查结果整理为表 5-10 所示。按各维度分析，河北省邢台市产业工人对 4 个维度满意度得分在 3. 11～3. 94 分之间。其中，培训条件满意度处于“一般”状态，其他 3 个维度趋于“比较满意”状态。在 15 个问项中，产业工人对年培训次数、培训机会、培训经费、培训工具的满意度均在 2. 50 分以上、3. 50 分以下，处于“一般”状态。其他 11 个问项满意度在 3. 50 分以上、4. 50 分以下，均处于“比较满意”状态。

表 5-10 产业工人职业培训满意度统计描述

维度	均值	问项	均值	标准差
培训条件	3. 11	企业重视程度	4. 02	0. 905
		年培训次数	2. 90	0. 661
		培训机会	2. 83	0. 730
		经费支出	2. 67	0. 744
培训内容	3. 88	内容实用性	3. 95	0. 830
		技能提升	3. 83	0. 825
		满足需求	3. 85	0. 839
培训过程	3. 69	培训地点	3. 84	0. 877
		管理制度	3. 83	0. 841
		培训方式	3. 83	0. 838
		外聘培训师	3. 87	0. 763
		内部培训师	3. 92	0. 776
		培训工具	2. 86	0. 732
效果认知	3. 94	培训效果	3. 93	0. 753
		总满意度	3. 96	0. 747

不同人口学参数的产业工人职业培训满意度的维度差异如表 5-11 所示。不同企业类别产业工人职业培训满意度呈极显著差异（$P < 0.01$）；不同性别产业工人在效果认知维度呈极显著差异（$P < 0.01$），在其他维度无显著差异（P

>0.05）；不同年龄产业工人在培训条件、培训内容维度呈显著差异（$P<0.05$），在其他 2 个维度无显著差异（$P>0.05$）；不同工龄产业工人在 4 个维度均无显著差异（$P>0.05$）；不同职级产业工人在培训条件维度呈极显著差异（$P<0.01$），在培训内容、效果认知维度呈显著差异（$P<0.05$），在培训过程维度无显著差异（$P>0.05$）；不同学历产业工人在培训内容维度呈极显著差异（$P<0.01$），在其他维度均无显著差异（$P>0.05$）；不同月收入产业工人在培训过程维度呈极显著差异（$P<0.01$），在其他维度无显著差异（$P>0.05$）。

表 5-11 不同人口学特征产业工人职业培训满意度差异分析

人口学参数	培训条件		培训内容		培训过程		效果认知	
	F	Sig.	F	Sig.	F	Sig.	F	Sig.
企业类别	2.570	0.002	4.445	0.000	2.946	0.000	7.522	0.000
性别	1.123	0.336	1.385	0.178	0.991	0.473	4.052	0.001
年龄	1.948	0.021	1.941	0.034	0.803	0.710	1.588	0.150
工龄	1.723	0.051	1.799	0.053	0.512	0.961	1.286	0.263
职级	2.587	0.002	1.860	0.044	1.105	0.343	2.440	0.025
学历	1.141	0.321	2.823	0.002	1.197	0.255	1.747	0.110
月收入	1.573	0.085	0.924	0.517	1.962	0.009	1.447	0.196

分析不同企业产业工人各维度满意度差异如表 5-12 所示。在培训条件维度，三企业产业工人满意度均在 2.50 分以上、3.50 分以下，处于“一般”状态。其中，外商独资企业产业工人满意度显著高于国有企业（$P<0.05$）；在培训内容、培训过程、效果认知维度，外商独资企业和国有企业产业工人满意度均在 3.50 分以上、4.50 分以下，处于“比较满意”状态，股份制企业工人满意度为 2.50 分以上、3.50 分以下，处于“一般”状态。外商独资企业产业工人满意度均显著高于股份制企业（$P<0.05$）。

表 5-12 不同企业类别产业工人职业培训满意度描述统计

企业类别	培训条件	培训内容	培训过程	效果认知
外商独资企业	3.26	4.08	3.82	4.11
国有企业	2.90	3.86	3.72	3.98
股份制企业	3.07	3.48	3.40	3.49

注：表中数据为各维度满意度平均得分。

在不同人口学参数产业工人职业培训满意度的问项差异方面，由表5-13可见，不同企业类别产业工人对培训工具的满意度表现出显著差异（$P < 0.05$），对其他14个问项的满意度均表现出极显著差异（$P < 0.01$）；不同性别产业工人对培训机会、培训效果、总满意度表现出显著差异（$P < 0.05$），对技能提升的满意度表现出极显著差异（$P < 0.01$），对其他11个问项的满意度无显著差异（$P > 0.05$）；不同年龄产业工人对经费支出的满意度表现出显著差异（$P < 0.05$），对培训地点的满意度表现出极显著差异（$P < 0.01$），对其他13个问项的满意度无显著差异（$P > 0.05$）；不同工龄产业工人对经费支出满意度表现出极显著差异（$P < 0.01$），对其他14个问项的满意度均无显著差异（$P > 0.05$）；不同职级产业工人对培训机会表现出显著差异（$P < 0.05$），对其他14个问项的满意度均无显著差异（$P > 0.05$）；不同学历产业工人对年培训次数、内容实用性、满足需求、外聘培训师、培训效果的满意度均表现出显著差异（$P < 0.05$），对技能提升表现出极显著差异（$P < 0.01$），对其他9个问项的满意度均无显著差异（$P > 0.05$）；不同月收入产业工人对年培训次数、技能提升、满足需求、培训地点、管理制度、内部培训师的满意度表现出显著差异（$P < 0.05$），对经费支出、外聘培训师表现出极显著差异（$P < 0.01$），对其他7个问项的满意度均无显著差异（$P > 0.05$）。

3. 调查的主要结论

第一，产业工人对职业培训满意度亟待提高。产业工人对培训条件的满意度处于“一般”状态，亟待改善。其中，对年培训次数、培训机会、经费支出、培训工具的满意度处于“一般”状态。访谈得知，大多数产业工人反映其对培训持有积极态度，认为培训能提升技能、增加收入等，渴望获得更多培训机会，但实际上参加培训次数很少，很难满足其培训需求。另外，部分产业工人表示，目前职业培训费用过高，虽有政府和企业支持，但仍因机会成本等存在而放弃培训。调查结果表明，众多维度和问项满意度处于“比较满意”状态，但仍有较大提升空间，应引起政府相关部门、企业及职业培训机构的高度重视。

表 5-13 不同人口学特征产业工人职业培训满意度差异分析

问项	企业类别		性别		年龄		工龄	
	F	Sig.	F	Sig.	F	Sig.	F	Sig.
企业重视程度	15.504	0.000	2.264	0.133	0.725	0.669	0.746	0.651
年培训次数	9.077	0.000	2.947	0.087	0.444	0.894	0.633	0.750
培训机会	32.153	0.000	4.076	0.044	1.452	0.174	1.846	0.068
经费支出	10.188	0.000	3.563	0.060	2.320	0.020	3.251	0.001
内容实用性	11.544	0.000	1.977	0.159	1.567	0.134	1.528	0.146
技能提升	16.647	0.000	11.653	0.001	1.022	0.419	1.744	0.088
满足需求	16.103	0.000	3.306	0.070	1.035	0.409	1.064	0.388
培训地点	9.404	0.000	1.319	0.252	2.705	0.007	0.937	0.486
管理制度	8.631	0.000	1.546	0.215	0.687	0.703	1.235	0.278
培训方式	10.598	0.000	2.320	0.129	0.740	0.656	1.247	0.271
外聘培训师	9.270	0.000	1.369	0.243	1.833	0.070	1.404	0.194
内部培训师	13.890	0.000	1.746	0.187	0.287	0.970	0.654	0.732
培训工具	3.529	0.030	0.266	0.606	1.092	0.369	1.207	0.294
培训效果	18.393	0.000	4.612	0.032	0.855	0.555	1.500	0.156
总满意度	14.134	0.000	4.206	0.041	0.969	0.460	1.801	0.076

表 5-13 不同人口学特征产业工人职业培训满意度差异分析（续表）

问项	职级		学历		月收入	
	F	Sig.	F	Sig.	F	Sig.
企业重视程度	1.832	0.106	1.711	0.132	1.874	0.099
年培训次数	0.513	0.766	2.323	0.043	2.793	0.017
培训机会	2.362	0.040	2.056	0.071	1.905	0.093
经费支出	1.000	0.418	1.466	0.201	5.298	0.000
内容实用性	1.744	0.124	2.420	0.036	1.167	0.325
技能提升	2.185	0.056	3.116	0.009	2.310	0.044
满足需求	1.758	0.121	2.296	0.045	2.518	0.030
培训地点	1.560	0.171	1.063	0.381	2.682	0.022
管理制度	0.513	0.766	0.529	0.754	2.473	0.032
培训方式	1.723	0.129	0.287	0.920	2.228	0.051
外聘培训师	1.184	0.317	2.442	0.034	3.120	0.009

（续表）

问项	职级		学历		月收入	
	F	Sig.	F	Sig.	F	Sig.
内部培训师	0. 541	0. 745	1. 157	0. 330	2. 364	0. 040
培训工具	1. 955	0. 085	0. 577	0. 718	1. 441	0. 209
培训效果	0. 365	0. 872	2. 856	0. 015	2. 049	0. 072
总满意度	0. 820	0. 536	1. 450	0. 206	1. 929	0. 089

第二，产业工人职业培训满意度存在差异。外商独资企业和股份制企业的产业工人对培训条件满意度均高于国有企业，国有企业和外商独资企业产业工人对培训内容、培训过程、效果认知的满意度均高于股份制企业，男性产业工人对职业培训满意度均高于女性，20 岁以上产业工人对培训条件、培训内容的满意度均高于 20 岁及以下产业工人，高职级产业工人对培训条件、培训内容、效果认知的满意度均高于低职级产业工人，初中及以下或硕士学历产业工人对培训内容满意度较高于其他学历产业工人，月收入较高的产业工人对培训过程满意度较高于低收入水平产业工人。

三、高职教师培训现状及满意度

（一）高职教师职业培训运行的现状

随着我国经济的快速发展，知识和技能更新步伐的逐步加快，高职教师职业培训的重要性日益凸显。由于大部分高职教师任教前所学内容是当时甚至更早以前的专业知识与专业技能，大部分已不适应当前科技发展现状和企业要求。高职教师唯有实现终身学习，才能适应形势要求和岗位需求，为国家和社会培养更多的技能型人才。基于高职教育在教育体系中的特殊地位，我国各级政府教育行政部门一直高度重视高职教师职业培训工作，将其作为保障学校教学质量、提高学生就业质量的重要途径。

1. 高职教师职业培训的类型

访谈河北省 5 所高职院校相关部门负责人，得知目前高职院校教师培训按内容可分为以下三种类型。

第一，新任教师入职培训。河北省 5 所高职院校均开展了新任教师入职培训活动，3 所学校由人事部门和教务部门联合组织，2 所学校由学校人事部门、教务部门分别组织。目前，尽管高职学校拥有办学自主权，但招聘教师需要向省级教育行政部门、人事管理部门提出申请，按批准标准及人数实施。由于劳动力市场分割现象的存在，招聘教师多为应届硕士研究生（少量为本科生），具有企业实践经历的人员极少。应届毕业生需要通过新任教师入职培训，实现从学生到教师的角色转变。由于新任教师对首份职业具有新鲜感，也迫切需要了解任职院校的有关情况，均具有较高的参与热情。

在具体组织形式上，河北省5所高职院校均将其分为三个阶段，时间长度约为2～3周，采用校内与校外培训相结合的方法。第一阶段为新教师见面会，带有浓厚的行政色彩。组织新任教师聚集在一起，与学校党政领导和人事部门、教务部门负责人见面，由主管领导讲解学校管理制度。第二阶段为入职教育专题，由学校相关部门负责人向新任教师介绍学校发展史、校园建设现状、办学特色、教育理念及其他情况，以期让新任教师增强认同感，尽快进入工作状态。第三阶段为集体培训，其内容多由教务部门人员宣讲各专业人才培养方案，邀请部分在职教师讲授教学工作经验、学生工作经验等。部分学校新任教师入职培训时间较长，期间还组织新任教师赴合作企业、合作科研单位参观等。

第二，基础教学理论培训。基础教学理论指高职教师在实施教育教学工作过程中经常运用的一些教育教学理论、方法和技巧等。对新入职教师而言，由于大部分毕业于非师范类高校，多数新任教师需要重新学习教育学、心理学等知识。对在岗教师而言，随着科学技术的快速发展，也需要及时掌握一些新的教育理念和教学方法。如部分教师迫切需要掌握课程开发知识等，以便提升教育教学水平，增强岗位适应能力，提升教育教学质量。

在具体组织形式上，河北省5所高职院校均将其分为三个层次。第一层次为校本培训，由学校教务部门组织，如组织青年教师进行说课比赛、课件制作比赛等。各系部、各教研室也组织本单位教师实施人才培养方案研讨、教育教学工作经验交流等活动。第二层次为组织部分教师外出培训，由学校人事部门结合各系部根据上级（国家、省、市）教师培训活动安排情况实施。具体程序为学校人事部门转发上级部门开展职业培训活动的文件，各系部组织教师上报，再由学校行政领导结合人事部门研究决定。此类培训内容已由上级教育行政主管部门确定，很少顾及参培教师的自身需求。第三层次为外出进修，包括外出学历进修和访学进修等形式。对部分教师而言，由于进入高职院校任职时间较早，存在因学历水平较低影响其职称晋升等问题，需要通过再学习获取更高的学位。调查发现，河北省5所高职院校教师学历目标多以硕士学位为主、博士学位为辅。各校人事部门负责人反映，由于访学进修形式难以为高职教师带来现实利益，每年参加人员较少。

第三，专业教学实践培训。高职教育人才培养的目标定位于高级技术技能型人才，相对于传统高校教师而言，教师不但要具有专业理论知识，也需要具备一定的专业实践能力和实际操作能力[①]。就专业理论知识而言，高职教师可利用自我导向学习途径，通过书本及网络学习等实现。对于专业教学实践而言，则需要到相关企业学习，这是国家倡导的“双师型”教师队伍建设以及职业学校教师企业实践制度的根本要求，也是高职教师实现终身学习和不断参与继续教育活动的主要内容。从调查的河北省5所高职院校调查结果看，新任教师专业实践能力普遍欠缺，难以适应教育教学工作需要。其他在岗教师由于教学工作任务繁重，也难以挤出时间外出学习，直接影响了教育教学效果及高职教育质量。

从调查情况看，河北省5所高职院校均制定了一系列措施，强化了教师专业实践工作。集中体现在三个方面：一是制定相关政策，鼓励教师到企业实践。如在教师职称评定等方面对教师企业实践情况提出具体要求等。二是鼓励教师外出参加各种专业培训班、学术研讨会、专业交流会等，接触行业企业领先科技，提升专业实践技能。部分学校规定，对能够在大会发言的本校教师给予一定的物质和精神奖励。三是强化学校课程改革及实习实训基地建设工作，鼓励教师编写校本教材，带领学生在实习实训基地实施教育实践活动，增强专业实践的紧迫感和责任感。引导教师利用节假日时间主动到企业寻找师傅学习，提升专业实践能力和实际操作能力。

① 李婵：《终身学习背景下高职院校教师培训体系的构建》，《教育与职业》2016年第21期，第84~86页。

2. 高职教师职业培训的途径

调查得知，河北省 5 所高职院校专任教师培训主要利用了以下 6 条途径：

第一，本科高校培训。目前，各级政府教育行政主管部门安排的高职教师培训多在本科高校实施。一方面，本科高校聚集了一批优秀专家教授，能够及时把握科技发展最新动向，部分专业拥有先进的实习实验设备，能够为培训质量提供基础保障。另一方面，多数本科高校建立了继续教育学院等机构，具备面向社会举办各种培训班的能力。高职教师到本科高校接受职业培训，能够及时更新专业理论知识，增进科学研究技能，提升教育教学能力。既适用于新任高职教师的入职培训，也适应在岗教师的专业知识更新培训。对部分具有一定实践能力和科研水平的教师，由学校选派、以访问学者的身份到本科院校深造，也取得了良好的效果。此外，部分本科高校还面向职业院校教师开办了在职研究生班，高职教师可通过相应的国家考试参加学习，获得硕士乃至博士学位。但是，多数本科院校以理论教学为主，课程内容针对性差，难以满足参培教师的实际需求。另外，部分专家教授对高职教育了解不够，部分授课内容难以引发参培教师产生知识迁移，也直接影响了培训效果。

第二，培训基地培训。为满足高职教师职业培训的需要，国家和省级教育行政部门经过严格审查，设立了许多职业院校教师培训基地。河北省 5 所高职院校专任教师职业培训多在这些培训基地实施，取得了良好效果。但是，这些培训基地多设在本科高校内部，存在着本科高校培训的系列问题。同时，尽管省级教育行政部门制定了具体培训标准，但执行效果尚未达到“以高职教师职业生涯可持续发展的实际需求设计培训目标，以职业岗位广泛运用的最新技术为主线确定内容，以典型产品（工作项目）设计培训组织方式”，也直接影响了培训效果。

第三，企业顶岗培训。企业既是社会经济的生产单位，也是高职院校培养技术技能型人才的接纳单位。基于企业技术革新较快、代表了行业发展水平的现实，河北省 5 所高职院校均定期选派一定数量的教师进入企业，与管理者及专业技术人员相互交流学习，对提高教师实践技能和实际操作水平发挥了重要作用。但是，在实际运作过程中发现，部分企业的关键技术处于保密状态，不愿意向高职教师提供。此外，由于高职教师企业培训时间多集中于没有教学任务的寒暑假，部分企业具有抵触情绪，唯恐“不顶员工用”使企业利益受损，也直接影响了培训效果。目前，高职教师到企业接受培训，多采取带领学生实习的方式实施，与学生同受训、同进步。

第四，学校基地培训。目前，河北省5所高职院校均在校内外建立了实习实训基地。部分基地由企业和校方共同注资，企业提供设备，学校提供场地，为高职教师学习创造了良好条件。企业派遣管理人员和技术专家常驻或轮驻实训基地，既参与学校人才培养方案的制定以及专业建设活动，也经常与高职专任教师进行学术和技术交流，为相互学习提供了机会。同时，企业选派人员与高职教师通过在实习实训基地实施合作，就某一技术难点实施联合攻关，有效提升了高职教师科学研究能力和技术操作水平。高职教师通过接触和学习专业前沿技术，能将其转化为教学内容，有效提升了教育教学质量和人才培养质量。

第五，外出参观考察。调查发现，河北省5所高职院校将外出参观与考察视为专任教师职业培训的主要途径，具有“短、平、快”的特点。参观与考察地点既有同类学校也有相关企业，以同类学校居多。到同类学校参观时，积极鼓励教师参加观摩听课、教学经验研讨会等活动，与参观学校教师一起相互切磋教学技巧和专业知识，实现了经验共享。同时，在参观过程中，教师极易形成批判性思维，强化教育教学工作的反思能力，对推动学校工作、提升办学质量发挥了较大的推动作用。为组织好参观与考察活动，部分高职院校将其分为考察前、考察中和考察后三段。考察前从本校实际出发，确定参观单位，制订考察计划并做好动员工作。考察中根据事前安排好的考察计划和人员分工，采取“听、看、谈、录”等方式进行对口学习，力争不漏下一个关键环节。考察后根据事先计划和分工，整理参观考察报告或撰写心得体会，并在适当范围内进行交流，扩大考察影响。

第六，组织校本培训。调查发现，河北省5所高职院校均将校本培训作为高职教师职业培训的主要途径。各学校充分利用了校内实习实训基地和师资条件，使有经验的教师发挥了“传帮带”的作用，产生了“身边人教育身边人”的效果。校本培训致力于发挥全体教师的积极性，有效地扩大了职业培训活动的覆盖面。在培训内容方面，校本培训多遵循了学校发展战略，从学校与教师实际出发，重点探讨和解决教育教学实践中的具体问题，增强了职业培训的针对性和实用性。注重教师能力建设，达到了促进教师专业发展的要求。从总体上看，各学校虽然对校本培训的作用认识较深刻，并制订了年度规划以及投入预算等，但对高职教师培训需求仍缺乏科学、细致的分析，未能将学校发展目标与教师职业生涯发展有效结合在一起，在一定程度上影响了高职教师参与的积极性，同时，校本培训也存在方法单一、内容缺乏新颖性等问题，直接影响了培训效果。

（二）高职教师职业培训满意度调查

为了解高职专任教师职业培训满意度的现状，确定高职专任教师职业培训的实施效果，本研究组织相关科研人员，于 2016 年 11 月在河北省 5 所高职院校调查了专任教师职业培训的满意度现状。

1. 调查与分析方法

本调查采用问卷法结合访谈法实施。

借鉴已有研究成果，编制了高职专任教师职业培训满意度调查问卷，并在案例学校进行了两次样本容量为 50 人的预调查。根据预调查发现的问题，对问卷进行了调整和完善。问卷分为被调查者基本信息和培训满意度两部分。其中，培训满意度分为总体情况、培训师资、培训过程、后勤服务和培训效果 5 个维度。总体情况包括学校重视程度、年参加培训次数、培训费用支付 3 个问项；培训师资包括专业水平、教学技能、教学态度 3 个问项；培训过程包括课程安排、培训内容、培训方法、考核方式 4 个问项；后勤服务包括时间安排、食宿条件、考勤管理、培训材料、培训地点、学习环境和设备、应急措施 7 个问项；培训效果包括转变专业理念、丰富专业知识、提升专业技能、促进行为改变、强化管理能力、提升综合素质、培训证书认可度 7 个问项。采用 Likert 的五等级评定法，将问项设定为“非常不满意、不满意、一般、比较满意、非常满意”5 个级次。

问卷经预调查及信度、效度检验，确定在可接受范围之内。

在河北省5所高职院校选择280名专任教师进行职业培训满意度随机调查，回收问卷242份，回收率为86.43%。根据问卷填写是否完整、回答是否符合题意等要求剔除无效问卷26份，确定有效问卷为216份，问卷有效率为89.26%。调查样本专任教师的人口学特征状况如表5-14所示。

表5-14 高职专任教师职业培训满意度调查样本情况

维度	问项	人数	比例（%）	维度	问项	人数	比例（%）
性别	男	53	24.54	职称	无	12	5.56
	女	163	75.46		初级	39	18.06
年龄	35岁及以下	107	49.53		中级	101	46.76
	36～45岁	76	35.19		副高	54	25.00
	46岁以上	33	15.28		正高	10	4.63
学历	本科及以下	94	43.98	教龄	5年以内	16	7.41
	硕士及以上	122	56.02		5～10年	67	31.02
月收入	3000元以下	47	21.76		10～15年	59	27.31
	3000～4000元	73	33.80		15～20年	32	14.81
	4000～5000元	57	26.39		20～25年	23	10.65
	5000～6000元	23	10.65		25～30年	9	4.17
	6000～7000元	6	2.78		30年以上	10	4.63
	7000元以上	10	4.63	总计		216	100

按问项非常不满意、不满意、一般、比较满意、非常满意5项级次，分别赋值1分、2分、3分、4分、5分。利用Excel 软件对问卷调查结果进行了汇总，并建立了数据库。而后，利用SPSS19.0统计软件，按问卷设定的5个维度和24个问项，分析了高职专任教师职业培训满意度的总体情况以及不同性别、不同年龄、不同学历、不同职称、不同教龄、不同月收入教师职业培训满意度的差异。针对数据分析发现的问题，采取访谈法进行了深入探究。

2. 调查结果及分析

由表5-14可见，在调查的河北省5所高职院校中，女性教师人数是男性教师人数的3.07倍，说明高职专任教师以女性为主。35岁及以下年龄教师人数最多，36～45岁次之，46岁以上教师最少，说明高职专任教师以中青年教师为主；硕士及以上学历教师人数较多，是本科及以下教师人数的1.29倍，说明高职专任教师以硕士及以上学历教师为主；月收入3000～4000元的教师人数最多，其次为月收入4000～5000元的教师，再次为月收入3000元以下的教师，月收入5000元以上的教师较少；中级职称教师人数最多，初级职称及高级职称教师相对较少，说明高职专任教师以中级职称教师为主；5～10年教龄的教师人数最多，10～15年教龄的教师次之，再次分别为15～20年和20～25年教龄的教师，教龄超过25年或低于5年的教师人数较少。与2014年调查样本比较，河北省高职院校教师结构发生了较大变化，表现出学历增高、年轻教师增多的趋势。

由表5-15可见，按各维度分析，在调查的河北省5所高职院校中，高职专任教师对培训师资、培训效果、后勤服务、培训过程的满意度均在3.00～3.50分之间，均处于“一般”状态，对总体情况满意度仅为2.80分，处于“不满意”状态。在24个问项中，高职专任教师对年培训次数和培训费用支付满意度分别为2.64分和2.70分，处于“不满意”状态。其他22个问项满意度在3.00～3.50分之间，均处于“一般”状态。按各维度和各问项满意度平均，总满意度分别为3.17和3.20分，也均处于“一般”状态。

在不同人口学特征高职专任教师职业培训满意度的维度差异方面。由表5-16可见，不同性别、不同年龄、不同职称、不同教龄高职专任教师职业培训满意度均无显著差异（$P > 0.05$）；不同学历高职专任教师在总体情况维度表现出显著差异（$P < 0.05$），在其他维度无显著差异（$P > 0.05$）；不同月收入水平高职专任教师在各维度方面表现出极显著差异（$P < 0.01$）。

进一步分析不同月收入水平高职专任教师各维度满意度差异如表5-17所示。可见，在总体情况维度，月收入为3000元以下、3000～4000元、7000元以上的高职专任教师满意度分别为2.24分、2.66分、2.80分，均处于“不满意”状态；其他月收入水平的高职专任教师满意度均在3.00～4.00分之间，处于“一般”状态。在培训过程维度，月收入为6000～7000元的高职专任教师满意度达到4.17分，处于比较满意状态；月收入为3000元以下的高职专任教师满意度为2.69分，处于“不满意”状态；其他月收入水平的高职专任教师满意度均在3.00～4.00分之间，处于“一般”状态。在培训师资维度，月收入为6000～7000元的高职专任教师满意度为4.06分，处于“比较满意”状态；其他月收入水平的高职专任教师满意度均在3.00～4.00分之间，处于“一般”状态。

在后勤服务维度，月收入为3000元以下的高职专任教师满意度为2.87分，处于“不满意”状态；其他月收入水平的高职专任教师满意度均在3.00～4.00分之间，处于“一般”状态。在培训效果维度，月收入为6000～7000元的高职专任教师满意度为4.00分，处于“比较满意”状态；月收入为3000元以下的高职专任教师满意度为2.94分，处于“不满意”状态；其他月收入水平的高职专任教师满意度均在3.00～4.00分之间，处于“一般”状态。

表5-15 高职专任教师职业培训满意度统计描述

维度	均值	问项	均值	标准差
总体情况	2.80	学校重视程度	3.06	0.930
		年培训次数	2.64	1.120
		培训费用支付	2.70	1.124
培训师资	3.36	专业水平	3.29	0.916
		教学技能	3.33	0.901
		教学态度	3.44	0.913
后勤服务	3.27	时间安排	3.34	0.880
		食宿条件	3.23	0.981
		考勤管理	3.31	0.932
		培训材料	3.22	0.964
		培训地点	3.28	0.965
		学习环境和设备	3.33	0.926
		应急措施	3.14	0.910
培训过程	3.16	课程安排	3.31	0.937
		培训内容	3.12	1.089
		培训方法	3.06	1.026
		考核方式	3.12	0.959
培训效果	3.28	转变专业理念	3.22	0.894
		丰富专业知识	3.36	0.879
		提升专业技能	3.36	0.874
		促进行为改变	3.27	0.876
		强化管理能力	3.28	0.862
		提升综合素质	3.33	0.857
		培训证书认可度	3.15	0.910
满意度	3.17	—	3.20	—

表 5-16 不同人口学特征高职专任教师对 5 个维度的满意度差异分析

人口学参数	总体情况		培训过程		培训师资		后勤服务		培训效果	
	F	Sig.	F	Sig.	F	Sig.	F	Sig.	F	Sig.
性别	2.246	0.135	0.023	0.880	0.269	0.605	0.004	0.947	0.046	0.830
年龄	0.535	0.710	0.148	0.964	1.161	0.175	0.355	0.841	0.369	0.830
职称	1.493	0.206	1.308	0.268	1.838	0.123	1.125	0.346	1.156	0.331
学历	3.276	0.022	1.861	0.137	1.529	0.208	1.837	0.141	2.072	0.105
教龄	1.120	0.352	1.343	0.240	1.402	0.215	0.901	0.495	1.264	0.275
月收入	8.627	0.000	7.141	0.000	3.913	0.002	5.244	0.000	4.107	0.001

不同人口学参数高职专任教师职业培训满意度的问项差异如表 5-18 所示，不同性别高职专任教师对时间安排的满意度表现出显著差异（$P < 0.05$），对其他 23 个问项的满意度无显著差异；不同职称高职专任教师对学校重视程度、食宿条件的满意度表现出显著差异（$P < 0.05$），对其他 22 个问项的满意度无显著差异；不同月收入的高职专任教师对教学技能、教学态度、时间安排、强化管理能力、提升综合素质、培训证书认可度等 6 个问项的满意度表现出显著差异（$P < 0.05$）。对其余 18 个问项的满意度表现出极显著差异（$P < 0.01$）。

表 5-17 不同月收入水平的高职专任教师对 5 个维度的满意度统计描述

收入	总体情况	培训过程	培训师资	后勤服务	培训效果
3000 元以下	2.24	2.69	3.01	2.87	2.94
3000～4000 元	2.66	3.05	3.27	3.20	3.25
4000～5000 元	3.05	3.34	3.51	3.43	3.38
5000～6000 元	3.25	3.56	3.61	3.64	3.60
6000～7000 元	3.89	4.17	4.06	3.98	4.00
7000 元以上	2.80	3.58	3.76	3.44	3.51

表 5-18 不同人口学特征指标高职专任教师对 24 个问项满意度的差异分析

问项	性别		年龄		学历	
	F	Sig.	F	Sig	F	Sig
学校重视程度	0.471	0.493	1.468	0.213	2.462	0.064
年培训次数	2.058	0.153	0.978	0.420	2.933	0.34
培训费用支付	3.357	0.068	0.108	0.980	2.560	0.056
课程安排	0.005	0.941	0.725	0.576	1.439	0.232
培训内容	0.144	0.704	0.210	0.932	1.609	0.188

（续表）

问项	性别		年龄		学历	
	F	Sig.	F	Sig	F	Sig
培训方法	0. 241	0. 624	0. 045	0. 996	1. 275	0. 284
考核方式	0. 154	0. 695	0. 114	0. 977	1. 839	0. 141
专业水平	0. 528	0. 468	1. 751	0. 140	1. 609	0. 188
教学技能	0. 086	0. 769	1. 590	0. 178	1. 475	0. 222
教学态度	0. 195	0. 659	1. 128	0. 344	1. 226	0. 301
时间安排	6. 413	0. 012	0. 163	0. 957	1. 236	0. 297
食宿条件	0. 194	0. 660	0. 430	0. 787	0. 361	0. 781
考勤管理	0. 599	0. 440	0. 188	0. 945	0. 714	0. 545
培训材料	0. 016	0. 899	0. 417	0. 796	2. 196	0. 090
培训地点	0. 680	0. 410	0. 456	0. 768	2. 194	0. 090
学习环境和设备	0. 158	0. 691	0. 871	0. 482	1. 868	0. 136
应急措施	0. 176	0. 675	0. 641	0. 634	2. 499	0. 061
转变专业理念	0. 002	0. 969	0. 260	0. 903	1. 831	0. 143
丰富专业知识	0. 042	0. 838	1. 001	0. 408	1. 790	0. 150
提升专业技能	0. 113	0. 737	0. 382	0. 821	2. 369	0. 072
促进行为改变	0. 019	0. 890	0. 480	0. 751	1. 785	0. 151
强化管理能力	0. 055	0. 815	0. 587	0. 672	1. 473	0. 223
提升综合素质	0. 085	0. 771	0. 468	0. 759	1. 621	0. 186
培训证书认可度	0. 254	0. 615	0. 466	0. 761	1. 718	0. 164

表 5-18 不同人口学特征指标高职专任教师对 24 个问项满意度的差异分析（续表）

问项	职称		教龄		月收入	
	F	Sig	F	Sig	F	Sig
学校重视程度	2. 685	0. 032	0. 497	0. 810	8. 003	0. 000
年培训次数	1. 840	0. 122	1. 399	0. 216	9. 337	0. 000
培训费用支付	0. 362	0. 836	1. 586	0. 152	4. 517	0. 001
课程安排	1. 989	0. 097	2. 055	0. 060	4. 252	0. 001
培训内容	2. 047	0. 089	1. 194	0. 310	8. 513	0. 000
培训方法	0. 712	0. 585	1. 272	0. 272	6. 382	0. 000
考核方式	0. 477	0. 753	1. 009	0. 421	3. 655	0. 003
专业水平	1. 884	0. 114	1. 466	0. 191	5. 372	0. 000
教学技能	2. 036	0. 091	1. 281	0. 267	2. 837	0. 017
教学态度	1. 269	0. 283	1. 340	0. 241	2. 723	0. 021

（续表）

问项	职称		教龄		月收入	
	F	Sig	F	Sig	F	Sig
时间安排	0.915	0.456	1.222	0.296	2.318	0.045
食宿条件	2.457	0.047	1.048	0.396	4.394	0.001
考勤管理	0.680	0.607	0.575	0.750	3.769	0.003
培训材料	1.305	0.269	0.917	0.484	5.546	0.000
培训地点	0.880	0.477	0.937	0.469	3.579	0.004
学习环境和设备	0.340	0.851	0.897	0.498	3.529	0.004
应急措施	1.257	0.288	1.083	0.374	6.114	0.000
转变专业理念	0.711	0.585	0.954	0.458	3.661	0.003
丰富专业知识	1.893	0.113	0.940	0.467	3.465	0.005
提升专业技能	1.692	0.153	1.035	0.404	3.299	0.007
促进行为改变	1.252	0.290	1.213	0.301	5.171	0.000
强化管理能力	0.962	0.429	1.620	0.143	2.724	0.021
提升综合素质	1.052	0.382	1.316	0.251	2.921	0.014
培训证书认可度	0.789	0.533	0.978	0.441	3.040	0.011

进一步分析各问项满意度差异发现，女教师对职业培训时间安排的满意度（3.42 分）高于男教师（3.08 分）。随着职称的增高，专任教师对职业培训学校重视程度、食宿条件的满意度逐步增高。但是，正高级职称教师对食宿条件满意度显著低于副高级职称教师。各问项满意度均随教师月收入水平的提高而增高，但月收入 7000 元以上教师的满意度显著（或极显著）低于月收入 6000～7000 元的教师。

3. 调查的主要结论

第一，高职专任教师职业培训满意度普遍偏低。从总体情况看，年参加培训次数、培训费用支付处于不满意状态。访谈得知，众多高职专任教师反映年培训次数较少，难以满足专业发展需要，应引起政府教育行政部门和高职学校的高度关注。特别是在培训费用支付方面，部分参加培训的高职专任教师反映财务报销难、环节多，且部分费用由教师本人担负，既分散了教师教育教学的精力，也在一定程度上加重了教师的经济负担。在学校重视程度以及培训师资、培训过程、后勤服务和培训效果等方面的满意度均处于“一般”状态，尚有较大提升空间，应引起教育行政部门、高职院校及教师职业培训机构的高度重视。

第二，高职专任教师职业培训满意度存在差异。女性教师对职业培训的“时间安排”满意度高于男性教师。随着教师职称增高，专业教师对职业培训学校重视程度、食宿条件的满意度逐步增高，但正高级职称教师对食宿条件的满意度显著低于副高级职称教师。随着教师月收入的增加，对职业培训各方面的满意度逐步提升，高收入教师（7000 元以上）满意度显著低于月收入6000～7000 元的教师。访谈得知，高收入教师与正高级职称教师基本上为同一群体，且为年龄较大教师。他们认为同年轻人一起参加培训，职业培训机构没有落实国家规定的正高级职称教师应有的住宿条件等待遇。

第六章 劳动者终身职业培训体系框架设计

当今时代，作为提升人力资本的重要途径，劳动者终身职业培训体系建设已成为世界各国关注的重点。在我国经济发展呈现新常态、积极推进供给侧改革的现实背景下，企业转型、产业升级进程逐步加快，对劳动者知识与技能的需求越来越高。广大劳动者也迫切需要适应形势发展的需要，实现终身学习，不断提升就业再就业能力，提高收入水平，改善生活条件与质量。但是，相对于学校教育体系建设而言，我国劳动者终身职业培训体系建设明显滞后，难以满足广大劳动者的现实需求。全面推进小康社会建设，为供给侧结构性改革提供重要人力资源支撑，必须加快劳动者终身职业培训体系建设进程，实现由人力资源大国向人力资源强国的转变，不断为经济社会发展输送“人才红利”，提升我国的全球竞争力和影响力。本章基于相关政策文本，分析了劳动者终身职业培训体系的本质属性，确定了构建原则与构建目标，设计了框架结构。

第一节 劳动者终身职业培训体系的本质属性

属性是事物本身固有的性质，是必然的、基本的、不可分离的特征，也是某些方面质的表现。通常，事物总是表现出本质属性和非本质属性两个方面，本质属性集中反映了事物的基本特征，非本质属性则可能因人们看待事物的角度不同产生不同的结果。劳动者终身职业培训体系的本质属性规定了其社会效能，决定了其基本框架的构建逻辑，也规定了其发展目标与方向。因此，设计劳动者终身职业培训体系的构建框架，必须首先明确其本质属性。综合已有研究结果，确认劳动者终身职业培训体系具有以下 4 个方面的本质属性。

一、公益性与私人性统一

职业培训能够提升劳动者的知识水平，增进其劳动技能，可促使劳动者为社会做出更大的贡献，因而具有公益性。同时，劳动者通过参加职业培训，获得劳动技能，可提升收入水平，提高社会地位，因而具有私人性。就公益性而言，政府作为社会公共秩序的维护者、社会利益的调节者，理应是劳动者终身职业培训体系建设的主导者。但是，由于政府受现有财力的约束，不会也不可能满足每一位劳动者终身职业培训的需要，必须基于职业培训的私人性，激励社会主体多元参与，方能将劳动者终身职业培训体系做大、做强。同时，基于职业的排他性（就业的竞争性）的特点，对一些紧俏的职业培训项目通过市场调节的方法，也应向参培者（也称受训者、职业培训接受者等）收取一定的费用。一方面，可有效提升劳动者终身职业培训体系建设的投入总量，另一方面，也可通过该手段调节市场的人力资源结构。

二、福利性与竞争性统一

陈少华（2010）研究提出，实施以提升劳动者专业技能为主要内容的职业培训，对企业而言是一种投资，对员工而言则是福利①。劳动者在其职业生涯发展过程中希望通过接受职业培训获得现实回报，实现工作稳定及自身发展。其中，现实回报主要体现在薪酬和福利方面，工作稳定则指职业的稳定，自身发展则是在稳定前提下的发展，涵盖社会地位提升等多个方面。构建劳动者终身职业培训体系，应满足劳动者以上三个方面的要求，至少能够使劳动者实现一个方面的目标。实际上，唯有构建劳动者终身职业培训体系，才能使劳动者实现上述三个目标（或其中一个目标）。另外，劳动者就业的竞争性也引发了职业的竞争性，特别是那些高薪、高福利职业，往往会引发更大区域范围内的竞争。在这种情况下，雇主总是会挑选那些 KSAIBs 素质相对较强的雇员。劳动者终身职业培训体系的功能应能够满足劳动者上述需求，使其能

---

① 陈少华：《员工培训的福利性及其实现》，《武汉电力职业技术学院学报》2010 年第 4 期，第 62~65 页。

够不断提升自身素质，适应人力资源市场竞争。

三、即时性与终身性统一

即时性与终身性的统一也可以理解为“现实与长远的统一”。尽管每一位劳动者均有其自身喜好的职业追求，但劳动者需要养家糊口，不可能在没有任何积蓄、难以维持生存的情况下一味地追求某些理想的职业，理想总要回归现实。劳动者终身职业培训体系的构建体现即时性，需要能够真实、及时地反映人力资源市场的需求，培训方式、培训主体、培训内容、培训地点等都要满足劳动者的现实需求。实际上，这种现实本身就是人力资源市场需求和劳动者个人职业需求的一种妥协，劳动者终身职业培训体系应能够在二者之间发挥协调者的作用，使市场需求和劳动者需求实现有效“统一”，尽管这个“统一”有可能是短暂的。在体现即时性的同时，劳动者终身职业培训体系还应该关注劳动者的终身发展、可持续发展，这也是“以人为本”科学发展观的具体体现。实现这一目标，需要劳动者终身职业培训体系持续发挥作用，促使劳动者不断产生新的需求，实现层次递进。同时，劳动者参与职业培训所取得的成果应该与其他教育形式或职业资格能力实现相互关联。

四、系统内部与外部统一

体系是一定范围内同类事物按照一定的秩序和内部联系组合形成的整体，由不同的子系统组成。劳动者终身职业培训体系构建涉及体系内涵、体系属性、体系支撑、体系运行等诸多关键问题，既有封闭性特点，又具开放性特征。封闭性体现在劳动者终身职业培训体系能够自我形成边界，自成一个社会存在单元，具有社会属性，能够发挥社会功能；开放性指劳动者终身职业培训体系并非孤立存在，必然要与社会各个方面的因素关联，并与之产生物质与能量交换。因此，劳动者终身职业培训体系作为一类社会存在，本身就是一个复杂的系统，也是与社会诸多因素关联的系统。构建劳动者终身职业培训体系，既需要确保内部各个系统的协调统一、高效运行，也需要保持与外部系统的协调一致，适应社会大环境需要并作用于社会环境，进而吸纳社会物质与能量，产生能够作用（服务）于社会的效能。

第二节 劳动者终身职业培训体系的构建思路

在党中央、国务院相关政策的引领下，目前全国各地正在积极推进劳动者终身职业培训体系建设。但总体看，劳动者终身职业培训体系建设进程依然迟缓，尚未充分发挥其应有的效能。按照科学发展观“以人为本”的要求，立足我国职业培训事业发展的现实状况，构建劳动者终身职业培训体系应遵循与经济社会发展要求相适应、与现有学校教育形式相衔接、满足劳动者多样化培训需求、符合职业培训活动内在规律 4 项原则，实现培训对象全覆盖、培训类型多样化、培训等级多层次、培训载体多元化、培训管理规范化 5 项目标。

一、遵循原则

（一）与经济社会发展要求相适应

职业培训是职业教育的一种重要形式，与劳动者职业发展密不可分，与经济社会发展相融互促。因此，构建劳动者终身职业培训体系要呈现出“一体两面”。所谓“一体”，是指劳动者终身职业培训要自成体系，使其形成独有的本质属性。所谓“两面”，是指劳动者终身职业培训体系既要满足劳动者的现实需求，又要能够促进经济社会发展。既要具有现实性，也要具有前瞻性；既要适应当前经济社会发展的水平，也要满足经济社会发展未来的需要。尽管目前世界各国均在劳动者终身职业培训体系构建方面取得了丰富的经验，但由于各国经济社会发展水平不一，文化传统各异，很难直接运用于我国具体实践，必须实施本土化改造，实施创新创造，体现出中国特色。同时，我国地域辽阔，各区经济社会发展水平也存在一定差异，构建终身职业培训体系也应做到因地制宜，充分考虑区域社会发展的现实状况。唯此，劳动者终身职业培训体系才能在经济社会中存在，并逐步得以发展、壮大。

（二）与现有学校教育形式相衔接

虽然职业培训本身具有一定的独立性，但同属于教育系统，与学校教育形式密切相关。目前，我国已全面实施了九年义务教育，基本普及了高中阶段教育，所有高中后教育均取消了入学年龄限制，能够为全体劳动者提供接受继续教育（再教育）的机会。对劳动者而言，继续教育形式多样，既包括一定学制期的学历教育，也包括各类短期培训班。部分高等学校利用互联网+技术等，开设了网络公开课、微课、慕课等，也为劳动者实现终身学习创造了条件。部分省（市）级广播电视大学还设立了“学分银行”，为劳动者自我检验学习成就，完善学习资历、职业资历等提供了平台。构建劳动者终身职业培训体系，应注重与学校教育等形式的融合协调。从供给侧结构性改革视角出发，应注重理论知识学习与技术技能学习的双重供给，多种学习形式的全面保障，多种培训资源的“互联互通”，形成各类型人才培养的“立交桥”。

（三）满足劳动者多样化培训需求

尽管近年来我国劳动者总体规模呈逐年减少之势，但依然是世界上劳动者规模最大的国家。与世界发达国家比较，我国劳动者整体素质仍有较大提升空间，需要通过职业培训活动实现持续提高。就劳动者本身而言，由于其先天智力水平和后天职业经验、文化基础和技能状况以及兴趣爱好等千差万别，构建劳动者终身职业培训体系需要尽力满足每一位劳动者的终身职业培训需求，并伴随其一生的职业发展过程。劳动者一生可能要转换多种职业，每一次职业的转换均需要接受相应的职业培训，方能适应新的职业要求。即使劳动者终身从事一种职业，也存在不断适应外部环境及内部条件变化等问题，必然会产生不同的职业培训需求。构建劳动者终身职业培训体系，应具有广泛的包容性，使所有劳动者均有机会根据自身需求选择到适合的培训内容、培训地点、培训时间、培训教师和培训形式。

（四）符合职业培训活动内在规律

依据迈克尔·波兰尼（Michael Polanyi）二元知识论[①]，劳动者从事某一项职业需要掌握相应的显性知识与隐性知识，因此应注重外部环境对劳动者知识与技能学习的影响。依据德雷福斯（Dreyfus）技能获得模型[②]，劳

① 石中英：《波兰尼的知识理论及其教育意义》，《华东师范大学学报（教育科学版）》，2001年第6期，第36~45页。

② Hubert Dreyfus: How Far is Distance Learning from Education?, Bulletin of Science, Technology & Society, Vol. 21, No. 3, 2001, pp. 165-174.

动者知识与技能增进也是一个循序渐进的过程，必须依据劳动者的身心变化采取不同的培训形式。特别是在我国全面推进“大国工匠”培育的新形势下，要积极利用好现代学徒制和新型学徒制两种形式，促进劳动者尽快实现情感转变、实践转变和认知转变，使更多的劳动者顺利达到实践智慧（Practice Wisdom）阶段，成为“大国工匠”。依据诺尔斯（Knowles）成人教育理论[①]，要注重引导劳动者树立自我学习观念，形成内在学习动力，促进劳动者接受培训并取得应有的效果。依据陶行知的“教学做”合一理论[②]，“事情怎样做就怎样学，怎样学就怎样教，怎样教就怎样训练老师”。因此，构建劳动者终身职业培训体系应关注劳动者一生所有职业培训活动、过程及效果，依据知识与技能循序增进的内在逻辑，选择与之相适应的学校制、学徒制等职业培训形式。

二、构建目标

劳动者终身职业培训形成体系，强调了职业培训的系统性和可持续性，体现了劳动者知识与技能的持续增进要求。劳动者终身职业培训体系是一个系统体系，既是整个国家教育大系统中的重要组成部分，又是相对其他教育类型的独立系统。因此，构建劳动者终身职业培训体系要依据系统理论原理，注重要素的微观层面、结构的中观层面、环境的宏观层面，清晰系统的结构和功能，协调好各方面的相互关系，使与劳动者终身职业培训相关的各个要素聚合在一起，发挥比单一要素相加更大的功能与效能。据此，劳动者终身职业培训体系构建的具体目标应确定为培训对象全覆盖、培训类型多样化、培训等级多层次、培训载体多元化、培训管理规范化 5 个方面[③]。

（一）培训对象全覆盖

按人力资源社会保障部提出的我国就业规划安排，到 2020 年要“基本消

---

① Knowles M. S.: The Modern Practice of Adult Education: Form Pedagogy to Andragogy (2nd), New York: Cambridge University Press, 1980, pp. 77-81.

② 刘晓波：《“教学做合一”理论的后现代思考与实践》，《吉林省教育学院学报》2012 年第 10 期，第 16~18 页。

③ 《构建劳动者终身职业培训体系——对话人社部职业能力建设司司长张立新》，《职业》2014 年第 7 期，第 7~9 页。

除劳动者无技能从业的现象”。根据这一目标，劳动者终身职业培训体系的构建需要进一步扩张劳动者的内涵，将新生代劳动力、失业人员、在职职工、退伍军人、农民工及职业农民、大学生等城乡所有具有劳动能力的成年人全部纳入劳动者职业培训的范围，开展面向全体劳动者的职业培训。同时，还要加强九年义务教育阶段的劳动课教育，培养青少年的职业意识。

（二）培训类型多样化

立足不同人口学特征指标的劳动者，积极推动职业培训模式改革，大力发展职业技能培训、岗位技能提升培训、创业培训等，实现短期、中期、长期相结合，兼顾不同劳动者职业培训的差异化需求。以培训类型的多样化激发劳动者终身学习的热情，引导各级各类职业培训不断改进服务方式、提升培训质量。积极利用互联网 + 等现代技术，广泛推行慕课、微课等形式，让劳动者实现随时、随地学习，将终身学习视为日常生活的重要内容。

（三）培训等级多层次

与学校教育层次分级方法相对应，构建劳动者终身职业培训体系需要着力完善从初级工、中级工、高级工到技师、高级技师的纵向职业培训体系。通过完善学分转移制度、正规学校教育与职业培训沟通制度以及建立“学分银行、个人账户”等措施，搭建技能型人才成长的“立交桥”，畅通劳动者职业发展通道，使劳动者学有记载、学能见效，在为企业、为国家做出更大贡献的同时，能够为自己职业发展、收入增加、社会地位提升等带来实惠。

（四）培训载体多元化

劳动者终身职业培训体系构建是一项社会系统工程，单凭政府部门努力很难奏效，必须动员全社会力量，实现职业培训载体的多元化。要在政府的统筹领导下，充分发挥市场在资源配置中的决定作用，通过推进职业培训 PPP 等模式，引导社会各类资本向职业培训聚集，实现民办培训机构与公立培训机构的协同并进，多种所有制形式并存，逐步形成以企业培训机构为主体、各类学校职业培训机构为基础、社会职业培训机构为补充的职业培训大格局，不断提升职业培训规模总量。

（五）培训管理规范化

借鉴世界发达国家经验，通过建立职业“培训包”制度，建立健全全国统一、体现地方特色的职业培训标准体系。进一步完善职业培训管理制度，使各级各类职业培训机构能够在统一规制下运行，保护各利益相关者的权益，明确各利益相关主体的责任。注重发挥政府与市场的双重作用，逐步完善政府购买职业培训成果机制。加强对职业培训机构的全方位监督，实现职业培训的规范化、标准化、信息化管理。同时，各级各类职业培训规制应尽量与国际接轨，为职业培训机构“走出去”奠定基础。

第三节 劳动者终身职业培训体系的框架结构

构建劳动者终身职业培训体系是一项社会系统工程，唯有明确劳动者终身职业培训体系的框架结构，方能清晰其建设内容、建设方向与建设策略。基于系统论原理，劳动者终身职业培训体系框架应具有其主体框架和支体框架，分别对应于劳动者终身职业培训体系的主系统和子系统。综合前人研究结果，基于供给侧改革理论，将劳动者终身职业培训体系分为需求侧与供给侧两个方面，设计了劳动者终身职业培训体系框架，具体如图 6-1 所示。

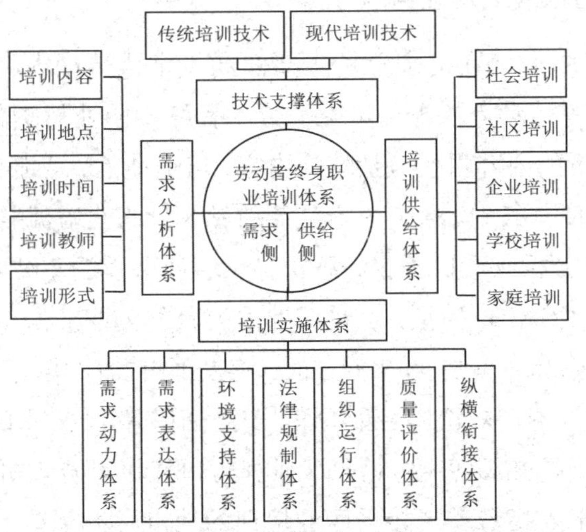

图 6-1 劳动者终身职业培训体系框架设计简图

一、需求分析体系

需求分析是开展职业培训活动的首要环节，也是强化职业培训供给的重要依据，包括“分析什么、谁来分析与怎么分析”等若干具体问题。若视劳动者某次培训需求分析的时间为人生某一个时间节点，那么各时间节点连在一起，便形成了劳动者终身职业培训需求的分析，所对应的“分析什么、谁来分析与怎么分析”便构成了需求分析体系。一般情况下，劳动者无论是否经历过职业变换，人生各个阶段、各个时期均存在不同的职业培训需求。需求体系与供给体系构成劳动者终身职业培训体系的两个方面，职业培训供给体系应想方设法满足劳动者职业培训需求体系，唯有及时准确地把握劳动者不同人生阶段的职业培训需求，所实施的职业培训活动才能成为有效的职业培训活动。否则，则是无效职业培训活动，劳民伤财。相对于职业培训 2C 市场、2B 市场以及政府改善民生、促进就业的责任，职业培训需求分析包括基于劳动者的、基于组织的和基于社会的培训需求分析 3 种类型。其中，基于组织的和基于社会的培训需求分析反映了组织这个“小社会”和人力资源市场这个“大社会”的职业培训需要，但就其实质而言，相关职业培训活动仍需要最终落实到每一位劳动者，归结于培训内容、培训地点、培训时间、培训教师、培训形式 5 个维度。

（一）基于劳动者的培训需求分析

基于劳动者职业培训需求分析主要面向新生代劳动力、失业人员、退伍军人、职业农民等劳动者实施，体现了劳动者终身职业培训体系构建的社会化特征。需求分析的内容主要包括培训内容、培训地点、培训时间、培训教师、培训形式 5 个维度。其中，培训内容是劳动者终身职业培训需求的核心，也是职业培训机构确定职业培训项目、开发职业培训课程的重要基础。依据劳动者个体素质评价 KSAIBs 模型，可将培训内容具化为职业知识、职业技术、职业能力、职业道德和职业行为 5 个方面。各方面的知识也可以分层细化，如职业知识可细化为生产知识、经营知识、安全知识等，生产知识可细化为机器操作知识、设备维护知识等，随职业培训机构和劳动者的认知能力确定，处于无穷状态；培训地点指劳动者接受职业培训的地点，直接涉及旅行、食宿等相关培训费用，关系到职业培训的成本支付及其效果问题，既可以按区域、地域划分，也可按组织（如企业）内外划分，还可指明具体实施地点，如农民职业培训中的“田间地头”等；培训时间包括时间长度、具体日期，直接影响劳动者的生产生活等各个方面，也可能形成机会成本；培训教师来源广泛，既可以是专职培训师，也可以是组织内部具有较高技术技能水平的员工，还可能是有关方面的专家等，要通过职业培训的需求分析，按培训对象科学合理地确定；培训形式多种多样，可分为正式培训和非正式培训、集中式培训和灵活式培训等，具体到某一参加培训的群体也处于无穷状态，且随现代科学技术发展而不断发展。

基于劳动者的培训需求分析应有相关培训主体的专业人员组织实施，这些专业人员需要具备文献归纳能力、问卷制作能力、实施调查能力和统计分析能力，且熟悉相关劳动者群体，具体分析方法可参照第四章相关内容确定。

（二）基于组织的培训需求分析

组织是人们为了实现一定的目标互相协作而形成的集体，是社会组成的基本单元和构成基础，包括各级各类群众组织、企业组织等。劳动者职业培训广泛存在于各类型组织之中，尤其是企业组织中。特别是在我国经济社会发展呈现新常态，企业转型、产业升级进程逐步加快的新形势下，企业对劳动者实施培训的需求更为强烈。基于劳动者的职业培训需求分析贯彻了人本理念，基于组织的职业培训需求分析则更加注重组织利益的实现和组织的可持续发展。企业的根本目的在于通过生产经营获取利润（当然也包括纳税及支付员工工资等），需要依据劳动者的绩效差距确定职业培训方式方法。传统培训理论将企业培训活动分为培训需求分析、培训目标确定、培训方案设计（重点是培训课程的设计）、培训活动实施（重点是培训课程的实施）、培训效果检验 5 个过程。本研究调查发现，目前多数企业注重中间 3 个过程，对培训需求分析及培训效果检验两个过程重视不够。组织在规划职业培训活动之前，应由内设专业部门对组织发展战略目标、绩效要求及其成员的个人发展目标、知识技能状况进行分析，最终确定是否开展、怎样开展职业培训活动。在过去半个多世纪，世界各国一直在广泛采用绩效分析模式（Performance Analysis Model）和组织—任务—人员分析模式（Organization-Task-Person，OTP）两种分析方法实施基于组织的职业培训需求，达到了较好的效果①。

1. 绩效分析模式

一般认为，绩效分析模式是在对企业实施职业培训需求分析的过程中自然形成的，其应用也最为普遍。绩效分析主要聚焦于预期绩效与实际绩效之间的差距，然后分析差距的成因，识别职业培训的需求。可见，确认差距是基于组织的职业培训需求分析的基础，包括确定绩效差距和确定素质差距两个过程。绩效差距是组织及其成员的现实绩效及追求绩效（或可能达到的绩效）之间的差距，可采取绩效评估的方法确定，具体方法有员工实绩记录法、工作标准法、代表人物评定法和目标管理评价法等②。素质差距是确定员工实现绩效目标所需要的 KSAIBs 与目前拥有状况的差距，确认哪些方面可以通过开展职业培训活动解决。职业培训所解决的问题聚焦于员工素质，企业绩效差距由多方面引发，包括体制问题、组织问题、环境问题、管理问题等，在职业培训需求分析时，应将上述因素排除在外③。依据 Taylor 等（1998）构建的绩效分析模式框架④，基于组织绩效的职业培训需求分析框架如图 6-2 所示。其中，虚线为各因素影响绩效的路径，实线为职业培训需求反映路径。

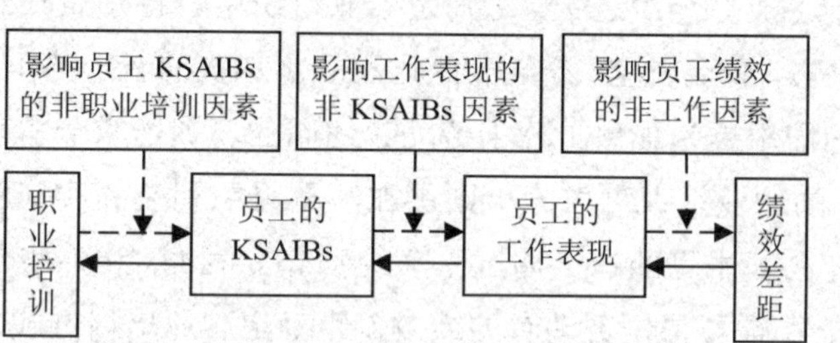

图 6-2 基于绩效的职业培训需求分析框架图

① 赵德成、梁永正：《培训需求分析：内涵、模式与推进》，《教师教育研究》2010 年第 6 期，第 9~14 页。

② 王学栋、牛向东：《培训需求分析在现代培训中的作用》，《职业技术教育（科教版）》2001 年第 34 期，第 42~43 页。

③ Taylor P. O.，Driscoll M. P.，Binning J. E.：A new integrated framework for training needs analysis，Human Resource Management Journal，Vol. 8，No. 2，1998，pp. 29-50.

④ Taylor P. O.，Driscoll M. P.，Binning J. E.：A new integrated framework for training needs analysis，Human Resource Management Journal，Vol. 8，No. 2，1998，pp. 29-50.

在确定差距之后，需要进行职业培训成本与效益分析。如果实施职业培训的成本大于绩效提升为企业带来的利益，则应将此类职业培训排除在外。如果职业培训能够为企业带来现实和长远的收益，则可以依据差距分析的结果确定职业培训的具体内容，并设计与之相应的培训地点、培训时间、培训教师、培训形式等。当然，对于涉及企业生存与发展的职业培训活动，如安全生产培训等，则无须考虑其取舍问题。此外，基于组织的职业培训需求分析也要考虑到供给侧方面，比如现有职业培训课程、培训师资是否能够满足需要等。同时，也需要考虑领导及其他管理人员的支持状况。要通过实施培训需求分析，使有关人员认识到组织存在的现实问题，发现组织成员在 KSAIBs 等各方面的差距，了解职业培训活动实施的成本和收益，为获得其支持创造条件。

2. OTP 分析模式

美国学者 McGehee 等（1961）研究认为[①]，基于组织的培训需求分析未将组织本身纳入是不全面的。客观、准确、完整地识别职业培训需求，应将组织、任务和人员三个层次均纳入分析的范围，据此提出了组织—任务—人员分析模式。其中，组织分析（Organization Analysis）针对组织自身实施，可采用 SWOT 分析方法或 PEST 分析法，确定组织自身发展具有的优势（Strength）和劣势（Weaknesses）、面临的机会（Opportunities）和威胁（Threats），以及组织发展外部政治（Politics）、经济（Economic）、社会（Society）、技术（Technology）的宏观环境等；任务分析（Task Analysis，也称 Operation Analysis）的主要内容包括某一特定工作任务或特定职业（岗位）的具体性质等，提出员工所担负的具体职责和应该具备的素质要求、预期的绩效标准等；人员分析（Person Analysis，也称 Man Analysis）则从员工个人实际出发，考察其 KSAIBs 状况及工作绩效等，进而确定哪些员工应该接受职业培训。可见，OTP 模式基于绩效分析模式形成，在确定员工预期绩效标准、发现绩效差距的基础上实施了组织分析，使职业培训需求全面表达了组织需要。

各级各类组织应用 OPT 模式实施职业培训需求分析取得了巨大成功，并

① McGehee W.，Thayer P. W.：Training in Business and Industry，New York：Wiley，1961，p. 24.

在实践中逐步得以完善。Goldstein（1980）提出[①]，基于组织的职业培训需求分析应特别关注劳动者职业培训目标与组织内特定人群的发展目标的符合程度，高度重视员工自身的职业培训需求。Hall（1986）等提出[②]，基于组织的职业培训需求分析不仅要依据组织现况实施分析，而且应重点分析组织发展的未来目标，确定员工应该具备哪些知识与技能。Latham（1988）等研究指出，基于组织未来发展战略目标分析员工的职业培训需求已经成为组织的道德责任，强调关注不同人口学特征参数劳动者的培训需求差异，实施民主分析（Demographic Analysis）[③]。此后，基于 OTP 模式发展而形成了基于职业能力胜任特征的分析模式、前瞻分析模式等，也在不同组织的职业培训需求分析中得以广泛应用。

（三）基于社会的培训需求分析

如果说基于劳动者的、基于组织的职业培训需求分析分别强调了个人利益和组织利益，那么基于社会的培训需求分析则调和了两个主体之间的利益矛盾，实现了个人利益与组织利益的有效统一，也产生了社会效益。政府是社会秩序的维护者和管理者，基于社会的培训需求分析理应由政府人力资源管理部门负责，委托相关专业部门具体实施。

基于社会的职业培训需求分析可在综合基于劳动者、组织的分析方法的基础上实施，视社会为一个更大的“组织”。需要格外注意的是，需求分析人员在调查了解劳动者自身职业发展的同时，要积极引导其发展符合社会现实的需要。唯有劳动者个人的发展需求与社会发展需求相吻合，劳动者职业发展才能得以顺利实现，社会也才能得到发展。王卓妮等（2017）对不同行业的业务及其水平、社会经济区域以及职业培训在发挥缩小地区差距的作用等方面进行了分析，确认劳动者职业培训需求存在区域差异，需要相关部门

---

① Goldsten I. L.：Training in work organizations，Annual Review of Psychology，No. 31，1980，pp. 229-272.

② Hall D. T.：Dilemmas in linking succession planning to individual executive learning，Human Resource Management，No. 25，1986，pp. 235-265.

③ Latham G. P.：Human resource training and development，Annual Review of Psychology，No. 39，1988，pp. 545-582.

和职业培训需求分析机构给予高度关注[①]。同时，以 OTP 框架为基础，并参考 Latham 等提出的人口统计分析要素，建立了拓展职业培训需求分析模型。本研究在此基础上进行了改进，形成了新的基于社会的职业培训需求分析模型[②]，具体如图 6-3 所示。

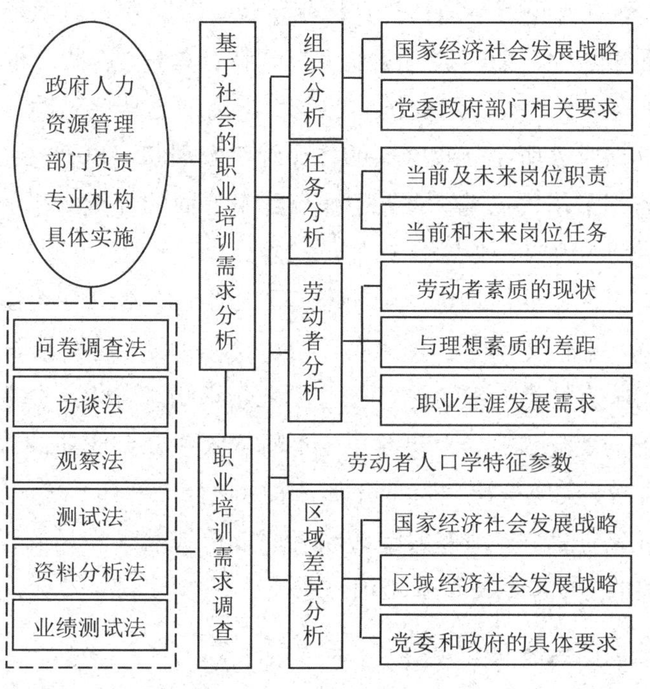

图 6-3 基于社会的职业培训需求分析模型

基于社会的职业培训需求分析中的组织分析主要从社会发展需要出发，依据为国家经济社会发展战略以及党和政府具体要求。如果进行的是区域社会职业培训需求分析，则还要参考当地经济社会发展规划以及地方党委和政府及其相关部门有关要求，进而判断职业培训能够解决的具体问题，明确本地劳动者终身职业培训体系建设的目标与内容。任务分析主要是了解当前本地人力资源市场劳动者需求的状况及需要具备的技术技能类型，并对未来趋

① 王卓妮、赵亚南、叶梦姝：《试述区域差异分析在培训需求分析中的必要性》，《继续教育》2017 年第 1 期，第 31~32 页。

② 注：基于王卓妮等“扩展的培训需求分析模型”提出，见①。

势做出前瞻。换言之，就是要了解本地企业等组织当前及未来职业岗位的空缺状况以及对劳动者职业技术技能的需求，进而明确职业培训的任务与内容。劳动者现状分析主要是分析本区域劳动者的KSAIBs素质状况，确定现实、未来与组织分析结果的差距，同时了解劳动者自身职业生涯发展的现实与未来需求，使劳动者自我目标与社会目标相一致。劳动者人口学特征参数分析的内容主要在于获取职业培训对象的人口学特征指标，以此分析其职业培训需求差异，使政府及相关部门安排的职业培训活动更具针对性。区域差异分析主要分析培训对象所在行政区域的社会经济发展状况以及文化背景等，探究其对职业培训需求的影响。最后，综合各个方面的分析结果，确定政府开展职业培训活动的内容、地点及方式方法等。

基于社会的职业培训需求分析与基于组织的、基于劳动者的职业培训需求分析不同，并非仅适用于某一次培训活动，应成为政府相关部门的一项常态性工作。唯有持续不断地进行社会职业培训需求分析，才能动态地反映社会培训需求的变化过程，劳动者才能不断增强对社会职业的认知，自我调整职业培训需求，实现与社会职业培训需求的吻合。只有系统、完整、不断地分析社会职业培训需求，动态跟踪劳动者职业培训需求满足的程度和范围，才能构建完整的劳动者终身职业培训体系。

二、培训供给体系

职业培训供给应该满足职业培训需求，这是劳动者职业培训供给侧改革的基本要求。理想的状态是能够通过优化职业培训供给带动劳动者的职业培训需求，提升广大劳动者参与职业培训的积极性，实现终身学习。反过来，劳动者职业培训需求的增加会在更大范围形成职业培训市场，促进职业培训发展，实现供给侧与需求侧两个方面的相融互促，这也是我国“兴办人民满意的教育”的根本目标。可见，能否为劳动者提供及时有效的、持续不断的职业培训供给，是劳动者终身职业培训体系构建的关键。换言之，职业培训供给体系应该能够面向不同年龄阶段劳动者的职业培训需求，使劳动者实现终身学习。《中华人民共和国职业教育法》规定，职业培训包括就业前培训、在岗培训、转岗培训、转业培训、学徒培训以及其他职业性培训，可根据实际情况分为初级、中级、高级职业培训。当前，我国实施的职业培训项目类型众多，如按培训对象可分为农村劳动力转移培训、企业员工技能提高培训、大学生创业培训、教师培训等，按培训内容可分为职业技能培训、安全生产培训等。显然，劳动者终身职业培训体系的构建框架很难依据职业培训的类型设计。据此，本研究根据我国职业培训发展的现实状况，将职业培训供给主体归纳为家庭培训、学校培训、企业培训、社区培训和社会培训 5 种类型，各类型培训主体组合在一起，力求实现协同运行，形成了劳动者终身职业培训供给实施体系。

（一）职业培训供给体系的构成

1. 家庭职业培训

家庭作为社会的基本细胞，是每个人的灵魂所系、血脉所在、精神所依，是连接个人和社会的重要纽带①。家庭教育是贯穿人的一生的教育，是名副其实的终身教育。从家庭教育的功能看，家庭教育是人的思想成熟、精神成长、价值观形成的基础，表现出明显的职业培训职能。首先，家庭教育是长辈思想融化于爱护之中的教育，是每一位劳动者人生必然要经历的教育过程，赋予每一位劳动者生生不息的精神营养。在家庭生活中，子女最初总是以父母言行为榜样，通过同化作用，逐渐形成自己的行为方式、价值观和职业道德。其次，家庭教育是职业培训的主要形式之一。在封建社会，我国家庭既是生活单位，也是生产单位。即使在当代，家庭依然是我国农业生产经营的基本单位，家庭教育在传递生活技能、自我服务技能的同时，依然担负着农业技术传承的重要职能。同时，部分民族工艺长期得以传承的载体就是家庭学徒制培训形式。再次，家庭教育培养了子女的社会职业角色，能使个体认识到自己的社会地位、作用和承担的义务、责任，影响了子女的兴趣爱好、目标理想、职业选择，为子女提供启蒙影响②。因此，构建劳动者终身职业培训体系应充分认识家庭教育的地位、特点、功能和在职业培训方面的重要作用，实现与其他职业培训形式的统一协调，形成合力，促进劳动者综合素质的持续提升。

---

① 翟博：《树立新时代的家庭教育价值观》，《教育研究》2016 年第 3 期，第 92~98 页。

② 胡莹、商虹：《论家庭教育的功能、特点和基本要求》，《西南农业大学学报（社会科学版）》2007 年第 1 期，第 138~141 页。

2. 学校职业培训

如第五章所述，我国普通高等学校、职业院校均面向劳动者开展职业培训活动。其中，985、211 高校以及其他国家重点高等学校多面向企业管理层开展职业培训，其他高校主要面向基层劳动者实施技术技能培训。学校职业培训是当前我国实施职业培训活动的重要载体，在解决培训人员规模化方面发挥了重要作用。特别是在理论知识培训方面，学校职业培训形式具有其他培训主体不可比拟的优势，在劳动者终身职业培训供给体系中发挥着主力军的作用。当前需要迫切解决的问题是，强化学校职业培训“双师型”教师队伍建设，与企业等生产经营单位开展合作，构建显性知识和缄默知识为一体的完整的职业培训课程体系。此外，各地建立的就业训练中心等具有学校性质的职业培训机构也在劳动者终身职业培训供给体系中发挥着重要作用，应借鉴美国“一站式服务中心”做法，融职业培训和就业服务为一体，逐步发挥其统领作用。

3. 企业职业培训

企业职业培训多针对自身提升绩效水平等目标实施，核心是通过对员工实施职业培训，提升其综合素质或某一方面的技术技能水平，为企业创造更大的绩效，同时也有效提升员工个人的收入水平。目前，我国部分较大规模企业通过内设专门培训机构，广泛实施了就业前培训、在岗培训、转岗培训、学徒培训，对劳动者终身职业培训供给发挥了重要作用。结合经济新常态以及企业转型、产业升级的新要求，企业职业培训要重点建立培训制度、内部运行、外部运行和培训人力资源 4 个子系统。培训制度子系统主要指依据国家有关政策法规、企业发展目标和需求制定，建立健全内部考核、鉴定等各类管理制度，并落到实处。内部运行子系统包括培训预测、策划、开发、实施等机构体系，主要由企业内设职工培训中心负责。外部运行子系统指各企业与社会培训机构联合开展劳动者终身职业培训工作，利用自身培训机构、师资、设备、厂房等优势条件为社会劳动者开展职业培训服务。培训人力资源子系统包括培训行政管理人员、技术管理人员、培训教师队伍 3 个方面，构成了企业开展劳动者终身职业培训的人才支持体系。

4. 社区职业培训

社区职业培训机构是政府公共职业培训机构的一种重要类型，是促进全民终身学习、建设学习型社会的有效载体，承担着为社区内不同年龄层次、不同文化程度、不同收入水平的劳动者提供多样化培训服务的重要职责，体现了职业培训供给的普惠性。与其他职业培训机构比较，社区职业培训机构更具有灵活性，为劳动者终身职业培训供给发挥拾遗补缺的作用。基于社会职业培训（教育）供给的优势，2016 年教育部等九部门已将社区职业培训（教育）服务确定为今后一个时期我国教育改革和发展的重点[①]。

落实教育部等九部门《关于进一步推进社区教育发展的意见》，优化社区职业培训供给，应建立社区职业培训机构与其他职业培训机构的合作沟通机制，政府设立的其他公共培训机构可向社区培训机构提供培训师资及各种各类的软硬件支持，社区培训机构也可为其他公共培训机构提供生源支持。建立社区职业培训教师人才库，保证社区培训机构拥有稳定的师资力量。建立社区中短期职业适应性培训基地，开展各种新型专业技能以及常用技能的培训，提高劳动者的职业发展能力。同时，劳动者通过参与社区职业培训，可自发形成一些学习型组织，促进终身学习目标的实现。

5. 社会职业培训

随着国家鼓励民办教育发展一系列政策的逐步实施，我国不同投资主体兴办的各类职业培训机构以及就业训练中心等不断地增多，社会培训机构成为公办（政府兴办）职业培训机构的必要补充和强化职业培训供给的重要力量。由于社会职业培训机构具有办学灵活、贴近企业等特点，在培养社会急需的技术技能型人才方面也发挥着日益重要的作用。目前，社会职业培训机构多采用“快餐式”职业培训课程，培训周期短、内容更新快，成为社会职业培训机构吸引劳动者参与的主要因素。

与公办职业培训机构不同，社会职业培训机构作为一个社会经济实体，更加注重效益回报，关注点在于实施的职业培训项目能否得到更多学员的认可，吸引更多的劳动者参与。开设的职业培训课程多为投入少、产出快的专业。由于办学理念的影响，部分社会职业培训机构对参培人员行为的管理较为松散，部分职业培训机构为实现经济利益的最大化，也存在信用观、社会观

① 《教育部等九部门关于进一步推进社区教育发展的意见》，2016 年 7 月 25 日（http://www.jyb.cn/info/jyzck/201607/t20160725_666607.html.）。

缺失问题，需要今后国家强化法律规制建设给予引导，也需要政府行政部门加强检查督导工作。

（二）职业培训供给体系的功能

根据劳动者职业培训需求的具体内容，构建劳动者职业培训供给体系应在以下几个方面做出积极响应。

1. 提高劳动者素质

目前，我国经济社会发展逐步呈现出形态更高级、分工更复杂、结构更合理的时代特征，同时也依然存在着部分产能过剩、企业资源消耗过大等问题。改变这一状况，迫切需要加快企业转型、产业升级进程。一方面，需要企业不断加强科学技术投入额度及研发力度，不断提升企业科学技术水平。另一方面，需要不断提升劳动者基础素质和技术素质，为社会经济发展不断输送“人才红利”。职业培训是我国由人力资源大国转向人力资源强国的重要载体，其供给体系建设理应立足经济发展、社会进步需求，通过精心选择教师、科学设计课程、合理配备设施等途径，引导广大劳动者主动接受相关职业培训。

2. 促进就业再就业

就业问题既是世界难题，也是我国亟待解决的重大社会问题和民生问题。近年来，我国政府高度重视劳动者就业再就业工作，通过加大管理力度和服务力度，有效地促进了就业，改善了民生。但是，由于我国人口基数庞大，就业压力仍十分严峻。2017 年全国普通高校毕业生达到 795 万人，为历史之最，且部分毕业生存在所学专业与社会需求脱节的现象①。同时，随着现代科学技术的发展以及“机器换人”等现象的出现，劳动者职业变化呈现出新的趋势。在这种情况下，众多劳动者迫切希望通过参加各种形式的职业培训活动掌握一技之长，实现就业再就业或职业（岗位）转换。职业培训供给体系应顺从民意，在用工单位与劳动者之间架起招工、就业的“桥梁”，为劳动者就业再就业或职业（岗位）转换广开“门路”。

① 新华社：《2017 届全国普通高校毕业生预计 795 万人》，2016 年 11 月 30 日（http://www.gd.xinhuanet.com/newscenter/2016-11/30/c_1120025922.htm）。

3. 提高劳动者收入

良好的教育、丰富的知识、娴熟的技能已经成为就业和就业者收入的决定性因素。2016 年我国城乡居民收入差距缩小到 2.7∶1。但是，在整个“十三五”时期，由于城镇劳动者上调工资等因素，城乡收入差距很有可能呈现进一步拉大的趋势[①]，形成新的低收入群体。本研究调查结果表明，目前我国低收入群体除部分劳动者是因为环境条件制约以及自身体质原因外，大部分是接受教育年限短的农村劳动力和城市低技能劳动者，迫切希望通过接受职业培训提高自身收入水平。职业培训供给体系专门负责面向劳动者实施技能培训，理应担当起这项社会重任。

4. 提升民生幸福指数

劳动者幸福指数的高低与其所从事的职业密切相关。有研究表明，职业生涯规划可以提高企业员工的工作积极性，使劳动者职业前景更加美好[②]。职业培训供给体系可以帮助劳动者认知职业、认可职业、发展职业，帮助每一位劳动者掌握一技之长，或帮助每一位在职员工不断提升技术技能水平，使其聪明才智得到充分发挥。劳动者通过参加职业培训，可使自身技术技能水平得到进一步提升，社会地位得到进一步提高，可寻求到更加适合自己、自己更加满意的工作，在获取更多劳动报酬的同时，引发成就感和幸福感。

5. 推进社会经济发展

技术技能型人才是推动社会经济持续发展的力量源泉。然而，仅凭学校教育很难实现这一目标，必须通过构建劳动者终身职业培训体系给予解决。由于广大劳动者均属于成年人，已很难再选择学校教育、采用固定学制期的形式实现终身学习，唯有通过参加针对性强、时间安排集中的职业培训活动，才能实现知识的更新和技术技能的提升，更好地服务于社会。因此，构建劳动者职业培训供给体系应充分发挥其职业教育、成人教育、继续教育以及终身教育的重要载体功能，充分了解行业企业发展需求，增强面向全体劳动者

---

① 《农村绿皮书：中国农村经济形势分析与预测（2015-2016）》，社会科学文献出版社 2016 版，第 52 页。

② 孙静、张林、陈全明：《企业职业生涯规划和员工幸福指数相关性研究》，《市场研究》2010 年第 8 期，第 53~54 页。

的服务意识，努力为社会经济发展提供急需的技术技能型人才。

三、技术支撑体系

职业培训技术是劳动者职业培训体系建设的一项重要内容，但受社会经济条件和科学技术发展水平制约，需要职业培训需求与供给两侧在思想上给予高度重视、行动上积极运用。特别是职业培训机构，应根据培训内容、培训对象、培训环境等合理选择适当的职业培训技术，或综合运用多种技术，调动参培者的学习积极性，进而提升职业培训的效果。以计算机技术的广泛普及为时间节点，职业培训技术分为传统培训技术和现代培训技术两类。

（一）传统培训技术

传统培训技术类型众多，按其特点可分为演示培训法、体验培训法、实地培训法三类。

1. 演示培训法

演示培训法指培训者通过演示职业培训内容、促进参培者接受职业培训内容的方法，具体包括讲座法和视听法两类。其中，讲座法包括团队讲座、客座发言、座谈小组三种具体形式。视听法（Audio Video Method）是基于视觉、听觉、嗅觉等人体感觉，利用幻灯、电影、录像和录音等视听教材进行培训的方法。由于视听法未与计算机技术结合，故仍称其为传统培训方法。

2. 体验培训法

体验培训法要求受训者亲身参与职业培训过程，通过亲身体验实现学习目标、掌握相关知识和技能的方法，对促进参培者掌握隐性知识极为有效。从目前职业培训实践看，体验法主要分为角色扮演（Role Playing）、仿真学习（Simulation）、行为示范（Behavior Modeling）、案例研究（Case Studies）、商业游戏（Business Games）5 种具体形式。

3. 实地培训法

实地培训法是在工作场所（或具体工作岗位）实施职业培训的方法，主要包括学徒制（Apprenticeship）、在职培训（On the Job Training，OJT）、实习法（Internship）、职务指导培训（Job Instruction Training，JIT）以及职务轮换、教练法 6 种具体形式。实地培训法也可称为现场培训法，指在真实、自然的社会生活环境中，综合运用观察、访谈和实验等方法实施培训，以客观、接近自然和真实的心理活动规律的方法实施培训。

在实地培训法中，改进后的学徒制培训形式得到世界各国的广泛关注。2014 年 9 月，我国教育部提出了《关于开展现代学徒制试点工作的意见》，在全国范围内部署了现代学徒制试点工作。2015 年 8 月，人力资源和社会保障部、财政部提出了《关于开展企业新型学徒制试点工作的通知》，决定在企业推行新型学徒制。2016 年 9 月，G20 杭州首脑峰会达成《二十国集团促进高质量学徒制倡议》，明确提出高质量学徒制为劳动者接受培训、增长经验、获得收入提供了独特机会，同时对更大范围的经济增长和创新做出了贡献[①]。

（二）现代培训技术

现代培训技术可分为多媒体培训、以计算机为基础的培训、E- 学习、自我导向学习 4 种具体形式。

1. 多媒体培训

多媒体培训是将传统的视听法培训与计算机技术结合在一起，通过与参训者互动的方式，将职业培训的具体内容通过文本、图像、图形、音频、动画、视频等形式表达出来的职业培训方法。与传统培训方法比较，多媒体培训具有极强的表现力和感染力，培训内容具体、形象，可以使学习者感官受到刺激，激发参培者学习的浓厚兴趣，提高参与职业培训的积极性。同时，多媒体培训也可以通过不同的表达形式，让参培者把握重点学习内容，突破难点内容，提高培训效率。实践证明，应用多媒体技术进行职业培训可有效地将各个工种所涉及的抽象的、复杂的专业知识转化成为直观的、生动形象的课件，让参培者一目了然。同时，虚拟演示和实验过程还能让参培者对设备和仪器进行任意实验与操作。

有学者详细归纳了多媒体培训的应用优势[②]，认为多媒体培训实现了实践与理论的结合、提高了学习效率、化解了工学矛盾、实现了职业培训进度的自

① 《二十国集团促进高质量学徒制倡议》，2016 年 9 月 27 日（http://www.g20.org/hywj/dncgwj/201609/t20160927_3503_3.html.）。

② 张琳：《多媒体技术在职业教育培训中的应用》，《黑龙江科学》2014 年第 9 期，第 150 页。

我控制，且具有互动性，内容及传递方式具有连续性，具有不受地理位置限制、反馈及时、储存空间大等诸多特点。多媒体培训可用动画、图像的形式实现虚拟实验，借助相应的教学软件，将理论教学和实践教学融合在一起，缩短了培训时间、降低了培训成本。同时，多媒体培训将电视媒体所具有的视听合一功能与计算机的交互功能结合在一起，产生出一种新的人机交互方式，且可以即时反馈，学员可按自己的学习基础、兴趣来选择自己所要的课程，可发挥参培者的学习主体作用，增强学习欲望。此外，多媒体培训可提高参培者的创新思维，使学员的个性、创新能力得以发展和提高。当然，多媒体培训也存在课程开发费用昂贵、不尽适用人际交往技能培训以及参训者对运用新技术有所顾虑等缺点。

2. 以计算机为基础的培训

以计算机为基础的职业培训（CBT）分为计算机辅助教学（CAI）和职能化的计算机辅助教学（ICAI）两种具体形式，表现出实用性、简便性、交互性、集成性、普适性和智能性等特点。

CAI 技术于 20 世纪 90 年代蓬勃兴起，典型的教学软件代表作有“开天辟地”和“万事无忧”等。进入新世纪后，基于计算机技术，许多培训思路与培训方法、培训内容结合，以基元形式积聚成库形成“积件”（Integrable Ware），被职业培训机构普遍应用，并显示出旺盛的生命力。计算机网络教学（Network Instruction，NI）技术的迅速发展，进一步拓展了职业培训的空间，各类软件产品迅速涌入职业培训领域，每年全国用于职业培训软件开发的投入达到数十亿元①。

与此同时，ICAI 职业技术也得到了快速发展，使职业培训向更为广泛的地域和时空领域推行，劳动者能够自己把握学习时间、选择学习内容。通过仿真模拟实验、实习等操作，有效地解决了目前基层职业培训机构设备少、实习成本高等问题，减少了不必要的资金投入②。此外，ICAI 技术通过多种表现

① 侯新华、闫志利：《论职业教育软件开发的技术标准及组织形式》，《职教通讯》2013 年第 26 期，第 42~46 页。

② 张伟远：《国外新兴网上教学开发工具功能的比较》，《江苏广播电视大学学报》2001 年第 12 期，第 18~20 页。

形式和问题情景的创设，支持接受式学习、自主探索式学习等多种学习方式，变学习过程为享受过程，开创了职业培训技术发展的新时代。

3. E- 学习

E- 学习（E-learning）也可翻译为网络化学习、电子化学习、数字化学习。广义上的 E-learning 是指一切采用电子技术手段实施的教育培训和学习活动。狭义上的 E-learning 是指通过国际互联网（Internet）、企业内部网（Intranet）和企业外部网（Extranet）等实施的教育培训和学习活动。E-learning 基于 Internet 或 Intranet 的学习方式，使劳动者接受培训的方式实现了时空分离，受到广大劳动者的普遍欢迎，逐步成为职业培训的新方式。E-learning 通过因特网进行教育及培训服务，使劳动者实现了随时随地学习，为实现终身学习提供了可能。在 E-learning 中，劳动者以一种全新的方式进行学习，改变了教师的传统作用，改善了师生之间的关系。同时，也提高了学生的批判性思维和分析能力，实现了职业培训目标。有学者认为 E-learning 具有知识网络化、学习随意性、学习内容更新及时、培训即时性、一致性、可跟踪和覆盖率 7 个特点，同时也承认存在传统培训观念影响、不能完全替代传统培训模式、课程体系缺乏系统规划、资源形式单一等问题。

针对 E-learning 存在的缺陷，近年来 Blended Learning（混合式学习或混合式教学）形式应运而生。Blended Learning 在分析学生需要、教学内容和教学环境的基础上，充分利用在线学习和课堂教学的优势互补性，改变了学生的认知方式和教师的教学模式、教学策略，更好地实现了职业培训的目标。

4. 自我导向学习

接受培训的劳动者与通常意义上的学龄期“学生”不同，表现出角色多样化的特点。参培者既是学生，也是社会和家庭的一分子，承担着相应的社会责任和家庭责任。在职业培训实施过程中，需要参培者能够合理地安排生活、学习以及工作时间。但是，参培者很多时候难以左右社会和家庭的“一些重要事情”，只能放弃相应的学习时间和学习精力。

20 世纪 20 年代，众多学者开始探索成人学习的方法和途径。1966 年，塔富（Tough，1966）提出了“自我导向学习（Self-directed Learning，SDL）”理论，认为成人学习活动广泛存在于日常生活之中，绝大多数学习活动并不需要教师的协助或全程协助，也不一定在特定地点（如教室）发生[①]。莫克（Mocker）和斯皮尔（Spear）于 1982 提出了自我导向学习模式，认为劳动者实现终身学习由学习目标和学习方式的控制者决定。正式学习（Formal Learning）的学习方式和目标均由机构控制；非正式学习（Informal Learning）的学习方式由学习者控制，学习目标由机构控制；不正式学习（Non-Formal Learning）的学习方式由机构控制，学习目标由学习者控制；自我学习的学习方式和学习目标均由学习者控制[②]。

综合前人研究成果可见，自我导向学习是一种由学习者自己制订学习计划、自己选择学习策略、自主学习并评价学习效果的学习模式，建立在一定的学习动机基础之上，体现出学习自主性、灵活性等特点。学习者可以根据自身需要灵活地选择合适的学习内容和学习策略，不受时间和空间的限制，能够体现劳动者个体差异状况，满足不同学习者需要。近年来，现代网络教学为成人学习者解决工学矛盾发挥了重要作用，微课、MOOCs 等更符合成人学习者特性，自我导向学习逐渐成为热潮。

四、培训实施体系

依据职业培训的内涵及功能，将劳动者终身职业培训实施体系分解为需求动力体系、需求表达体系、环境支持体系、法律规制体系、组织运行体系、质量评估体系、纵横衔接体系 7 个子系统。其中，前三个系统主要为需求侧服务，后三个系统主要为供给侧服务，法律规制系统用以规范职业培训的供需行为，保护供需双方及各利益相关者的应有权益。

（一）需求动力体系

劳动者接受职业培训的动力源广泛，可归结于内部（自身）动力和外部（环境）动力两个方面，二者达到协调统一，方能形成动力体系。其中，自身动力源于劳动者就业再就业（含创业）、提高收入水平、实现体面劳动等需求，

---

① Sharan B. M.：Andragogy and Self-Directed Learning: Pillars of Adult Learning Theory，The New Update on Adult Learning Theory，Vol. 89，2001，pp. 1-11.

② Boyatzis R. E.：Unleashing the Power of Self-directed Learning，2003-10-23（http://www.eiconsortium.org，2001/2003-10-23.）。

可具化为掌握先进实用的职业知识和技能，形成与社会需求相适应的职业能力，进而实现自身价值及追求目标；外部动力主要源于政府及社会企业组织，形成一种迫使的力量使劳动者参与职业培训。政府作为社会管理者及社会秩序的维护者，需要组织劳动者接受职业培训，提升社会人力资本存量，促进就业和再就业，保障经济社会实现可持续发展，扩大本国（区域）经济总量，提升市场竞争能力。企业组织基于绩效目标追求，也需要对劳动者实施职业培训，保证劳动者能够适应岗位需要，进而创造更大的绩效，不断提升企业的盈利水平，保障企业实现可持续发展。

1. 内源动力的影响因素

以职业农民培训为例，潘贤春（2006）研究发现，农民参加免费职业培训的愿望强烈，支付培训费用的意愿较低，喜欢的培训方式是科技人员现场指导，最需要的培训内容是农业新技术和植保知识，并愿意在本村培训①。与第四章表述的本研究结果基本一致，但其未能阐释不同人口学特征职业农民培训需求的差异。李彤等（2008）研究认为，我国农民职业培训在内容、方式、费用等方面亟待改革，农民受教育程度低，政府培训宣传工作不到位，农民培训组织缺位，农民培训需求得不到满足②。可见，培训费用、舆论宣传、培训教师、培训内容、培训地点等均是影响农民培训需求内源动力的主要因素。

2. 外源动力影响因素

廖文龙等（2015）研究了企业职工培训收益的中介效应，认为职业培训效益是企业员工培训需求的重要动力。一方面，培训收益可有效增加企业员工的工资收益、职业收益和岗位收益，强化员工的留职意愿，同时也为企业保持相对稳定的人才，有利于企业实现可持续发展；另一方面，培训效益本身与个人收益、企业收益联系在一起，直接促进了企业绩效水平的提升③。因此，企业愿意组织员工实施职业培训。毛永红（2016）以电力企业培训为例，确认近年来实行基于分层分类的目标群体激励制度，使员工职业培训规模达到了空

① 潘贤春：《加强杭州市农民培训的建议》，《杭州科技》2006 年第 3 期，第 31~32 页。

② 李彤、董谦、刘秀娟：《中国农民培训需求状况调查分析》，《中国农学通报》2008 年第 9 期，第 528~530 页。

③ 廖文龙、张军成：《企业培训前涉因素对员工留职意愿的影响：培训收益的中介效应》，《商场现代化》2015 年第 28 期，第 102~104 页。

前程度，不断提高了企业员工知识与技能水平，促进了电力企业的发展[①]。李凯（2016）研究认为，在当前国际经济大环境冲击和国内经济结构战略性调整的大背景下，我国纺织产业转型升级迫在眉睫，急需通过职业培训提升人力资本存量，实现技术价值的转换，增强企业发展的核心竞争力[②]。因此，企业转型、产业升级等均对员工参与职业培训产生外部动力。可见，劳动者职业培训需求的外源动力主要来自于企业认识水平、企业宏观环境状况以及职业培训效益等方面。

从宏观方面考虑，社会经济环境也是劳动者终身职业培训需求的外源动力。目前，我国正在积极推进供给侧结构性改革，企业转型、产业升级进程的加快，也激发了劳动者职业培训需求。按李守川等（2015）确定的产业结构与职业培训的关联性分析理论[③]，确认区域产业结构调整对职业培训需求变动的影响如图 6-4 所示，产业结构调整直接引发了专业（职业）类别的变化，形成职业培训需求，最终也引发了以培训层次结构调整为核心的职业培训供给侧结构性改革。

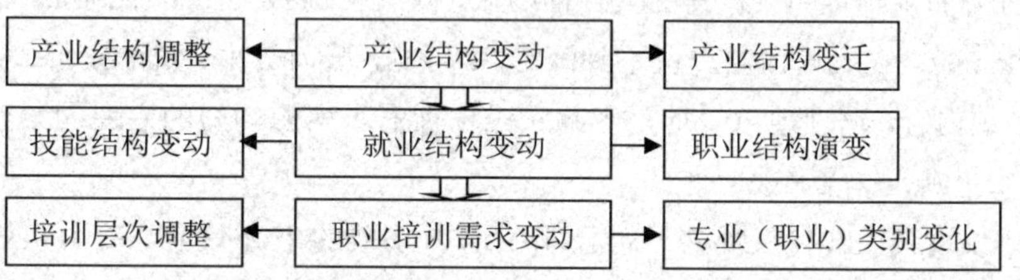

图 6-4 产业结构变动对职业培训需求的动力系统

基于以上认知，构建劳动者终身职业培训需求动力体系需要按行业类型系统分析影响劳动者参与职业培训的主要因素，让职业培训效果惠及劳动者本人，激发其参与职业培训活动的内生动力。与此同时，注意外部环境的营

① 毛永红：《电力企业职工培训工作中培训需求分析的应用》，《企业改革与管理》2016 年第 8 期，第 70 页。

② 李凯：《转型升级背景下企业职工技能培训需求分析及对策——以纺织企业为例》，《中国商论》2016 年第 22 期，第 18~19 页。

③ 李守川、田大洲：《我国产业结构与职业培训需求的关联性分析》，《中国劳动》2015 年第 6 期，第 15~21 页。

造，形成劳动者参与职业培训的外部迫力。

（二）需求表达体系

需求表达体系也称劳动者职业培训需求的信息传播体系，强调劳动者职业培训需求信息向职业培训供给机构传递的方式、方法及过程。需求调查是开展职业培训活动的首要环节，职业培训依据需求调查的结果制订职业培训活动方案，对调动劳动者接受职业培训的积极性、保障职业培训的实施效果极为重要。在当今信息化社会的条件下，构建劳动者职业培训需求表达体系既要引导劳动者及时准确地表达职业培训需求，也需要收集信息，及时有效地向职业培训供给机构传递，并且被职业培训供给机构采纳、应用。反过来，职业培训供给机构必须将自身能够提供的培训项目、培训内容、培训形式等信息向广大劳动者传递，保障劳动者能够依据自身需求加以选择。同时，由于劳动者对相关知识与技能的认知范围有限，仅仅依靠调查问卷、“菜单法”等具有“给定”性质的调查方式，很难认知劳动者最真实乃至隐藏在自己心底、连自己都不会表达的职业培训需求。因此，必须组织相关人员结合现场访谈等形式实施介入性调查。可见，构建劳动者职业培训需求表达体系需要相关部门的共同参与，深层次了解劳动者职业培训的实际需求，并立足劳动者最常用且已经形成生活习惯的传播渠道，增强信息传播的及时性和准确性。

实际上，劳动者职业培训需求表达也是一个多元系统，需要不断探索其表达规律。凌子山等（2014）以珠三角地区农民工为实证，研究了农民工职业培训需求的变化情况，认为存在动态培训需求和静态培训需求。静态培训需求包括生存技能需求、融入技能需求和发展技能需求；动态培训需求则伴随着其职业生命周期的变化而变化，一般可分为职业周期初期（年龄在30岁以下）、职业周期中期（年龄在31~40岁之间）、职业周期后期（年龄在41岁以上）三个阶段，不同阶段职业培训需求表达形式也存在着明显差异[①]。农民工职业培训需求及其表达形式呈现出的周期性变化，一方面需要政府部门、用人单位以及职业培训供给机构结合不同阶段的表达规律，提供与之相适应的

① 凌子山、李姜：《基于马斯洛需求视角的农民工职业培训需求理论研究——基于珠三角地区农民工的实证分析》，《科技与经济》2014年第6期，第52~56页。

职业培训需求信息接收途径；另一方面也需要农民工结合职业周期制订好个人自我学习和自我发展规划，并采取合适的方式，寻求合适的途径向政府相关部门或职业培训机构表达出来，进而达到通过接受职业培训提高生产效率和生活水平的目的。

尽管职业培训需求表达体系对构建劳动者终身职业培训体系建设十分重要，但更为重要的是，劳动者对职业培训需求的表达应该是有效表达，即符合区域产业结构调整和人力资源市场的需求。换言之，劳动者自身的职业培训需求与社会需求相统一，劳动者的需求表达才能成为有效表达。随着区域产业结构的不断优化升级，劳动者的职业（岗位）结构将会发生一系列变化，总的趋势是对劳动者技术技能层次要求越来越高。反过来，劳动者从业结构的变化、技术技能的提升能够保障或促进产业结构调整的顺利实施。职业培训具有不同的类别（职业类别，或专业）与层次，类别体现于为劳动者职业生涯选择和职业转换方面提供服务，层次主要体现于为劳动者提升技术技能等级或管理职位层级提供服务。基于此，企业组织应准确提出新职业（岗位）对劳动者知识与技能等的具体要求，并及时向人力资源管理部门和职业培训供给机构反馈。因而，企业也具有构建职业培训需求表达体系的责任。

（三）环境支持体系

环境支持体系内涵丰富，按区域范围可分为国家大环境和区域环境、企业环境和社区环境以及家庭环境等，按环境属性可分为政治环境、经济环境、社会环境、文化环境、技术环境等，按环境功能可分为硬环境和软环境等。无论如何划分，环境支持体系建设的具体目标是能够使全体劳动者及时、方便、持续地接受职业培训，让劳动者有内容可学、有地方去学、有老师能教，且能够学以致用，分享到接受职业培训的效果。劳动者职业培训环境支持体系建设，需要“软硬”环境建设兼顾、大小环境并重、各类环境并优。

1. 宏观环境

目前，我国正处在工业化、信息化、城镇化、农业现代化的关键时期，经济社会发展呈现新常态，对技术技能型人才、知识技能型人才和复合技能型人才均提出更高的质量和数量要求，众多地区和行业技能劳动者，特别是高技能人才呈现出严重短缺的现象，成为制约企业转型、产业升级的最大瓶颈。解决这一问题，必须加快劳动者终身职业培训体系构建进程，进一步加大投入总量与质量，充分利用我国有限的人力资源，加快培养经济社会发展急需的人才。

2. 中观环境

目前，我国各级地方政府均出台了一系列支持劳动者接受职业培训的政策，大力促进职业培训的发展。但总体看，全国职业培训发展状况极不平衡，存在较大的省际差异。本研究结果表明[①]，我国内地30个省（市、自治区）职业培训发展状况可分为6个层级。其中，北京市职业培训发展综合指数已经达到0.5以上，成为名副其实的全国职业培训发展先进市。第二梯队为天津、江苏、云南、广东4省（市），第三梯队为辽宁、上海、陕西3省（市），第四梯队包括山西、贵州、浙江、重庆、新疆5省（自治区），第五梯队包括河南、河北、山东、四川、黑龙江、吉林、福建、内蒙古8省（自治区），最后梯队包括甘肃、湖北、青海、湖南、海南、宁夏、江西、安徽、广西9省（自治区）。区域之间职业培训事业发展状况不尽平衡的现状，严重阻碍了劳动者终身职业培训体系构建的进程。即使在国家大力推进一体化发展的京津冀区域，三地公益性职业培训均采取了以政府购买服务的方式实施投入，但投入额度及实施范围却存在着较大差异，具体如表6-1所示。

以职业技能培训补贴为例，北京市规定根据参加职业技能培训的实际人数，按照人均1100元的标准对职业培训机构给予补助，而天津市规定按不同群体给予职业培训费用50%～100%的补贴。河北省则规定依据不同职业（工种）给予补贴，补贴标准为每课时4元／人，最高不超过1600元。由《河北省职业技能培训职业（工种）补贴标准目录》得知，该省制定的5类职业技能培训补贴标准仅为90～240元，而北京市ABC等同类补贴标准高达800～1200元，是河北省的数倍。再以职业技能鉴定补贴为例，北京市给予全额补助，天津市则根据参加职业技能鉴定的群体以及获取的职业资格等级补贴50%～100%。河北省仅提出对参加初次职业技能鉴定考核并取得职业资格证书的给予补助，补贴额度为相应收费标准的60%。可见，京津冀职业培训

① 注：因西藏自治区数据不全，未纳入本研究范围。

政策无论是在职业培训补贴方面，还是在创业培训补贴、职业技能鉴定补助等方面，均存在明显的差异。不仅如此，三地制定的职业培训补贴政策存在着明显的行政区域“隔阂”，只有天津市涵盖了外来务工人员，但需要与本地企业签订劳动合同一年以上，而北京市、河北省职业培训的面向均仅限于本行政区域民众。

表 6-1 京津冀职业培训（含创业培训）资金补贴情况对照表

地区	补贴项目	补助标准
北京市	职业指导培训	20 元 / 人
	职业技能培训	人均 1100 元
	职业技能鉴定	全额补助
	创业培训	2400 元 / 人。①培训合格率达到 80% 补助 40%；未达到 80% 补助 20%。②培训后一年内创业成功率达到 30% 补助 60%；不足 30% 补贴 20%
天津市	职业技能培训	①城镇登记失业人员和农村劳动力补贴 60%～100%；②在职职工补贴 50%～90%；③外来劳动力参培后与用人单位签订一年以上劳动合同补贴 60%～100%；④高校毕业生参加技能培训并取得中级工以上补贴 50%、技师以上补贴 100%
	职业技能鉴定	①城镇登记失业人员和农村劳动力职业技能培训补贴 100%；②外来劳动力参加职业培训后签订一年以上劳动合同补贴 100%；③参加职业培训并取得中级工以上职业资格的，高职毕业生补贴 100%，本科毕业生补贴 50%；④在职职工取得中级以上职业资格的补贴 50%；⑤上述人员取得技师以上职业资格补贴 100%
	再就业培训	500 元 / 人。城镇登记失业人员参加再就业培训合格补贴 300 元，6 个月内实现就业再补贴 200 元
	转岗培训	按人均不超过 600 元标准补贴，补贴总额不超过企业上年度缴纳失业保险费的 2/3。
	继续教育培训	按照不超过上年单位缴纳失业保险费部分 1/4 标准补贴
	创业培训费	① 500 元 / 人； ②培训后半年内成功创业人数达到 50% 以上，再补贴 700 元 / 人

（续表）

地区	补贴项目	补助标准
河北省	职业技能培训	每课时 4 元 / 人，最高不超过 1600 元
	农民工技能培训	补贴 50%
	劳动预备制培训	以实际培训课时数核算补贴
	创业培训	不超过 1000 元 / 人
	职业技能鉴定	初次技能鉴定考核并取得资格证书，按收费标准补贴 60%

注：根据《北京市职业培训补贴管理办法》（京人社办发〔2009〕5 号）、《天津市职业培训补贴办法》（津劳社局发〔2009〕71 号）、《河北省关于进一步加强职业技能培训工作的实施方案的通知》（冀人社发〔2010〕33 号）等文件整理。

3. 微观环境

构建劳动者终身职业培训体系，需要政府及主管部门、行业企业、职业培训机构以及社会各方面的共同努力，共同营造有利于劳动者接受职业培训的良好环境。但从目前现实看，基于职业培训的公共产品属性，政府对劳动者职业培训的管理明显过多，甚至直接举办各类职业培训活动，行业企业参与热情不高，劳动者参与度明显不够。一方面导致职业培训质量无人评价，只能由政府机构自我检查。另一方面，未能发挥专门培训机构的主体作用，导致许多政府部门组织的培训流于形式，甚至产生了官员腐败现象。企业是市场竞争、技术创新的主体，应发挥企业在职业培训中的主体作用。同时，各类职业培训机构是技能人才培养的重要基地，也应发挥其主力军作用。政府应将工作重点转移到监督管理方面，而不能既当运动员，又当裁判员。政府当前的工作重点应该是，按照公平、公开、公正的要求，建立健全以能力和业绩为重点的技能人才评价体系。加强职业技能鉴定质量管理，切实保证技能人才培养质量，在全社会营造崇尚技能和尊重技能的良好氛围[①]。

（四）法律规制体系

严格讲，法律规制体系也属于环境支持体系的内容，但基于其对规范职业培训供需双方行为、保障培训质量与培训效果、保证培训体系正常运行等方面具有的重要性将其单独列出。法律规制体系包括法律体系、政策体系和

① 张斌：《努力营造职业培训发展的良好环境》，《教育与职业》2007 年第 19 期，第 1 页。

制度体系三个子系统，可具化为管理规制、技术规制两个方面。

1. 管理规制

管理规制可分为综合性规制和专业性规制两类。综合性规制通过法律、制度途径对各相关主体进行管理和约束，并对专业性规制提出原则要求和具体标准，如各类职业培训机构的职能与职责、权利与义务等。综合性规制包括专业性规制的部分内容，主要是对专业性规制提出原则要求。专业性规制则比综合性规制更为具体，条文更加细化、更具操作性，主要包括各级政府及相关行政部门制定的相关规定。专业性规制应能够规范终身职业培训行为的标准与准则，规定什么样的行为是允许的，什么样的行为是不允许的。以法律手段明确劳动者终身职业培训体系的投入渠道，包括以财政收入为参照量的投入额度等。明确劳动者终身职业培训体系建设与运转的经费来源、经费使用原则和监督管理主体及检查办法等，能够对职业培训活动的实施方式、实施过程以及质量认证、技术支持、运行管理、培训证书和质量评估的具体条件、标准与准则等提出具体明确的要求。如职业培训机构的职能、职责、权利与义务、师资水平及其上岗资格等。

2. 技术规制

技术性规制通过政策、制度体系实施，主要指综合性规制中的职业分类与职业标准、职业技能鉴定技术体系和职业资格证书体系、技能等级标准分类及上岗技术规范等。技术性规制应对上述内容做出具体规定，并确立培训项目立项的条件以及实施过程中的技术规范。技术规则的制定应该由专门技术人员完成，并注意与国际标准以及区域经济社会发展的外部条件、职业资格证书要求等接轨。

目前，我国有关劳动者终身职业培训的规制在国家层面多为原则性规定，具体内容则由地方政府制定并实施，不同区域之间也存在较大差异。以京津冀三地为例，由于职业培训规制不一，直接影响了职业培训机构的高效运营及政府监督。由于三地职业培训行业准入制度和培训标准体系不同，从技术上形成了“隔阂”。与此同时，部分技能型人才标准、上岗标准和职业能力标准等也不完全统一，直接影响了人力资源依据市场需求实现合理的配置，制约了人才的正常流动。此外，由于我国尚未建立职业培训机构互信机制，劳动者难以在不同职业培训机构之间实现学分互认和学分转移，不同行政区域内职业培训机构合作进展迟缓，导致难以形成国内乃至国际职业培训品牌机构，直接影响了劳动者终身职业培训体系构建工作进程。

（五）组织运行体系

构建劳动者终身职业培训组织运行体系需关注“一体两调三层面”。“一体”指各种正规的与非正规的职业培训要融为一体，通过建立各类教育与职业培训的“立交桥”，实现人才成长道路的“互联互通”。积极发展远程培训、网络培训、在线咨询等现代职业培训模式，实现与传统培训形式的功能互补，满足劳动者多元化职业培训需求。“两调”指政府调控与市场调节相结合，并注重市场调节功能的发挥，引导各类职业培训机构不断壮大自身实力。同时，采用政策激励的方法，鼓励行业企业及各级各类社会组织兴办职业培训机构，不断壮大职业培训规模，使劳动者终身职业培训体系具有广泛的包容性。“三层面”指形成政府主管部门统筹协调、相关部门及行业企业等社会组织主动参与、职业培训机构具体实施的运行机制，三个层面各负其责，各尽其力，确保各级各类职业培训活动实现预期目标。具体而言，可将劳动者职业培训组织运行体系分为决策系统、动力系统、创新系统、协调系统、监督系统和保障系统 6 个子系统，各子系统之间既彼此制约，又相互支撑，形成合力发挥更大的作用与功能，保障劳动者终身职业培训体系能够有效运行。

1. 决策系统

决策系统是劳动者终身职业培训体系有效运行的基础和条件，不仅是其他系统运行的前提，也贯穿于其他系统运行的始终。决策系统反映着劳动者终身职业培训体系的内在运行规律，也决定着其效能与效果的达成。决策系统至少应包括决策主体的确立、决策权的划分、决策组织的确定和决策方式的选择 4 个方面①，各方面在劳动者终身职业培训体系运行过程中相互协调，确保各项决策与劳动者终身职业培训体系建设相向而行，并发挥促进作用。

2. 动力系统

动力系统是劳动者终身职业培训体系存在和运行的根源，唯有动力系统

① 桂萍：《重大行政决策之公众参与制度》，硕士学位论文，苏州大学，2016 年。

源源不断，才能保证劳动者终身职业培训体系的正常运行。如前述，以劳动者为中心，动力系统包括外在动力和内在动力两个方面。前者指劳动者自身外的动力，主要源自于社会进步、行业企业对劳动者知识与技能的需求等；后者指劳动者自身职业培训需求形成的动力，主要源自于对知识技能的渴求以及就业再就业的需求、提升收入水平的要求等。外在动力体系包括动力主体、动力受体和动力媒介 3 个部分，内部动力体系包括动力源（劳动者职业培训需求）、动力主体、动力受体和社会行动 4 个部分[①]。劳动者终身职业培训动力系统由动力源开发、动力转化、动力培育、动力分配、动力反馈 5 部分构成，动力系统的形成融合了劳动者内外动力系统之间的关系，减少了由于不同动力结构的差异而引起的各种矛盾。

3. 创新系统

创新系统是劳动者终身职业培训供给体系在质量方面的发展，并作用于职业培训质量的提升，具体包括制度创新、技术创新、管理创新、组织创新 4 个方面。其中，制度创新是劳动者终身职业培训体系实现可持续发展的需求，能不断提升社会各个方面参与职业培训的积极性，化解发展过程中遇到的各种问题；技术创新动力源于现代职业培训方法推动、劳动者职业培训需求的拉动、人力资源市场的推动，主要是围绕职业培训对象的需求、职业培训产品（服务项目）的供给、职业培训供给的方式等各个链条展开。管理创新是劳动者终身职业培训体系适应外部条件改变、保障其效能正常发挥并随时代进步而发展的必然举措。推动管理创新，可使劳动者终身职业培训体系不断适应职业培训方式乃至职业培训环境的变化，使劳动者终身职业培训需求的内容、需求的目标与行业企业经济活动、与人力资源市场要求、与现代社会发展方向一致。组织创新也是劳动者终身职业培训体系适应外部条件改变的必然举措，如生物机体一样，任何经过合理设计的组织机构并非一成不变，必须随着外部环境和内部条件的变化不断地进行调整和变革，才能避免老化和死亡，进而实现成长的目标。应用行为科学和组织科学的知识和方法，通过调整、变革劳动者终身职业培训组织结构及管理方式，将劳动者职业生涯与社会发展

---

① 齐立斌：《农村公共体育服务体系的运行机制研究》，《南京体育学院学报》2010 年第 4 期，第 44~48 页。

目标结合起来，与人力资源市场要求对接起来，才能够使劳动者不断适应外部环境的变化，激发其职业培训需求，形成终身学习的习惯。

4. 协调系统

协调系统是劳动者终身职业培训体系运行的中枢系统，主要包括分工协作系统和动态调节系统两个系统。劳动者终身职业培训体系公共服务职能强大，且面对不同的劳动群体，培训需求内容繁杂，培训形式要求多样，需要建立政府、企业、社会与劳动者之间的分工协作系统。政府应充分发挥政策、资金等方面的引导优势，行业企业应充分发挥经济发展及市场认知方面的优势，各类职业培训机构应发挥好劳动者与就业市场的桥梁作用，最终实现多方面的优势集成和资源共享，提高职业培训资源的综合利用水平和服务效率。与此同时，应建立劳动者终身职业培训体系的动态调整机制，逐步形成国家举办与国家扶持相结合、公益性培训和自费培训相结合的新型劳动者职业培训体系，全面激发劳动者接受职业培训的活力。

5. 监督系统

监督系统是劳动者终身职业培训系统有效运行的保障，需要建立公开透明的政府部门岗位责任制和考核考评机制。公共管理理论认为，岗位责任制是提高公共管理效能、增强公共行政和公共服务的整体性、实现依法行政、规范工作行为和工作程序的重要途径，能够确保公共服务机构履行相应职能，保障其正常运行。建立监督系统是劳动者终身职业培训体系良好运转的基础设计，是现代管理行之有效的重要手段。建立和制定政府主管部门主导的劳动者终身职业培训体系，明确其职责与权限、管理内容与权利安排以及职业培训服务相关的各个环节分权分则，可将政府相关部门、相关人员等均纳入责任管理体系，形成紧密的责任约束与激励关系，进而促进劳动者终身职业培训体系建设的进程。与此同时，要建立以培训对象（劳动者）为主体，以岗位职业培训效果为重要内容的考核评价体系，客观、公正地评价政府相关部门职业培训机构管理人员以及职业培训实施机构的工作人员的工作绩效及质量等，增强职业培训人员及其他利益相关者的责任感和成就感，“兴办人们满意的职业培训”。

6. 保障系统

保障系统属于劳动者终身职业培训体系运行的支撑内容，主要体现在制度保障、资金保障、组织保障和信息保障4个方面。在制度保障方面，基于劳动者终身职业培训体系的准公共产品属性，制度保障发挥着制约、导向、管理和象征作用。当前，我国劳动者终身职业培训体系建设进程迟缓，很大程度上反映出制度保障乏力等问题。提高劳动者终身职业培训体系建设水平，也必须从配套制度建设着手。在资金保障方面，应充分利用市场机制，建立与供给侧结构性改革相适应的投资主体多元化、投资渠道多样化的劳动者终身职业培训投融资机制[①]。通过项目引导、政策激励等方式，鼓励和引导各级各类社会组织开展多种形式的职业培训，逐步组成以政府财政投资为主体、行业企业及其他社会组织共同参与的劳动者终身职业培训体系投资运行机制。在组织保障方面，要逐步建立、健全和完善组织体系尤其是地方组织体系，强化职业培训供给主体及其供给渠道、需求主体及其表达方式等各个环节的有效管理，强化劳动者终身职业培训决策体系、培训体系的信息分析和市场预测等方面的能力，加强区域间、各系统间的横向交流与沟通[②]。在信息保障方面，基于职业培训信息的导向作用，职业培训政策法规、先进案例等对激发劳动者接受终身职业培训的积极性具有重要的现实意义[③]。因此，要建立高效畅通的劳动者终身职业培训信息反馈机制与双向传输机制，充分利用报纸、广播、电视、互联网、咨询热线等媒介，建立劳动者终身职业培训信息服务平台，方便劳动者及时获取职业培训信息，强化对终身职业培训重要意义的认知，进而关注职业培训，积极参与职业培训。

（六）质量评估体系

质量评估体系包括质量标准体系、评估机构体系、评估管理体系3个子系统。

1. 质量标准体系

质量标准体系也称质量认证体系，是衡量职业培训质量的基准，是保障

---

① 张爱中、蔡璐：《“多中心治理”场域下的职业教育多元化投资研究》，《教育与职业》2015年第19期，第5~9页。

② 杨近：《我国工业化进程与职业教育体系发展的研究》，博士学位论文，上海师范大学，2015年。

③ 国卉男：《中国终身教育政策研究——基于政策文本的分析》，博士学位论文，华东师范大学，2013年。

劳动者职业培训合法权益、监督职业培训机构运行状况的重要依据。质量认证体系包括质量认证标准、质量认证手段、质量认证机构和质量认证结果4个方面。质量认证标准是衡量职业培训效果的标尺，充分反映职业培训的性质和特点。质量认证标准指标的表述应尽可能量化，并具有明确的等级划分。质量认证手段应以质量认证标准为依据，明确具体的工作规划及工作步骤。要借助计算机网络等现代科技手段，逐步实现认证手段的现代化、规范化。

2. 评估机构体系

评估机构体系是质量认证标准实施者，机构组成人员不能仅有政府行政管理人员，也应该有职业培训专家、职业领域专家和参培者代表。按照认证标准，运用科学手段，通过严格统计分析产生质量认证结果，能够综合反映职业培训机构的培训效果和区域劳动者职业培训体系建设的真实水平。构建评估机构体系的目的在于固化职业培训质量评估的实施者，既可由政府相关部门组织，也可由第三方组织。政府相关部门组织的评估，要注意吸收培训专家、行业专家和参培劳动者代表等参与。要积极创造条件，广泛开展社会第三方评价。

3. 评估管理体系

评估管理体系由地方政府主管部门、职业培训机构以及相应的规章制度构成，能够对质量评估活动实施精准管理，确保评估工作客观、公正。评估实施体系包括内部质量评估体系和外部质量评估体系两个方面，内部质量评估指培训机构进行的自我评估，外部评估指职业培训机构外部组织实施的质量评估。培训评估指标应包括培训条件、培训管理、培训质量与效益等各个方面，以此保障培训评估结果的合理性和权威性。

（七）纵横衔接体系

终身教育理念强调教育在时间上的持续性和空间上的全面性，劳动者终身职业培训体系为终身教育体系的重要组成部分，其纵横衔接体系包括纵向贯通体系和横向链接体系两个子系统，目的是构建技能型人才成长的“立交桥”，促使劳动者能够实现终身学习。

1. 纵向贯通体系

纵向贯通体系包括培训层次贯通、培训课程贯通和职业资格证书贯通3

个方面。

第一，与学校层次一样，职业培训也需要分出不同层次，但各层次之间应能够实现上下贯通，使初级、中级和高级技能型人才培训实现层层递进，遵循劳动者技能增进的持续性，体现劳动者职业培训的终身性。随着我国经济社会的快速发展，劳动者必然要通过接受职业培训逐步提升职业知识和技能，职业培训不可能仅停留在一个层面上，必然要形成上下贯通的多层次培训。适应我国经济社会发展对高级别技术技能型人才需求的增加，职业培训也必然会出现层次逐步上移的趋势。劳动者由初级技能到中级技能，再到高级级技能，也必然要经历一段“人生旅程”，使各层级职业培训上下贯通，自然也体现了职业培训的终身性。

第二，课程是实现职业培训目标、实施职业培训活动的载体，职业培训课程的贯通主要体现在其内容方面。遵循职业培训规律，职业培训课程应体现出知识和技能由简到繁、由低到高的逻辑顺序，避免出现课程重复、结构错位、资源错配、本末倒置等现象。对具有初级技能水平劳动者的培训，应以简单的操作技能为主，以理论知识为辅；对具有中级技能水平劳动者的培训，应贯彻操作技能与智力技能并重的原则，并加强相关职业理论知识的学习，使理论知识掌握的程度足以支撑智力技能的快速形成；对具有高级技能水平劳动者的培训，则应以技术应用和设计为主，着力发展其智力技能，形成牢固的理论根基，能够“举一反三”，逐步达到德雷福斯（Hubert Dreyfus）所言实践智慧（Practice Wisdom）阶段，并逐步形成体知型（Embodied）知识。按照这样的逻辑顺序协调不同层次技能型劳动者的培训课程，可使同一职业培训课程内容形成分层布局、前后衔接，且能够根据劳动者的实际掌握情况，实现动态调整。在这方面，澳大利亚推行的“培训包”制度积累了丰富的经验，引发了世界各国的效仿。目前，我国各地也开始进行有关方面的实践，特别是天津市通过试行职业“培训包”制度取得了良好效果①。

第三，职业资格证书（或资历证书）是表达劳动者职业技能水平的凭证，建立完整的、自下而上的、由低到高的职业资格证书体系，可督促和鼓励劳动

① 张帅、王伟哲、闫志利：《天津市职业教育发展经验及其示范意义研究》，《新疆职业技术教育》2016年第2期，第6~9页。

者不断地向更高层次技能发展，实现自我持续提升。在这方面，我国已逐步构建起完备的职业资格认证机构，并广泛开展了相关工作，取得了良好成效。

2. 横向链接体系

横向链接指职业培训与其他类型教育形式的相互链接，包括职业培训与学校教育、职业培训与网络教育、职业资格证书与学历证书的链接三个维度。

第一，职业培训与学校教育作为教育领域的两种不同的教育形式，实现两者链接，可方便劳动者在职业培训和职业学校两种教育形式之间任意选择，以此来提升个人知识水平和职业能力。职业院校学生可直接通过接受职业培训，修得相应学分，获取在读学校的学历证书，也可直接就业。职业培训机构学员也可以将获得学分直接转入职业院校甚至普通高校，实现继续学习目标。目前，教育部就高等学校在校生出台了“学生参加创新创业、社会实践等活动以及发表论文、获得专利授权等与专业学习、学业要求相关的经历、成果可以折算为学分”① 的规定，为职业培训机构与职业院校乃至高等学校学分互认提供了契机。

第二，职业培训与网络教育的链接属于隔空对接，针对当前职业培训网络资源运用越来越多的现状实施。各级各类职业培训机构要以信息化、网络化为依托，积极开设远程职业培训课程，扩大优质职业培训资源的覆盖面，满足广大劳动者对知识和技能的需求。在具体实施过程中，职业培训机构可利用广播电视大学远程教育、虚拟学校、网络课堂等形式，开展职业知识与技能培训。接受远程职业培训的劳动者可根据自身需要，随时随地选择网络学习。同时，接受网络学习的劳动者也可根据自身需要继续接受职业培训，实现理论学习和实习实训的有机结合，提升终身学习效率与效果。

第三，在职业资格证书（或资历证书）和学历证书链接方面，应尽快建立不同教育与培训形式之间的学分转移、转换机制，实现职业资格证书与学历证书的链接，使劳动者在不同时间、不同地点获得的技能知识、职业证书得到学历上的转换（证明），进而为其进入相应层次的职业院校继续深造提供通道。中共十八届五中全会通过的《中共中央关于制定国民经济和社会发展第

① 《普通高等学校学生管理规定》，2017 年 2 月 16 日（http://www.moe.edu.cn/srcsite/A02/s5911/moe_621/201702/t20170216_296385.html.）。

十三个五年规划的建议》提出，建立个人学习账号和学分累计制度，构建劳动者学习成果“零存整取”的“学分银行”，畅通劳动者终身学习的通道[①]。“学分银行”将劳动者一生在任何时间、在任何机构、以任何方式学习所获得的学习经验或资格证书按一定标准折算成学分储存起来，待学分累计达到一定教育层次的要求时，再将学分从“学分银行”中提取出来，到相应的教育机构兑换《学历证书》或到职业资格鉴定机构兑换《职业资格证书》，使劳动者的学习期限“由固定转化为弹性、由短期转化为长期”，进而实现了终身学习。但是，学分银行本身也有其缺陷，如结合培训包融合使用，可发挥二者的更大效能。有关学分银行与培训包的具体融合使用方法，将在第七章进行详细阐释。

① 张力：《“十三五”时期教育改革发展宏观政策方向解读》，《中国高等教育》2016年第1期，第4~8页。

第七章 劳动者终身职业培训体系构建措施

基于我国劳动者终身职业培训体系构建的理论逻辑及劳动者职业培训需求与供给的现实状况，本研究设计了劳动者终身职业培训体系的框架结构，试图描绘一幅广大民众热切期盼的未来愿景图。然而，劳动者终身职业培训体系构建是一项复杂的社会系统工程，在实施过程中也可能与社会相关要素发生矛盾和冲突，必须采取相应措施给予妥善解决。2013 年，中共十八届三中全会通过了《中共中央关于全面深化改革若干重大问题的决定》，提出了“构建劳动者终身职业培训体系”的具体安排，使我国构建劳动者终身职业培训体系的任务逐步明确、目标更加清晰。2017 年 1 月，国务院颁布的《国家教育事业发展“十三五”规划》确认我国全民终身学习仍处于初步形成阶段，要建立面向全民的终身学习成果认证、积累与转换公共服务平台、推动“互联网 + 教育”新业态发展等具体措施，进一步明确了劳动者终身职业培训体系构建的重点。从目前各地劳动者终身职业培训体系建设进程看，无论是建设规模还是建设速度，距中共中央、国务院的具体要求、经济社会发展的现实需求以及广大劳动者的现实诉求还有较大距离，必须围绕其体系框架结构，制定相关措施，加快建设进程。

第一节 激发劳动者终身职业培训需求

劳动者终身职业培训需求是劳动者终身职业培训体系构建的基础，也是推动学习型社会建设的一个重大问题。坚持“以人为本”理念，立足我国劳动者素质的现实状况和企业升级、产业转型的客观要求，不断激发劳动者终身职业培训需求，动员更多的劳动者参加职业培训，是强化人力资本积累，为经济社会发展输送“人才红利”的主要途径，也是促进就业再就业、改善民生、全面建设小康社会的重要保障。目前，世界发达国家有关激发劳动者终身职业培训需求的研究与实践已经呈现出立体化、综合化的趋势，而我国相关研究与实践尚停留在即时性、片面性阶段，应尽快建立多层次的劳动者职业培训需求研究体系，有针对性地采取相应措施，不断激发劳动者终身参与职业培训的热情。

一、全面认知劳动者职业培训需求

（一）强化培训需求分析重要性的认识

无论是理论研究还是具体实践，培训需求分析（Training Needs Analysis）都已经被列为谋划职业培训项目、开展职业培训活动、开发职业培训课程等的首先环节。特别是基于组织的职业培训需求分析，企业深切感到职业培训需求分析的重要性，确认没有详尽的培训需求分析，就难以把握职业培训的主要内容和整体方向。唯有通过实施科学合理、全面细致的职业培训需求分析，才能使培训单位明确培训内容、确定参加人员以及培训时间、地点等。如果培训需求分析的针对性差，质量不高，依此开展的培训效果就难以达到理想的状态、实现职业培训的目标，造成人力、物力和财力的浪费。与基于组织的职业培训需求分析比较，基于劳动者的职业培训需求分析和基于社会的职业培训需求分析明显处于欠缺的状态。例如，部分高职教师培训机构反映，政府教育行政部门安排的国家级、省级职业培训项目明显存在着学员报到率低的问题以及“迟到早退”现象。一方面，职业培训机构埋怨学员学习积极性不高，培训活动组织难度大。另一方面，高职教师反映所接受的职业培训内容与自己任教专业脱节，培训地点、培训时间与自己“要办的大事”冲突。有学者研究表明，培训低效是我国教师职业培训存在的一个共性问题，部分职业培训在一定程度上促进了教师观念的更新，但对转变教育教学行为以及提升个人绩效却十分有限，其决定性原因在于培训主管部门及培训机构未能做好教师职业培训需求分析[①]。本

① 赵德成、梁永正：《培训需求分析：内涵、模式与推进》，《教师教育研究》2010 年第 6 期，第 9~14 页。

研究调查结果表明，目前高职教师急需的培训内容是课程开发、专业技能和教学方法。但是，不同人口学特征参数的高职教育对职业培训的形式、时间、地点等要求不同。政府教育行政部门及职业培训机构应将培训需求调查分析作为实施培训前的必要环节和重要步骤，做到“没有培训需求分析的培训方案不采用、没有培训需求分析的培训活动不实施”。在培训需求分析过程中，政府教育行政部门和职业培训机构应充分利用各类信息传播渠道，广泛了解、准确掌握高职教师的培训需求。就高职教师自身而言，要善于利用各种信息反馈渠道，及时有效地表达职业培训需求。

（二）建立职业培训需求分析专业队伍

基于职业培训需求分析的重要性，政府职业培训管理部门应注重引导职业培训机构培养一支职业培训需求分析的专业技术队伍。首先，要将培训需求分析原理及技术纳入教师（培训师）资格考试范围，促使所有教师（培训师）都能够熟练掌握职业培训分析技术，能够基于组织分析、任务分析及其职业（岗位）表现等发现劳动者的职业培训需求，能够正确地区分技能因素、知识因素及其他非素质因素。其次，让所有教师（培训师）掌握绩效分析、OTP模式等调查方法，能够从不同类型组织获取相关信息资料，进而科学确定劳动者职业培训的长期需求和短期需求。引导一批科研人员开展职业培训需求调查方法与分析方法的研究工作，在强化劳动者职业培训需求分析认知的同时，不断实施相关改革、改进策略，确保劳动者职业培训需求分析逐步趋向科学、严谨、规范①。要根据不同职业（岗位）实际，通过多种渠道、应用多种方法广泛收集职业培训需求分析所需的案例和数据，灵活应用各种职业培训需求分析工具，逐步实现对劳动者职业培训需求的客观判定。要注重量化分析技术与质性分析技术的结合，能够从量化分析过程中判断劳动者迫切需要通过职业培训解决的实际问题。积极开发相关研修课程，普及职业培训需求分析基础知识，确保职业培训机构能够及时对劳动者的职业培训需求做出积极的回应，包括开发课程资源、设计培训项目等。通过严格的劳动者职业培训

① 赵德成、梁永正、朱玉玲：《教师培训需求分析研究的回顾与思考》，《教育科学》2010年第5期，第64~68页。

需求分析，保障各类职业培训活动的质量。

（三）准确把握职业培训需求分析方法

按相关学者的建议[①]，准确把握职业培训需求分析方法要克服两个方面的认识误区。第一，克服将培训需求等同于培训愿望的误区。培训需求分析不仅要面向劳动者实施"菜单式"的问卷调查和访谈，因为该结果反映的是被调查者的职业培训愿望（Wants），而非真正的培训需求（Needs）。问卷调查和访谈法虽简便易行，但仍存在许多局限。首先，由于被调查者的知识水平、职业发展意识以及反思能力有限，部分劳动者难以发现自身职业（岗位）发展中存在的具体问题，无法客观地填写调查问卷或回答提问。但这些问题却是影响自己职业生涯或个人（组织）绩效的主要因素，需要通过接受培训给予解决。其次，职业培训需求主要来自于职业领域，但可能源于个人家庭生活。如果仅采用调查问卷或回答提问的方法确定劳动者的职业培训需求，会使职业培训机构混淆不同的职业培训需求，难以把握重点。按照"要事优先"的管理原则，分析者必须在劳动者众多的职业培训需求中确定影响劳动者职业发展或提升绩效水平的最大需求。第二，克服将培训需求等同于绩效差距的误区。绩效分析常用360分析法实施，让劳动者本人及其上级、同事等身边所有的人查找劳动者的不足，然后将其转化成培训需求。Gilbert研究认为[②]，发现劳动者的绩效差距只是确定职业培训需求的第一步，还需要深入分析其成因，而后才能确定劳动者的真实职业培训需求。在基于组织的职业培训需求分析过程中，员工绩效差距除自身影响因素之外，还与组织管理、组织文化、资源支持等非员工因素有关。只有绩效差距由员工的知识与技能引起时，职业培训才能发挥应有的效果。采用问卷调查、访谈分析法和绩效差距分析法等确定劳动者的职业培训需求均存在一定的局限性，基于劳动者的职业培训愿望确定劳动者的职业培训需求失之于主观，难以反映其真实的职业培训需求。基于绩效差距分析劳动者职业培训需求失之于笼统，难以客观反映员工

---

① Allan L.，Training Needs or Training Wants Analysis?，Training & Development in Australia，Apr.，2009，pp. 25-27.

② Gilbert T. F.，Praxeonomy，A Systematic Approach to Identifying Training Needs，Management of Personnel Quarterly，Fall，1967，pp. 20-23.

需要实施职业培训的具体内容。只有将两种方法结合起来，既关注劳动者的主观愿望，又重视绩效差距的客观需求，才能增强劳动者职业培训需求分析的准确性和客观性。

二、强化劳动者职业培训需求动力

（一）正确认识职业培训需求的动力

在心理学上，需求动力也称为需求动机。如第六章所言，劳动者职业培训的需求动力可分为自身动力和外部动力两个方面。以产业工人为例，随着知识经济和信息化社会的发展，劳动者为了保持自己的职业（岗位）、适应岗位要求不得不持续参与职业培训，或通过接受职业培训提升自己的知识与技能水平，进而获得更高的收入，寻求到更为体面的职业，这种动力就是产业工人接受职业培训的外部动力。产业工人基于个人兴趣、爱好，出于对知识与技能的探索欲望而参与职业培训，则为职业培训的内部动力。进一步分析产业工人参与职业培训的动力成因发现，外部动力源于适应环境或收入增加以及职位提升，内部动因则是出于知识和技术对劳动者的诱惑力，均属于外部条件的影响下产生的职业培训动力，只不过前者看来客观因素影响更大些，后者看来主观因素影响更大一些。因而，外部动力与内部动力的分类仅是相对的、而非绝对的。同时，相对学校教育拥有校园不同，职业培训在更为开放的环境中实施，产业工人参与的动机极为复杂。例如，同样一次职业培训活动，如果安排在旅游城市实施比安排在其他城市实施参加人员的数量可能就会更多一些，其动力成因显而易见。

有关职业培训动力源的研究已经历了半个多世纪。美国学者 Houle（1961）最早将成人学习的动机分为目标取向、活动取向和学习取向 3 类①。Sheffield（1964）将成人继续教育取向分为学习取向、活动欲望取向、个人目标取向、社会目标取向以及活动需要取向 5 类②，并编列了具体指标（Continuing Learning Orientation Index，CLOI）。Burgess（1971）研究认为，

---

① Houle C. O.，The Inquiring Mind，Madison：University of Wisconsin Press，1961，p. 22.

② Sheffield S. B.，The Orientations of Adult Continuing Learners. In Daniel S.(ed.)，The Continuing Learner，Chicago：Center for the Study of Liberal Education for Adults，1964，p. 5.

成人之所以接受继续教育，主要源于求知欲、个人目标欲、社会目标欲、宗教目标欲、逃避欲、参与社会活动欲以及顺从外界要求欲 7 个理由[①]，并编列了“教育参与理由（Reasons for Education Participation，REP）”量表。肖凤祥等（2015）应用该量表调查了企业员工参与职业培训的动机，发现以职业发展取向最多，其次为认知兴趣，再次为社交接触和社区服务，最少的是外界期望和社会刺激，动力强度与产业工人的学历、职位和月收入水平有关[②]。

（二）制定培训需求动力的强化措施

人力资本积累集中反映了一个国家、一个组织的竞争力状况和可持续发展能力，政府以及行业、企业等组织作为劳动者完成劳动、创造效益的组织者，应将强化劳动者终身职业培训需求的动力作为重点，制定相关强制性政策和实施利益诱导等激励性措施，并尽力消除劳动者参加终身职业培训的制约因素。以职业农民培训为例，本研究发现不同区域、性别、年龄、文化程度、收入水平等职业农民培训需求存在一定差异，各级各类培训部门应全面了解本地区不同人口学特征职业农民的培训需求，按照实事求是、有的放矢的原则，在实施免费培训政策的基础上，合理确定职业培训的内容、形式、时间及选择合适的培训教师等，尽力与劳动者的培训意愿相吻合，想方设法解除劳动者参与职业培训的后顾之忧，强化其参与培训的内在动力。

仅就培训形式而言，在职培训多适用于企业特殊的人力资本，工作实践之外的职业培训多为普通人力资本。Lynch（1992）基于美国 NLSY（National Longitudinal Survey of Youth）数据检验了企业员工在职培训和工作时间外的职业培训对劳动者转换工作（流动性）的影响，发现接受在职培训的员工相对于接受工作时间外职业培训的员工更不愿意离开企业[③]。因此，我国企业组织应积极落实国家有关提取职业培训基金的有关政策，不断加大职业

---

① Burgess P.，Reasons for Adult Participation in Group Educational Activities，Adult Education，Vol. 22，1971，pp. 3-29.

② 肖凤翔、陈潇：《企业员工参与职业培训的动机调查》，《心理与行为研究》2015 年第 4 期，第 547~551 页。

③ Lynch L. M.，Private-sector Training and the Tarnings of Young Workers，The American Economic Review，Vol. 82，No. 1，1992，pp. 299-312.

培训投入，这对稳定员工队伍、提高绩效水平具有重要的作用。此外，Green等（2000）研究了不同资助方式的职业培训对企业员工流动性的影响，发现雇主提供培训资助的员工流动性明显小于自己付费接受培训的劳动者，雇主提供的培训会有效地增强员工对所属企业的身份认同感[①]。可见，利益诱导是强化劳动者职业培训需求的另一个有效手段。此外，培训效果能为劳动者带来实惠，也是激发劳动者职业培训需求的有效措施。一方面需要优化职业培训供给，让劳动者通过职业培训能够产生获得感；另一方面需要强化培训效果宣传，引导劳动者增强对职业培训效果的认知，进而增强劳动者参与职业培训的动力。

职业培训的外部动力作用于劳动者会变成相应的职业压力，劳动者为适应外部环境不得已接受职业培训，提升自身的知识与技能，进而创造更大的绩效。以高职教师职业培训为例，国家应通过制定相应的法律和政策，明确高职教师的具体标准，对入职前及入职后的高职教师的职称、学历、证书等提出明确的要求，使高职教师对照国家要求，自我认识到自己存在的差距，进而产生职业培训需求。高职院校应在制定学校发展战略的基础上，及时组织全体教师学习和了解学校发展的目标与任务，引导其自觉制定个人专业发展规划，适应学校发展战略的需要，进而强化其职业培训需求的动力。

（三）克服动力形成的制约因素

本研究调查发现，在1092名职业农民被调查者中，参加过各类正规职业培训的职业农民仅有446名，占调查职业农民总人数的40. 84%，而发达国家在80%以上。产业工人、高职教师参与正规职业培训的人数比例也在低位运行，说明当前我国职业培训距离面向全体劳动者的目标尚有较大差距。实际上，劳动者参与职业培训处于一个开放和复杂的系统环境之中，职业培训需求动力受到自身因素和外部环境因素的双重影响[②]。只有从根本上克服制约因素，才能强化劳动者职业培训需求的动力。

---

① Green F.，Felstead A.，Mayhew K.，et al. The Impact of Ttraining on Labour Mobility：Individual and Firm-level Evidence from Britain，British Journal of Industrial Relations，Vol. 38，No. 2，2000，pp. 261-275.

② Cross K. P.，Adults as Learners，San Francisco：Jossey-Bass，1981，p. 176.

在内部因素方面，主要存在生理制约、心理制约以及经验的负面制约三项因素[①]。生理制约主要体现在劳动者接受职业培训面临着身体条件的变化，如感知能力、记忆能力等均随着劳动者年龄的增长产生了衰退现象，遗忘的速度也会加快；心理制约也称意向制约，指劳动者个人信念、价值观和学习态度等发生的变化，如由于学习能力和记忆能力的减退失去了学习的信心等。同时，家庭和工作负担较重，也导致劳动者没有足够的时间和精力接受职业培训。经验的负面制约是由于劳动者已经积累了一定的工作经验，形成了的一些习惯行为影响了参与职业培训的动力。有经验的劳动者参与职业培训一方面可以提高学习效率，达到事半功倍之效；另一方面难免会将已有经验用于参照，与新知识、新技术产生矛盾，阻碍知识与技能的提升。

在外部因素方面，主要存在着制度制约、情境制约和信息制约三项因素[②]。制度制约指劳动者参与职业培训活动中受到的一些制度限制，例如职业培训的费用过高、参培资格受限、参加的机会较少等。本研究调查发现，部分高职教师参加职业培训动力较弱的根本原因在于所在学校安排的授课任务繁重，根本没有时间外出参与职业培训活动。有学者认为，职业培训具有普通教育化倾向，严重挫伤了劳动者参与职业培训的积极性[③]。情境制约指劳动者所处的生活环境和物质环境等客观因素的制约，如家庭负担、工作压力、交通不便等。很多研究表明，情境制约在影响劳动者职业培训需求动力因素中排在首位。信息制约是指劳动者参加职业培训由于缺少相关资讯而错过机会，部分劳动者基于职业（岗位）发展角度，虽然具有职业培训需求，但因缺少相关资讯而放弃。相对于聚集于组织内的劳动者，非组织内的劳动者职业培训需求信息制约因素表现得更为明显。

第二节　优化劳动者终身职业培训供给

根据供给侧改革理论，以“优化供给”带动“需求”，促进劳动者终身职

① Darkenwald G., Mearriarn S., Adult Education: Foundations for Practice, New York: Harper & Row, 1982, p. 211.

② 陈潇：《企业员工参与职业培训的动机和障碍研究》，硕士学位论文，云南大学，2013 年。

③ 黄富顺：《成人心理与学习》，台北：师大书苑出版社 1989 版，第 112 页。

业培训从“有没有”向“好不好”转变，是当前我国劳动者终身职业培训体系的基础性任务之一。与世界发达国家比较，我国劳动者职业培训形式仍较单一，培训规模仍待扩张，培训技术仍待提升，未能很好地满足劳动者职业培训内容、培训地点、培训时间、培训教师等方面的需要。借鉴域外经验，立足我国经济社会发展实际，构建具有中国特色的劳动者终身职业培训体系应从供给侧改革入手，在有效发挥家庭培训、学校培训、企业培训、社区培训、社会培训效能的同时，进一步扩张职业培训机构数量与规模，提升服务能力，增强劳动者终身职业培训的针对性、时效性、适应性、普及性和可持续性。

一、推动各类培训机构发展

基于教育在积累人力资本方面的重要作用，世界各国均不断加大了教育投入，不断扩张了教育事业发展规模。与世界各国一样，我国教育经费投入也实现了持续增长。2012 年，国家财政性教育经费支出达到 2.2 万亿元，占 GDP（国内生产总值）比重为 4.28%。2013 年，国家财政性教育经费支出占 GDP 比重为 4.3%，比 2012 年增加 0.02 个百分点。2014 年，国家财政性教育经费支出占 GDP 比重也超过 4%。在全国教育经费投入总额度中，公共财政教育支出为主渠道，义务教育所占比重最高，学前和职业教育增幅最快，中西部和农村地区所占比重最大[①]。相比之下，对职业培训的投入额度依然不多，增幅不大。目前，国家教育部已将职业培训列为教育发展的重要形式，相关部门应尽快建立职业培训常态化投入机制，支持公办职业培训机构扩大规模，增强服务实力。同时，积极引导社会资本加大职业培训投入，努力形成职业培训机构多元化发展的新局面。

（一）鼓励企业加大职业培训投入

随着企业转型、产业升级进程的逐步加快，我国企业劳动者职业培训的需求日益强烈，但企业投入的实际状况却不容乐观。有调查表明，世界发达国家企业员工职业培训经费按产品销售额的 1%～3% 或工资总额的 8%～10% 提取，企业员工内部职业培训和外部职业培训年支付额度分别达到 1930 元

① 张绘：《“后 4% 时代”我国教育经费投入需多维度改革并举》，《教育科学研究》2017 年第 1 期，第 27~33 页。

和1650元（折合人民币）①。另一项有关我国国有企业员工职业培训投入的调查显示，只有不到5%的国有企业加速了人力资本投资，30%以上的国有企业员工职业培训年投入在人均10元以下，20%左右的国有企业年投入在人均10～30元之间②。多数企业没有完全落实国家关于"一般企业按照职工工资总额的1.5%足额提取教育培训经费，从业人员技术要求高、培训任务重、经济效益较好的企业，可按2.5%提取"的规定，或按规定提取了培训经费但用于一线职工额度不足60%。政府相关部门应切实加强检查督导工作，督导各类企业按国家规定提取职业培训经费，引导其围绕自身发展战略，依据员工职业培训需求，制定详尽的职业培训规划并付诸实施。

（二）推动民办职业培训机构发展

我国民办职业培训机构起步虽晚，但发展较快，已成为职业培训领域的重要力量。但是，由于各地民办职业培训机构设置标准、准入标准不一，培训质量良莠不齐。各级政府职业培训行政管理部门应切实加强检查、督导、指导工作，建立培训质量评估体系，促进民办职业培训机构不断提升培训质量。遵循政府购买服务的思路，完善对民办职业培训机构组织的公益性职业培训活动实施分类奖补措施，激励更多的社会资本进入民办职业培训领域。利用各种媒体面向社会广泛宣传民办职业培训机构的先进典型，提高民办职业培训机构的社会影响力和知名度，逐步培育一批民办职业培训品牌机构。

（三）推广PPP职业培训筹融资方式

PPP（Public-Private Partnerships）模式本质上是在某一具体项目的基础上建立起来的公私合作伙伴关系，政府资本与社会资本实现持久性合作，实施共同投资，共同开发产品和服务，共享与产品有关的资源，共同承担产品风险和费用。世界上多个国家的实践经验表明，教育PPP模式的实施主体包括政府部门、公立学校和私人部门，各实施主体以合作的方式共同面向社会提供教育服务，能够有效提升国家教育供给水平与供给效率。职业培训是职业

① 陈颖：《国有企业培训工作的思考》，《中国培训》2001年第2期，第30~31页。

② 刘妍彬、张喆：《国有企业培训投入不足的成因分析》，《河南纺织高等专科学校学报》2002年第4期，第12~14页。

教育一个重要形式，可通过公办职业培训机构私营、政府购买服务、职业培训代用券制度等途径实现 PPP 改造。实践证明，职业培训推行 PPP 模式可有效地改变职业培训投入一元化的格局，在强化职业培训管理、提升职业培训服务质量水平等方面具有较为重要的作用①。各地应进一步创设应用条件，采取加强法规建设、丰富合作类型等措施积极推进，促其尽快取得应有的成效。

二、加强培训师资队伍建设

我国一直流传名师出高徒之说，恰当地表达了培训师资队伍建设的重要性。事实上，我国政府一直高度重视职业培训师资队伍建设。《国家中长期教育改革和发展规划纲要（2010—2020 年）》提出，“完善培养培训体系，做好培养培训规划，优化队伍结构，提高教师专业水平和教学能力。通过研修培训、学术交流、项目资助等方式，培养教育教学骨干、造就一批教学名师和学科领军人才”。职业培训机构与学校教育机构一样，建立一支优秀的培训师队伍，对于提升职业培训质量，优化职业培训供给具有基础性作用，也是保障职业培训质量的关键所在，必须引起各级政府及职业培训机构的高度重视。

（一）引导教师逐步实现“三个适应”

第一，适应培训目标和培训对象的相对固定性。职业培训的实施对象具有不同的岗位、不同的文化背景和不同的工作经验，但对其实施培训的知识和技能均具有一定的标准，具有相对固定性。同时，我国目前各级各类培训机构分工较为明确，形成了自己的培训市场和相对固定的培训对象。但是，这种固定仅是相对的固定，参训者知识、技能以及积累的经验不一，固定性之中也存在不固定性。培训师应能灵活适应这一现实。

第二，适应培训内容和培训课程的相对灵活性。培训内容要服务参培者的职业发展及组织的绩效提升，在调查分析职业培训需求的基础上，尽力做到因人确定，以此调动参培学员的学习兴趣。培训课程应注重实用性和针对性，实现模块化培训。相关模块能够依据不同的培训对象，针对不同的培训

① 闫志利、邵会婷、张帅：《职业教育 PPP 模式：域外经验与我国实践》，《当代职业教育》2016 年第 7 期，第 9~14 页。

目标和不同的培训内容灵活安排。既方便培训师工作，也能够让参培者依据自身状况及培训目标任意选择，节约时间成本。

第三，适应培训对象及培训方法的多样性。由于职业培训对象在技术背景、年龄结构、学历水平、工作经验等方面差异较大，必须实施课堂讲授、案例教学、情景模拟等多样化的职业培训方式①。适应这一要求，培训师必须全面掌握相关职业培训方法，熟练运用各种现代职业培训技术及设施、设备，能够面对不同的培训对象灵活运用，进而产生较高的培训质量，取得良好的培训效果。

（二）不断优化师资队伍建设的措施

第一，凝聚专业方向。优秀培训师的成长需要具有良好的外部环境，职业培训机构办出特色、打出品牌，也需要一支优秀的培训师团队作支撑，二者相辅相成。职业培训机构应想方设法为培训师专业发展提供良好的外部环境，立足服务面向，凝聚专业方向，使培训师能够集中精力实现某一方面的快速发展，并逐步在该领域形成特长。既可以选派培训师到专业对口企业进行实践锻炼，也可以到相关职业培训机构跟班学习，实现知识与技能的不断更新。这样，就能够让培训师的专业依托产业，实现专业知识和操作技能的同步增进。

第二，开发培训课程。基于我国尚未全面推行“培训包”的现实，职业培训机构应遵循“以能力为本、以实践为主、以需求为重”的指导思想，立足专业优势，组织培训师积极开发特色课程，使之逐步形成分级、分类、分岗的课程体系，方便参培者依据自身需要，任意选择。同时，也让培训师在强化培训服务中增长知识，在课程开发过程中实现专业成长。通过不同职业培训机构之间的交流，使课程体系逐步完善，形成完整的课程。

第三，注重团队建设。教师团队建设具有沟通协作、科学创新、持续实践等功能，对提升职业培训机构的教学与科研实力具有十分重要的作用。职业培训机构教师团队要具有合理的年龄结构、学历结构、专业结构、职称结构，教师与教师之间能够协调合作、相互学习，实现共同提高。要注重培训专业

① 黄娜：《关于教育培训机构师资队伍建设的思考》，《继续教育》2016年第2期，第21~23页。

带头人，使其能够准确把握国内外本专业发展方向，并发挥“传帮带”作用。加大青年骨干教师的培养力度，充分发挥其思想活跃、身强力壮等优势，尽快成为团队中的骨干力量。此外，还要妥善处理“分”与“合”的关系，“分”就是团队成员要分工负责，独立承担自己的工作任务；“合”就是团队成员能够将自己的培训和科研经验在团队成员间进行分享。在这种“分”与“合”的不断交替发展过程中，使团队各位成员的专业水平得到不断提升。

第四，注重专兼结合。由于多数职业培训机构存在着专职教师数量不足以及专业教师实践经验不足等问题，需要从各类学校、行业企业、科研机构以及其他社会组织聘请部分管理人员、技术人员担任兼职教师。在实践过程中，要注意加强专兼教师的合理分工与协作，实现取长补短、优势互补，使专任教师的实践能力和兼职教师的理论水平得到共同提高。

第五，坚持以评促改。职业培训机构建设一支团结高效的教师队伍，离不开对教师绩效的评价。唯有通过评价，才能发现教师团队乃至教师本人的弱点和优点。对于评价发现的优点，应大力发扬；对于评价发现的缺点或不尽如人意之处，则应尽快整改。职业培训机构应遵循发展性、多样性、可操作性以及目标趋同、标准统一等原则，制定客观、公正的教师绩效考评制度，注重对教师的全面评价、全过程评价以及师资队伍建设情况的整体评估，不断发现问题解决问题。

（三）加强师资队伍的大范围交流

通过与高等院校、科研院所和相关部门、企业的合作，搭建培训师相互交流的平台。立足高等院校专业优势，以选派访问学者、科研项目合作、参加学术研讨等方式，拓展培训师学习通道。通过与行业部门、企业的合作，选派教师赴企业挂职锻炼、学习深造。此外，还要加强培训师与参训者之间的交流，能够促使培训师从中了解情况、汲取经验。积极寻找各种机会，加强与国外职业培训机构和培训师之间的交流，使培训师能够及时了解到域外职业培训和专业技术发展的最新动向。

三、全面提升职业培训质量

劳动者参与职业培训需要付出直接成本、间接成本和机会成本，即便是各地政府推出的一些公益性培训项目免收培训费、交通费及食宿费等，参培者也产生由于参加培训而造成的一些机会成本。因此，职业培训质量直接关联到劳动者参与职业培训需求的动力。换言之，劳动者职业培训的需求状况会因供给状况而改变。唯有参培后能够带来获得感，劳动者才能保持学习热情，实现持续学习、终身学习。由于职业培训质量的影响因素众多，本研究未将职业培训质量保障体系单独列出，而是融合于质量评价体系之中。结合当前我国职业培训质量状况，各级各类职业培训活动应在以下几个方面实施改进。

（一）增强针对性

随着科学技术的不断发展和人类认知能力的逐步提升，劳动者职业培训需求将越来越具体，职业培训需求分析将越来越细，逐步具化于每一位劳动者身上。为适应职业培训个体化、具体化的需要，部分专业领域已经出现了“一对一”式服务，并收到了明显效果。本研究结果表明，无论是脑力劳动者还是体力劳动者，其职业培训需求均表现出个性化特征，需要职业培训机构详尽分析每一位劳动者的现有知识与技能基础，并预测其对新知识和新技术的接受能力。在此基础上制定培训规划，确定培训内容、培训方法、培训形式，合理安排培训时间、培训地点等，力求使职业培训活动取得最佳成效。基于德雷福斯技术获得模型及供给侧结构性改革理论，应破除现有制约劳动者依据市场规则合理流动的制度性障碍和政策性壁垒，着力培养和科学配置达到实践智慧阶段的劳动者，使其发挥“领头”的作用。以职业农民培训为例，针对本研究发现的现有职业农民队伍存在的“女多男少、青壮年少、文化水平低”的实际情况，国家和地方政府应制定相应的激励政策，通过实施信贷资金优惠、创业初期税收减免、土地流转承包优先等具体措施，鼓励涉农专业的大中专毕业生回乡发展现代农业。而后，集中优秀师资力量加大培训力度，并辅以相应的其他培训措施，使返乡大中专毕业生逐步达到实践智慧的程度，从而带领更多的职业农民学习新知识和新技术，推动我国农业现代化发展进程。

（二）体现时效性

无论是供给侧还是需求侧，均要求职业培训内容体现一定的时效性。对供给侧而言，在科学技术快速发展的今天，知识与技能本身就存在一定的时效性。联合国教科文组织（UNESCO）研究结果表明[①]，18 世纪知识更新周期为 80～90 年，19～20 世纪初周期缩短为 30 年，20 世纪六七十年代更新周期为 5～10 年。到了 20 世纪八九十年代更新周期缩短为 5 年，进入 21 世纪则缩短至 2～3 年。因此，职业培训机构应紧跟时代步伐，及时跟踪专业（领域）知识及技术发展前沿，满足劳动者知识及技术更新的需要。对需求侧而言，劳动者参加职业培训的目的就在于适应社会经济发展和生产经营实际需求，掌握相应的知识和技能，且这些知识和技能能够应用到生产中，产生应有的效能和效益。显然，落后知识和技能的培训难以满足劳动者的需求，唯有职业培训体现时效性，才能不断激发劳动者职业培训的积极性。

本研究结果表明，河北省职业农民认为目前职业培训对提高农业生产水平具有明显作用的占 41. 39%，尚有半数以上认为作用不大，说明急需强化农业职业培训的时效性。在提高农业收入方面，认为职业培训能够提高收入的职业农民占 65. 94%，尚有 34. 06% 的职业农民认为职业培训对提高收入没有作用。在产业工人职业培训方面，河北省部分产业工人埋怨职业培训内容不符合自己需要，对培训内容的总体满意度仅趋于“比较满意”状态。在高职教师培训方面，河北省 5 所高职院校教师对职业培训的满意度仅处于“一般”状态，认为对转变专业理念、丰富专业知识、提升专业技能以及促进行为转变等方面帮助不大。可见，优化职业培训供给，促进职业培训由“有没有”向“好不好”转变，必须提升培训内容的时效性。

（三）注重适应性

适应性是指生物体与生物环境表现相适合的现象或相适应能力[②]，职业培训的适应性体现了两个方面的含义，一是强调职业培训活动在职业培训内容、培训方式、培训地点、培训时间等方面要适应参培人员的需求；二是适应性职业培训，强调培训内容要有利于促进参培者适应职业（岗位）需求，能够承担某项具体职责，履行某项责任。我国劳动者是一个庞大的群体，劳动者的职业

① 《知识更新周期缩短至 2~3 年》，《时事报告》2010 年第 2 期，第 7 页。

② 李茹：《基于社会培训适应性、有效性问题研究》，《教育与职业》2014 年第 6 期，第 168~169 页。

培训需求千差万别。从哲学视阈分析，职业培训适应每一位劳动者的需求是相对的，不能完全适应则是绝对的。注重职业培训的适应性是提升职业培训质量的基础，全面适应参培人员是培训机构实施职业培训活动所追求的目标。

以职业农民培训为例，本研究调查结果表明，25 岁以下的职业农民应加强植保知识的培训，35 岁以上至 45 岁职业农民应加强经营管理知识与市场信息方面的培训，25～35 岁及 45 岁以上的职业农民应注重“三新知识”的培训。年龄大的职业农民可以选择由县乡技术员或经营大户开展正规课堂、现场指导等传统方式培训，年轻职业农民则可以采用网络等新型的职业培训方式。在教师职业培训的适应性方面，王晓丽等（2015）研究了农村中小学教师远程学习的适应性问题①，认为农村中小学教师对远程学习方式的适应水平处于“一般”状态，只有不到 1/4 的教师表示已“完全适应”远程学习，其余大部分教师还处于“正在适应”的阶段，影响适应性的主要因素有对远程学习的体验、自主学习能力、协作学习能力、课程资源状况、生理适应能力与时间保证、学习者的网龄等。

注重职业培训的适应性，要求职业培训机构遵循“按需施教，学用一致”原则，关注培训项目设计（包括培训内容、培训方法、培训资源等方面）与培训对象之间的相互适应程度，坚持以培训需求确定培训目标、以培训目标规划培训内容、以培训内容安排培训课程、以培训课程确定培训形式，进而保障职业培训活动的各个环节与培训对象相适应。

在适应性职业培训方面，众多学者实施了具体职业的适应性培训研究。如韦龙银（2016）研究了高铁信号人才适应性培训存在的困难与对策②，樊改霞等（2014）基于甘肃省的调查，研究了中小学新教师岗前适应性培训效果③等。具体工作的重点为对照职业（岗位）需求及培训对象的职业（岗位）能力状况，确定二者之间的差距，并以此作为培训内容。同时强调，职业培训实施

① 王晓丽、路宏、贾巍：《农村中小学教师远程学习适应性影响因素研究——以宁夏“国培计划”远程培训为例》，《电化教育研究》2015 年第 4 期，第 108~113 页。

② 韦龙银：《高铁信号人才适应性培训存在的困难与对策》，《铁路运营技术》2016 年第 3 期，第 61~62 页。

③ 樊改霞、闫婷：《中小学新教师岗前适应性培训效果研究——基于甘肃省的调查》，《教育导刊》2014 年第 8 期，第 31~34 页。

的各个环节应具有严密性和准确性，确保做到培训内容、培训过程等与实际职业（岗位）需求的“无缝对接”。

（四）扩大普及性

如果说增强针对性、体现时效性、注重适应性强调了职业培训质量“质”的要求，那么扩大普及性就是对“量”的要求。扩大普及性的目的在于让职业培训活动具有广泛的包容性，能够面向全体劳动者。2010年，国务院提出《关于加强职业培训促进就业的意见》，提出“建立健全面向全体劳动者的职业培训制度”，强调“建立覆盖对象广泛、培训形式多样、管理运作规范、保障措施健全的职业培训工作新机制”①。2011年，中央组织部、人力资源社会保障部发布的《高技能人才队伍建设中长期规划（2010—2020年）》也提出，“建立健全覆盖城乡全体劳动者、并能适应其职业生涯不同阶段需要的职业培训制度”②。世界发达国家经验也表明，一个国家、一个地区的综合竞争能力并非取决于该国或该地区的资源和财富，而是取决于拥有技术、技能型人力的总量。职业培训的基本功能在于培养技术技能型人才，因而扩大职业培训的普及性，让每一位劳动者都有机会接受职业培训，进而增加社会技术技能型人才总量，是构建劳动者终身职业培训体系的根本任务。

目前，我国技能型劳动者总量仅占全体就业人员的19%，高技能人才仅占5%。人力资源市场技能型人才求人倍率一直在1.5∶1以上，高级技工的求人倍率甚至达到2∶1以上。全国技工紧缺的现象逐步由东部沿海向中西部地区蔓延，从季节性演变为经常性。同时，我国农民工中接受过职业技能培训的仅占30%。更为重要的是，由于农民工缺乏相应的知识和技能，已经成为影响其融入城市、转变为产业工人的主要障碍③，也直接阻碍了我国新型城镇化进程。本研究结果表明，河北省参加过各类职业培训的职业农民仅占调查人数总量的40.84%，比前述农民工参与职业培训的比例更低。可见，扩

① 《国务院关于加强职业培训促进就业的意见》，2010年10月25日（http://www.gov.cn/zwgk/2010-10/25/content_1729591.htm.）。

② 《高技能人才队伍建设中长期规划（2010-2020年）》，2011年7月6日（http://jnjd.mca.gov.cn/article/ zyjd/zcwj/201109/20110900179107.shtml.）。

③ 桂杰：《我国农民工中接受过职业技能培训的仅占30%》，《中国青年报》2014年8月7日第11版。

大职业培训的普及性已经成为保障我国经济社会持续发展必须解决的重大问题，将直接影响工业化、信息化、城镇化、农业现代化发展进程。

（五）确保持续性

确保职业培训的持续性分别基于劳动者整个生命历程、知识与技能的增进规律和职业培训体系自身的发展提出，三者也为相辅相成的关系，共同诠释了持续职业培训的重要性，也从另一个角度表达了职业培训质量。

第一，劳动者的生命历程是持续的，职业生涯发展也是持续的，因而劳动者接受职业培训也应该是持续的。学校教育解决的是劳动者适应社会生活所需的共性知识和基本技能问题，劳动者知识与技能的更新只有通过持续接受职业培训解决。现代社会职业分工越来越细，对劳动者的知识与技能要求越来越高，如果劳动者不能持续接受职业培训，不断提升专业知识和专业技能，就很难适应职业（岗位）的需要，达到理想的生活状态。如果将职业培训的持续性表达于劳动者的整个生命历程，就演绎为劳动者的终身职业培训。因而，持续性是衡量劳动者终身职业培训体系建设质量的一个重要因素。

第二，知识与技能增进过程本身就具有持续性。德雷福斯的技术获得模型格外强调劳动者技术与技能增进过程的持续性，也解释了劳动者随之而来的必然要经历的情感、实践、认知的持续变化。以教师成长过程为例，卡茨（Robert L. Katz）将教师的职业发展划分为求生、巩固、更新和成熟4个阶段，求生阶段教师只关心自己在陌生环境中能否生存，此种情形可能持续1～2年；巩固阶段开始统整并巩固前一时期所获得的经验和技巧，开始关注学习问题，此阶段会持续到第3年；更新阶段则对平日繁杂的工作感到倦怠，开始寻找创新事物，此阶段会持续到第4年；成熟时期教师有足够的能力探讨一些较为抽象、较为深入的问题，大致需要2～5年。可见，每个阶段教师发展的特征和需求均有所不同，教师发展也是一个持续的过程[①]。唯有持续接受职业培训，教师才能顺利达到较为理想的发展阶段。

第三，职业培训发展应该是持续的。基于职业培训在社会经济发展中的重要作用以及当前发展中面临的各种问题，职业培训体系必然也总是处于不

① 杜宗明：《基于教师发展视角的高校图书馆服务探究》，《晋图学刊》2016年第2期，第33~35页。

断发展的过程之中。职业培训发展滞后将对社会经济发展形成阻碍，适度超前将会为经济社会发展输送“人才红利”。因此，各级政府及相关部门应以发展正规学校教育同等的力量、甚至是更大的力量发展职业培训，使其趋向多层次、多形式、多规格，进而满足劳动者终身学习的需求，为经济社会实现持续发展提供源源不断的人力资源支撑。

第三节 加强职业培训的法律规制建设

促进劳动者终身职业培训体系良好运行，使其体现应有的效能，必须通过加强法律规制建设给予保障。同时，职业培训的准公共产品属性决定其正常运行离不开政策支持，政府必须充分发挥促进、导向和管理作用。改革开放以来，我国逐步完善了有关职业培训的法律规制，有效地保护了职业培训需求与供给两侧的权益。但是，与世界发达国家比较，我国职业培训法律规制建设水平依然不高，实际执行效果尚有较大提升空间，职业培训市场仍然不够规范。因此，加强劳动者职业培训法律规制建设，促进行业自律，是构建劳动者终身职业培训体系亟待解决的重要问题。

一、法律规制建设取得的成效

（一）确立了劳动者接受职业培训的权利

职业培训权指劳动者在准备就业和实现就业的过程中，为提高个人技术技能，所拥有的参加政府或企业举办的各种职业培训活动的权利[①]。我国《宪法》规定，公民有接受教育的权利和义务。职业培训是职业教育的一种重要形式，以此推断，公民当然具有接受职业培训的权利和义务。《宪法》第四十二条规定，国家对就业前的公民进行必要的劳动就业训练，使公民接受职业培训的权利更为明确。《劳动法》专门列出第八章，具体阐释了职业培训内容。因此，职业培训权既是公民教育权的一项重要内容，也是劳动权的重要体现。

① 常凯：《劳权论——当代中国劳动关系的法律调整研究》，中国劳动社会保障出版社 2004 版，第 284 页。

（二）明确了民办职业培训机构的地位

我国职业培训机构数量众多，民办职业培训机构以灵活的办学方式、独具特色的教学形式受到广大民众的欢迎。1997 年，国务院制定并施行了《社会力量办学条例》，对社会力量办学实行“积极鼓励、大力支持、正确引导、加强管理”的政策。2003 年，全国人大通过了《民办教育促进法》，确认“民办学校与公办学校具有同等的法律地位，各级人民政府应将民办教育纳入国民经济和社会发展规划”。2016 年，全国人大重新修订了《民办教育促进法》，规定“新建、扩建非营利性民办学校，人民政府应当按照与公办学校同等的原则，以划拨等方式给予用地优惠”，使民办职业培训机构与公办职业培训机构具有同等法律地位的规定更加具体。

（三）确定了职业培训体系的重要性

2010 年，国务院专门就加强职业培训工作提出意见，认为加强职业培训是促进就业和经济发展的重大举措，是提高劳动者技能水平和就业创业能力的主要途径。大力加强职业培训工作，建立健全面向全体劳动者的职业培训制度，是实施扩大就业的发展战略，解决就业总量矛盾和结构性矛盾，促进就业和稳定就业的根本措施；是贯彻落实人才强国战略，加快技能人才队伍建设，建设人力资源强国的重要任务；是加快经济发展方式转变，促进产业结构调整，提高企业自主创新能力和核心竞争力的必然要求；也是推进城乡统筹发展，加快工业化和城镇化进程的有效手段。可见，国务院文件将职业培训的重要性提升到了前所未有的高度。

（四）规范了职业培训机构申办程序

为了规范培训市场，各级政府对职业培训机构的申办条件及程序做出了明确规定。以民办职业培训机构为例，《民办教育促进法》不仅明确了审批主体，还明确了需要提交的申请报告、资产来源、有效证明等各种材料，使申办程序更加具体。依据《民办教育促进法》要求，各地对申办民办职业培训机构的规定更具操作性。如天津市教委不仅制定了《天津市民办非学历培训机构设置标准》，还落实到了具体行业。规定凡申请举办涉及卫生、体育、保安等内容的培训机构，须先经相关行政主管部门审核同意后，由区县教育行政部门审批。其他省、市也立足本地职业培训发展状况，出台了类似规定或办法。

（五）加强了职业培训机构的管理

随着职业培训机构诸多问题的显现，国家及地方均出台了相应的法规规制加强管理。再以矛盾较多的民办职业培训机构为例，《民办教育促进法》不仅明确了督导主体，也明确了政府管理部门的具体任务。强调民办学校侵犯受教育者的合法权益，受教育者及其亲属有权向教育行政部门和其他有关部门申诉，有关部门应当及时予以处理。地方各级政府行政主管部门相继制定了具体实施办法，如北京市制定《社会力量举办职业技能培训机构管理办法》等。

二、法律规制建设存在的问题

（一）缺乏针对性的法律制度

我国尚未建立专门针对职业培训机构的法律，导致政府执行部门界限模糊。以民办职业培训机构为例，虽然《民办教育促进法》第六十五条明确规定“本法所称的民办学校包括依法举办的其他民办教育机构”，但仍有的地方政府及其主管部门认为职业培训机构不属于教育机构，某些事项不属于该法的约束范围。在我国加快建设劳动者终身职业培训体系、积极促进职业培训机构多元化发展的宏观背景下，实现对职业培训机构的依法监督和依法管理，应建立专门适用于职业培训的法律规制体系。特别是当职业培训机构与参培者出现经济纠纷时，由于国家尚无针对职业培训机构管理、监督和处罚的实施细则，相关部门及法院只能依照《合同法》等进行处理，职业培训机构违法成本过低，难以产生震慑作用，导致培训质量良莠不齐。

（二）职业培训市场乱象丛生

目前，各地制定的职业培训机构办学标准不一，直接影响了办学质量。部分省、市规定，举办职业培训机构由人力资源社会保障部门审批，而以学校之名、行职业培训之实的则由教育部门审批。由于多种原因，部分民办职业培训机构对获取办学资质望而却步，长期“无照经营”的现象十分普遍。有的不符合人力资源社会保障部门和教育行政部门审批要求的职业培训机构则在工商管理部门以注册培训公司、技术服务公司的名义开展职业培训活动，难以纳入教育部门和人力资源社会保障部门的监管范围，导致职业培训市场出现了混乱的现象，经济纠纷频发。

（三）相关部门监督管理缺失

由于职业培训机构的注册和登记分散在教育、人力资源社会保障、工商等多个部门，导致日常监督管理出现了职责不清的情况，出现了许多“真空”和“盲区”。部分职业培训机构法律意识明显缺失，坑国害民之事屡见不鲜，国家资助的“民生工程”变成了一些职业培训机构和官员牟取私利的“敛财工程”[①]。据报道，湖北省某县劳动局两任领导班子2006～2009年弄虚作假，套取国家培训补贴资金24.75万元用于发放职工福利[②]。湖北省武汉市仅1年就查处13件农民工职业培训造假案件[③]。江苏某职业技术学院要求本校学生在正常完成学业的同时，另外缴纳2140元参加为期10天的职业培训，且交钱后可以不上课[④]。江苏省南京市两家民办职业培训机构一边办培训，一边搞“报班包过”考试，参培者花费数千元考取的“营养师”竟是假的[⑤]。

（四）部分机构缺乏社会责任

目前，有许多职业培训机构服务劳动者意识淡薄，明显缺乏社会责任。部分职业培训机构采取暴利运营的模式，单纯追求经济效益而忽略社会效益。部分职业培训机构社会道德观严重扭曲，出现随意减少实习材料、缩短培训课时等行为，直接影响了培训质量。据报载，武汉某会计培训连锁机构在学员报名时，承诺提供书本并包考过，考不过再免费学习1年。当部分参训学

① 刁丽丽、闫志利：《职业技能培训机构社会责任与规制建设研究》，《河北科技师范学院学报（社会科学版）》2012年第3期，第107~111页。

② 程亚，沈纪威：《哄骗群众拍照套取24.75万补贴，咸丰县劳动局两任领导班子如此损农》，《武汉晨报》2010年12月30日第6版。

③ 姚启慧、花耀兰、尹萍：《武汉曝套取农民工培训金窝案，虚报数千人骗补贴》，《湖北日报》2011年6月15日第3版。

④ 肖雷：《10天培训课收费2140元，课可以不上钱必须交》，2011年6月22日（http://www.yangtse.com/news/sh/201106/t20110622_811292.htm.）。

⑤ 焦哲：《花数千元考个“营养师”竟是假的》，《扬子晚报》2011年6月8日第17版。

员想参加下期学习时，该机构已“莫名蒸发”[①]。

三、加强法律规制建设的重点

针对我国职业培训机构发展及运行的现实状况，应重点加强自我管理、市场运营、国家法律、政府政策、行业内控、舆论监督和社会监督等规制建设。

（一）自我管理规制

自我管理规制是职业培训机构从强化管理角度出发，将承担的社会责任和履行的社会义务通过自身规章、制度得以明确，并具体贯彻于职业培训活动运行的各个环节之中。在当前职业培训市场竞争日趋激烈的情况下，职业培训机构取得并保持竞争优势，必须实施与所承担的社会责任目标相适应的发展战略，与职业培训机构的发展目标、工作目标、组织结构、用工制度、利润分配等相互衔接，不断提升培训质量，满足劳动者实现终身学习的需求。

（二）市场运营规制

职业培训机构要实现高效运行，必须建立起统一开放、竞争有序的市场体制和机制。总体上分析，当前我国职业培训机构准入门槛仍然较低，应进一步严格市场准入制度，对职业培训机构的设置标准做出具体要求，并按照国际通用标准建立培训质量监督体系。同时，进一步完善外部与内部相结合的职业培训质量评价评估制度，督促职业培训机构不断提升职业培训质量。要大力宣传为社会做出突出贡献的职业培训机构，增强其社会影响力。对社会责任意识低下、唯利是图的培训机构，应勒令其停止招生，退出培训市场。

（三）国家法律规制

目前，我国已经制定实施了一系列与职业培训相关的法律规章，但由于缺乏针对性，约束力仍然不强。因此，有必要对职业培训单独立法，形成完整的职业培训法律条款[②]，以此规范职业培训机构的办学行为。通过完善相关法

① 林慧婕、袁江力：《培训机构人去楼空，数十名学员被骗》，《武汉晚报》2011年6月30日第15版。

② 梁快：《我国职业培训的政策法规研究》，《职业》2009年第2期，第90~92页。

律法规，使我国职业培训管理做到有法可依、违法必究。与此同时，各级政府有关行政部门和监察机构，应逐步建立健全职业培训机构违反社会责任的公益诉讼机制，及时追究侵犯劳动者参与职业培训权利的行为。

（四）政府政策规制

建立起适合市场要求，包括职业分类、职业标准制定、职业培训机构运行、职业资格认证与鉴定等统一有效的职业培训政府规制，引导、鼓励、支持、监督和约束职业培训机构履行社会责任。政府主管部门应积极充当维护社会公共利益的监护人、协调培训机构利益与社会利益仲裁者的角色，以间接调控或直接干预等手段，引导、监督职业培训机构承担社会责任。通过建立统一的监督管理机制，明确教育、工商行政、人力资源社会保障等部门的职责和职能，建立法律监管联动机制，运用法治思维和法治方式推动职业培训健康、有序发展。

（五）行业内控规制

在职业培训机构自律的基础上，加强行业规制建设，引导职业培训机构按行业协会的统一要求承担相应的社会责任，架起培训机构与政府、与企业、与劳动者之间的“桥梁”。通过发挥行业协会的作用，加强职业培训机构之间的交流与合作，积极开展与国内外先进职业培训机构的对标活动，推进我国职业培训行业与国际标准的接轨，提高我国职业培训的国际影响力和竞争力。

（六）舆论监督规制

通过建立健全社会舆论规制，使职业培训机构的运行状况处于社会评价与监督之下。各级各类媒体在为职业培训进行推广宣传时，应主动协调主管部门进行必要的审核，绝不可为部分职业培训机构发布虚假广告。政府职业培训主管部门应建立统一的公益性网站平台，使社会各界充分了解本区域职业培训机构及培训项目，能够自由、自主地选择培训内容、培训时间、培训教师、培训地点等，不断提升职业培训的满意度。

（七）社会监督规制

职业培训机构的正常运营，离不开社会群众的监督。要加强普法教育，有意识地提升劳动者在相关法律方面的认知水平。当职业培训机构损害自身利益的时候，劳动者能够运用法律武器保护自己。政府相关部门要尽可能简化群众维权的流程，减轻举报群众的经济、心理负担，加快解决问题的效率，尽可能地增强劳动者维权的信心和决心。

第四节　活化职业培训机构的运行机制

我国职业培训供给涉及多个主体，且所有制形式多样，培训质量及规模不一。特别是 2C 市场，小规模机构较多，培训设施设备能力较低，发展实力依然较弱。各类型培训主体具有不同的特色与功能，处于“各自为战”状态，无论是规模、质量还是效益，均有较大提升空间。活化现有职业培训机构运行机制，可有效促进各类型职业培训机构之间的相互协作，实现优势互补，进而达到共同提高、共同发展之目的。唯此，劳动者终身职业培训才能逐步进入体系化状态。

一、公共职业培训机构的运行

公共职业培训机构指担负公益性职业培训、具有公共服务职能的职业培训机构，多为第五章所解释的公办职业培训机构，具体包括各类院校（主要包括中职学校[①]、高等学校、就业训练中心）以及社区培训机构（包括社区、乡镇设立的成人学校）等。按照“有所为、有所不为”的原则，不同公共职业培训机构担负的职能及职责及相应的功能应有所不同。

（一）学校职业培训的运行

适应劳动者终身职业培训的需要，中职学校、高等学校、就业训练中心（以下简称“三类机构”）应注重活化 7 项运行机制。一是活化信息反应机制。及时了解社会各个方面特别是企业组织职业培训需求的变化趋势，为调整专业设置、课程设置以及教学内容等提供信息支持，达到能够用最短的时间、最快的速度、最灵活的方式为劳动者提供“快速培训”的程度。二是活化教师进修机制。利用一切可以利用的机会，引导培训师不断提高理论知识

① 注：本研究将技工学校纳入中职学校范围。

和教学技能水平，让培训师能够紧跟时代科技发展步伐，使培训活动能够更加满足参培者的需求。三是活化校企（用人单位）合作机制。推动校企之间的双向互动，通过合作开展职业培训活动，使劳动者接受类似于德国的“双元制”式的培训，实现“入学即入企”或“入企即入学”。四是构建“挂牌服务机制”。定期向社会公布提供的各类培训课程，建设类似于加拿大社区学院开设的“培训超市”，让劳动者及时了解职业培训项目及相关信息，根据需要自行选择。五是活化职业培训研发机制。与行业企业、教育科研单位等实施广泛联合，把握职业培训发展的最新动向，开发职业培训课程，不断探究专业设置、课程及教材开发的新方法和新途径。六是活化培训资源共享机制。通过与行业企业、科研单位的联合，实现教学实验基地、培训课程与教材、培训设施与设备以及培训师资等资源的共享，进而达到间接增强职业培训实力的效果。七是活化培训效果跟踪机制。建立参培劳动者成长档案，全面掌握参加职业培训的劳动者的就业状况、工作情况以及用人单位的意见和需求等，做好跟踪服务，在不断发现问题、解决问题的同时，助力劳动者终身学习，实现终身发展。

（二）社区职业培训的运行

社区职业培训机构是我国公共职业培训机构的另外一种形式，包括城市社区兴办的职业培训机构，农村乡镇兴办的农民技校、成人学校等，以职业培训所在社区（乡镇）行政区域范围内的劳动者为主要服务对象。与“三类机构”相比，社区职业培训机构更具灵活性，并对“三类机构”形成拾遗补缺作用。与世界发达国家比较，我国社区职业培训机构仍存在规模小、实力弱等问题，是我国今后职业培训发展的重点。社区职业培训机构要更好地发挥服务功能，应注重活化6项运行机制。一是活化与“三类机构”的互通信息机制。通过各类职业培训机构的信息资源共享，达到取长补短、相互促进、共同提高的目的。二是活化与“三类机构”的合作共赢机制。模仿我国卫生医疗系统建立的分级诊疗制度，将部分规模较小、需求不高的常规性职业培训放在社区职业培训机构实施，而那些理论较为复杂、技能要求较高的职业培训则放在高等学校实施。三是活化与“三类机构”的资源互援机制。“三类机构”可向社区培训机构提供培训师资等支持，社区培训机构也可帮助三类培训机构承担相应的中短期培训以及组织学员等。四是活化与“三类机构”培训基地的共享机制。按照便民原则，可由社区提供场地、企业提供设备、“三类机构”提供技术管理，建立社区职业培训实习实训基地，促进本辖区劳动者职业培训形成常态。五是活化社区职业培训科研机制。目前，国家高度重视社区教育发展工作，教育部在全国范围开展了社区教育发展试点。在这种情况下，必须加快开展有关社区职业培训发展模式、目标与方向的研究，为社区职业培训发展提供理论支撑。六是活化职业培训组织机制。可在本社区内选择就业再就业典型、创业典型等“现身说法”，引发“点亮一盏灯，照亮一大片”的效能，进而形成“学习型组织”，也为建立学习型社区奠定基础。

二、企业职业培训体系的运行

企业开展职业培训的根本目的在于提升员工管理能力或技术应用能力，提升企业绩效水平。同时，也具有传播企业文化、稳定员工队伍、促进安全生产等多项功能。从目前情况看，企业开展职业培训活动主要有“内培”和“外培”两种形式。“内培”指企业内设分支机构（或车间）自行组织、自行实施的职业培训活动，具有人员组织速度快、时间安排及时、培训内容针对性强等特点，多属于“非正规培训”;“外培”指企业开展的培训活动由企业内设人力资源管理部门针对职业培训需要，邀请企业外部职业培训机构负责实施，属于“正规培训”，具有准备周期长、费用较大等特点。一些内部没有职业培训能力的中小型企业，也多采用“外培”的方法。

（一）内部职业培训的运行

企业内部职业培训实际上是企业内设职能部门分工负责并具体实施的职业培训活动，也是企业员工职业培训最为关键的系统。为提升职业培训效果，应注意活化6项运行机制。一是活化职业培训预测（需求分析）机制。企业生产部门和管理部门相互沟通，针对企业发展战略规划及员工知识技能现状，科学确定员工职业培训需求，并将之作为确定培训目标、规划培训活动的重要依据。二是活化培训策划机制。准备实施职业培训的具体部门要根据员工的职业培训需求信息，分别制定培训近期和中、远期职业培训规划，并提出具体的培训工作方案及相关实施策略。三是活化职业培训开发机制。根据企业或部门的年度培训计划，拟定既适应企业发展、又适合员工需求的职业培训项目，并对项目成本与收益等问题进行评估，确定培训项目实施的具体方案。四是活化职业培训形式机制。按确定的职业培训目标，对各种职业培训进行筛选，按“成本优先、绩效为主”的原则，确定包括教学方法和教学手段在内的职业培训形式。注重应用现代职业培训技术，体现职业培训形式的先进性。五是活化职业培训实施机制。借鉴国内外先进经验，组织培训师具体实施职业培训工作。注意及时发现问题、解决问题，确保职业培训活动取得实效。制定企业内部相关激励政策，激发员工参与职业培训的积极性。六是活化规模扩张机制。充分利用企业职业培训资源，积极承担相应的公共职业培训职能，开展面向社会的职业培训服务，在服务社会中取得经验、获得信息，促进企业内部职业培训系统的不断发展。同时，可利用企业内部培训系统拥有众多高级技工、设备厂房等条件，设立职工培训中心、技工学校等机构，面向劳动者提供职业培训服务，在提高企业资源利用率、获取部分经济效益的同时，增强企业的社会知名度和影响力。

（二）外部职业培训的运行

企业外部职业培训指企业内部无法解决员工职业培训需求，必须将员工送到企业外部具有一定社会知名度和较强实力的职业培训机构实施的职业培训，也称“人力资源外包”，特别适用于内部职业培训资源匮乏的中小型企业。通过实施外部职业培训，参培者可将外部先进的经验和理念、知识和技术引入企业之中，有利于提升企业绩效水平，实现可持续发展。但综合分析，外部职业培训也存在培训费用较高的缺点以及参培者知识与技能增进后因身价提高跳槽的风险。解决这些问题，应注意活化 5 项运行机制。一是活化外部机构筛选机制。选择外部合作职业培训机构时，既要考虑其品牌与知名度、培训师团队状况、设备设施状况、价值观相似度、成本与价格等，还要将培训内容的吻合度、培训效果的适应性等放在第一位①。二是活化培训师筛选机制。要在深入了解培训师教育背景、工作经历以及授课风格与方法的基础上，获取

① 钱振波：《企业外部培训资源的选用与管理》，《中国人才》2005 年第 11 期，第 48~49 页。

其他合作企业对其培训效果评价的相关信息，综合判断培训师的理论功底和对实践前沿问题的把握情况，而后再确定对本企业外培员工的适应情况。三是活化外部职业培训机构合作机制。可采取“请进来”与“走出去”两种方式。“走出去”就是企业派员工到企业之外的职业培训机构学习，“请进来”就是将培训师请到企业来进行授课。四是活化外部职业培训资源搭配机制。除与知名的职业培训机构合作外，还要与一些小规模的培训供应商合作，综合利用企业外部所有先进实用的职业培训资源，进而实现职业培训效果的最优化。五是活化外部职业培训的激励机制。综合利用精神激励与物质激励相结合的方法，采用“带薪培训”“专项奖励”等方式，调动员工参与职业培训的积极性。根据职业资格和技术技能等级确定员工的工资和待遇，营造有利于技术技能型人才成长的良好环境。

三、社会职业培训机构的运行

社会职业培训机构指由社会资本投资、面向社会各界劳动者开展职业培训服务、以营利为目的的职业培训机构，对公办职业培训机构具有拾遗补缺的作用。因此，唯有大力发展社会职业培训机构，才能确保劳动者终身职业培训体系的完整性，体现其“全面服务、服务全体”的要求。社会职业培训机构具有企业化性质，应注意活化5项运行机制。一是活化信息捕捉机制。由于社会职业培训主要面向人力资源市场需求开展职业培训活动，因而必须具有灵活的捕捉市场信息的能力。善于与企业合作设计职业培训活动，开发职业培训课程。同时，也要勇于接受政府委托的公益培训，努力扩大自身社会影响，增强可持续发展能力。二是活化用人机制。社会职业培训机构用人制度依据市场规则建立，具有较大的灵活性，要因需设置各个岗位，注重构建一支便于流动又相对稳定的、专兼职结合的培训师队伍。三是活化特色生成机制。社会职业培训机构以特色求生存，以特色求发展，必须与本地特色产业、新型产业发展相结合，以特色“大环境”造就特色“小环境”。四是活化社会服务机制。组织相关人员经常下企业、进社区，广泛了解劳动者的职业培训需求，做到按需制定职业培训项目、聘请授课教师等，与各利益相关者形成命运共同体，在履行社会责任中提升社会知名度和影响力。五是活化对外合作机制，通过与大集团、大企业多形式、多渠道的合作，直接从外部获取教研成果及培训内容，不断增强抵御市场风险的能力，在竞争中求生存、促发展、增实力。

四、职业培训管理体系的运行

当前，劳动者终身职业培训已经形成历史潮流，不仅渗透于各行各业，也深刻地影响着每一位劳动者的社会生活和个人生活。在国家相关激励政策的引导下，庞大的职业培训市场必将催生职业培训新生力量的涌现，社会职业培训机构也将出现数量逐步增多、规模逐步增大的趋势。面对社会多类型的职业培训机构和劳动者多样化的职业培训需求，要在加强职业培训法律规制建设的基础上，尽快建立科学规范的管理体系，保障各类型职业培训机构协调有序运行，充分发挥其效能。

（一）强化政府管理主体责任

基于职业培训的公益性，政府理应是劳动者终身职业培训有效运行的管理主体。特别是对一些改善民生、促进就业的公益性职业培训，要建立政府主管部门统筹、相关部门参与的管理机制。中央政府职业培训行政部门负责制定各项职业培训方针政策和总体规划、年度计划，确定具体实施项目，并负责“培训包”开发及“学分银行”等构建工作。省级职业培训主管部门组织各市、县主管部门具体负责实施及督导检查工作。市、县职业培训主管部门具体负责各类型职业培训机构的协调工作，择优选择职业培训机构承担公益性职业培训项目。同时，结合我国目前实施的精准扶贫工作，尽快制定并实施贫困家庭、贫困企业劳动者职业培训救济政策，保障每一位贫困劳动者都能通过接受职业培训实现尽快脱贫。

（二）创新政府管理具体方式

适应市场经济发展的要求，各级政府主管部门应不断创新管理手段和管理方式，积极推进政事分开，努力形成“政府宏观管理、行业协会自律、社会评估监控”的职业培训机构管理新格局。政府主管部门应将主要精力集中在做好职业培训立法及政策制定、标准制定方面，依法对职业培训机构运行实施监督与管理，推动各项工作的落实。行业协会应具体执行一些操作性较强并附有技术性职能的工作，保障职业培训机构能在法律规制范围之内实现有效运行。与此同时，要不断拓宽政府主管部门与劳动者沟通的渠道，注重发挥社会各界对职业培训机构运行的监督管理作用。

（三）积极推进职业培训研究

相对于世界发达国家，我国职业培训研究较为滞后，有关劳动者终身职业培训体系建设的研究尚处于起步阶段，有多领域问题尚需探讨。但是，部分学者仍将人力资源开发与人力资源管理混为一谈，认为职业培训不属于正规教育，不值得过多投入。职业培训研究每年列入国家社会科学基金、教育部人文社会科学研究基金的项目寥寥无几，一方面反映出学界对职业培训的重视程度依然不高，另一方面也反映出职业培训研究机构较少，研究队伍力量也较为薄弱。面对我国全面推进供给侧结构性改革对职业培训呈现出的强劲需求，以及劳动者终身职业培训体系构建的现实需要，政府相关部门应从人力、财力、物力等各个方面进一步加大职业培训研究的投入力度，力争尽快产生一批重要成果，为建立具有中国特色的劳动者终身职业培训体系提供理论支撑和实践依据。

（四）构建培训评估运行机制

改变单纯依靠政府行政管理的做法，构建“政府部门审核评议、行业协会准入认证、培训机构自我监控、社会各界声誉评价”4种形式相结合的职业培训评价（评估）运行机制[①]。政府相关部门制定审核规程和各项标准，建立健全评估制度。行业协会通过建立自律规制，负责执行政府颁布的相关标准及行业认证制度。职业培训机构面向市场办学，实施与外控标准统一的内控制度。积极引导社会评估机构的发展，广泛开展第三方评价服务，为政府决策提供依据，为职业培训机构提升培训质量提供参考。政府相关部门要善于利用第三方评估结果实施行政管理，确保职业培训机构实现规范、有序、高效运行。

① 楼一峰：《构建职业培训评估的运行机制》，《当代教育论坛》2004年第11期，第100~102页。

第五节　建立培训包与学分银行融合制度

为构建劳动者终身职业培训体系，世界发达国家进行了持续探索，寻求到培训包和学分银行两个较为有效的“实用工具”，并演变为制度，体现了终身职业培训理念。从相关实践看，培训包解决了职业培训层次及其对应的职业培训内容问题，实现了与职业资格框架的衔接，但仍未能完整反映劳动者终身学习的状况。学分银行将劳动者一生各阶段的学习成就以学分的形式记录下来，反映了劳动者学习的持续过程，体现了学习终身化的特征，但难以体现具体的学习内容。近年来，我国也开始注重两个工具的研究，并取得部分研究与实践成果。本研究认为，构建劳动者终身职业培训体系应将培训包与学分银行融合在一起、配套使用，最大限度地发挥两者功能，进而达到强化终身职业培训需求、优化终身职业培训供给之效果。

一、培训包的起源及其功能分析

（一）培训包的起源

培训包（Training　Packages）1988 年发源于澳大利亚，是澳大利亚行业协会制定的且全国通用的职业资格体系、能力标准及职业培训内容的集合，是培训机构为参培者提供培训和技能鉴定服务的重要教学资源。此前，澳大利亚职业培训实行英国传统的见习生制，社会认可程度较低。20 世纪六七十年代，澳大利亚经济社会发生了变化，众多劳动者变更了工作，传统的技术教育难以满足培养技能型人才的需要。1974 年后，澳大利亚技术与继续教育咨询委员会向政府递交了著名的《坎甘报告》，澳大利亚政府相继发表了《戴维森报告》《费恩报告》和《卡米克尔报告》，将“职业能力的培养”纳入职业培训的核心，构建了职业教育与培训体系框架①。1994 年，Allen 咨询公司、澳大利亚国家职教中心分别向政府递交了《成功的改革》《开发一个未来的培训市场》的报告，提出开发一个以培训机构与企业个人需求关系为中心的培

① 景宏华：《澳大利亚职教培训框架体系的建立与发展》，硕士学位论文，河北大学，2004 年。

训市场的想法[①]。20 世纪 90 年代后期，澳大利亚引入新学徒制，建立了国家培训框架，且开始研发培训包[②]。1988 年，澳大利亚政府开始在全国倡导、开发和推广各行业培训包，逐步使培训包成为澳大利亚包括技术与继续教育（Technical and Further Education，TAFE）学院在内的所有注册培训机构开展职业教育和培训的依据。

（二）培训包的功能

1. 明确了职业教育和培训的具体目标

在培训包实施之前，澳大利亚职业教育与培训缺少行业内部通用的培训目标，难以满足劳动力市场需求。培训包由行业协会制定，将原来割裂的职业能力标准、学科体系、学历认证以及学习辅导材料集合在一起，成为全国认可的各类证书、学历课程学习和评估的整套工具。在培训包的开发过程中，经历了不同行业和企业的咨询，使证书持有者可在对应的行业和企业获得认可。同时，培训包随科学技术的发展和市场要求的变化不断进行修订和完善，具有较强的针对性，架起了培训与就业的桥梁，使职业培训目标与行业企业用人目标实现了统一。

2. 重点培养了劳动者的关键职业能力

关键能力的核心要素是劳动者跨职业的能力和可持续发展的能力，是一种具有普适性、对一般性工作而言的综合能力，包括劳动者在综合环境中应用知识和技能的能力以及创新创造能力等。澳大利亚培训包将关键职业能力进行了具体规定，将其分为收集分析和组织信息的能力、观点和信息交流的能力、计划和组织能力、团队合作能力、应用数学方法和技巧的能力、解决问题的能力和应用现代技术的能力 7 项标准，并对每一项标准均明确了具体规定。各类培训机构按培训包实施人才培养，有效提升了劳动者的关键职业能力，保证了企业所需以及劳动者职业可持续发展所需。

---

① 西蒙・马金森：《澳大利亚教育与公共政策》，严慧仙、洪淼译，浙江大学出版社 2007 版，第 101~108 页。

② 刘育锋：《从重要报告看澳大利亚职业教育与培训发展轨迹》，《中国职业技术教育》2003 年第 24 期：第 18~19 页。

3. 培训机构与教育机构等实现了连接

培训包制定了全国统一的技术技能型人才培养标准和评价标准，使各类培训机构与教育机构的人才培养标准与行业企业人才需要标准之间实现了无缝连接。劳动者可根据工作需要和学习经历确定自己的学习起点，选择到职业培训机构还是职业学校学习。根据培训包的能力标准要求，劳动者可在接受培训之始对工作能力和学习经历进行认证，而后再确定需要学习的内容，避免重复学习的现象。培训包提倡工学结合，学习地点可以是教室，也可以是实训基地和实际工作场所。劳动者可根据自己的实际情况选择适合自己的学习方式，如脱产学习、半脱产学习和不脱产学习等，甚至还可以选择网络学习。

4. 有效地整合了职业教育与培训资源

培训包具体阐明了各职业对能力标准的具体要求，劳动者可随时了解职业资格规定的核心能力状况及需要学习的内容，而后根据自己的情况确定必修和选修科目。据统计，澳大利亚已经采用包括 6 个等级的 1200 个职业培训资格证书课程替代了原来的 12500 多个认证课程，并确保每个专业或方向均有对应的职业资格证书，由“学历导向”逐步转向了“能力导向”和“证书导向”，有效地整合了各类职业培训资源，与教育系统实现了沟通和协调，避免了重复学习而造成的资源浪费，为人才就业和流动提供了便利①。

5. 成功地将各类型教育整合为一体

由于培训包将各类型、各级别职业资格证书集合在一起，并规定了一系列获取途径，学生可利用多种路径实现从一种职业资格证书转到另一种职业资格证书学习，从低级水平转移到上一层次水平。同时，学生也可以借助相应的职业证书进入高等学校接受更高层级的学校教育。可见，培训包使各级各类教育体系整合在一起，形成了职业培训与教育系统沟通的立交桥，实现了就业前教育与就业后教育的连接，职业教育和普通教育的连接，形成了完善的终身教育体系，有效提高了职业培训为劳动者终身学习服务的能力。

① 周祥瑜、吕红：《澳大利亚职业教育的培训包体系及其优势》，《中国职业技术教育》2006 年第 23 期，第 37~40 页。

二、学分银行起源及其功能分析

（一）学分银行的起源

世界各国家对学分银行（The Credit Bank System，CBS）的称谓不同，欧洲称为“学分转换和累积系统（European Credit Accumulationand Transfer System，ECTS）”，美国、加拿大称为“学分转移（Credit Transfer）”。学分银行理念最早起源于英国，最早实践于美国，主要用作学分转移和积累。Toyne（1979）认为，学分转移是“一个必不可少的过程，学习者各类资格或部分资格、学习经历等都能给予适当的认证，无须重复学习”[①]。1947年，美国部分初级学院更名为社区学院后，学分转移实现了常态化。学生可将社区学院积累的学分转移到更高层次的学校，通过补修欠缺课程取得相应的学位。20世纪90年代，适应高等教育一体化趋势，欧洲委员会也开始将学分转换与积累系统（ECTS）用作学校之间测量、比较和转换学习成绩的工具。ECTS以学生为中心，可用于所有学习科目，促进了学习单元的规划、转换、评估、认证以及学生的国际流动。学生积累的学分可在欧洲大陆31个国家之间进行转移，避免了重复学习，被广泛应用于“非正规的教育”，保证了劳动者接受教育的权利，并为其提供了灵活且高效的学习方式，促进了终身学习[②]。1994年后，随着“终身教育”理念的广泛传播，很多国家均开始尝试学分银行制度，为构建劳动者终身教育体系奠定了基础。

（二）学分银行的功能

1. 为劳动者实现终身学习提供了管理平台

学分银行记录了课程、专业、培训证书等劳动者学习的基础信息，涵盖了学历教育、非学历教育以及资格证书教育等所有课程，并均以标准学分表达的形式统一劳动者一生的学习成就，有效地提高了劳动者终身学习的兴趣。为了实现不同类型教育课程之间的学分转换，学分银行建立了包括课程ID、课程名称、课程学分、课程简介等信息在内的标准课程体系，使标准学分发挥

---

① Toyne P.，Educational Credit Transfer：Feasibiliy Study，London：Department of Education and Science，1979，p. 84.

② 杨晨、顾凤佳：《国外学分银行制度综述》，《中国远程教育》2014年第8期，第29~39页。

了虚拟货币作用。学习者完成各类教育与培训机构提供的课程学习、取得学分后，可将学分存入学分银行，再由学分银行转化为标准课程学分。

2. 有效避免了重复学习不同类型的课程

劳动者一生必然要接受很多类型的教育，除正规的学校教育之外，还有社区教育、网络教育（远程教育）、职业培训等非正规教育或非学历教育等。多种教育形式和教育类型的存在，难免会出现课程设置重叠、课程内容重复的现象。如果学习者已经接受过某一门课程学习，之后再次重复学习就会浪费时间、金钱及公共教育资源。学分银行为学习者提供了学分积累的平台，且不受学习地点、时间、专业的限制。学习者获得的学分可按规则转换标准学分，将其存储在学分银行账户中，实现了永久记录，为终身学习提供了保障。

3. 通过认定转换机制统一了学分标准

学习者在各类教育机构（含培训机构）修完课程学分或取得职业资格证书之后，均可向学分银行提交学分认定申请。但是，由于学习者获取学分的时间、地点和教育方式等均存在一定的差异，所学课程的教学要求、教学目标、教学质量也不尽相同，导致学习者拥有的课程学分相互之间，以及与学分银行中的学分难以实现等值，需要通过学分认定和转换系统转换为标准学分。在这个转换过程中，学分银行统一了所有教育类型的课程学分，保障了学习者利用不同教育方式学习的权利。

4. 实现了各类教育与职业资格之间的衔接

学分银行将劳动者一生中积累的课程学分以虚拟货币的形式实施了完整记录，当劳动者学分积累达到一定数量时，可向认证机构提出兑换学历证书、职业资格证书、学习证明书等要求。学分银行将各级各类教育有效衔接在一起，为学习者提供了个性化的服务。各行各业劳动者均可通过学分银行，以接受职业培训的形式积累学习成就、存储学分，提高自己的劳动技能和再就业能力，获取不同类型的职业资格证书、学历证书等，满足了劳动者对多样化教育类型的需求，也为各类型教育机构提供了存在空间。

三、我国培训包与学分银行实践

（一）培训包实践

在澳大利亚全面推行培训包之际，我国也开始实施了有关方面的研究与实践。1988 年，中央广播电视大学与日本放送协会开始联合编写制作“视听教材培训包”①，但其内容仅包括教师用书及学生用书两部分，并非真正意义上的培训包。2001 年，上海商业职业技术学院商务英语系主任李德荣教授首次介绍了澳大利业职业培训包开发及实施情况②，开始了真正意义的培训包研究。此后，有关澳大利亚职业培训包的研究逐步增多，确认了对我国的借鉴意义。2009 年，中央财政拨付 4000 万资金，支持教育部与德国国际继续教育和发展协会开展了 12 个专业项目培训包开发工作③。此后，各地培训包开发工作得以广泛开展。2011 年，天津市组织相关行业及职业学校专业技术人员，相继开发了 22 个行业、191 个职业、820 个职业培训包，并开始投入使用。2013 年，陕西省教育厅启动了《陕西省中等职业教育专业教师培训包》开发项目④，有效提高了中职教师培训质量。2016 年，人力资源和社会保障部下发《关于推进职业培训包工作的通知》⑤，正式提出要“建立国家基本职业培训包制度”。计划在“十三五”期间，组织行业及职业培训机构专业技术人员，开发 100 个左右基本职业培训包，指导开发 100 个左右具有地方（行业）特色的职业培训包。到“十三五”末，力争全面建立国家基本职业培训包制度，普遍应用职业培训包开展各类职业培训。

（二）学分银行实践

我国自 2001 年开始在职业学校进行学分制试点，提出“建立校际之间、相近专业之间、学历教育与职业资格培训和各种形式的短期培训之间学分相互承认的机制”⑥。2008 年，教育部提出《进一步深化中等职业教育教学改革

① 赵宇辉：《中央电大与日本放送协会开始联合编写制作“视听教材培训包”》，《中国电大教育》1988 年第 7 期，第 46~47 页。

② 李德荣：《澳大利业国家职业培训包及执行情况》，《上海商业职业技术学院学报》2001 年第 1 期，第 62~64 页。

③ 李丹：《中德合作开发中等职业学校重点专业师资培训包》，《中国教育报》2009 年 6 月 2 日第 2 版。

④ 卢文澈、苏宏志、韩伟：《中职数控技术专业教师〈培训包〉开发与实践探讨》，《继续教育》2014 年第 11 期，第 40~42 页。

⑤ 《关于推进职业培训包工作的通知》，2016 年 10 月 28 日（http://www.mohrss.gov.cn/SYrlzyhshbzb/rencaiduiwujianshe/zcwj/201610/t20161028_258332.html.）。

⑥ 《关于在职业学校进行学分制试点工作的意见》，2001 年 8 月 17 日（http://www.moe.gov.cn/publicfiles/business/htmlfiles/moe/moe_956/2004071825.html.）。

的若干意见》，再次推进了中职教育学分银行试点工作[①]。2010年，中共中央、国务院颁布了《国家中长期教育改革和发展规划纲要（2010—2020年）》，要求“建立继续教育学分积累与转换制度，实现不同类型学习成果的互认和衔接”，正式提出“建立学分银行制度”[②]。2012年，上海市在该市广播电视大学成立了我国第一家覆盖全市的终身教育学分银行[③]。2016年，安徽省提出进一步推进中等职业学校学分制改革试点工作的意见，设立职业学校“学分银行”，中职学生可通过“走课制”在市内进行多校课程互选，并可攻读大专乃至本科课程[④]。

（三）实践效果分析

由以上分析可见，我国培训包和学分银行建设得到了各级政府及相关部门的高度重视，也取得了较多的实践成果。但从应用状况看，由于培训包和学分银行在我国尚属新生事物，到目前为止未见劳动者通过接受培训包培训获取相应学分存入学分银行以及通过学分存储获取职业资格证书、学历证书的报道。

从各地培训包开发及学分银行的建设过程看，明显存在建设主体不够清晰、建设目标不够明确、管理模式不相匹配等问题。在培训包开发方面，财政投入了大量资金，开发工作多由政府教育行政部门组织、本科院校负责实施，行业企业参与力度明显不够。同时，培训包与职业资格证书、学历证书的链接度明显不够。在学分银行建设方面，即使劳动者修完规定的学分，获取了各地广播电视大学乃至国家开放大学的学历证书，其市场“含金量”也难以激发劳动者的学习热情。同时，劳动者存储的学分与职业资格证书的关系也不够明确，尚需职业技能鉴定机构的参与。

---

① 《教育部关于进一步深化中等职业教育教学改革的若干意见》，2001年12月13日（http://www.moe.gov.cn/.）。

② 《国家中长期教育改革和发展规划纲要（2010–2020年）》，2010年7月29日（http://www.moe.edu.cn/.）。

③ 《上海市教委关于成立上海市终身教育学分银行的通知》，2012年7月23日（http://www.shanghai.gov.cn/shanghai/node2314/node2319/node12344/u26ai32873.html.）。

④ 《安徽省教育厅关于进一步推进中等职业学校学分制改革试点工作的意见》，2016年12月9日（http://www.ahedu.gov.cn/30/view/322620.shtml.）。

就培训包与学分银行二者的关系而言，目前均处于独立实施状态，明显存在一些重复建设内容。尽管培训包内容体现了知识与技能分层推进的客观规律，实现了模块化教学，但仍然具有阶段性特征，难以反映劳动者一生的学习历程。而学分银行虽然记录了劳动者的学习历程，却没有涵盖不同教育类型相关课程的具体内容，对不同教育类型获得学分的折算方法也没有做出明确的规定，甚至部分学校以及职业培训机构根本就没有实施学分制。

四、促进培训包与学分银行融合

构建终身学习的“立交桥”（即纵横衔接体系）是劳动者终身职业培训体系建设的一项基础性工作，劳动者一生学习成果的认证、积累与转换是其基本要素，包括职业培训在内的各种教育类型相互沟通是其主要内容，培训包及学分银行均能有效地实现这一任务。将培训包与学分银行融合，必将产生优势互补效应，有助于劳动者终身职业培训体系构建工作。

（一）培训包与学分银行的融合效应

横向而言，培训包建立了全国通用的职业能力标准，学分银行建立了学历证书和职业资格证书的学分标准，两者均实现了教育系统与职业资格认定系统、不同类型教育形式之间的横向连接。基于此契合点，可将课程作为培训包的主要内容，即每一个培训包中可以包含多门课程，学习者学完一门课程即可获得相应学分，而后在学分银行转化为相应的标准学分。当学习者修完培训包中的所有课程或在学分银行积累的学分达到一定的标准时，即可获取相应的学习证明或职业资格证书。如果两个或两个以上培训包出现了课程重复的现象，且学习者已经学习过该课程，则可直接通过学分银行认证系统出具相关证明，免修之前学过的课程，直接获得相应的标准学分。可见，将培训包与学分银行融合，可使学习者清晰地了解自己的学习历程及学分获取状况，以最少的时间、最经济的费用获取相关学历证书或职业资格证书。

纵向而言，培训包制度实现了分级学习，学习者学习本层级培训包课程必须具有下层级培训包的完整学习经历和合格证书。对于那些未能完整学习下层级培训包的人员，则需要重新全面学习。将培训包与学分银行融合，可让学习者通过学分银行核对下层级培训包学习缺失的课程，而后选择合适的学习方式，在较短的时间内补齐相应的学分，形成完整的学习经历，获取相应的合格证书，最终进入上层级学习。学习者选择培训包的层级不同，在学分银行获取的标准学分也会不同。当学分银行积累的标准学分达到一定的数量时，多数学习者会产生不能半途而废的感觉，刺激其完成本层级培训包的学习，获取相应的学历证书或职业资格证书，并产生学习上一级别培训包的欲望，获得更高的学历证书或职业资格证书。通过人力资源市场上的回报，不断增强终身学习的动力。可见，培训包与学分银行的融合，打通了劳动者不断向上的通道。

实际上，培训包与学分银行制度的融合效应远不止上述分析内容，其根本效应在于真正实现了各层级教育、各类型教育以及学历证书与职业资格证书之间的纵向链接与横向贯通，劳动者可根据自身需求自由选择教育类型及学习方式，实现随时、随地、随意地学习和终身学习，并且学有所获，不断强化学习的动力。更为重要的是，劳动者通过终身学习，可由低级技能逐步转变为高级技能，最终成为“大国工匠”，为经济建设和社会发展贡献更大的力量。

（二）培训包与学分银行的融合路径

1. 高度重视域外经验的本土化

培训包和学分银行制度均源于世界发达国家，尽管已有很多的研究与实践，但由于国情不同，我国在推进教育事业发展过程中绝对不能照搬照抄。基于我国与世界发达国家在经济社会发展、职业培训发展状况以及人口基数、文化背景等方面的差异，必须对可借鉴的域外经验实施本土化改造，有效地避免域外经验移植发生“水土不服”问题。推进培训包与学分银行融合，就是立足我国职业培训发展实际，对域外经验实施本土化改造，反映了我国劳动者终身职业培训体系构建的现实需求。

2. 特别关注融合过程的阶段化

培训包与学分银行融合需要经历一个长期的、不断探索和完善的过程，不仅需要国家政策的支持，还需要各级各部门打破现有教育管理体系、人力资源管理体系的“隔阂”，在劳动者终身职业培训体系框架内分阶段实施。首先要组织行业企业及相关教育机构开发培训包，引导各类型教育机构实行学分管理制度。其次，依据培训包内容建立学历教育和非学历教育、学历证书与职业资格证书学分互认及转换机制，建立学分银行并面向全社会开放。再次，国家教育、人力资源社会保障部门组织制定全国统一的培训包学分与学分银行积累的标准学分当量，实现培训包与学分银行的真正融合。

3. 积极推进参与主体的多元化

培训包与学分银行融合是一个庞大的社会系统工程，必须实施多元化主体参与。在培训包开发过程中，既要充分征求各级各类教育机构的意见，更要尊重行业企业的意见，且以行业企业为主导。在学分银行标准学分转换体系建设方面，既要基于现有学校教育体系实施，也要顾及职业培训体系的发展现状，还要注重远程教育、电化教育的发展需求。标准分数既要体现培训包所确定的职业能力标准，也要满足不同行业以及不同类型企业的现实需求，更要关注劳动者的学习热情及其职业的可持续发展。

4. 努力实现管理体系的统一化

目前，我国培训包开发已经形成热潮，既有国家层面的开发，也有省市教育行政部门及相关部门、各级各类学校以及行业企业的开发，难免会出现人才培养标准不一、学分不一的状况，直接影响学分银行标准学分转换体系的建立，也影响人才培养的质量标准。培训包所包括的主要内容应基于职业能力标准确定，按职业能力高低形成级别。显然，任何一个部门、一个学校、一个企业开发的培训包都很难达到这一标准。国家教育行政主管部门应高度重视这一现象，整合社会各类开发资源，变“块块”开发为“条条”开发，按行业体系或职业体系组织开发力量，实行统一化管理，全面提升培训包开发的质量水平。

5. 充分考量民众心理的适应化

终身职业培训体系的建设需要得到广大劳动者的支持，培训包与学分银行融合要与民众心理预期相适应，才能取得应有的效果。如在学历认证方面，我国教育水平认证除学位认证外还有学历认证，职业教育方面则是学历认证和职业资格认证（双证制），部分没有职业资格认证的职业仅为学历认证。但是，在我国的人力资源市场上，用人单位不仅关注劳动者的实际学历，还关注就读学校的社会影响力。目前，我国各地建立的学分银行存储学分较少，关键在于多数学分银行基于地方广播电视大学建立，社会影响力和认可度较低。推进培训包与学分银行融合，需要让劳动者在不同类型教育机构和不同时间学习获取的知识和技能，能够得到人们心目中的“名校”确认，以此适应广大民众及用工单位的现实的心理预期，调动劳动者终身学习的积极性。

第六节　加快终身职业培训体系建设进程

中共中央、国务院关于构建劳动者终身职业培训体系的具体部署得到了社会各界的积极响应，但从各地构建进程看，无论是建设规模还是建设速度，距我国经济社会发展的客观要求及广大劳动者的现实诉求均存在一定的差距。实现全面建设小康社会的宏伟目标，立足我国经济新常态对人力资源的现实要求，必须采取一系列有效措施，加快劳动者终身职业培训体系建设进程。

一、科学确定构建技术路线

加快推进劳动者终身职业培训体系建设，核心是明确“谁来建”“建什么”和“怎么建”问题。职业培训是职业教育的重要组成部分，是终身教育、继续教育的重要实现形式。基于职业培训的公共产品属性，政府教育行政部门理应是构建劳动者终身职业培训体系的主要责任者。目前，教育部已根据《国家中长期教育规划纲要（2010—2020）》要求成立了继续教育办公室，具体负责推动终身教育工作[①]。但职业培训也是对应于“学校教育”并与之衔接的一种特殊教育形态，与劳动者职业能力建设关系极大，政府人力资源社会保障部门也应该是劳动者职业培训体系构建的责任主体。借鉴域外经验，两部门应整合相关管理力量，成立较高层次的劳动者终身职业培训体系建设办公室，共同负责建设工作。各省、市政府也应成立相应的责任机构和管理部门，形成上下贯通的责任主体体系，解决“谁来建”的问题。关于“建什么”，应基于劳动者终身职业培训体系的本质属性与建设目标，遵循公益性与私人性相统一、福利性与竞争性相统一、即时性与终身性相统一、系统内部与外部

① 吴遵民：《中国终身教育体系为何难以构建》，《中国高等教育》2014年第3期，第27~32页。

相统一4项原则，按照需求分析体系、培训供给体系、技术支撑体系和培训实施体系框架实施逐项分解，由相关部门具体负责实施。在此基础上，通过落实建设资金、明确建设队伍、规划建设时间节点、强化建设质量考核等措施，解决好“怎么建”的问题。

二、拓展建设的内涵及层次

随着经济社会的快速发展以及科学技术的不断进步，劳动者终身职业培训体系建设的内涵亦应不断拓展。换言之，劳动者终身职业培训体系建设没有最终成果，只有阶段性成果。就需求侧而言，要不断激发劳动者参与职业培训的热情，增强其实现终身学习的内在动力，实现“人人可学、随处可学、随时可学”的目标；就供给侧而言，要大力发展现代职业培训技术，不断提升职业培训的质量水平，实现以供给带动需求。依据我国《现代职业教育体系建设规划（2014—2020年）》，到2020年我国数字化职业教育资源将覆盖所有专业，职业教育信息化技术应用将达到世界先进水平。构建现代化的劳动者终身职业培训体系，必须立足我国社会发展实际，利用目前国家正在积极推进的“数字城市”建设、数字化职业教育资源建设等契机，积极运用现代信息技术手段改造传统职业培训课程，让劳动者在任何场所、任何时间都可以学习数字化职业培训课程。各级政府教育行政部门及人力资源社会保障部门应积极利用互联网思维谋划职业培训信息化建设，依托云计算技术建设职业培训信息平台，基于云服务开展在线职业培训，利用大数据进行就业市场发展趋势分析①，以此提升职业培训的效果与效能，不断增强参培者的“获得感”。各级各类职业培训机构应广泛采用计算机仿真教学、数字化培训、远程培训等现代职业培训技术，不断提升职业培训的能力水平，扩大职业培训的覆盖面，尽快达到面向全体劳动者的目标。

三、重视区域培训机会均等

职业培训机会均等化是落实劳动者职业培训权的根本保障，也是面向全体劳动者的必然需求。当然，社会上的任何事物不可能出现绝对的均等化，

① 杜宏伟：《利用“互联网+”助力构建劳动者终身职业培训体系》，《中国培训》2016年第16期，第26页。

职业培训作为一项社会事业，也只能实现相对的均等化，但促进职业培训的相对均等化应该成为各级政府的追求目标。对《中国教育统计年鉴》公布的内地30省（市、自治区）2014年职业培训机构数量、结业生数量、专任教师数量、固定资产总额4项指标的分析发现[①]，目前我国劳动者接受职业培训机会不平等的现象十分突出。北京、天津2市和江苏、云南、广东3省职业培训最为发达，上海市和辽宁、陕西2省次之，再次是重庆市及山西、贵州、浙江、新疆4省（自治区），其他省（自治区）均处于落后状态。区域经济社会发展指标与职业培训的灰色关联度分析结果表明，人均财政收入、第三产业产值、高中及以上就业人员人口数、人均GDP、城镇居民可支配收入、农村居民可支配收入、城镇人口比等指标对职业培训发展的影响较大。按照中共中央、国务院关于构建劳动者终身职业培训体系的相关要求，应进一步加大对财政实力较弱省（市、自治区）职业培训转移支付的力度，这也是实施精准扶贫战略、加快推进中西部地区人力资源开发的迫切需要。职业培训落后省份应加大区域产业结构调整力度，积极培育扩张市场经营主体，大力发展第三产业，千方百计提高城乡居民收入，增加人均GDP总量，全力推进新型城镇化进程，促进职业培训的快速发展。

四、整合现有职业培训资源

目前，我国劳动者职业培训资源仍处于短缺和分散状态，资源利用率不高，培训效果不尽理想。除政府相关部门外，各级群团组织也掌握一定的培训资源。构建劳动者终身职业培训体系，需要政府主要责任部门发挥调控功能，对各类公益性职业培训资源进行整合，采取统一调配、合理分工、分头实施的办法，凝聚职业培训合力“办大事”。当然，整合现有职业培训资源并非是资产的整合，而是运作行为、运行方式的整合，使各类型职业培训机构做到优势互补，共同发展。要积极引导各类职业培训机构妥善处理局部与整体的矛盾，形成合理的职业培训布局结构、专业结构、师资结构等，不断加强各类培训机构之间的相互合作，以此提升职业培训基础设施建设、专业建设和培训师资队伍建设水平。要制定相应的激励措施，动员社会各界力量参与劳动者终身

① 注：因西藏自治区数据不全，未纳入分析范围。

职业培训体系建设，使家庭培训、学校培训、企业培训、社区培训、社会培训做到协同并进。积极推广 PPP 模式，激励社会资本与政府资本合作投资兴办职业培训机构，不断提升职业培训资源总量，扩大职业培训的覆盖面。加强督导检查工作，引导企业全面落实职工职业培训制度，引导各类型职业培训机构与企业、与政府实施深层次合作，不断提升区域职业培训能力水平。

五、逐步完善职业培训制度

按照供给侧改革“补短板”的要求，今后一个时期职业培训制度建设的重点应确定在常态化投入、运行规范、资历框架、资格框架、资源流动等方面。通过建立常态化职业培训投入机制，加大重点领域、重点专业以及薄弱环节投入。通过建立监督检查制度及质量评价组织，确保企业依法落实职工培训经费等事宜，督促各级各类职业培训机构加强管理，不断提升质量水平与服务能力。通过建立职业培训运行规范，约束职业培训供需双方的行为，切实维护各方利益。通过建立培训包和学分银行融合制度，对劳动者过往学习进行认证，构建职业培训和学校教育、资历框架、资格体系等纵向贯通、横向链接体系，保证劳动者终身学习能够实现学分累积与转换，及时获取人力资源市场需要的各类学历证书、职业资格证书等。通过建立按知识与技能水平确定劳动者收入水平的制度，形成劳动者职业培训的激励机制，促使劳动者终身学习，终身受益。基于目前地方政府对劳动者接受职业培训补贴额度、补贴范围差异较大的现实，尽快建立全国统一的职业培训扶持公益政策，使每位劳动者均能享受到平等的职业培训补贴。打破区域职业培训制度性壁垒和政策性障碍，使职业培训资源能够依据市场规则合理流动，不断提升各类职业培训资源利用效率，发挥最大的经济效益和社会效益。

六、积极推进体制机制创新

构建劳动者终身职业培训体系既体现了政府提升人力资本存量、促进经济社会发展的意志，也将满足劳动者实现就业再就业、提升收入水平的要求，实为利国利民之举。因此，劳动者终身职业培训体系构建过程中遇到的所有问题均是发展中的衍生问题，必须按照国家的意志和人民的需求，在尊重事物发展客观规律的基础上，按照“管理与服务协调”“培训与就业协同”的目标，通过体制机制创新给予及时、妥善的解决。充分发挥家庭培训的作用，以良好的家风、家教促使劳动者形成优秀的职业道德。注重发挥街道、乡镇、社区成人教育机构、劳动保障机构的作用，准确把握本区域劳动力资源、企业用工需求等状况，为各级各类职业培训机构开展职业培训活动提供信息保障，使培训内容、培训地点、培训时间、培训教师、培训形式能够有效满足劳动者需求，实现以服务带动管理、以供给带动需求。将职业培训的基点放置于促进就业、改善民生方面，实现以就业带动培训、以培训促进就业。仿照各级电视媒体“选秀”的方法，组织开展全国性劳动技能竞赛活动，引导广大劳动者不断提升对终身职业培训效能的认知，逐步培养一批支撑《中国制造 2025》目标实现的“大国工匠”。合理分工政府相关部门的建设职责，调动社会各界参与职业培训的积极性，使劳动者终身职业培训体系建设形成监督、管理、执行等强制推动力①。

① 王宇飞：《杂说构建劳动者终身职业培训体系的方方面面》，《劳动保障世界》2016 年第 22 期，第 66~67 页。

第八章 主要研究结论

本研究基于成人教育理论、技术获得模型、人力资本理论、利益相关者理论以及供给侧结构性改革理论，综合采用文献分析、比较研究、问卷调查、访谈调查、统计分析等研究方法，在系统归纳国内外研究与实践现状的基础上，探究了劳动者职业培训的政治效应、文化效应、经济效应、社会效应和人本效应。通过调查分析劳动者职业培训需求与供给的现状，明确了劳动者终身职业培训体系构建的理论逻辑，确定了劳动者终身职业培训体系的基本属性、构建目标及遵循原则，设计了体系框架及其结构，解释了框架主要内容，提出了具体构建措施。

第一节 劳动者终身职业培训体系构建的理论逻辑

劳动者终身职业培训体系构建的理论逻辑集中表现在政策演进逻辑、培训需求逻辑和培训供给逻辑 3 个方面。

一、政策演进逻辑

通过解析我国劳动者终身职业培训体系政策形成的过程，确认劳动者终身职业培训体系建设体现了鲜明的时代背景，逐步适应了社会发展的需要及广大民众的需求。从“职工教育”和“全员培训”到“成人教育”和“终身教育”，逐步彰显了“以人为本”理念；从“建立和完善终身教育体系”到“加强职业培训促进就业”，再到“构建劳动者终身职业培训体系”，逐步清晰了建设学习社会的重点。特别是 2017 年，国务院确认我国全民终身学习仍处于初步形成阶段，并提出具体完善措施，使我国构建劳动者终身职业培训体系的任务逐步明确，目标更加清晰，定位更加准确。

二、培训需求逻辑

（一）基于社会需求

当前，我国正在积极推进供给侧结构性改革，企业转型、产业升级步伐逐步加快，对劳动者的知识与技术素质要求越来越高。但与之对应的是，我国劳动力紧缺及其结构性问题的负面效应逐步显现。就劳动力数量而言，随着我国生育率的降低和人口老龄化的趋势，劳动力数量逐步减少。国家统计局数据表明，2015 年全国劳动者（劳动年龄人口）总量为 9. 11 亿人，同比下降 0. 7%，且为连续下滑趋势的第 4 年；2015 年劳动者占全国总人口比例的 66. 3%，比 2014 年（73. 4%）下降约 7 个百分点[①]。今后劳动者数量仍将呈持续下降趋势，到 2030 年后会出现大幅下降过程。到 2050 年，全国劳动者会降到 7 亿人左右。就劳动力质量而言，目前众多企业忧虑的问题并非仅为劳动力成本，而是他们所拥有的技术技能。中国劳动力市场信息网监测中心的数据显示，近 5 年来企业对技术人才特别是高技能人才的需求越来越多，而目前劳动力市场高技能人才只占 4%，普通技能人才占 20%，没有技能的占到 76%。尽管高等教育大众化引发了劳动力知识与技术素质发生了较大变化，但劳动者的素质与产业结构演化升级的要求仍不尽匹配，实际技能与市场需求仍存在一定的差距。2014 年《Kelly Service 全球雇员指数报告》显示，目前 92% 的中国企业核心竞争力受到劳动力队伍数量和能力（质量）短缺的影响，其中，劳动力质量问题尤为突出[②]。可以预见，今后我国经济增长与人力资本的联系将强于物质资本，劳动者的数量与质量直接决定了产业发展的质量与效益。加快构建劳动者终身职业培训体系，可充分挖掘现有人力资源的潜力，引导劳动者实现终身学习，全面提升知识水平与技能素质。

---

① 《2016 年中国劳动力人口数量统计、世界主要国家 30 岁以下人口教育消费总量及结构预测》，2016 年 11 月 16 日（http://www. chyxx. com/industry/201611/468182. html.）。

② 《中国劳动力 5 年减少 2000 万，2050 年或降到 7 亿左右》，2016 年 11 月 21 日（http://news. china. com/domestic/945/20161121/23908904_1. html.）。

（二）基于民生需求

供给侧结构性改革在推进企业升级、产业转型的同时，也将给不同行业劳动群体或新增劳动力就业再就业带来不同程度的影响。部分产业尤其是钢铁和煤炭等产业的劳动者将面临着新一轮的下岗分流，即使那些职业（岗位）没有发生变动的劳动者，也面临着适应企业需求进行知识与技能更新问题。同时，随着我国农业现代化和新型城镇化进程的逐步加快，众多劳动者的从业类别也将实现转变，对职业培训的需求会越来越强烈。此外，每年占新增劳动力总量一半以上的大中专毕业生也需要通过创业培训、学徒培训、在岗培训等形式，实现从学校到工作岗位的有效转换，需要社会为其提供良好的职业培训服务。

习近平总书记指出，改革的根本目的是要让国家变得更加富强，让社会变得更加公平正义，让人民生活得更加美好[①]。人民是推动发展的根本力量，必须坚持以人民为中心的发展思想，把增进人民福祉、促进人的全面发展作为发展的出发点和落脚点[②]。无论是国家推行的供给侧结构性改革，还是实施的农业现代化和新型城镇化战略，其目的不仅是为经济社会发展带来新动力，让国家更加富强，还要使广大劳动者能够从事更为体面的工作，不断提升收入水平，实现可持续发展、全面发展，达到生活更幸福、更美好的目标。实现这一目标，必须加快构建劳动者终身职业培训体系，帮助劳动者适应社会进步和科学技术发展的需求，不断提升自身知识与技能水平，增强就业再就业（创业）能力。

然而，基于成年人的自然属性和我国学校教育的传统观念，广大劳动者均属于成年人，已很难再选择学校教育形式、采用固定学制期的方式接受继续教育，唯有加快构建劳动者终身职业培训体系，让广大劳动者通过参加针对性强、时间安排集中的职业培训活动，才能提升自身知识与技能水平、增强就业再就业能力（创业）、不断提高收入水平。本研究结果表明，不同人口学特征参数的劳动者对职业培训的需求存在显著差异，构建劳动者终身职业培

① 习近平：《推进改革根本目的是让国家变得更富强》，2013 年 12 月 31 日（http://finance.china.com.cn/ news/gnjj/20131231/2089426.shtml.）。

② 《坚持以人民为中心的发展思想》，《人民日报》2016 年 8 月 3 日第 7 版。

训体系需要基于不同劳动者的实际需求，使其具有广泛的包容性，能够让每一位劳动者均能享受到终身职业培训的成果。

三、培训供给逻辑

百年大计，教育为本。改革开放以来，在中共中央、国务院一系列方针政策的指引下，我国教育事业发展取得了举世瞩目的成就。在基础教育方面，通过实施教育经费县级统筹、确保“两个提高”和“三个增长”等措施[①]，全面普及了九年义务教育。20世纪90年代以后，通过持续加大投入、大力发展中职教育等措施，基本普及了高中阶段教育。通过扩大高等教育招生规模以及促进民办高等教育发展等措施，使高等教育逐步实现了大众化。总体看，我国已经初步建立起较为完备的学校教育体系，使年轻一代接受教育的年限居于发展中国家的前列，部分沿海发达地区已经达到发达国家水平。但是，与学校教育体系建设进程相比较，我国劳动者职业培训体系建设较为迟缓，导致劳动者知识与技能难以实现及时更新，终身教育与终身学习乃至学习型社会的建设效果尚未达到预期。在学校教育体系逐步完善的基础上，构建劳动者终身职业培训体系成为我国强化教育供给的重大问题。同时，劳动者也普遍认识到持续接受职业培训的重要性，对不断加强和持续优化职业培训供给的要求越来越强烈。

由于职业培训面向社会民众的主体——全体劳动者，在学校教育体系建设基本完备的基础上，构建劳动者终身职业培训体系具有更为强烈的政治效应、文化效应、经济效应、社会效应和人本效应。政治效应主要体现在发展社会主义民主、提高政治生活质量以及推进国家政治目标实现3个方面；文化效应主要体现在活化与优化效应、交流与融合效应、更新与创新效应3个方面；经济效应体现在私人效应、社会效应和溢出效应3个方面；社会效应体现在推动城镇化、知识化、信息化、市场化发展4个方面；人本效应体现在促进劳动者全面发展和实现个性发展2个方面。

① 注：两个提高：教育经费支出占国民生产总值的比例随国民经济的发展和财政收入的增长逐步提高，教育经费支出占财政支出总额的比例随国民经济的发展逐步提高；三个增长：用于实施义务教育财政拨款的增长比例应当高于财政经常性收入的增长比例，保证按照在校学生人数平均的义务教育费用逐步增长，保证义务教育教职工工资和学生人均公用经费逐步增长。

充分发挥劳动者终身职业培训体系的各项功能，需要强化职业培训供给，积极推进职业培训机构建设。当前，我国职业培训供给存在机构类型众多、所有制结构复杂、发展态势良好、社会化特征明显、机构间竞争加剧以及两级分化严重等特点。对《中国统计年鉴》《中国教育统计年鉴》2014年数据的分析结果表明，目前我国内地省份职业培训发展存在极不平衡的现象。灰色关联分析结果表明，各项社会经济发展指标与职业培训发展系数的灰色关联度从高到低依次为：人均财政收入，第三产业产值，就业人员中高中及以上人口数量，人均GDP，城镇居民可支配收入，农村居民可支配收入，城镇人口比，财政性教育经费占财政总支出的比重，第二产业产值，第一产业产值。以职业农民、产业工人为体力劳动者代表，以高职教师为脑力劳动者代表，分析劳动者职业培训的实施现状及满意度状况发现，现有职业培训内容、培训方法、培训地点以及培训师选择等亟待改进，培训效果尚有较大提升空间，距“兴办人们满意的职业培训”尚有较大距离，构建面向全体劳动者的终身职业培训体系是优化职业培训供给的有效途径。

第二节 劳动者终身职业培训体系构建的实施策略

我国劳动者终身职业培训体系建设进程依然迟缓，必须采取有效措施加快建设速度。实现这一目标，首先要设计其框架结构，明确其建设内容。在此基础上制定相关措施，动员社会各界力量广泛参与，实现稳步推进。

一、体系框架设计

基于我国相关政策文本，确定劳动者终身职业培训体系具有公益性与私人性统一、福利性与竞争性统一、即时性与终身性统一、系统内部与外部统一4个本质属性。按照科学发展观要求，立足我国职业培训事业发展的现实状况，构建劳动者终身职业培训体系应遵循与经济社会发展要求相适应、与现有学校教育形式相衔接、满足劳动者多样化培训需求、符合职业培训活动内在规律四项原则，实现培训对象全覆盖、培训类型多样化、培训等级多层次、培训载体多元化、培训管理规范化5项目标。

构建劳动者终身职业培训体系是一项社会系统工程，唯有明确劳动者终身职业培训体系的框架结构，方能清晰其建设内容、建设方向与建设策略。本研究基于系统论原理，将劳动者终身职业培训体系分为需求与供给两侧，设计了劳动者终身职业培训体系的主体框架和支体框架，分别对应于劳动者终身职业培训体系的主系统和子系统（也称分支系统）。其中，主系统包括需求分析体系、培训供给体系、技术支撑体系、培训实施体系。在此基础上，综合学界已有研究成果，确定了各分支系统的主要内容。需求分析系统包括基于劳动者的培训需求分析、基于组织的培训需求分析、基于企业的培训需求分析、基于社会的培训需求分析 4 个分支系统，落实于职业培训内容、培训地点、培训时间、培训教师、培训形式 4 个维度。培训供给体系归纳为家庭培训、学校培训、企业培训、社区培训和社会培训 5 种类型，共同履行提高劳动者素质、促进就业再就业、提升劳动者收入水平、提升民生幸福指数、推进社会经济发展 5 项职能。技术支撑体系以计算机技术的广泛普及为时间节点，分为传统培训技术体系和现代培训技术体系两个分支系统。传统培训技术体系包括演示培训法、体验培训法和实地培训法 3 种形式，现代培训技术体系包括多媒体培训、以计算机为基础的培训、E- 学习和自我导向学习 4 种形式。培训实施体系分解为需求动力体系、需求表达体系、环境支持体系、法律规制体系、组织运行体系、质量评估体系、纵横衔接体系 7 个子系统。其中，前三个系统主要为需求侧服务，后三个系统主要为供给侧服务，法律规制系统用以规范职业培训的供需行为，保护各利益相关者的应有权益。

需要强调的是，劳动者终身职业培训体系作为一个社会存在，其框架和内容必然会随经济社会的变化而变化。劳动者终身职业培训体系构建“永远在路上”，没有“完成时”，只有“进行时”，没有“最好”，只有“更好”。换言之，劳动者终身职业培训体系框架结构及建设内容，只有适应社会变化逐步完善，才会发挥更大的政治效应、文化效应、经济效应、社会效应和人本效应。

二、具体构建措施

构建劳动者终身职业培训体系是一项复杂的社会系统工程，在实施过程中可能与社会相关要素产生矛盾和冲突，必须采取有效措施妥善解决。针对目前各地实践中发现的具体问题，借鉴发达国家经验，构建劳动者终身职业培训体系必须采取 6 项具体措施，尽快完成 5 项重点任务。

（一）重点任务

第一，激发劳动者终身职业培训需求。立足我国劳动者素质的现实状况和企业转型、产业升级对技能型人才的迫切需要，要不断激发劳动者终身职业培训需求，动员更多的劳动者参加职业培训活动。采取激励性措施及强制性政策，消除劳动者参加终身职业培训的制约因素，想方设法强化劳动者职业培训需求的动力。尽快建立立体化、多层次的劳动者职业培训需求分析体系，做到没有培训需求调查的培训方案不采用、没有培训需求调查的培训不实施。

第二，优化劳动者终身职业培训供给。根据供给侧改革理论，以优化供给带动需求，促进劳动者终身职业培训从“有没有”向“好不好”转变。借鉴域外经验，立足我国经济社会发展实际，在充分发挥家庭培训、学校培训、企业培训、社区培训、社会培训效能的同时，进一步扩张职业培训机构数量与规模，加强培训师队伍建设，提升职业培训能力，提高职业培训质量，增强职业培训的针对性、时效性、适应性、普及性和可持续性。

第三，加强职业培训的法律规制建设。进一步巩固我国职业培训法律规制建设已经取得的成效，并针对存在的问题，重点加强自我管理规制、市场运营规制、国家法律规制、政府政策规制、行业内控规制、舆论监督规制和社会监督规制建设，维护我国职业培训市场秩序，促进各级各类职业培训机构认真履行应有的社会责任和应尽的社会义务，兼顾效率与公平，实现高效规范运行，达到经济效益与社会效益的有效统一。

第四，活化职业培训机构的运行机制。基于我国职业培训涉及多个供给主体且“各自为战”的现实状况，要通过构建劳动者终身职业培训体系，加强各级各类职业培训机构之间的联系与合作，进一步活化运行机制，促进各职业培训机构之间的优势互补，进而达到共同提高、共同发展、优化供给的目的，不断壮大职业培训规模，提升职业培训能力。

第五，建立培训包与学分银行融合制度。构建终身学习的“立交桥”（即纵横衔接体系）是劳动者终身职业培训体系建设的一项基础性工程，确立职业培训与各种类型教育相互沟通的途径与方法是其主要内容，建立培训包与学分银行融合制度可有效完成这一任务。在实施过程中，要高度重视域外经验的本土化，特别关注融合过程的阶段化，积极推进参与主体的多元化，努力实现管理体系的统一化，充分考量民众心理的适应化。

（二）推进措施

第一，科学确定构建技术路线。基于职业培训的公共产品属性，政府教育行政部门、人力资源社会保障部门理应是构建劳动者终身职业培训体系的主体，统一负责全国劳动者终身职业培训构建工作。按照需求分析体系、培训供给体系、技术支撑体系和培训实施体系框架的主要内容实施责任分解，由相关责任部门具体负责实施。在此基础上，落实好建设资金、建设队伍、时间节点、质量考核等具体措施，使劳动者终身职业培训尽快形成体系。

第二，不断拓展建设的内涵及层次。随着经济社会的不断进步以及科学技术的快速发展，应不断拓展劳动者终身职业培训体系建设的内涵，充分激发劳动者参与职业培训的热情。大力发展现代职业培训技术，不断提升职业培训的质量水平，增强参培者的“获得感”。各级各类职业培训机构应广泛采用计算机仿真教学、数字化培训、远程培训等现代职业培训技术，不断提升职业培训能力，扩大职业培训的覆盖面，尽快达到面向全体劳动者的目标。

第三，努力实现区域职业培训机会均等化。职业培训机会均等化是落实劳动者职业培训权的根本保障，也是面向全体劳动者的必然需求。要进一步加大对财政实力较弱省（市、自治区）职业培训转移支付的力度，实施职业培训精准扶贫战略。职业培训落后省份应加大区域产业结构调整力度，积极培育市场经营主体，大力发展第三产业，千方百计提高城乡居民收入，增加人均GDP总量，全力推进新型城镇化进程，尽快改变职业培训落后的局面。

第四，整合现有职业培训资源。目前，我国劳动者职业培训资源处于短缺和分散状态，政府主要责任部门应发挥调控功能，对各类公益性职业培训资源进行整合，形成合理的职业培训布局结构、专业结构、师资结构，使各类型职业培训机构做到优势互补，共同发展。制定激励措施，动员社会各界力量参与劳动者终身职业培训体系建设，激励社会资本与政府资本合作投资，使家庭培训、学校培训、企业培训、社区培训、社会培训实现协调并进、共同发展。

第五，逐步完善职业培训制度。按照供给侧结构性改革“补短板”的要求，加大重点领域、重点专业以及薄弱环节投入。建立监督检查制度及质量评价组织，确保企业依法落实职工培训经费等事宜，督促职业培训机构加强管理，不断提升质量水平与服务能力。建立全国统一的职业培训公益政策，打破区域职业培训制度性壁垒和政策性障碍，使职业培训资源能够依据市场规则实现合理流动，不断提升各级各类职业培训资源的利用效率和使用效益。

第六，积极推进体制机制创新。改革政府管理职业培训的方式，逐步从直接管理转向依法治理。建立各类职业培训机构联动机制，实现资源共享，共同发展。充分发挥家庭培训的作用，以良好的家风、家教促使劳动者形成优秀的职业道德。注重发挥街道、乡镇、社区教育机构、劳动保障机构的作用，为各级各类职业培训活动提供信息保障，实现以就业带动培训，以培训促进就业。大力开展全国性劳动技能竞赛活动，引导广大劳动者不断增强参与职业培训的热情。

参考文献

一、中文文献

（一）著作类

[1] 西蒙·马金森．澳大利亚教育与公共政策 [M]．严慧仙，洪淼，译．杭州：浙江大学出版社，2007.

[2] 黑格尔．法哲学原理 [M]．范扬，张企泰，译．北京：商务印书馆，1961.

[3] 爱弥尔·涂尔干．职业伦理与公民道德 [M]．渠东，付德根，译．上海：上海人民出版社，2001.

[4] 保罗·郎格朗．终身教育引论 [M]．周南照，陈树清，译．北京：中国对外翻译出版公司，1985.

[5] 贝克尔．家庭经济学 [M]．彭松建，译．北京：华夏出版社，1987.

[6] 贝克尔．人力资本——特别是关于教育的理论与经验分析 [M]．梁小民，译．北京：商务印书馆，1987.

[7] 布莱尔．所有权与控制：面向 21 世纪的公司治理探索 [M]．北京：中国社会科学出版社，1999.

[8] 加里·贝克尔．人力资本 [M]．梁小民，译．北京：北京大学出版社，1987.

[9] 西奥多 W 舒尔茨．人力资本投资——教育与研究的作用 [M]．蒋斌，张蘅，译．北京：商务印书馆，1990.

[10] 雅各布·明塞尔．人力资本研究 [M]．张凤林，译．北京：中国经济出版社，2001.

[11] 洛克．政府论 [M]．丰俊功，译．北京：光明日报出版社，2009.
[12] 亚当・斯密．国民财富的性质和原因的研究（上卷）[M]．北京：商务印书馆，1972.
[13] 马克思．马克思恩格斯全集（第 30 卷）[M]．2 版．中共中央马克思恩格斯列宁斯大林著作编译局，译．北京：人民出版社，1995.
[14] 马克思．马克思恩格斯全集（第 42 卷）[M]．中共中央马克思恩格斯列宁斯大林著作编译局，译．北京：人民出版社，1979.
[15] 魏后凯，杜志雄，黄秉信．农村绿皮书：中国农村经济形势分析与预测（2015—2016）[M]．北京：社会科学文献出版社，2016.
[16] 常凯．劳权论——当代中国劳动关系的法律调整研究 [M]．北京：中国劳动社会保障出版社，2004.
[17] 陈乃林．建设区域型学习型社会实证研究报告 [M]．北京：高等教育出版社，2010.
[18] 顾海良，张雷声．马克思劳动价值论的历史与现实 [M]．北京：人民出版社，2002.
[19] 顾明远．教育大辞典：第 3 卷 [M]．上海：上海教育出版社，1991.
[20] 顾明远，孟繁华．国际教育新理念 [M]．海口：海南出版社，2001.
[21] 黄富顺．成人心理与学习 [M]．台北：师大书苑出版社，1989.
[22] 吉利．职业教育经济效能评价分析 [M]．北京：教育科学出版社，2008.
[23] 联合国教科文组织国际教育发展委员会．学会生存——教育世界的今天和明天 [M]．华东师范大学比较教育研究所，译．北京：教育科学出版社，1996.
[24] 潘菽，荆其诚．中国大百科全书：心理学卷 [M]．北京：中国大百科全书出版社，1991.
[25] 庞桂美．闲暇教育论 [M]．南京：江苏教育出版社，2004.
[26] 平狄克，鲁宾费尔得．微观经济学 [M]．张军，罗汉，译．北京：中国人民大学出版社，2004.
[27] 孙小丽．论学习型社会教育机会均等 [M]．济南：山东师范大学出版社，2003.

[28] 吴尊民．现代国际教育论 [M]．北京：中国人民大学出版社，2007.
[29] 夏洛特・布勒．人本主义心理学导论 [M]．北京：华夏出版社，1990.
[30] 徐国庆．职业教育原理 [M]．上海：上海教育出版社，2007.
[31] 云南省教育科学研究院．云南民族教育的发展研究 [M]．昆明：云南教育出版社，2002.
[32] 张德．企业文化建设 [M]．北京：清华大学出版社，2009.
[33] 张焕庭．教育辞典 [M]．南京：江苏教育出版社，1991.
[34] 赵中建．全球教育发展研究热点——90 年代来自联合国教科文组织的报告 [M]．北京：教育科学出版社，2003.
[35] 朱智贤．心理学大词典 [M]．北京：北京师范大学出版社，1989.

（二）期刊类

[1] 鲍道宏．国外“终身教育”理论、理念和思潮的发展脉络探析 [J]．福建教育学院学报，2007(1)：36-39.
[2] 毕结礼．终身职业培训体系建设的再思考——终身职业培训体系模式构建的理论框架 [J]．中国培训，2015(1)：10-11.
[3] 毕结礼．终身职业培训体系建设再思考——国外终身教育的经验与借鉴 [J]．中国培训，2014(11)：8-9.
[4] 德国：国民学校搭建终身教育平台 [J]．成才与就业，2012(5)：60.
[5] 构建劳动者终身职业培训体系——对话人社部职业能力建设司司长张立新 [J]．职业，2014(20)：7-9.
[6] 知识更新周期缩短至 2～3 年 [J]．时事报告，2010(2)：7.
[7] 沈阳．英国终身教育和职业技术教育 [J]．世界教育信息，2014(8)：13-14.
[8] 常英新，曹冀苏．社会转型期中国农民职业教育发展的思考 [J]．继续教育研究，2011(12)：25-27.
[9] 陈厚蘋．基于改善“员工沉默”行为的培训策略 [J]．中小企业管理与科技，2009(7)：38-39.
[10] 陈少华．员工培训的福利性及其实现 [J]．武汉电力职业技术学院学报，

2010（4）：62–65.

[11] 陈廷森，何祖琴，郭玉琳. 政府搭桥，部门协作，校企融合，群众受益——信阳市平桥区全民职业技能培训举措探讨 [J]. 人力资源开发，2014（5）：21–23.

[12] 陈颖. 国有企业培训工作的思考 [J]. 中国培训，2001（2）：30–31.

[13] 成素梅，姚艳勤. 德雷福斯的技能获得模型及其哲学意义 [J]. 学术月刊，2013（12）：64–70.

[14] 刁桂梅. 成人自我导向学习的理论误区及其矫正 [J]. 西北成人教育学报，2005（4）：8–10.

[15] 丁文锋. 经济新常态：认识・适应・引领——2014 年中央经济工作会议精神解读 [J]. 中国党政干部论坛，2015（1）：44–49.

[16] 董显辉. 职业文化的内涵解读 [J]. 职教通讯，2011（15）：5–9.

[17] 杜红芳. 思想政治教育对提升大学生就业能力的作用及实现途径 [J]. 学校党建与思想教育，2016（2）：79–80.

[18] 杜宏伟. 利用"互联网 +"助力构建劳动者终身职业培训体系 [J]. 中国培训，2016（16）：266.

[19] 杜宗明. 基于教师发展视角的高校图书馆服务探究 [J]. 晋图学刊，2016（2）：33–35.

[20] 樊改霞，闫婷. 中小学新教师岗前适应性培训效果研究——基于甘肃省的调查 [J]. 教育导刊，2014（8）：31–34.

[21] 冯桂林，胡春丽. 我国终身职业培训体系建设研究 [J]. 长江论坛，2014（6）：79–85.

[22] 冯政，孙坚. 我国职业培训发展 [J]. 中国就业，2009（10）：6–7.

[23] 扶蓉. 论新时期国企职工职业道德教育 [J]. 现代商贸工业，2016（20）：88–89.

[24] 皋玉蒂. 我国终身职业培训体系的功能定位和制度设计研究（下）[J]. 中国培训，2012（9）：51–55.

[25] 高鸿霞，孟繁军. 高等学校在构建全民终身教育体系中的作用及价值研究 [J]. 中国成人教育，2016（2）：50–52.

[26] 高志敏. 关于终身教育、终身学习与学习化社会理念的思考 [J]. 教育研究，2003（1）：79-85.

[27] 贡咏梅. 终身教育、终身学习、学习社会理念之辨析 [J]. 教育探索，2006（11）：60-61.

[28] 顾佳峰. 经济发展与劳动力迁徙的空间实证研究 [J]. 人口与经济，2007（6）37-41：.

[29] 郭丽杰，刘晓音，岳志强. 构建城乡劳动者终身职业培训体系 [J]. 合作经济与科技，2016（6）：112-113.

[30] 国务院发展研究中心“中长期增长”课题组. 中国经济的转型和未来 10 年展望 [J]. 经济导刊，2015（7）：12.

[31] 韩舒静. 韩国职业培训体系分析 [J]. 世界教育信息，2015（18）：37-41.

[32] 何文韬，郭晓丹. 创业培训、主观情绪与创业意向—行为转化 [J]. 经济与管理研究，2016（6）：137-144.

[33] 侯威. 澳大利亚的职业教育与培训——以警察职业教育与培训为视角 [J]. 海外职业教育，2013（3）：176-178.

[34] 胡鞍钢，杨竺松，鄢一龙. 就业发展“十三五”基本思路与目标——构建更高质量的充分就业型社会 [J]. 北京交通大学学报（社会科学版），2015（1）：1-6.

[35] 胡伟. 高职院校学生职业能力培养定位及其意义 [J]. 中国教育学刊，2015（S1）：218-219.

[36] 胡燕. 基础安全培训对降低“三违”行为的重要作用 [J]. 安全，2014（3）：47-50.

[37] 胡莹，商虹. 论家庭教育的功能、特点和基本要求 [J]. 西南农业大学学报（社会科学版），2007（1）：138-141.

[38] 黄炳超. 大学生就业能力结构的要素、特征及构建途径研究 [J]. 中国大学生就业，2015（8）：8-12.

[39] 黄娜. 关于教育培训机构师资队伍建设的思考 [J]. 继续教育，2016（2）：21-23.

[40] 黄永春，郑江淮．中国“去工业化”与美国“再工业化”冲突之谜解析——来自服务业与制造业交互外部性的分析 [J]．中国工业经济，2013（3）：7-9.

[41] 黄颙．新形势下关于加强企业青年员工政治觉悟的思考 [J]．全国商情，2014（14）：22-23.

[42] 惠宁，霍丽．试论人力资本理论的形成及其发展 [J]．江西社会科学，2008（3）：74-80.

[43] 贾凡．三大理念解析：终身教育、终身学习与学习化社会 [J]．职教论坛，2010（16）：26-28.

[44] 贾海洋，陈明昆．欧盟促进成人学习政策国内研究文献综述 [J]．成人教育，2014（7）：37-41.

[45] 贾历程，倖晓锦，韦娇艳．利益相关者视角下高校教师培训的问题及对策 [J]．中国成人教育，2012（19）：114-116.

[46] 贾生华，陈宏辉．利益相关者的界定方法述评 [J]．外国经济与管理，2002（5）：13-18.

[47] 江彬，董鸿安．澳大利亚职业教育与培训的制度设计及启示 [J]．成人教育，2016（7）：89-94.

[48] 金丽霞，许玲．江苏省终身教育体系构建的主要特征概述 [J]．江苏开放大学学报，2016（1）：19-25.

[49] 雷洪涛．浅析施工企业培训的经济功能 [J]．经济师，2014（4）：230.

[50] 李婵．终身学习背景下高职院校教师培训体系的构建 [J]．教育与职业，2016（21）：84-86.

[51] 李翀．论供给侧改革的理论依据和政策选择 [J]．经济社会体制比较，2016（1）：9-18.

[52] 李德荣．澳大利亚国家职业培训包及执行情况 [J]．上海商业职业技术学院学报，2001（1）：64-66.

[53] 李景海，林仲豪．世界政治经济演变、新产业政策与中国制造业的升级策略 [J]．世界经济与政治论坛，2016（3）：105-121.

[54] 李凯．转型升级背景下企业职工技能培训需求分析及对策——以纺织企

业为例 [J]. 中国商论，2016（22）：18-19.

[55] 李克，杨小凯. 劳动分工、专业化与侵占行为——“霍布斯丛林法则”的一般均衡分析 [J]. 南开商学评论，2005（1）：74-94.

[56] 李茹. 基于社会培训适应性、有效性问题研究 [J]. 教育与职业，2014（6）：168-170.

[57] 李守川，田大洲. 我国产业结构与职业培训需求的关联性分析 [J]. 中国劳动，2015（6）：15-21.

[58] 李术红. 论终身教育体系的基本结构与功能 [J]. 吉林商业高等专科学校学报，2004（1）：17-18.

[59] 李彤，董谦，刘秀娟. 中国农民培训需求状况调查分析，中国农学通报，2008（9）：528-530.

[60] 李晓华，牛笑风. 区域文化承载下的职业价值观更新——宁波高职职业价值观教育创新模式探析 [J]. 宁波教育学院学报，2010（2）：16-20，40.

[61] 李晓慧. 社会的知识化与社会阶级结构的演变 [J]. 学术界，2009（1）：203-207.

[62] 李宜芯，黎奕林. 二战后英国职业培训立法及对我国的启示 [J]. 湖北大学成人教育学院学报，2011（5）：41-44.

[63] 连进军. 英国终身教育的最新发展 [J]. 外国中小学教育，2000（6）：1-4.

[64] 梁快. 我国职业培训的政策法规研究 [J]. 职业，2009（2）：90-92.

[65] 梁莹. 优势视角与系统理论：社会工作的两种视角 [J]. 学海，2013（4）：70-78.

[66] 廖文龙，张军成. 企业培训前涉因素对员工留职意愿的影响：培训收益的中介效应 [J]. 商场现代化，2015（28）：102-104.

[67] 林学俊. 试论学习型社会的特征及其与信息化战略的关系 [J]. 探求，2005（2）：30-31.

[68] 凌子山，李姜. 基于马斯洛需求视角的农民工职业培训需求理论研究——基于珠三角地区农民工的实证分析 [J]. 科技与经济，2014（6）：52-56.

[69] 刘汉辉．论终身教育体系：构架、实现方式及功能 [J]．广东社会科学，2007（4）：178-183.

[70] 刘晖，汤晓蒙．试论各级各类教育融入终身教育体系的时序 [J]．教育研究，2013（9）：89-94.

[71] 刘颂．互联网 + 时代的培训评估工作探析 [J]．企业改革与管理，2015（15）：47.

[72] 刘晓波．“教学做合一”理论的后现代思考与实践 [J]．吉林省教育学院学报，2012（10）：16-18.

[73] 刘晓晶．教师培训满意度影响因素的文献梳理 [J]．中国校外教育，2016（17）：83.

[74] 刘妍彬，张喆．国有企业培训投入不足的成因分析 [J]．河南纺织高等专科学校学报，2002（4）：12-14.

[75] 刘颖．论德国职业教育终身化的发展特点 [J]．继续教育研究，2008（1）：88-89.

[76] 刘瑜澍．日本终身教育的发展特点及其启示 [J]．河北大学成人教育学院学报，2010（3）：64-66.

[77] 刘育锋．从重要报告看澳大利亚职业教育与培训发展轨迹 [J]．中国职业技术教育，2003（24）：18-19.

[78] 刘云生．供给侧结构性改革：教育怎么办？ [J]．教育发展研究，2016（3）：1-7.

[79] 刘贞秀．非政府组织视野下的社会化职业培训体系构建 [J]．华北水利水电学院学报（社会科学版），2012（2）：169-171.

[80] 楼一峰．构建职业培训评估的运行机制 [J]．当代教育论坛，2004（11）：100-102.

[81] 卢文澈，苏宏志，韩伟．中职数控技术专业教师《培训包》开发与实践探讨 [J]．继续教育，2014（11）：40-42.

[82] 罗拾平．对劳动者职业培训制度创新的思考 [J]．湖湘论坛，2010（4）：121-124.

[83] 罗水根．企业定义 [J]．有色金属工业，2004（9）：40-41.

[84] 吕景泉，马雁，杨延，等．职业教育：供给侧结构性改革 [J]．中国职业技术教育，2016（9）：15-19.

[85] 吕琳．论“劳动者”主体界定之标准 [J]．法商研究，2005（3）：30-36.

[86] 马仁听，陈爽．愿景与任务：韩国终身职业教育与培训体系研究 [J]．职教论坛，2015（21）：91-96.

[87] 马玮．日本职业教育的经验和启示 [J]．石家庄职业技术学院学报，2008（3）：19-21.

[88] 马晓河，方松海．我国农村公共品的供给现状、问题与对策 [J]．农业经济问题，2005（4）：22-29.

[89] 马永堂．加拿大职业培训促进就业的政策 [J]．中国劳动，2003（5）：57-59.

[90] 毛蔚．论企业培训在现代企业发展中的价值与作用 [J]．新经济，2015（1）：51-53.

[91] 毛永红．电力企业职工培训工作中培训需求分析的应用 [J]．企业改革与管理，2016（8）：70.

[92] 南海，王星星．中国大陆终身教育体系构建中的问题与对策——基于大陆部分省市终身教育体系构建实践的研究 [J]．职业技术教育，2011（22）：26-30.

[93] 倪艳．我国终身职业培训体系的问题与对策研究 [J]．继续教育研究，2011（5）：8-10.

[94] 牛士华，安春生，赵建．中国经济市场化改革的现状及对策 [J]．黑龙江对外经贸，2007（12）：16-17.

[95] 牛岩红．对农村劳动力转移培训政策的利益相关者分析 [J]．河南农业，2009（18）：25，27.

[96] 潘贤春．加强杭州市农民培训的建议 [J]．杭州科技，2006（3）：31-32.

[97] 齐立斌．农村公共体育服务体系的运行机制研究 [J]．南京体育学院学报（社会科学版），2010（4）：44-48.

[98] 齐智鑫．注重生存技能培训的加拿大职业教育 [J]．劳动保障世界，2014（S2）：69-70.

[99] 钱振波. 企业外部培训资源的选用与管理 [J]. 中国人才，2005（11）：48-49.

[100] 秦国荣. 劳动法上的劳动者：理论分析与法律界定 [J]. 法治研究，2012（8）：28-38.

[101] 屈小博. 培训对农民工人力资本收益贡献的净效应——基于平均处理效应的估计 [J]. 中国农村经济，2013（8）：55-64.

[102] 任国强，薛守刚. 农户人力资本对农户就业选择与收入增长的影响研究 [J]. 统计与决策，2008（21）：86-89.

[103] 桑光淇，刘正良. 美国职业培训制度运作特点及对我国的启示 [J]. 职业技术教育，2007（13）：83-87.

[104] 桑玉成. 论政府管理的经济目标与政治目标 [J]. 政治学研究，1996（3）：58-65.

[105] 沈艺峰，林志扬. 相关利益者理论评析 [J]. 经济管理，2001（8）：21-26.

[106] 石中英. 波兰尼的知识理论及其教育意义 [J]. 华东师范大学学报（教育科学版），2001（2）：36-45.

[107] 史梅，王亭. 试论个性化职业指导 [J]. 职教论坛，2009（32）：77-78.

[108] 孙驰，孙茂新. 江苏社区大学建设若干问题的探讨 [J]. 江苏广播电视大学学报，2012（3）：27-30.

[109] 孙静，张林，陈全明. 企业职业生涯规划和员工幸福指数相关性研究 [J]. 市场研究，2010（8）：53-54.

[110] 孙磊. 论职业教育与培训的多重社会功能 [J]. 职业技术教育，2001（34）：9-12.

[111] 孙永兴. 在员工培训中加强思想教育的有效途径探析 [J]. 邮政研究，2012（6）：32-33.

[112] 汤霓，石伟平. 职业教育发展终身化趋势及其思考 [J]. 教育发展研究，2010（Z1）：53-57.

[113] 田青禾，朱春艳. 马克思“劳动”概念对西方哲学“劳动”概念的突破 [J]. 理论界，2016（1）：1-6.

[114] 汪群龙，冉云芳，蒋联海. 利益相关者理论视角下的家政从业者培训机制研究 —— 基于浙江省 12 个市的实证分析 [J]. 职教论坛，2015（18）：48-55.

[115] 王丽雅. 终身教育、终身学习与学习化社会概念辨析 [J]. 天津职业院校联合学报，2006（6）：23-27.

[116] 王明杰，郑一山. 西方人力资本理论研究综述 [J]. 中国行政管理，2006（8）：92-95.

[117] 王默，范衍，苑大勇. 全球教育治理走向“共同利益”—— 论联合国教科文组织《反思教育》报告的人文主义回归 [J]. 中国职业技术教育，2016（33）：72-77.

[118] 王清莲. 城镇化进程中常州终身教育体系建设路径研究 [J]. 高等继续教育学报，2015（6）：13-17.

[119] 王文兵，王维国. 论中国现代职业文化建设 [J]. 中共长春市委党校学报，2004（4）：71-73.

[120] 王文慧. 狠抓教育培训强化思想提升职业素养 [J]. 现代工业经济和信息化，2014（15）：104-105.

[121] 王文瑾. 终身职业教育和培训的体系 —— 从卑诗理工学院的专业、课程看加拿大“职业教育超市”[J]. 中国职业技术教育，2003（33）：29-31.

[122] 王晓丽，路宏，贾巍. 农村中小学教师远程学习适应性影响因素研究 —— 以宁夏“国培计划”远程培训为例 [J]. 电化教育研究，2015（4）：108-113.

[123] 王学栋，牛向东. 培训需求分析在现代培训中的作用 [J]. 职业技术教育（科教版），2001（34）：42-43.

[124] 王雁琳. 论利益相关者视野下英国技能培训政策的变迁 [J]. 比较教育研究，2008（11）：86-90.

[125] 王宇飞. 杂说构建劳动者终身职业培训体系的方方面面 [J]. 劳动保障世界，2016（22）：66-67.

[126] 王卓妮，赵亚南，叶梦姝. 试述区域差异分析在培训需求分析中的必要

性 [J]. 继续教育，2017（1）：31–32.

[127] 韦龙银. 高铁信号人才适应性培训存在的困难与对策 [J]. 铁路运营技术，2016（3）：61–62.

[128] 吴菊萍. 以教育培训细节关注员工素质提升，促进教育培训训管一致可持续发展 [J]. 中小企业管理与科技，2016（2）：29.

[129] 吴遵民，黄欣，刘雪莲. 建立和完善终身教育体系的法律制度研究 [J]. 继续教育研究，2006（6）：19–23.

[130] 吴遵民. 全球化视野中“学习社会”与基础教育改革 [J]. 教育理论与实践，2004（19）：13–17.

[131] 吴遵民. 中国终身教育体系为何难以构建 [J]. 中国高等教育，2014（3）：27–31.

[132] 项诚，贾相平，黄季焜，等. 农业技术培训对农户氮肥施用行为的影响——基于山东省寿光市玉米生产的实证研究 [J]. 农业技术经济，2012（9）：4–10.

[133] 肖凤翔，陈潇. 企业员工参与职业培训的动机调查 [J]. 心理与行为研究，2015（4）：547–551.

[134] 萧今. 教育经济学和教育发展的挑战 [J]. 职业技术教育，2005（6）：36–39.

[135] 谢桂花，杨雅厦. 福建省建立面向全体劳动者的职业培训制度探析 [J]. 福建省社会主义学院学报，2012（3）：77–81.

[136] 徐涵. OECD 报告：韩国须提高劳动者技能并改善工作环境 [J]. 世界教育信息，2016（1）：75.

[137] 徐琦，付蓉. 成人教育理论的变迁 [J]. 成人教育，2009（2）：38–39.

[138] 徐中意. 澳大利亚终身教育体系述评：内涵与特色 [J]. 职业教育研究，2010（9）：156–158.

[139] 许远. 积极促进就业，构建终身职业培训体系，建设现代职业教育 [J]. 中国培训，2014（6）：6–7.

[140] 杨晨，顾凤佳. 国外学分银行制度综述 [J]. 中国远程教育，2014（8）：29–39.

[141] 杨玉梅，曾湘泉．农民工培训与就业能力提升 —— 基于河南省阳光工程培训效果的实证研究 [J]．中国劳动经济学，2011（1）．

[142] 杨长俊，王桂香．试析职业培训的法律完善 [J]．山西农业大学学报，2005（4）：322-323．

[143] 于立影，赵希男．基于行为能力培训的组织人才战略管理研究 [J]．上海管理科学，2015（4）：38-43．

[144] 庾荣．论终身教育体系的构建 [J]．西南交通大学学报（社会科学版），2003（4）：95-98．

[145] 袁良栋．构建适应终身学习的职业培训制度体系（上）[J]．中国培训，2013（6）：28-29．

[146] 袁灵．构建终身教育体系的一种有效方法 —— 资历架构法 [J]．中国电化教育，2014（11）：55-58．

[147] 翟博．树立新时代的家庭教育价值观 [J]．教育研究，2016（3）：92-98．

[148] 张爱中，蔡璐．“多中心治理”场域下的职业教育多元化投资研究 [J]．教育与职业，2015（19）：104-105．

[149] 张斌．努力营造职业培训发展的良好环境 [J]．教育与职业，2007（19）：13．

[150] 张超，罗华玲，王灵希．云南少数民族地区终身教育发展策略研究 [J]．教育探索，2011（5）：111-112．

[151] 张超中，武夷山．创新文化与中国文化创新 [J]．中国软科学，2010（10）：63-75．

[152] 张翠珠．北京市终身教育的实践创新 [J]．北京广播电视大学学报，2011（6）：14-18．

[153] 张绘．“后 4% 时代”我国教育经费投入需多维度改革并举 [J]．教育科学研究，2017（1）：17-33．

[154] 张江河．论利益效用与政治效应 [J]．吉林大学社会科学学报，1997（4）：55-61．

[155] 张俊亮．职业院校社会培训对区域经济发展的影响分析 —— 以椒江地区为例 [J]．职业，2009（32）：71-72．

[156] 张鲤鲤．终身教育发展与江苏的实践 [J]．江苏开放大学学报，2015（5）：11-19．

[157] 张力．“十三五”时期教育改革发展宏观政策方向解读 [J]．中国高等教育，2016（1）：4-8．

[158] 张丽君，王越．论企业员工培训方法和途径的调试 [J]．当代经济，2008（9）：24-25．

[159] 张琳，段鸿斌．课外活动与素质教育 [J]．信阳农专学报，1998（2）：59-60．

[160] 张琳．多媒体技术在职业教育培训中的应用 [J]．黑龙江科学，2014（9）：150．

[161] 张世伟，王广慧．培训对农民工收入的影响 [J]．人口与经济，2010（1）：34-38．

[162] 张韦嘉．构建终身教育体系，建设学习型社会——记“第4届中国教育国际论坛”[J]．国外社会科学，2004（1）：91-93．

[163] 张伟远．国外新兴网上教学开发工具功能的比较 [J]．江苏广播电视大学学报，2001（3）：18-20．

[164] 张艳华，李秉龙．人力资本对农民非农收入影响的实证分析 [J]．中国农村观察，2006（6）：9-16．

[165] 张燕．思想政治教育对转变大学生就业创业观念的作用研究 [J]．教育现代化，2016（3）：136-139，146．

[166] 张振元．技能分类若干问题新探 [J]．职业技术教育，2007（28）：5-10．

[167] 张振元．素质结构与人才和教育分类探讨 [J]．职业技术教育，2006（19）：5-9．

[168] 赵德成，梁永正，朱玉玲．教师培训需求分析研究的回顾与思考 [J]．教育科学，2010（5）：64-68．

[169] 赵德成，梁永正．培训需求分析：内涵、模式与推进 [J]．教师教育研究，2010（6）：9-14．

[170] 赵富强，张红，向青青．基于利益相关者满意度的员工培训开发 [J]．中国人力资源开发，2011（4）：42-45．

[171] 赵海．教育和培训哪个更重要——对我国农民工人力资本回报率的实证分析 [J]．农业技术经济，2013（1）：40–45.

[172] 赵晓龙．供电企业全员培训机制建设研究 [J]．电子测试，2016（7）：147，176.

[173] 赵宇辉．中央电大与日本放送协会开始联合编写制作“视听教材培训包”[J]．中国电大教育，1988（7）：46–47.

[174] 郑爱翔．新型城镇化进程中农村转移劳动力职业培训价值感知驱动因素研究 [J]．教育发展研究，2015（5）：73–79.

[175] 中国人民银行郑州培训学院课题组．成人教育理论与成人教育实践研究 [J]．河南金融管理干部学院学报，2004（2）：92–96.

[176] 周川．国家电网公司企业文化培训的思考与探索 [J]．中国高新技术企业，2016（1）：164–165.

[177] 周西安．我国终身教育体系的内容结构与建构原则 [J]．职业技术教育，2011（22）：36–39.

[178] 周祥瑜，吕红．澳大利亚职业教育的培训包体系及其优势 [J]．中国职业技术教育，2006（12）：37–40.

[179] 周逸先，崔玉平．农村劳动力受教育与就业及家庭收入的相关分析 [J]．中国农村经济，2001（4）：60–67.

（三）学位论文

[1] 陈潇．企业员工参与职业培训的动机和障碍研究 [D]．昆明：云南大学，2013.

[2] 桂萍．重大行政决策之公众参与制度 [D]．苏州：苏州大学，2016.

[3] 国卉男．中国终身教育政策研究——基于政策文本的分析 [D]．上海：华东师范大学，2013.

[4] 胡华亮．论构建我国农民终身职业教育体系 [D]．长沙：湖南师范大学，2008.

[5] 景宏华．澳大利亚职教培训框架体系的建立与发展 [D] 保定：河北大学，2004.

[6] 李海艳．公司的员工培训体系设计［D］．济南：山东大学，2010．
[7] 李晓强．欧洲一体化背景下的欧盟教育政策研究［D］．北京：北京师范大学，2006．
[8] 王海涛．欧洲知识化进程中的成人教育行动计划——格兰特威格计划研究［D］．北京：首都师范大学，2009．
[9] 武娜．农民工培训的就业效应和收入效应［D］．长春：吉林大学，2016．
[10] 晓义．“情境—达标”式职业能力开发模式研究［D］．长春：东北师范大学，2006．
[11] 杨近．我国工业化进程与职业教育体系发展的研究［D］．上海：上海师范大学，2015．
[12] 叶翔．我国当前终身教育体系构建中存在的主要问题及对策探讨［D］．长沙：湖南师范大学，2003．
[13] 张创伟．西方学习型社会探究——基于原版文本的解读［D］．上海：华东师范大学，2013．
[14] 张亮．我国新型农民培训模式研究［D］．保定：河北农业大学，2010．
[15] 周小峰．论劳动者在职业安全中的知情权［D］．苏州：苏州大学，2011．

（四）报纸文章

[1] 北京市中长期教育改革和发展规划纲要（2010—2020年）[N]．中国教育报，2011-03-24（3）．
[2] 二十国集团领导人杭州峰会公报［N］．人民日报，2016-09-06（4）．
[3] 蔡昉．坚持以人民为中心的发展思想［N］．人民日报，2016-08-03（7）．
[4] 程亚，沈纪威．哄骗群众拍照套取24.75万补贴，咸丰县劳动局两任领导班子如此损农［N］．武汉晨报，2010-12-30（6）．
[5] 方立．中国特色社会主义民主政治的特点和优势［N］．浙江日报，2008-03-17（3）．
[6] 顾仲阳，左娅．供给侧，怎么看？怎么干？［N］．人民日报，2015-12-28（5）．
[7] 桂杰．我国农民工中接受过职业技能培训的仅占30%[N]．中国青年报，

2014-08-07(11).

[8] 贺骏. 盛景网联获达晨汉能用友等4机构9000万注资[N]. 证券日报，2011-06-15(2).

[9] 黄锡富. 为什么要使市场在资源配置中起决定作用[N]. 南宁日报，2013-12-10(3).

[10] 焦哲. 花数千元考个“营养师”竟是假的[N]. 扬子晚报，2011-06-08(17).

[11] 李丹. 中德合作开发中等职业学校重点专业师资培训包[N]. 中国教育报，2009-06-02(2).

[12] 林慧婕，袁江力. 培训机构人去楼空，数十名学员被骗[N]. 武汉晚报，2011-06-30(15).

[13] 罗天昊. 中国未来劳力缺口将超1亿，应容纳亚非国家大量移民[N]. 时代周报，2010-04-01(3).

[14] 王辉. 播下百余籽，收获满庭花——全国百家城市技能振兴专项行动回眸[N]. 中国劳动保障报，2015-05-29(3).

[15] 徐硕刚，顾意亮. 未来30年上海终身教育何去何从？[N]. 人民政协报，2014-05-14(3).

[16] 薛明扬. 构建惠及人人的上海终身教育体系[N]. 中国教育报，2011-07-14(4).

[17] 姚启慧，花耀兰，尹萍. 武汉曝套取农民工培训金窝案，虚报数千人骗补贴[N]. 湖北日报，2011-06-15(3).

[18] 翟帆. 教育部公布中国教育与人力资源问题报告[N]. 中国教育报，2003-02-16(2).

（五）电子文献

[1]2015年全国教育事业发展统计公报[EB/OL]. [2016-07-06]. http://www.moe.gov.cn/srcsite/A03/s180/moe_633/201607/t20160706_270976.html.

[2]2016年中国劳动力人口数量统计、世界主要国家30岁以下人口教育消

费总量及结构预测［EB/OL］.［2016-11-16］. http：www. chyxx. com/industry/201611/468182. html.

[3]2016年中国职业教育培训行业现状分析及发展趋势预测［EB/OL］.［2016-05-12］. http：//www. chyxx. com/industry/201605/415563. html.

[4] 安徽省教育厅关于进一步推进中等职业学校学分制改革试点工作的意见［EB/OL］.［2016-12-09］. http：//www. ahedu. gov. cn/30/view/322620. shtml.

[5] 二十国集团促进高质量学徒制倡议［EB/OL］.［2016-09-27］. http：//www. g20. org/hywj/ dncgwj/201609/t 20160927_3503_3. html.

[6] 高技能人才队伍建设中长期规划（2010—2020年）［EB/OL］.［2011-09-05］. http：//jnjd. mca. gov. cn/article/zyjd/zcwj/201109/20110900179107. shtml.

[7] 关于推进职业培训包工作的通知［EB/OL］.［2016-10-28］. http：//www. mohrss. gov. cn/SYrlzyhshbzb/rencaiduiwujianshe/zcwj/201610/t20161028_258 332. html.

[8] 关于在职业学校进行学分制试点工作的意见［EB/OL］.［2001-08-17］. http：//www. moe. gov. cn/publicfiles/business/htmlfiles/moe/moe_956/2004071825. html.

[9] 国家新型城镇化规划（2014—2020年）［EB/OL］.［2014-03-16］. http：//www. gov. cn/zhengce/2014-03/16/content_2640075. htm.

[10] 国家中长期教育改革和发展规划纲要（2010—2020年）［EB/OL］.［2010-07-29］. http://www. moe. edu. cn/srcsite/A01/s7048/201007/t20100729_171904. html.

[11] 国务院关于大力推进大众创业万众创新若干政策措施的意见［EB/OL］.［2015-06-16］. http：//www. gov. cn/zhengce/content/2015-06/16/content_9855. htm.

[12] 国务院关于加快发展现代职业教育的决定［EB/OL］.［2014-06-22］. http：//www. jyb. cn/zyjy/zyjyxw/201406/t20140622_587161. html.

[13] 教育部等九部门关于进一步推进社区教育发展的意见［EB/OL］.［2016-

07-25]. http://www.jyb.cn/info/jyzck/201607/t20160725_666607.html.

[14] 教育部关于进一步深化中等职业教育教学改革的若干意见[EB/OL]. [2018-12-13]. http://www.moe.gov.cn/.

[15] 民政部就《民办非企业单位登记管理暂行条例(修订草案征求意见稿)》公开征求意见[EB/OL]. [2016-05-26]. http://www.gov.cn/xinwen/2016-05/26/content_5077073. htm.

[16] 南京市民办职业培训机构管理暂行办法[EB/OL]. [2006-08-01]. http://www.9ask.cn/fagui/200608/268985_1.html.

[17] 普通高等学校学生管理规定[EB/OL]. [2017-02-16]. http://www.moe.edu.cn/src site/A02/s5911/moe_621/201702/t20170216_296385.html.

[18] 上海市教委关于成立上海市终身教育学分银行的通知[EB/OL]. [2012-07-23]. http://www.shanghai.gov.cn/shanghai/node2314/node2319/node12344/u26ai32873.html.

[19] 习近平：推进改革根本目的是让国家变得更富强[EB/OL]. [2014-01-01]. http://finance.china.com.cn/news/gnjj/20131231/2089426.shtml.

[20] 习近平的"劳动观"[EB/OL]. [2015-05-01]. http://www.chinanews.com/gn/2016/05-01/7855294.shtml.

[21] 上海市人民政府关于关于推进学习型社会建设的指导意见[EB/OL]. [2015-11-23]. http://news.sina.com.cn/c/2005-11-23/07507513905s.shtml.

[22] 中共中央关于制定国民经济和社会发展第十二个五年规划的建议[EB/OL]. [2010-10-27]. http://news.xinhuanet.com/politics/2010-10-27/c_12708501_11.htm.

[23] 中国劳动力5年减少2000万，2050年或降到7亿左右[EB/OL]. [2016-11-21]. http://news.china.com/domestic/945/20161121/23908904_1.html.

[24] 中华人民共和国国民经济和社会发展第十三个五年规划纲要[EB/OL].

[2016-03-18]. http://sh. xinhuanet. com/2016-03/18/c_135200400. htm.

[25] 中投顾问：中国培训机构发展现状及特点分析 [EB/OL]. [2016-07-06]. http://www. ocn. com. cn/chanye/ 201607/aewap06102116. shtml.

[26] 黄玥. 习近平同知识分子推心置腹 [EB/OL]. [2016-04-30]. http://news. xinhuanet. com/ politics/2016-04/30/c_128946854. htm.

[27] 李金磊. 中央首次阐释新常态九大特征，稳增长成明年首务 [EB/OL]. [2014-12-12]. http://www. chinanews. com/gn/2014/12-12/6869689. shtml.

[28] 马常艳. 权威专家解读“供给侧改革”内涵和路径 [EB/OL]. [2015-11-20]. http://www. ce. cn/xwzx/gnsz/gdxw/201511/20/t20151120_7066627. shtml.

[29] 潘婧瑶，张迎雪. 习近平的“劳动观”[EB/OL]. [2016-05-01]. http://www. China news. com/gn/2016/05-01/7855294. shtml.

[30] 任春. 李克强：化“人口红利”为“人才红利”[EB/OL]. [2014-08-23]. http://www. gov. cn/guowuyuan/2014-08/23/content_2738836. htm.

[31] 文新. 中国电商销售额远高于美国，电商发展的四大趋势解读 [EB/OL]. [2016-06-24]. http://www. ocn. com. cn/shangye/201606/elgfo24144323. shtml.

[32] 肖雷. 10 天培训课收费 2140 元，课可以不上钱必须交 [EB/OL]. [2011-06-22]. http://www. yangtse. com/news/sh/201106/t20110622_811292. htm.

[33] 新华社. 2017 届全国普通高校毕业生预计 795 万人 [EB/OL]. [2016-11-30]. http://www. gd. xinhuanet. com/newscenter/2016-11/30/c_1120025922. htm.

[34] 赵祥昆. 如何构建劳动者终身职业培训体系——访中国劳动学会劳动标准专业委员会会长王竞 [EB/OL]. [2014-02-13]. http://www. chinajob. gov. cn/Weekly/content/2014-02/13/content_890284. htm.

二、外文文献

（一）著作类

[1]Boshier R. Running to Win, The Contest between Lifelong Learning and Education in Canada[M]. Toronto: The Adult Education Company, 1998.

[2]Cross K P. Adults as Learners[M]. San Francisco: Jossey-Bass, 1981.

[3]Darkenwald G, Mearriarn S. Adult Education: Foundations for Practice[M]. New York: Harper & Row, 1982.

[4]Dave H R. Foundation of Lifelong Education[M]. Paris: UNESCO publication, 1976.

[5]Dolton P J, Makepeace G H, Treble J G. Public and Private Sector Training of Young People in Britain[M]//Lynch L. Training and the Private Sector: International Comparisons. Chicago: University of Chicago Press, 1992.

[6]Ernst B Hass. Beyond the Nation-State: Functionalism and International Organization[M]. California: Stanford University Press, 1964.

[7]Freeman R E. Strategic management: A stakeholder approach[M]. Boston M. A.: Pitman, 1984.

[8]Heclo H. Issue Networks and the Executive Establishment[M]// King A(ed.). The New American Political System. Washington D C: American Enterprise Institute, 1978.

[9]Houle C O. The Inquiring Mind[M]. Madison: University of Wisconsin Press, 1961.

[10]Hubert Dreyfus, Stuart Dreyfus. Mind Over Machine: The Power of Human Intuition and Expertise in the Era of the Computer[M]. New York: Free Press, 1985.

[11]Hutchins M R. The Learning Society[M]. London: Frederic A Praeger Inc. publishers, 1968.

[12]Jarvis P. Adult and Continuing Education: Theory and Practice[M]. London: Routledge, 1995.

[13]Knowles M S. The Modern Practice of Adult Education: Form Pedagogy to Andragogy[M]. 2nd ed. New York: Cambridge University Press, 1980.

[14]Knowles M S. Self-directed learning: A guide for learners and teachers[M]. Toronto: The Adult Education Company, 1975.

[15]McGehee W, Thayer P W. Training in Business and Industry[M]. New York: Wiley, 1961.

[16]Merriam S B, Caffarella R S. Leatning in adulthood[M]. San Francisco: Jossey-Bass, 1999.

[17]Mulligan B C, Salai M X. Measuring Aggregate Human Capital. National Bureau of Economic Research[M]. Cambridge, M. A.: Working Paper, 1995.

[18]Nugent F A. An introduction to the profession of counseling[M]. Columbus: Merrill, 1990.

[19]Payne J, Lissenburg S, White M. Employment Training and Employment Action: An Evaluation by the Matched Comparison Method[M]. London: Policy Studies Institute, 1996.

[20]Ranson Stewart. In side the Learning Society[M]. London and New York: Cassell, 1989.

[21]Senge P M. The Fifth Discipline—the Art and Practice of the Learning Organization[M]. New York: Bantam Doubleday Deli, 1990.

[22]Sheffield S B. The Orientations of Adult Continuing Learners. In Daniel S(ed). The Continuing Learner[M]. Chicago: Center for the Study of Liberal Education for Adults, 1964.

[23]Torp H, Raaum O, Heraes E, et al. The First Norwegian Experiment[M]//Jensen K, Masden P. Measuring Labor Market Measures. Copenhagen: Ministry of Labor, 1993.

[24]Tough A. The adult's learning projects: A fresh approach to theory and practice in adult learning[M]. Toronto: Ontario Institute for Studies in Education, 1971.

[25]Toyne P. Educational Credit Transfer: Feasibiliy Study[M]. London: Department of Education and Science, 1979.

[26]Vander Z H. The Learning Society[M]//Raggatt P, Edwards R, Small N, eds. The Learning Society: Challenges and Trends. London: The Open University, 1996.

[27]Wessner C W, Wolff A. Rising to the Challenges: US Innovation Policy for Global Economy[M]. Washington D. C.: National Academy of Sciences Press, 2012.

（二）期刊类

[1]Acemoglu D, Pischke J S. The Structure of Wages and Investment in General Training[J]. Journal of Political Economy, 1999, 107(3): 539-572.

[2]Allan L. Training Needs or Training Wants Analysis?[J]. Training & Development in Australia, 2009: 25.

[3]Anselin I, Varga A, Acs Z. Local Geographic Spillovers between University Research and High Technology Innovations[J]. Journal of Urban Economics, 1997(42): 422-448.

[4]Björklund A. Evaluations of Swedish Labor Market Policy[J]. International Journal of Manpower, 1994, 15(5): 16-31.

[5]Burgess P. Reasons for Adult Participation in Group Educational Activities[J]. Adult Education, 1971, 22(1): 3-29.

[6]Chamber R. Poverty and Livelihood: Whose Reality Counts?[J]. Environment and Urbanization, 1995, 7(1): 173-204.

[7]Dickinson K P, Johnson T R, West R W. An Analysis of the Impact of CETA Programs on Participant's Earnings[J]. Journal of Human

Resources, 1986, 21(1): 64-91.

[8]Dolton P J, Makepeace G H, Treble J G. The Wage Effect of YTS: Evidence from YCS[J]. Scottish Journal of Political Economy, 1994, 41(4): 444-453.

[9]Donaldson T, Preston L E. The stakeholder Theory of the Corporation: Concept Evidence, and Implications[J]. Academy of Management Review, 1995, 20(1): 65-91.

[10]Edwards R. Behind the Banner: Whither the Learning Society[J]. Adult Learning, 1995, 6(6): 187-189.

[11]Freeman R E, Evan W M. Corporate Governance: A Stakeholder Interpretation[J]. Journal on Behavioral Economics, 1990, 19(4): 337-359.

[12]Gereffi G, Humphrey J, Sturgeon T. The Governance of Global Value Chains[J]. Review of International Political Economy, 2005, 12(2): 78-104.

[13]Gilbert T F. Praxeonomy: A Systematic Approach to Identifying Training Needs[J]. Management of Personnel Quarterly, Fall, 1967, 6(3): 20-33.

[14]Goldsten I L. Training in work organizations[J]. Annual Review of Psychology, 1980, 31: 229-272.

[15]Green F, Felstead A, Mayhew K, et al. The Impact of Ttraining on Labour Mobility: Individual and Firm-level Evidence from Britain[J]. British Journal of Industrial Relations, 2000, 38(2): 261-275.

[16]Green F, Hoskins M, Montgomery S. The Effects of Company Training, Further Education and the Youth Training Scheme on the Earnings of Young Employees[J]. Oxford Bulletin of Economics and Statistics, 1996, 58(3): 469-488.

[17]Hall D T. Dilemmas in linking succession planning to individual executive learning[J]. Human Resource Management, 1986, 25(2):

235–265.

[18]Hubert Dreyfus. How Far is Distance Learning from Education?[J]. Bulletin of Science Technology & Society, 2001, 21(3): 165–174.

[19]Latham G P. Human resource training and development[J]. Annual Review of Psychology, 1988, 39: 545–582.

[20]Lucas R E. On the mechanics of economic development[J]. Journal of Monetary Economics, 1988, 22(1): 3–42.

[21]Lynch L M. Private–sector Training and the Earnings of Young Workers[J]. The American Economic Review, 1992, 82(1): 299–312.

[22]Mincer J. The Production of Human Capital and the Lifecycle of Earnings: Variations on a Theme[J]. Journal of Labor Economics, 1997, 15(1): 26–47.

[23]O' Sullivan E Andreoni A, López-Gómez C, et al. What is New in the New Industrial Policy? A Manufacturing Systems Perspective[J]. Oxford Review of Economic Policy, 2013, 29(2): 432–462.

[24]O' Higgins N. YTS, Employment, and Sample Selection Bias[J]. Oxford Economic Papers, 1994, 46(4): 605–628.

[25]Resnick A. Learning in school and out[J]. Education Research, 1987, 16(9): 13–20, 54.

[26]Romer P M. Increasing Returns and Long–run Growth[J]. Journal of Political Economy, 1986, 94(5): 1002–1037.

[27]Sen Amartya K. A Sociological Approach to the Measurement of Poverty: A Reply to Professor Peter Townsend[J]. Oxford Economic Paper, 1985, 37(4): 669–676.

[28]Sharan B M. Andragogy and Self–Directed Learning: Pillars of Adult Learning Theory[J]. The New Update on Adult Learning Theory, 2001 (89): 3–14.

[29]Stigler G J. The Theory of Economic Regulation[J]. Bell Journal of Economic and Management Science, 1971, 2(1): 3–21.

[30]Taylor P O, Driscoll M P, Binning J E. A new integrated framework for training needs analysis[J]. Human Resource Management Journal, 1998, 8(2): 29-50.

（三）电子文献

[1]Boyatzis R E. Unleashing the Power of Self-directed Learning[EB/OL]. http://www. eiconsortium. org, 2001/2003-10-23.

[2]UNESCO: International Standard Classification of Education[EB/OL]. http://www. uis. unesco. Org/Education/Pages/international-standard-classification-of-educa-tion. aspx.

后 记

当前，我国劳动力成本已达到高位运转阶段，成为影响企业产出效能及经济社会可持续发展的重大问题。有研究表明，中国廉价劳动力时代已经一去不复返。因此，推动我国经济社会保持稳定、可持续发展，必须从过去的依靠“人口红利”逐步转向依靠“人才红利”。中共十八届三中全会提出“构建劳动者终身职业培训体系”的战略目标，为我国职业培训未来发展指明了方向、提供了动力。顺应世界终身教育发展趋势，在我国学校教育体系建设逐步完备的基础上，加快构建劳动者终身职业培训体系已成为现实任务与历史责任。2017 年 1 月，国务院颁布的《国家教育事业发展“十三五”规划》，确认我国全民终身学习仍处于初步形成阶段，提出要建立面向全民的终身学习成果认证、积累与转换公共服务平台、推动“互联网 + 教育”新业态发展等具体措施，进一步明确了劳动者终身职业培训体系构建的重点。

从现实看，尽管 1993 年中共中央、国务院就提出了促进传统教育向终身教育发展的重要思想，并逐步演变为构建劳动者终身职业培训体系的具体行动，但各地劳动者终身教育职业培训体系建设的进程依然迟缓，与当前我国经济社会发展状况仍不尽适应。究其原因，关键在于部分领导干部及民众对构建劳动者终身教育培训体系建设的认识不足，认为当今社会存在着“大学生就业难”等问题，且逐步出现了“机器换人”现象，我国不可能出现劳动力紧张问题。虽然各级政府基于促进民众创业就业的现实需求，投入了大批资金实施了各类型职业培训活动，但这些活动是否真正符合民众需求、培训效果是否明显等均需要实施有效评估。同时，基于行政推动的各类型职业培训多体现了社会需求，难以激发劳动者参与的热情。有关劳动者终身职业培训体系的研究多基于宏观理论层面，实证分析较少，基于需求与供给分析的更少，难以指导具体实践。

笔者自2011年到河北科技师范学院工作以来，一直从事职业教育经济与管理、人力资源开发等领域研究工作，并承担了职业教育研究所硕士研究生“人力资源开发”和教育学院本科生“培训课程设计与开发”等课程的教学工作。在教学过程中，曾组织学生调研了劳动者终身学习的现实状况，发现当前劳动者确实存在学习热情不高、参与职业培训活动不够积极等问题。2015年，笔者就现代农业发展及家庭农场生产经营等问题进行了深入研究，并受邀到河北省部分县市为新型职业农民培训班授课。讲授内容基于当地农民职业培训需求分析确定，深受听课者的欢迎。而同期某些专家讲授的其他课程，听课者却寥寥无几。深入调查其成因后发现，无论专家讲得多么生动有趣，专门从事大棚蔬菜生产的职业农民根本不需要玉米种植技术。

笔者在教育学院为本科生授课的过程中还了解到，该院对口就业的往届毕业生不到当年毕业生总量的三分之一。另外三分之二的毕业生就业后基本荒废了所学专业，倒是过去学过的一些基础课程在职业（岗位）能力养成方面发挥了一定的作用。多数毕业生就业前均需要重新接受职业培训，以适应职业（岗位）的能力要求。此外，笔者还调研了河北省部分造纸企业因保护生态环境关闭后职工的生活情况，发现凡接受职业培训后的再就业（含创业）者，几乎具有百分之百的成功率，亲身见证了构建劳动者终身职业培训体系的重要性。

基于责任感和兴趣使然，笔者于2015年承担了河北省社会科学基金项目“河北省构建劳动者终身职业培训体系研究”（项目编号：HB15JY059）。原计划以发表论文的方式结题，但随着研究工作的逐步深入，深感需要一本专著来汇集一年多来的研究成果。于是，向河北科技师范学院科研处及河北省社会科学基金管理办公室申请延期1年完成，使此书如约呈现于各位读者面前。需要说明的是，由于时间关系，本研究多数案例限于河北省范围之内，能否代表全国情况尚待考察。另外，正如书中所言，劳动者终身职业培训体系建设是一项社会系统工程，涉及社会各个方面，有关调研工作还不够深入，获取的结果与得到的结论仍具片面性，有待在今后实践中进一步验证。笔者深切认识到，劳动者终身职业培训体系作为一个“社会存在”，必然会随经济社会的发展而变化。劳动者终身职业培训体系构建“永远在路上”，没有“完成时”，只有“进行时”，没有“最好”，只有“更好”。劳动者终身职业培训体系只有适应社会变化并得以逐步完善，才会发挥更大的效应。今后，应继续加大相关方面的研究力度，为劳动者终身职业培训体系建设提供更多的理论支撑和实践依据。

本书作为2015年度河北省社会科学基金项目“河北省构建劳动者终身职业培训体系研究”的最终成果，也将笔者2015年以前完成的部分前期研究成果纳入，且已和指导的研究生合作，公开发表了部分论文，部分研究内容采用的数据和案例存在一定的滞后性和重复性。同时，笔者认为劳动者终身职业培训体系构建工作有许多方面尚待深入研究，如构建效果的质量评价问题、劳动者职业资格框架构建问题等。当前，我国劳动者终身职业培训体系构建理论研究整体上滞后于工作实践，愿本书能抛砖引玉，引发学界齐心协力加强该主题研究，共同为加快我国劳动者终身职业培训体系构建进程献计出力。同时，建议国家尽快推行劳动者终身职业培训制度，全面提高劳动者素质，促进就业、创业和经济社会发展。